PRODUCT DEVELOPMENT AND MANAGEMENT BODY OF KNOWLEDGE

A Guidebook for Product Innovation Training and Certification，3rd Edition

（第3版）

产品开发与管理知识体系

新产品开发专业人士（NPDP）认证指南

艾伦·安德森（Allan Anderson）

[美]　查德·麦克奥利斯特（Chad McAllister）　著

厄尼·哈里斯（Ernie Harris）

陈劲　刘立　楼政　译

電子工業出版社·

Publishing House of Electronics Industry

北京·BEIJING

Product Development and Management Body of Knowledge: A Guidebook for Product Innovation Training and Certification, 3rd Edition by Allan Anderson, Chad McAllister and Ernie Harris.

ISBN:9781119829942

Copyright © 2024 by John Wiley & Sons, Inc. All Rights Reserved.

This translation published under license with the original publisher John Wiley & Sons, Inc. Copies of this book sold without a Wiley sticker on the cover are unauthorized and illegal.

Simplified Chinese translation edition copyrights ©2025 by Publishing House of Electronics Industry Co., Ltd.

版权贸易合同登记号　图字：01-2024-4671

图书在版编目（CIP）数据

产品开发与管理知识体系 : 新产品开发专业人士（NPDP）认证指南 : 第 3 版 /（美）艾伦·安德森（Allan Anderson），（美）查德·麦克奥利斯特（Chad McAllister），（美）厄尼·哈里斯（Ernie Harris）著；陈劲，刘立，楼政译. -- 北京 : 电子工业出版社, 2025. 8. -- ISBN 978-7-121-50515-7

Ⅰ. F273.2

中国国家版本馆 CIP 数据核字第 2025LR5926 号

责任编辑：刘淑敏
印　　刷：北京盛通印刷股份有限公司
装　　订：北京盛通印刷股份有限公司
出版发行：电子工业出版社
　　　　　北京市海淀区万寿路 173 信箱　邮编 100036
开　　本：880×1230　1/16　印张：31　字数：528 千字
版　　次：2017 年 5 月第 1 版（原著第 1 版）
　　　　　2025 年 8 月第 3 版（原著第 3 版）
印　　次：2025 年 8 月第 1 次印刷
定　　价：168.00 元

凡所购买电子工业出版社图书有缺损问题，请向购买书店调换。若书店售缺，请与本社发行部联系，联系及邮购电话：（010）88254888，88258888。

质量投诉请发邮件至 zlts@phei.com.cn，盗版侵权举报请发邮件至 dbqq@phei.com.cn。

本书咨询联系方式：（010）88254199，sjb@phei.com.cn。

前言

1　产品开发与管理协会介绍

产品开发与管理协会（Product Development and Management Association，PDMA）1976 年成立于美国，在欧洲、南美洲、中美洲及亚太地区设有分支机构。产品开发与管理协会是覆盖全球所有产品创新专业人士的权威组织。

产品开发与管理协会的会员包括从业者、学术研究者和服务提供商，代表了广泛的产品和服务行业，包括企业对企业（Business-to-Business，B2B）与企业对消费者（Business-to-Consumer，B2C）。这些行业有：

- 消费品行业。
- 重型机械行业。
- 信息技术行业。
- 食品饮料行业。
- 金融行业。

- 医疗保健行业。
- 软件行业。
- 咨询行业。
- 其他行业。

产品开发与管理协会的核心是知识体系（Body of Knowledge，BoK），本书是这一知识体系的指南。产品开发与管理协会还提供了一项专业认证——新产品开发专业人士（New Product Development Professional，NPDP）认证，获得该认证表明具备了与知识体系中众多概念相关的能力。

产品开发与管理协会的知识体系是建立在全球学术研究和实践者在过去 50 年广泛研究基础上的，PDMA 的汇集方式包括：

- **《产品创新管理杂志》**（*Journal of Product Innovation Management*）：这是一份跨学科的国际期刊，旨在提升创新管理和产品开发方面的理论与管理知识水平。该期刊发表的原创论文涉及各种规模的组织（初创企业、中小型企业和大型企业）、消费者及政策领域。
- **产品开发与管理协会知识中心**（**PDMA Knowledge Hub，kHUB**）：一个促进创造和交流产品管理与开发知识和最佳实践的资源网站。
- **杰出创新企业奖**（**Outstanding Corporate Innovators Award，OCI**）：PDMA 对奖项申请者的创新能力进行严格评估。获奖公司通过产品和服务创新，创造并获取了长期价值，展示了其创新领导力。
- **研究论坛和会议**：组织虚拟会议和面对面会议，以促进全球思想领袖之间的想法和实践交流。
- **涵盖一系列主题的书籍**：PDMA 通过书籍探讨当前和新兴的主题。这些出版物均列于本前言的末尾。
- **最佳实践调查**（**Best Practice Surveys**）：这项调查始于 1997 年，在全球范围内定期进行。调查结果识别出实现组织产品创新高绩效的因素，找出绩效最佳组织与其他绩效较差组织之间的不同之处。

最新的《PDMA 最佳实践调查》（Bsteiler 和 Noble，2023）提供了一个令人信服的发现，可以支持产品创新实践的持续改进。

2021 年《PDMA 最佳实践调查》的发现

新产品开发（New Product Development，NPD）的总体成功率（59.6%）在《PDMA 最佳实践调查》的 30 年间没有发生太大变化。尽管"最佳"与"其他"之间具有很大差异，而且统计上是显著的，但差异的绝对值并不大。许多新工具和新实践，如门径、并行、瀑布和敏捷产品开发流程，客户之声研究、虚拟团队管理、电子通信技术和先进的数字开发工具，在企业中都有很多运用，提高了产品创新项目的效率和效果。这表明，所有企业都必须持续改进其产品创新能力，才能在环境和条件发生变化时不被淘汰。

2　本书介绍

本书更全面地介绍了产品创新管理，讨论了各个组成部分及其是如何融为一个整体的。

PDMA 出版的《产品开发手册》（第 4 版）提供了一个创新管理（Innovation Management，IM）框架，可以帮助产品创新经理识别成为一个成功的创新者需要哪些活动（Markham，2023）。创新管理框架（见图 0.1）由创新管理研究中心（Center for Innovation Management Studies，CIMS）研发，是一个理解创新管理的系统思考框架，它将创新分解为多个维度的能力，从而可学习、实践、度量和改进。

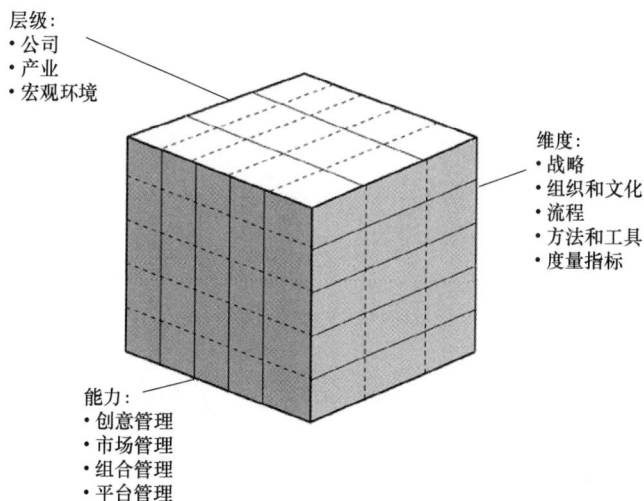

图 0.1　创新管理框架

3 本书结构

受创新管理框架的启发，本书对产品创新管理涉及的关键活动进行了结构化描述，对产品创新进行了"端到端"描述：产品战略、组合管理、产品创新流程、产品设计与开发、市场调研和组织文化，并将所有这些纳入了一个产品创新管理总体框架中。

本书分为 7 章，如图 0.2 所示。战略居于该图的中心位置，定义了产品创新的方向和目标，为产品创新组合、产品创新流程、贯穿众多产品生命周期的管理奠定了基础。市场调研、设计与开发工具以及人（文化组织、领导力和团队），为各个层级的战略、组合、生命周期管理提供支撑。

图 0.2　知识体系第 3 版的 7 个章节

每章内容概述如下：

第 1 章　产品创新管理（Product Innovation Management）

本章介绍产品创新管理的作用。第 1 部分定义了产品创新和产品关键成功因素，讨论了产品创新管理角色的宽度，进行跨专业和跨职能管理所需的技能与知识，产品管理与项目管理的区别。针对产品生命周期各个阶段——开发、导入、成长、成熟、衰退、退市，产品创新管理的重点是各阶段的产品创新战略。第2部分聚焦于产品生命周期以及在产品生命周期中如何对产品创新进行管理。尽管本书其他章也讨论了很多具体工具和方法，但本章特别提到了产品路线图和技术路线图，并参照项目管理协会的项目管理知识体系（PMBOK，2021）简要介绍了项目管理。

对产品创新成功基本要素的强调，贯穿了整个知识体系第3版。不存在适用于所有组织的唯一秘方。本章第3部分讨论了产品创新度量指标的开发和应用，特别是这些度量指标是如何成为组织学习和持续改进关键要素的。

第2章　产品创新战略（Product Innovation Strategy）

本章涵盖了各种战略——从公司战略、业务战略到职能战略。重点介绍了创新战略，因其为产品创新提供了方向并搭建了框架。本章还讨论了各个创新战略框架的优点和缺点，介绍了技术、营销、平台、知识产权和能力等支持性战略的作用。这些支持性战略受更高层级的业务战略指导，并为整体业务战略做出贡献。

第3章　产品创新组合（Product Innovation Portfolio）

组合管理将战略与项目选择关联起来，为企业选择合适的创新项目。产品组合是指一组当前的和潜在的新产品，它们构成了产品创新项目集的基础，包括改进型新产品、降低成本型新产品、产品线延伸型新产品和公司级新产品。

本章介绍了选择项目的方法，包括评估项目潜力的方法、项目优先级排序方法、平衡不同产品创新类别并与战略保持一致的方法。组合管理是跨职能活动，通过对新产品开发、上市以及存量产品的持续评审，确保产品创新与战略及资源可用性完全一致。

第4章　产品创新流程（Product Innovation Process）

技术、传播和市场需求的快速变化给企业带来了巨大压力，对产品创新效率和效果益产品创新、混合模型等节的内容，新增了待办任务一节。本章最后对各种流程进行比较，讨论"你用的流程对吗"这一问题。

（6）第5章延续了前几版中的大多数工具，结构上分为两节：设计和开发。目的是更好地描述每种工具的应用阶段，以及其对产品创新设计和开发各个阶段的作用。

（7）第6章延续了上一版中的大部分方法，补充了生物统计学方法和多元方法，增加了对各种方法优缺点的总结。

（8）第7章涉及主题与上一版相似，增加了实例并扩展了虚拟团队部分。

5　本书受益人群

本书对当前从事或计划从事产品管理和产品创新工作的人具有独特的参考价值。它为产品创新提供了一个经证实的框架，可广泛应用于产品和服务的众多行业以及企业的各个层面，包括但不限于：

- 高级管理者。
- 产品经理。
- 品牌经理。
- 产品负责人。
- 产品组合经理。
- 项目集经理。

- 项目经理。
- 商业分析师。
- 产品设计师。
- 产品开发者。
- 教育者和培训师。

6　如何阅读本书

本书从头至尾按照逻辑方式编排，您可以通读全书，了解促进产品创新成功的主题（实践、概念、工具、流程和方法）。如果您是产品创新领域的新手，或者刚开始创新职业生涯，那么按顺序阅读各章节会更好地理解这些主题之间的关系。建议那些进入创新领导者角色的人也遵循同样的阅读顺序。许多从业者发现，本书介绍的主题非常广泛，在帮助他们整合以往经验的同时强化作为领导者必须具备的战略眼光。战略思维的必要性在各章节既明显又微妙，对于战略思考者来说，这些章节像建筑一样搭建起来，后面章节建立在前面章节的基础上。

如果您已经拥有产品创新的知识和经验，并且不急着担任领导者角色，在这种情况下，阅读特定章节便能满足您的需求。例如，如果可行的产品创意无法获得支持和资源，那么第 2 章中的战略主题和第 3 章中的项目选择主题就非常重要。如果当前面临的挑战是组建适当的团队或培养创新文化，则可跳至第 7 章来学习这两个主题。因此，如果您有明确的迫切需求，并且已经拥有合理的产品创新框架，请跳至满足您需求的章节。

7　什么是产品

产品这个术语用来描述所有商品、服务和知识，包括各种属性（特性、功能、利益和用途）。产品可以是有形的，如实物产品；也可以是无形的，如与服务利益相关的产品；还可以是两者的结合。

产品分为两大品类：消费品和工业品。如图 0.3 所示，每个品类又可分为更多的品类。

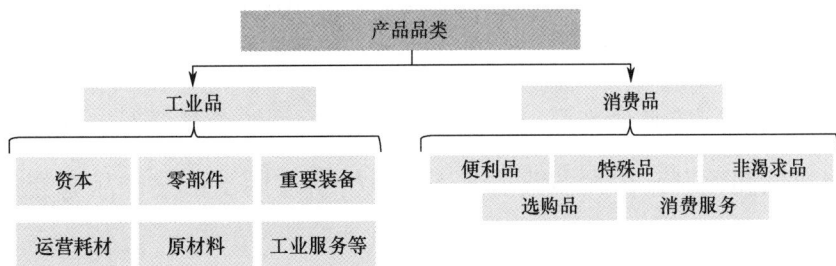

图 0.3　产品品类

（1）消费品。消费品可以进一步分为便利品、选购品、特殊品、非渴求品和消费服务。

- **便利品**：消费者不用经过太多思考并重复购买的产品。一旦消费者选择了一种便利品，他们通常会一直购买，除非他们看到了更换的理由，比如一个有趣的广告吸引他们去尝试新产品，或者仅仅是结账时的顺便购买。

- **选购品**：包括汽车、房屋等高端商品或服装、电子产品等小型商品。消费者在购买选购品时，通常会花更多时间进行研究、比较价格，以及与销售人员交谈。与卫生纸、肥皂和其他便利品相比，这些产品更多的是一次性购买，通常是更重要、对经济影响更大的产品。

- **特殊品**：市场上该品类中独一无二的产品，意味着消费者通常不会像购买其他产品那样进行比较或斟酌。例如，iPhone 或梅赛德斯汽车，消费者已经成为这些特定品牌的忠实拥护者。

- **非渴求品**：那些人们通常并不热衷于购买，也不会冲动购买的产品。灭火器、电池和人寿保险就是非渴求品的很好例子。

- **消费服务**：通常不被视为一个独立的产品品类。根据具体服务的不同，它们可以是消费品，也可以是工业品。服务是为销售而提供的活动、利益或补偿，或者是与销售商品相关的服务。

（2）工业品。工业品可进一步分为资本、原材料、零部件、重要装备、运营耗材和工业服务等。

- **资本**：直接用于生产。资本品包括重要装备和附属装备。装备的例子有建筑物、厂房和机械装置。

- **原材料**：用于制造其他产品，主要是自然资源，如森林产品、矿物、水、海洋产品、农产品和牲畜。在大多数情况下，原材料在用于最终产品时会失去其本身的特性。

- **零部件**：与原材料不同，零部件在用于最终产品之前通常已经过加工。虽然零部件可能看不见，但它们会完好地组装成整个产品。

- **重要装备**：重要装备包括用于制造、加工或销售其他商品的工业产品，包括机械装置、打字机、电脑、汽车、拖拉机、发动机等，被用于促进生产过程或中间销售。它不属于最终产品的一部分，但有助于整体生产或销售工作。
- **附属装备**：包括工具、货架以及许多其他产品，与重要装备相比，它们往往成本较低，寿命较短。
- **运营耗材**：包括办公用品、维修和维护用品。运营耗材可被视为工业市场的便利品，因为购买时只需花费极少的精力。
- **工业服务**：包括维护和修理、厂房清洁、办公设备修理和商业咨询服务。这些服务一般由小型生产商和原始设备制造商通过合同提供。

本书的适用范围

本书的基本原则和框架适用于上述所有产品品类，也适用于营利和非营利组织，但需要应用特定方法并突出运用重点。

本书对"新产品"的定义

产品开发与管理协会知识体系认为，"新产品"是任何角度中必须有一个全新角度的产品，包括现有产品改进、产品线延伸、公司级新产品或世界级新产品。

8　什么是产品创新

创新就是把创意转化为价值。

产品创新就是创造并推出新的产品（服务）或现有产品（服务）的改进版。

在知识体系第 3 版，产品创新是一个涵盖面极广的概念，包括了从战略和初始创意到商业化地将产品推向市场的所有方面，以及贯穿整个过程所需的流程和工具。产品创新包括产品改进、产品线延伸、成本降低和公司级新产品。

虽然"产品创新"一词中有"产品"二字，但本书讨论的大多数原则同样适用于服务而不仅仅是产品（无论服务本身就是一种产品，还是服务是产品的一部分）。

产品创新的范围

简而言之，成功的产品创新是选择正确的产品（做正确的事），并运用正确的流程、方法和工具来开发产品（正确地做事）。图 0.4 是产品创新的总体框架，其中的基本要素包括人（文化、组织和团队）及作为持续改进基础的绩效度量指标。

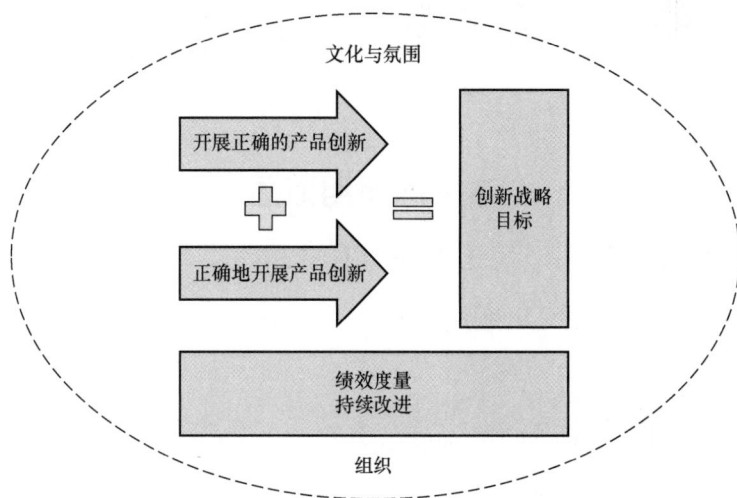

图 0.4　宏观视角下的产品创新

9　产品创新对于组织的作用

大多数组织依靠其产品或服务来维持生存和增长。对组织的产品供给持续进行审查并进行产品改进和创新，是组织生存的根基。新产品和服务为组织提供新的收入，常被称为组织的"生命线"。

以下是一些商业领袖对产品创新价值的洞见：

　　　　"在困难时期投资开发新产品和扩展产品品类，既是最难的事情，也是最重要的事情。”

> ——比尔·休利特和戴维·帕卡德（惠普公司联合创始人）

“我宁可押注在愿景上，也不做‘me too’的产品。”

> ——史蒂夫·乔布斯（苹果公司联合创始人）

“我们视客户为受邀参加派对的嘉宾，而我们是东道主。让客户方方面面的体验都更好一些，是我们义不容辞的任务。”

> ——杰夫·贝佐斯（亚马逊创始人）

“我常常想，公司总是让工程师在单独的小隔间里工作。他们被孤立了，不再认为自己是一个复杂的相互依赖的大流程的一分子了。”

> ——吉姆·摩根（精益企业研究院高级顾问）

10　PDMA 知识体系的应用

运用本知识体系有多种方式，包括为了职业发展的自我学习、个人和公司内部培训、大学课程，以及最关键的：备考 PDMA 的 NPDP 认证。

11　产品创新经理认证介绍

NPDP 首次推出的时间是 2001 年，当时主要在美国认证。如今，它已成为全球公认的产品管理和产品开发资格认证。

有关产品创新经理认证的详细信息，可以在产品开发与管理协会网站中“认证”（Certification）一栏获取。

（1）认证的价值。

对个人的价值：确认掌握了产品创新的原则和最佳实践，从而带来职业发展、新的工作机会、更高的薪酬。

对管理者的价值：识别掌握产品创新技能和知识的人才，将其提拔到领导岗位。

对组织的价值：形成更好的产品创新原则，带来更大的新产品成功以及显而易见的效益。

（2）认证考试介绍。

认证考试的试卷共有 200 道单选题（四个选项只有一个正确）。试题覆盖知识体系全部内容。通过考试必须答对不少于 150 道题（75%）。

12　产品开发与管理协会出版的书籍

本书是产品创新知识体系的指南，内容不仅来源于 PDMA 资源，还源自众多研究和实践。多年来，PDMA 支持并出版了一系列与产品创新相关的书籍。欲了解更多信息，请访问 PDMA 网站。

《PDMA 新产品开发工具手册 1》

工具书系列的第一本，该书涵盖了从创意生成到交付最终产品整个产品创新流程的跨职能实践，内容包括标杆研究、产品创新流程优化、产品组合管理等。（Belliveau 等，2002）

《PDMA 新产品开发工具手册 2》

该书涵盖了产品创新的所有方面，从概念生成、开发、设计到最终生产、营销和服务。（Belliveau 等，2004）

《PDMA 新产品开发工具手册 3》

工具书系列的第三本，涵盖了产品创新的最佳实践，包括概念生成、开发、设计到最终生产、营销和服务等产品创新多个关键领域。（Griffin 和 Somermeyer，2007）

《PDMA 历史、出版物和未来研究活动议程》

该书介绍了 PDMA 的出版物，并探讨了影响 PDMA 未来发展的因素。（Hustad，2013）

《PDMA 新产品开发手册》（第 3 版）

该书为管理者提供了有效产品创新所需的全景图。（Kahn 等，2013）

《开放式创新：基于 PDMA 的新产品开发要素分析》

许多组织都采取了开放式创新。该书是开放式创新理论与实践的全面总结。（Griffin 等，2014）

《设计思维：PDMA 新产品开发精髓及实践》

该书为产品创新等领域更好地解决问题、做出决策提供了指导。你将学会如何从一个全新视角并以系统化、目标导向的思维方式开展产品创新，构建一个可重复的、以人为本的问题解决通道。（Luch 等，2015）

《反向创新：PDMA 新产品开发实践精要》

该书通过将约束变为机会的独特视角，提供了突破个人、组织、市场和社会约束的框架方法。该方法帮助指导管理者识别与创新活动相关的特定约束，并提供相应的工具和实践方法来克服或利用这些约束。（Gurtner 等，2018）

《PDMA 新产品开发与创新手册》（第 4 版）

第 4 版继续为产品创新专业人士提供有效的新产品创新方面的最新资料，以全新的方法和洞见重新审视熟悉的话题，并通过介绍全新的概念带您进入新产品开发与创新领域的最前沿。(Bsteiler 和 Noble，2023)。

13 产品创新成功的十大原则

产品创新成功没有唯一的秘诀。行业、组织规模和结构、产品和服务、市场、内部能力、地理分布和外部环境等因素的多样性，使得不能"一刀切"地采用产品创新流程和实践。然而，有一些基本原则为成功奠定了基础，而无论组织存在多大差异。基于本书的概念，这些原则是：

（1）以人为本。通过创造和维护正确的文化与氛围，确保流程和实践的成功应用。

（2）授权所有员工。授权员工去识别创造新价值的机会，而不是指定某个个体或团队作为唯一创新者。

（3）明确方向。制定完善的组织战略和愿景，向整个组织传达并使其理解。

（4）有效的产品组合管理。基于清晰的战略目标和标准，在产品生命周期的各个阶段持续进行，包括严格选择正确的项目、负责任地管理资源以及对未来进行投资。

（5）一个或多个产品创新流程。根据团队和整个组织的具体需求加以定制，并得到充分的沟通、理解和遵守。

（6）高度重视创新前端。确保为产品创新中支出更高、风险更大的阶段打下良好基础。

（7）高度重视客户。在整个产品创新流程中倾听客户之声，并运用适当的市场研究方法。

（8）发展和维护高绩效团队。拥有跨职能团队并进行高绩效实践（信任、问责、正向冲突、结果导向、清晰沟通和适当的认可/奖励）。

（9）高度重视可持续性。包括三重底线或三个"P"——人（People）、利润（Profit）和地球（Planet）。

（10）持续改进。通过应用绩效度量指标和对标方法，形成从成功和失败中学习的文化。

参考文献

- Belliveau, P., Griffin, A., and Somermeyer, S. (ed.) (2002). *The PDMA toolbook 1 for new product development*. John Wiley & Sons.

- Belliveau, P., Griffin, A., and Somermeyer, S. (ed.) (2004). *The PDMA toolbook 2 for new product development*, 2e. John Wiley & Sons.

- Bsteiler, L. and Noble, C.H. (2023). *The PDMA handbook of innovation and new product development*, 4e. John Wiley and Sons.

- Griffin, A., Noble, C.H., and Durmusoglu, S.S. (2014). *Open innovation: New product development essentials from the PDMA*. John Wiley & Sons.

- Griffin, A. and Somermeyer, S. (ed.) (2007). *The PDMA toolbook 3 for new product development*, 3e. John Wiley & Sons.

- Gurtner, S., Spanjol, J., and Griffin, A. (2018). *Leveraging constraints for innovation: New product development essentials from the PDMA*. John Wiley & Sons.

- Hustad, T.P. (2013). *PDMA history, publications and developing a future research agenda: Appreciating our PDMA accomplishments—Celebrating people, lasting friendships, and our collective accomplishments*. Xlibris Corporation.

- Kahn, K. B., Evans Kay, S., Slotegraaf, R. J., & Uban, S. (Eds.). (2013). *The PDMA handbook of new product development* 3 John Wiley & Sons. doi:https://doi.org/10.1002/9781118466421.

- Luchs, M.G., Swan, S., and Griffin, A. (2015). *Design thinking: New product development essentials from the PDMA*. John Wiley & Sons.

- Markham, S.K. (2023). An innovation management framework: A model for managers who want to grow their business. In: *The PDMA handbook of innovation and new product development*, 4e (ed. L. Bsteiler and C.H. Noble), 45–58. John Wiley and Sons.

- Project Management Institute (2021. APA). *A guide to the project management body of knowledge (PMBOK® Guide)*, 7e. Project Management Institute.

作者介绍

艾伦·安德森，PhD, NPDP

艾伦目前是新西兰梅西大学工程与先进技术学院的名誉教授。他在综合管理、产品管理、咨询和学术研究上拥有 40 多年的经验。众多国际组织在创新管理方法研究、教学和应用上的成果为艾伦提供了丰富的知识和经验，尤其是产品创新管理实践、流程和技术等方面。

2007 年，艾伦参与组建了 PDMA 新西兰分会，并出任总裁，任期到 2011 年 12 月。2015 年前，他一直担任 PDMA 亚太区副总裁。2016 年至 2019 年，他出任 PDMA 总裁兼主席。艾伦是 NPDP 持证者，也是 NPDP 认证培训师。对产品创新教育的热情促使他将 PDMA 新产品开发专业人士（NPDP）认证推广到中国、印度和印度尼西亚等国家。

2016 年，他组织编著了《产品经理认证知识体系指南》第 1 版，该版是后续第 2 版和第 3 版的基础。

查德·麦克奥利斯特, PhD, PMP, NPDP, CIL

查德是业界公认的 40 位产品管理影响力人物和 10 位创新博客博主之一，也是 Product Mastery Now（排名前 1%的商业播客）的主持人。2014 年以来，该播客一直深受数千名产品经理、领导者和创新者的欢迎。查德每周都会进行一次有价值的讨论，主题围绕产品管理者如何取得成功。

凭借 30 多年产品管理经验，他帮助产品经理和领导者管理产品，为客户及其组织创造更大的价值。他经常与产品团队合作，帮助他们实现更高的绩效。他还在波士顿大学、科罗拉多州立大学、弗雷德里克顿的大学和其他大学教授产品和创新管理研究生课程。他拥有电气工程双学位、创新专业博士学位，是 PMP、NPDP 和 AIPMM（认证创新领导者）持证者。

厄尼·哈里斯

30 多年来，厄尼一直致力于软件和服务行业的产品创新。厄尼是佛罗里达州 PDMA 坦帕分会创会成员。自 2007 年加入 PDMA 以来，他担任了多项职务。厄尼主持了 PDMA 国际创新会议，成立了多个分会，并担任 PDMA 董事会的财务主管。2019 年，他当选为 PDMA 总裁兼主席。通过教育和认证，他持续推动 PDMA 在国际上的发展。他与董事会和其他人密切合作，将 PDMA 推广到土耳其、埃及等国。厄尼是 NPDP 持证者，也是全球 NPDP 认证考试委员会成员。他曾代表 PDMA 作为公认的创新领导者，就中国的创新管理最佳实践发表演讲。

厄尼目前担任一家领先的管理咨询公司总裁兼首席运营官，该公司为美国大大小小的公司提供员工福利管理解决方案。

致　谢

PDMA 知识体系建立在 40 多年来对产品创新和产品管理中"最佳实践"的研究和应用基础之上。为 PDMA 知识体系的发展做出贡献者为数众多，无法一一列举。牛顿曾说："如果我看得更远，那是因为我站在巨人的肩膀上。"感谢所有将本书付诸现实的"巨人"们。

特别鸣谢以下直接参与本书编著的人员。

第 2 版各章作者名单

Stephen Atherton, NPD

Carlos M Rodriguez, PhD, NPDP

Teresa Jurgens-Kowal, PhD, PMP, NPDP

Allan Anderson，PhD, NPDP

PJean-Jacques Verhaeghe, MBA-LS, PMP, NPDP

Karen Dworaczyk, BS (chemeng), NPDP

Jerry Fix, B.S., MBA, NPDP

第 1、2、3 版贡献者名单

Aruna Shekar, PhD

Brenna Leever, BS Design

Brian Ottum, PhD

Chad McAllister, PhD, PMP, NPDP

Charles H Noble, PhD

Doug Collins, MBA

Ernie Harris, NPDP

Greg Coticchia, MBA

Jack Hsieh, NPDP

Jama L Bradley, PhD, PMP, NPDP

Jelena Spanjol, PhD

楼政, MBA, NPDP, PMP

Mark Adkins, NPDP

Mark Tunnicliffe, PhD

Martijn Antonisse, PhD, NPDP

Nikhil Kumtha, MBA, PMP

Peter Bradford, MSTC, NPDP

Sophie Xiao, PhD

Steve Johnson, Pragmatic CPM

Susan Burek, MS, NPDP

Vicky Zachareli, MSc, MBA

感谢以下为本书提供应用案例（案例详见附录）的作者

Allan Anderson 提供了全球乳制品公司案例

Mark Adkins 提供了 LeanMed 公司案例

Jessica Braddon-Parsons, Errol Chrystal, Afnan Kayed, Jacob Patrick 提供了 Stingray（黄貂鱼）消防员通信设备案例

Simon Barnett 提供了 OBO 曲棍球场地装备公司案例

Chad McAllister 提供了 Adobe 公司的 Kickbox 和 rready 公司案例

Sally E. Kay 提供了杰出创新企业奖案例

目录

第1章

产品创新管理

在整个产品生命周期运用高效管理实践
实现产品创新收益最大化。

↘ 本章学习重点

　　本书对产品创新进行了全面的阐述，从定义清晰的战略目标到选择平衡的产品组合，再到成功交付新产品成果的整个流程。支持这个产品创新整体框架的是设计和开发、市场调研、商业分析、文化、团队和领导力的相关工具。广泛的活动需要对众多专业知识进行整合，使得产品创新管理非常复杂且具有挑战性。本章我们将介绍产品创新成功的关键因素，以及从战略规划到初始产品概念，再到产品上市及其整个生命周期所需的产品创新管理内容。

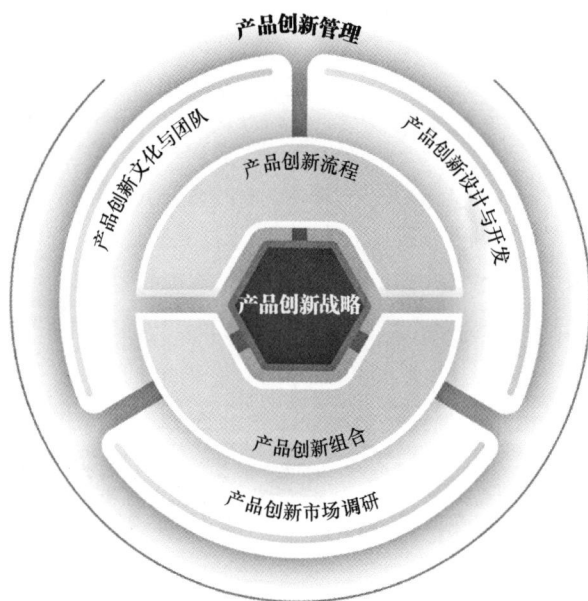

↘ **本章内容一览图**

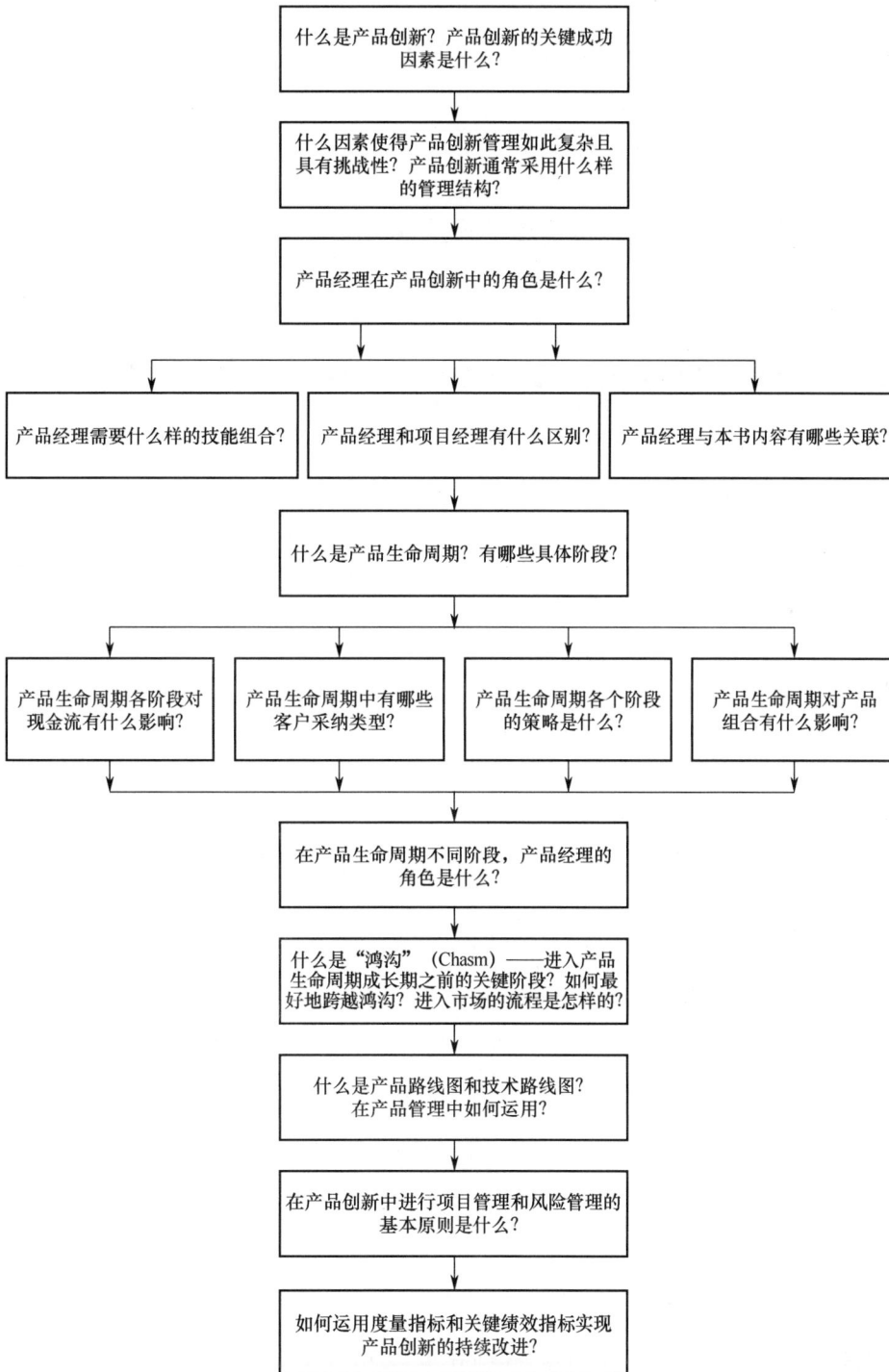

什么是产品创新？产品创新的关键成功
因素是什么？

什么因素使得产品创新管理如此复杂且
具有挑战性？产品创新通常采用什么样
的管理结构？

产品经理在产品创新中的角色是什么？

产品经理需要什么样的技能组合？　　产品经理和项目经理有什么区别？　　产品经理与本书内容有哪些关联？

什么是产品生命周期？有哪些具体阶段？

产品生命周期各阶段对
现金流有什么影响？　　产品生命周期中有哪些
客户采纳类型？　　产品生命周期各个阶段
的策略是什么？　　产品生命周期对产品
组合有什么影响？

在产品生命周期不同阶段，产品经理的
角色是什么？

什么是"鸿沟"（Chasm）——进入产品
生命周期成长期之前的关键阶段？如何最
好地跨越鸿沟？进入市场的流程是怎样的？

什么是产品路线图和技术路线图？
在产品管理中如何运用？

在产品创新中进行项目管理和风险管理的
基本原则是什么？

如何运用度量指标和关键绩效指标实现
产品创新的持续改进？

1.1 什么是产品创新

为了更好地理解产品创新，我们将该词拆为两部分。

创新是创造和变现的组合，如图 1.1 所示。

产品创新的定义是，创造并推出新的产品（服务）或现有产品（服务）的改进版。

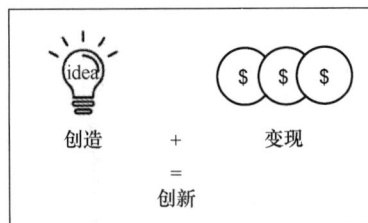

图 1.1   创新是创造和变现的组合

产品创新的范围从战略方向到组合管理，从单个项目管理到商业化，具有高度复杂性。产品创新的影响因素十分广泛，有些因素是组织可控的，有些因素则不可控：

- 可控因素——公司文化、战略、能力、组织和财务等。
- 不可控因素——竞争对手、政府政策和国际环境等。

产品创新涉及各类相关方：

- 内部相关方——董事会、高级管理层、营销、销售、工程/开发、生产、财务和采购等。
- 外部相关方——顾问、供应商、监管部门、代理商、客户/消费者等。

产品创新的成功很少来自偶然。来自多方面的报告表明，新产品上市失败率在 70%～90%（Catstellion 和 Markham，2013；Kocina，2017；Schneider 和 Hall，2011)。更令人吃惊的是，投入产品创新的大部分资金和人力资源，都投在了那些上市后注定失败的产品上。

产品开发与管理协会 2021 年最佳实践调查的结论是，组织"要想在竞争中活下来，必须不断改进其新产品开发能力"（Knudsen 等，2023）。

1.1.1　不同行业和产品领域的差异性

本书重点介绍可普遍应用于所有行业和产品领域的基本框架和核心原则。战略规划、产品组合管理、定义明确的产品创新流程、适当的设计和开发工具、客户之声以及全面的创新文化和环境，是产品创新成功的基础，不受行业和产品领域的限制。这些基本框架和核心原则的具体应用会因不同行业和产品领域而不同，甚至同一领域内的不同组织也不同。每个组织都要寻求运用最适合该组织的做法。

产品创新管理的核心原则

本书尽管提供了在不同领域应用各种做法的案例，但通篇的重点是，帮助读者理解产品创新管理的核心原则，并鼓励读者探索如何在其特定情境下最好地应用这些原则。

1.1.2　产品创新关键成功因素

产品开发与管理协会开展的产品创新标杆研究（Markham 和 Lee，2013；Knudsen 等，2023）指出了产品创新最佳公司所具备的独特因素：

（1）创新文化方面，最佳公司：

- 理解创新失败。
- 管理者树立目标。
- 招聘时考察创新能力。
- 使用外部资源。
- 重视创新并承担风险。
- 鼓励建设性冲突。
- 有效的内部沟通。

（2）新产品战略方面，最佳公司：

- 制定清晰的新产品战略，并用其指导所有产品创新活动。
- 采用"率先上市"战略。
- 更关注可持续性开发。

- 更关注知识产权。
- 采用全球化的业务模式（在多个国家开展业务）。

（3）组合管理方面，最佳公司：

- 运用组合管理工具选择项目并确保项目之间保持持续平衡。
  - — 激进式与渐进式创新项目。
  - — 低风险与高风险项目。
  - — 新市场与现有市场项目。
- 应用专业的组合管理工具。
  - — 评分模型。
  - — 战略桶。
  - — 财务模型。

（4）产品创新流程方面，最佳公司：

- 使用正式的跨职能流程。
- 持续对流程进行再设计。
- 使用定制的流程结构驱动产品创新。
- 根据产品类型灵活选用流程。
- 有高层管理者理解并支持产品创新流程。

（5）创新前端方面，最佳公司：

- 投入更多的精力来理解客户需求。
- 使用正式流程进行创意评估（认识到在早期阶段做出正确决策的重要性）。
- 使用开放式创新来收集和生成新创意。
- 使用社交媒体（论坛、博客、创新驿站、维基百科）收集客户信息和意见。

（6）开发工具方面，最佳公司：

- 更多地使用市场调研工具。

- 更频繁地使用工程设计工具。

- 更加重视项目规划工具。

（7）衡量（Measure）与度量指标（Metrics）方面，最佳公司：

- 使用正式的度量指标来衡量和报告新产品绩效。

- 不仅衡量创新结果，也衡量创新过程。

  — 创新结果，比如，过去 5 年产品创新带来的利润。

  — 创新过程，比如，里程碑准时率和上市时间。

- 将度量指标作为学习和持续改进的依据。

库珀（Cooper，2023）在产品开发与管理协会的《创新与新产品开发手册》（第 4 版）（Bsteiler 和 Noble，2023）的第 1 章，深入讨论了成功者与失败者的区别。他将成功的诸多驱动因素概括为三个主题，如表 1.1 至表 1.3 所示：

- 单个新产品项目的成功驱动因素。

- 组织和战略层面的成功驱动因素。

- 正确的体系、流程和方法论。

表 1.1　单个新产品项目成功的驱动因素

驱动因素	具体描述
1．产品优势	独特而卓越的产品——为客户提供独特利益和引人注目的价值主张的差异化产品，以及"智能化产品"的作用
2．客户之声	基于客户之声——市场驱动、以客户为中心的新产品开发
3．前期工作	在开发启动前进行尽职调查
4．产品定义	尽早进行清晰的、基于事实的产品定义，以避免范围蔓延和规格不稳定；带来更高的成功率以及更快的上市速度
5．迭代开发	在项目中构建一系列"构建—测试"迭代；尽早且频繁地将产品展示给客户，以确认在做正确的产品；对产品技术版本进行尽早的、频繁的验证
6．速度和节奏	重视开发速度和上市时间、进入市场的时机和节奏（率先上市）
7．敏捷	响应变化并对组合中的项目快速进行调整；响应客户需求的不断变化；对初始行动计划灵活调整的能力
8．高效上市	经过精心策划、妥善执行的上市行动，由坚实的、资源充足的营销计划推动
9．全球导向	一个全球化的或"全球本地化"（基于全球市场设计平台，并根据本地市场进行调整）的产品，瞄准国际市场（与为满足本国需求设计产品相反）
10．成功欲	渴望成功、努力追求成功——成功是一个自我实现的预言：如果项目团队成员渴望成功，就会获得能量，从而实现成功

表 1.2　组织和战略层面的成功驱动因素

驱 动 因 素	具 体 描 述
1. 产品创新战略	制定各个业务的产品创新战略：清晰的新产品开发目标；定义战略领域（市场、产品类型），以便业务部门聚焦新产品开发资源；制定产品路线图以定义未来产品的关键节点
2. 聚焦可持续性	社会责任、可持续性和绿色导向；推出绿色新产品
3. 核心竞争力杠杆	杠杆力、协同力和亲和力：使公司核心竞争力与项目资源需求高度匹配，从而获得竞争优势
4. 瞄准有吸引力的市场	瞄准具有长期潜力的、大型的、增长中的、高需求的市场；避免进入利润低、价格竞争为主的高度竞争市场
5. 资源	为项目提供充足的资源；拥有专门的项目团队
6. 高效的团队	跨功能团队，拥有恰当的技能和能力强大的团队领导者；项目目标和责任明确
7. 整合供应链	将供应链纳入新产品项目；与供应商保持良好沟通；向供应商寻求创意和解决方案
8. 创新文化和氛围	适当的环境——有支持创新活动、承担风险和自由实验的氛围；同时：奖励团队和创意者；为创造性工作提供时间；不介入团队微观管理
9. 组织设计	有机的组织结构——执行任务时具有流动性和灵活性，开放的沟通渠道，分散的决策权，很少的正式流程
10. 高层管理	致力于新产品开发的变革型领导力；制定组织的愿景、使命、新产品开发目标和创新战略；为新产品开发投入必要的资源；参与新产品流程，做出通过/终止决策，并支持有决心的产品"冠军"

表 1.3　正确的体系、流程和方法论

驱 动 因 素	具 体 描 述
1. 新产品从创意到上市的门径流程	有效的门径流程：一个分阶段、有规则的从创意到上市的体系，如阶段门，定义了明确的"通过/终止"决策点、阶段或门，确保成功驱动因素和最佳实践能够嵌入
2. 组合管理	聚焦（做更少的项目），做出坚定的项目选择决策（选择更好的项目，获得正确的组合和项目平衡）；使用有效的组合和项目选择方法
3. 加速开发	包括精益开发、"构建—测试"迭代、敏捷开发。同时运用其他成功驱动因素，如创新氛围、有效的跨职能团队、为项目分配充足的资源（项目优先级排序、资源聚焦）
4. 将敏捷纳入新产品流程	借鉴软件领域的敏捷方法，应用于实体产品（包括冲刺、Scrum、演示、回顾、新角色，以及敏捷价值观、敏捷心智等）
5. 高效的创意生成	使用客户之声方法，开放式创新和协作开发，领先用户分析，战略方法，设计思维等

1.1.3　产品创新成功因素研究综述

　　还有多项关于产品创新成功因素的研究，包括库珀和克莱因施密特（Cooper 和 Kleinschmidt，2010，2015）的研究、莱斯特（Lester，2016）的研究，以及蒙托亚-韦斯和卡兰托尼（Montoya-Weiss 和 Calantone，1994）的研究等。研究结论不尽相同，但的确存在显著的共性。卡恩等（Kahn 等，2013）的一篇文章对这些共性因素进行了综合，这些成功因素被归纳为三个主题：项目方面、人员和环境方面、组织和战略方面。

（1）关键成功因素——项目方面：

- 独特、卓越的产品。

- 强烈的市场导向。

- 做好开发前工作。

- 尽早、清晰、稳定的产品定义。

- 对产品上市做好规划、备好资源。

- 高质量实施从创意到上市流程的关键活动。

- 速度快，但不以牺牲质量为代价。

（2）关键成功因素——人员和环境方面：

- 项目团队的组织方式。

- 良好的环境：文化和氛围。

- 高级管理层的支持。

（3）关键成功因素——组织和战略方面：

- 制定产品创新和技术战略。
- 利用核心竞争力杠杆。
- 瞄准有吸引力的市场。
- 良好的组合管理。
- 必备的资源。

1.2 管理产品创新

显然，管理产品创新既有多样性又有挑战性。对于产品创新的复杂性，约翰逊（Johnson，2017）用石英开放框架（Quartz Open Framework）进行了概括，如图 1.2 所示。该框架的六个关键要素是连接、发现、承诺、描述、创造和交付，并且所有要素都指向学习和持续改进，这对于持续交付成功产品至关重要。这些产品创新管理关键要素还将在第 1.10 节深入讨论。

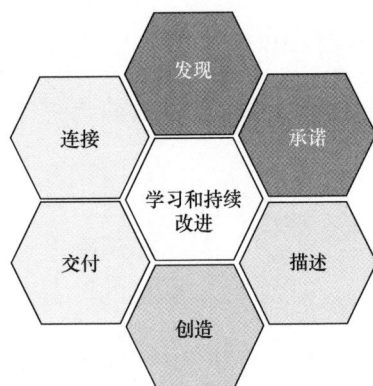

图 1.2　石英开放框架

（1）连接：

- 监控成功指标。
- 监控市场反馈。
- 监控客户使用情况。
- 进行流程回顾。

（2）发现：

- 审查市场反馈。
- 进行问题发现。
- 将问题与人物角色隔离开。
- 创建产品愿景画布。

（3）承诺：

- 高管团队参与进来。
- 创建业务交付物。
- 定义成功标准。
- 获得下一步行动的批准。

（4）描述：

- 技术团队参与进来。
- 将设想或梦想变成路线图。
- 描述人物角色和问题。
- 定义验收标准。

（5）创造：

- 明确交付物优先级。
- 明确验收标准。
- 沟通项目状态。
- 减少干扰和变更。

（6）交付：

- 走向市场，团队参与。
- 确定发布活动。
- 制订准备计划。
- 明确交付物优先级。

1.2.1 如何管理产品创新

管理产品创新的组织形式在不同公司之间差别很大，取决于公司规模、产品范围和地理分布。

（1）公司规模：中小型公司主要由首席执行官来管理创新。这在基于创始人创新的初创公司尤为明显，创始人负责管理公司，只有少量支持人员。这时，产品创新管理的角色常常与首席执行官的角色相提并论，因为其职责范围很广，且涉及跨部门整合。然而，随着组织规模的扩大，这种情况迅速改变，创始首席执行官将更专注于优化运营，而较少关注创新。

（2）产品范围：产品范围越多元，越需要将产品创新管理的某些职责进行授权。例如，如果某公司将产品范围扩展到技术专业性更强的领域，那么产品创新流程中就要有专家来负责技术交流。同理，如果某公司服务于多个细分市场，就需要细化配置产品创新角色。例如，一家医药公司，直面消费者的业务与面向医疗从业者的业务，就需要配置不同角色。

（3）地理分布：拥有多元市场的公司肯定要为各个市场专门开发产品或针对单个市场修改现有产品。由了解该市场的人负责该市场的产品创新，好处是显而易见的。

无论组织的内部和外部环境如何，重视图 1.2 所示的产品创新管理关键要素，对于长期成功至关重要。

1.3　产品经理

产品创新管理职责涉及众多的职位头衔——中小型公司的首席执行官，大型公司的创新副总裁、产品创新经理、品牌经理、产品经理等。当前，产品经理角色在全球范围内越来越重要，产品经理职位越来越受欢迎，薪水高、发展机会多。在 Glassdoor 2022

年美国最佳工作排行榜上，产品经理位列第十，平均工资堪比许多专业职位（Glassdoor，2022）。

产品经理既负责产品规划也负责产品营销，包括整个产品生命周期的管理，收集产品要求和客户需求并确定优先级，定义产品愿景，并与工程部门密切合作以交付成功的产品。

Mind the Product 策展人马丁·埃里克松（Martin Eriksson）将产品管理描述为商业、用户体验和技术之间的交集，如图 1.3 所示（Eriksson，2011）。优秀的产品经理至少在上述三个方面中的一个方面具备经验，并对所有三个方面都深感兴趣，能够与这三个方面的专家合作并向他们学习。正如硅谷产品集团（Silicon Valley Product Group）的联合创始人、拥有 30 年产品管理经验的马蒂·卡根（Marty Cagan）所说："产品经理的工作是发现一款有价值的、可用的、可行的和可能的产品。"（Cagan，2017）

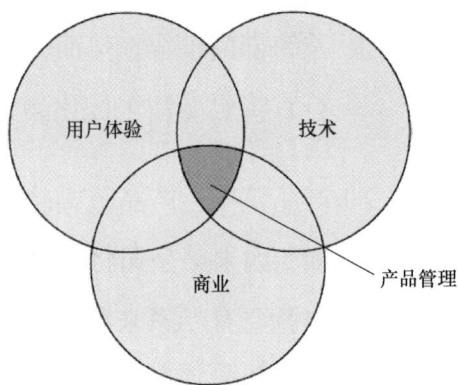

图 1.3　产品管理是三者的交集

（1）商业：首先也是最重要的，产品经理的职责是向客户销售产品、获得收入，从而为所在的组织提供价值。实现商业目标是至关重要的，因为只有商业成功才能确保公司有能力达成目标和茁壮成长，并将价值回报给公司所有者和股东等。

（2）用户体验：用户体验（User Experience，UX）通常与界面设计、人因设计等有关，但这些设计只是用户体验的一部分，用户体验的最终目的是理解客户，理解客户想完成的任务，理解客户试图去解决的问题。产品经理不必是全职设计师，但产品经理的确需要抽出大量时间与客户一起，才能洞察到真实体验。

（3）技术：产品经理不仅要对正在"做什么"有一定程度的理解，而且要对"如何做"有一定程度的理解。他们不必是工程师或开发人员，也不一定需要知道如何编程或设计印刷电路板，但他们必须对这些工作有一定程度的理解，确保他们与开发人员和工程师有共同的交流语言。

产品经理是创造内部和外部的产品愿景并从零开始领导产品创新的人。产品经理制定定位战略并在整个产品创新流程中与团队及利益相关方合作。

产品经理的主要职责有：

- 理解客户体验。
- 制定愿景。
- 确定流程和活动的优先级排序。
- 负责产品定价和定位战略。
- 与利益相关方谈判。
- 制定并执行路线图。
- 组建产品测试小组。
- 推动产品上市。
- 参与促销计划的制订。
- 在产品团队的各个层面建立和维护产品意识。

产品经理负责将创意变为现实并将其商业化。产品经理的工作内容包括提供评估创意的方法并指导产品创新流程。产品经理对产品上市结果负有最终责任。很难用具体的、量化的指标来衡量所有这些活动，但有一些关键指标，如盈利、用户参与度和用户满意度。这些指标因公司和行业而异。有些产品经理主要关注开发、编写规格书并监督开发进度，而有些产品经理则关注营销和销售，方式是制订营销计划和培训销售团队。

产品经理看起来像在做行政管理工作，而不是真正在"做出"某个东西，但事实并非如此。他们始终在努力改进现有产品，分析数据，进行市场调研，与客户讨论，观察行业趋势。最终，产品经理必须做出艰难的决策，决定要开发或改进哪些产品，如何为产品定价，如何在客户中定位产品，以及如何引导产品实现商业成功。

1.3.1　产品经理的技能组合

我们已经强调了产品创新的范围和复杂性。显然，产品经理必须具备应对这种广泛范围和复杂性的技能与经验。产品经理的技能组合包括：

- 理解产品以及相关联的客户需求。
- 市场知识。
- 创新意识。
- 战略思维。

- 技术知识。
- 专家沟通技巧。
- 关系管理。
- 理解用户行为。

- 同理心。
- 向团队所有成员解读商业和技术要求的能力。
- 度量产品成功的能力。

1.3.2　产品经理与项目经理

产品经理和项目经理的差异主要是由产品和项目的定义决定的。

产品是一种满足特定群体（也称目标市场）需求的商品。产品可以是任何东西，如软件、重型机械、药品、化妆品等。它甚至包括如咨询或银行业务等服务。每个产品都从最初的创意开始，经过验证、开发、测试、市场发布，最终在市场上经历导入、成长、成熟和衰退的整个周期。

项目是为了完成特定目标而组织的一系列任务。项目有结果和可交付成果，可以是任何东西，从网站改版到新的内部流程。

产品管理的目标是管控组织内部的产品开发，包括管理产品生命周期的方方面面。

项目管理帮助团队组织、跟踪和执行项目中的工作，包括管理利益相关方、任务和进度；确保项目顺利完成，以及实施成功所需的工具。

表 1.4 总结了产品经理和项目经理的关键差异因素。

表 1.4　产品经理和项目经理的关键差异因素

	产　品　经　理	项　目　经　理
关键作用	负责所有产品需求，涵盖从孕育到退市的整个生命周期，确保与组织战略保持一致	负责所有项目需求，通过分配确保项目按时、按预算、按规格完成
关注重点	产品战略	任务协调
重要任务	协调所有职能聚焦于产品整个生命周期的需求。衡量绩效并不断学习、持续改进	计划并定期监控任务和资源，以确保项目按时、按预算、按范围成功完成
成功标准	实现项目预期投资回报。保持新产品对组织的良好利润贡献，与战略保持一致。实践和流程的持续改进	积极的团队环境和绩效。团队内部和团队之间的高水平沟通。对标预测值高标准持续报告项目进度。按时、按预算、按范围完成项目

1.3.3　PDMA 知识体系中产品经理的角色

PDMA 知识体系为负责产品创新管理的人（通常是产品经理）提供了框架和具体工具。下面简要讨论本书各章节与产品经理的关联性。

第 2 章——产品创新战略：新产品和产品迭代在几乎所有组织都是增长的基础。产品组合和产品创新对组织增长至关重要，理应成为公司战略的关键组成部分。产品经理直接负责或密切参与战略制定，确保产品创新举措与组织目标之间的高度一致性。

第 3 章——产品创新组合：产品经理的关键职能之一是监督或直接管理产品组合。产品组合提供了组织当前和未来发展的收入来源。管理该组合需要严格遵循组织的目标和战略，以实现公司级新产品、产品线延伸、产品/品牌刷新等类型产品创新项目的平衡。

第 4 章——产品创新流程：该章提出了多种流程，用以优化产品创新的效率和效果。每个流程都有其优点，但没有任何单一流程能适用于所有情境。对流程或流程组合的选择和实施是产品创新管理的关键职能。

第 5 章——产品创新设计与开发：本书提供了大量工具来支撑产品管理决策。该章的工具聚焦于提高产品创新设计与开发工作的效率和效果。对最适合工具的选择、掌握和运用是优化设计和开发产出的重要工作。

第 6 章——产品创新市场调研：产品成功源自对顾客需求的清晰理解，并以顾客容易接受的方式交付这些产品。该章提供了众多市场调研工具，用于深入洞察顾客的显性需求和隐性需求。在产品创新流程的不同阶段选择和运用正确的市场调研工具，对于尽最大努力确保产品成功十分必要。

第 7 章——产品创新文化与团队：长期研究表明，组织环境和文化对产品创新成功至关重要。产品创新管理十分复杂，特别需要各个职能、各个专业人员的投入。多功能团队的形成、发展和领导，清晰有效的沟通渠道，都是产品管理的重要内容。

1.4　产品生命周期

什么是产品生命周期？如何在整个生命周期管理产品创新？

1.4.1　产品生命周期引论

大多数营销文献将产品生命周期（Product Life Cycle，PLC）定义为导入、成长、成熟和衰退四个阶段，这是大部分产品必然会经历的阶段。在本章，我们扩展了该定义，纳入开发（或产品创新）和退市两个阶段。产品创新不仅对产品诞生至关重要，而且应该贯穿产品整个生命周期，直到产品从市场上退出。这对于本知识体系十分重要，因为它既强调了产品诞生，也强调了产品创新对于产品生命周期的持续贡献。产品生命周期六个阶段如图 1.4 所示，简要描述如下。

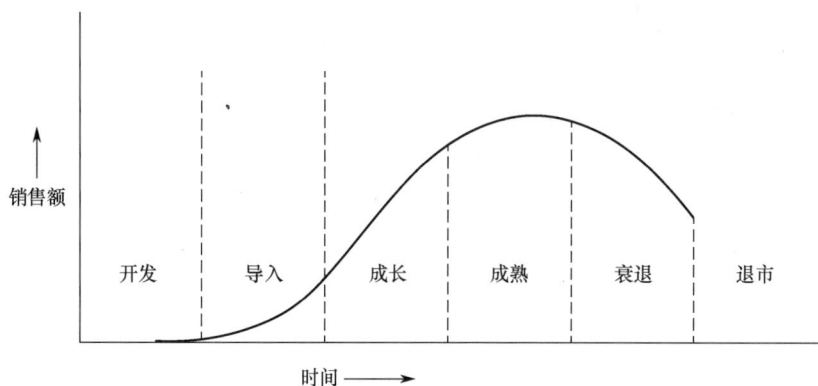

图 1.4　产品生命周期六个阶段

（1）开发阶段：产品创意生成，深度概念开发、设计和测试，商业分析，启动上市。

（2）导入阶段：产品生命周期的第一阶段，公司努力提升产品或服务的知晓度，市场竞争少或无竞争。

（3）成长阶段：产品在市场上建立了立足点，客户知晓度大幅提高，市场上出现少量竞争，销售额开始增长。

（4）成熟阶段：竞争对手进入市场，尽管总的市场规模在扩大，但市场份额会下降，导致生命周期曲线进入"平坦期"。

（5）衰退阶段：竞争加剧，产品因为缺乏新颖性和差异性导致销售额下降。

（6）退市阶段（也称生命周期结束阶段）：退市源自公司做出产品退出市场决策。产品退市有各种原因，比如，技术变化使产品过时，竞争压力使产品不再可行，产品无法达到收入目标，产品进入盈利阈值等。

1.4.2　产品生命周期各阶段对现金流的影响

（1）开发阶段：组织识别机会、规划产品并配置资源来开发产品以实现商业化并带来收入。该阶段为投资阶段，现金流为负值。

（2）导入阶段：产品几乎没有竞品。然而，在该阶段的现金流仍然常常为负的，因为销售收入低于产品的销售成本。

（3）成长阶段：产品更加受欢迎和可识别。尽管组织可能会继续在促销和产品差异化方面进行投资，但销售收入远远高于成本，从而产生显著的正现金流。

（4）成熟阶段：现金流为正值。规模经济带来单位成本降低，盈利能力提升。随着产品越来越走向成熟，竞争加剧，需求变得更具价格弹性，导致价格下降和利润率下降。

（5）衰退阶段：产品销量开始下降，组织需要就如何处置产品做出艰难的决策。现金流下降，任何新增投资都不会推动销售增长。停止投资并转向专注其他产品。

（6）退市阶段：现金流为零。

图 1.5 描绘了整个产品生命周期中预计的现金流情况。

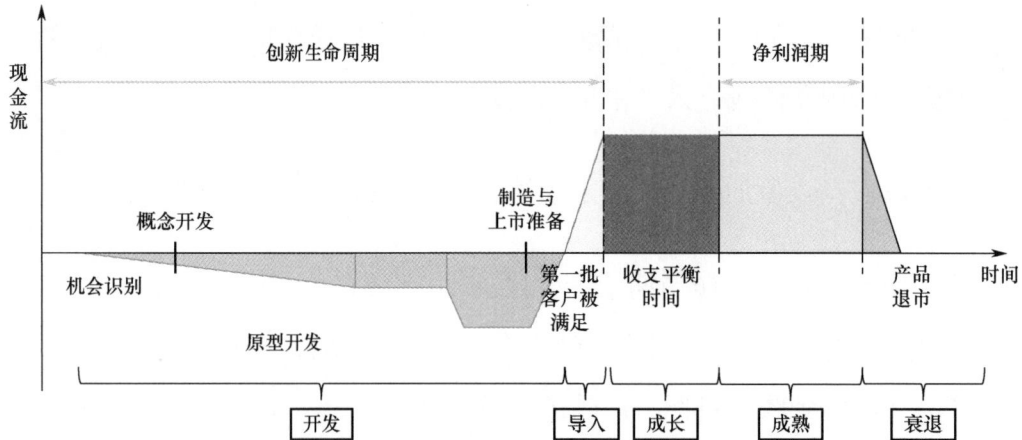

图 1.5　整个产品生命周期中预计的现金流情况

1.4.3　产品生命周期的长度和形态

产品生命周期的长度因行业、产品和市场因素而异。技术变革速度、市场接受速度以及新竞争者进入市场速度都会影响产品生命周期的形态。在某些情况下，产品可能在几个月内就经历了整个生命周期的各个阶段。在其他情况下，产品生命周期可能持续数年。但几乎在所有情况下，产品生命周期正在变得越来越短，如图 1.6 所示。影响这一趋势的因素有：

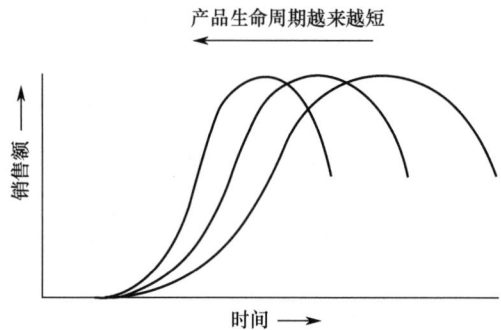

图 1.6　产品生命周期越来越短

- 客户的要求越来越多。
- 竞争加剧。
- 技术不断变革与改进。
- 全球化交流日益频繁。

产品生命周期的缩短给几乎所有产品都带来如下压力：

- 组织必须持续更新产品，包括新产品，也包括现有产品的调整和改进。
- 战略管理要贯穿整个产品生命周期，通过改进（新特性、功能改进、成本降低、品牌提升等）来延长产品寿命，重新激发消费者的兴趣并提升销量，如图 1.7 所示。

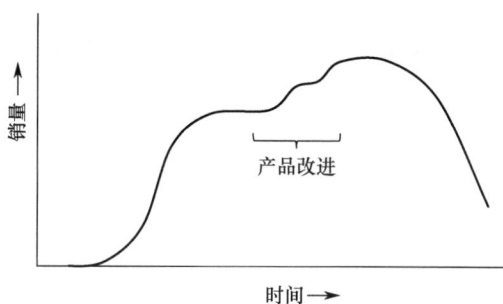

图 1.7　产品改进以延长产品生命周期

1.4.4　顾客对新产品的采用

罗杰斯（Rogers）在 1962 年提出，人们采用新产品或新创意有五种不同的类别。基于承受风险的意愿程度，采用者被划分为五种类别：创新者、早期采用者、早期大众、后期大众和落后者。在后面讨论的图 1.10，你会看到这些类别叠加到一个模型上。

创新者是尝试新产品的第一批人。他们通常是早期采用者中更愿意承担风险的人。他们常常是各自领域的思想领袖和意见领袖。这个群体通常很小，占客户总数不到 5%。创新者对产品采用过程非常重要，因为他们帮助创造出了对新产品的认知。

早期采用者是尝试新产品的第二批人。他们通常是各自领域的意见领袖，通常比创新者更厌恶风险，但仍然愿意承担一些风险。这个群体占客户总数的 15%～20%。在产品生命周期中，早期采用者尤为重要，因为他们帮助验证了新产品并在其成为主流之前采用了它。他们的认可有助于增强消费者信心，并鼓励更多人尝试该产品。

早期大众是尝试新产品的第三批人。他们通常比早期采用者更厌恶风险，并且只有在新产品得到同行验证后才会采用。早期大众被认为是价值购买者，因为他们会等到确定能从新产品中获得价值时才会采用。这个群体约占客户总数的 35%。早期大众对于获得主流市场的采用至关重要。

后期大众是尝试新产品的第四批人。他们比早期大众更厌恶风险，只有在新产品被广泛接受后才会采用。这个群体约占客户总数的 35%。后期大众有助于巩固新产品在市场上的地位。

落后者是尝试新产品的最后一批人。他们通常最厌恶风险，只有在绝对需要且没有其他选择的情况下才会采用新产品。这个群体约占客户总数的 15%。尽管他们进入市场较晚，但他们在产品销售和盈利能力方面为产品增添了"锦上添花"的效果。

1.5 管理产品生命周期

产品生命周期的每个阶段都需要不同的战略。表 1.5 描述了各阶段的情境以及营销组合要素包括产品、价格、分销和促销等方面采取的战略。

表 1.5 在整个生命周期管理产品

生命周期阶段	情　境	战　略
开发阶段	• 新产品从概念到上市阶段 • 所需投资:研发、市场测试、资本设备、发布	• **概念选择**：根据产品组合标准 • **概念开发与设计**：规格要与生产、营销和消费者约束一致 • **商业分析**：投资回报率 • **原型开发与测试**（功能和可用性） • **市场测试** • **营销组合设计**：与产品概念（分销、促销、价格）一致 • **上市计划**
导入阶段	• 销量低 • 单位客户成本高 • 财务亏损 • 客户属于创新者 • 竞争对手少（如果有）	• **产品**:建立产品品牌和质量标准，并对知识产权（如专利和商标）进行保护 • **价格**:采用渗透定价（低定价）以获取市场份额，或撇脂定价（高定价）以回收开发成本 • **分销**：对销售渠道进行选择，直到消费者接受该产品 • **促销**：瞄准早期采用者。通过沟通获得产品知晓度，并使潜在消费者了解产品
成长阶段	• 销量增加 • 单位客户成本下降 • 利润上升 • 客户数量增加 • 竞争对手增多	• **产品**：保持产品质量，并增加新特性和支持服务 • **价格**：组织获得增量需求的同时竞争较少，保持定价 • **分销**：随着需求增加、更多客户接受产品，增加分销渠道 • **促销**：面向更广泛的受众进行推广
成熟阶段	• 销量达到峰值 • 单位客户成本稳定 • 利润高 • 大众市场 • 竞争对手数量稳定	• **产品**：增强产品特性，以与竞争对手产品形成差异化 • **价格**：新的竞争对手加入导致价格降低 • **分销**：渠道更加密集，并可能提供激励措施以扩大市场 • **促销**：强调产品的差异化和新特性的增加

（续表）

生命周期阶段	情　境	战　略
衰退阶段	• 单位客户成本较低 • 销量下降 • 利润下降 • 客户基础收缩 • 竞争对手减少	• **维持产品**：通过增加新特性和发现新用途来恢复产品活力 • **产品收割**：降低成本，继续提供产品，但要面向忠诚的利基市场 • **产品停产**：清理库存，或将产品出售给其他组织
退市阶段	• 技术变革使产品过时 • 竞争压力使产品无利可图	• **完全退市**：不替换产品，完全从市场上退市 • **产品替换**：用新版本替换产品

1.5.1　产品生命周期对产品组合的影响

产品生命周期不同阶段的管理战略，强调了产品改进、增加新特性、延伸产品线和降低成本的重要性，所有这些必须在新产品组合中予以考虑（在第 2 章深入讨论）。总体业务战略和创新战略为产品组合管理提供了方向和框架。这些战略决定了各类新产品的优先级，包括：

- 世界级新产品或公司级新产品。
- 产品线延伸型新产品。
- 降低成本型新产品。
- 改进型新产品。

公司级新产品及产品线延伸型新产品可为公司带来新产品，**降低成本型新产品和改进型新产品**可作为产品生命周期管理的必备工具，用来更新产品并延长产品生命周期。

"什么定义了产品"，这个问题从经典的产品生命周期描述来看十分有意思。以苹果手机（iPhone）为例，iPhone 本身是产品，还是 iPhone 2G、iPhone 3G、iPhone 2······iPhone 13 等不同迭代型号是产品？答案是：iPhone 本身有一个生命周期，每个型号也有各自的生命周期，各型号周期叠加延长了 iPhone 本身的生命周期。通过增加特性和发布新型号来延长产品生命周期，已成为大多数公司产品组合的重要内容。

更高频度的产品特性提升和改进趋势，尤其是电子、软件和互联网行业，对加快上市速度和缩短产品创新周期等提出了更大挑战。反过来，产品创新战略也在极大地影响新产品流程，大大推动了敏捷和精益方法的应用。

除了确保产品品类之间的平衡，组合管理还必须认识到在整个产品生命周期保持产品数量平衡的必要性。显然，如果处于导入阶段或上市阶段的产品比例过高，组织会承受巨大的财务压力；如果处于衰退阶段的产品比例过高，组织就不会有光明的未来。图 1.8 描述了整个产品生命周期的产品分布。

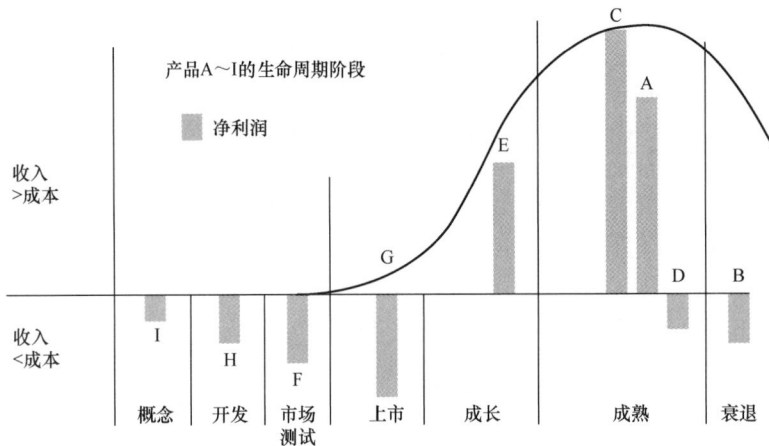

图 1.8　整个产品生命周期的产品分布

1.5.2　产品经理在产品生命周期中的角色

产品生命周期对营销策略、营销组合和产品创新都有显著影响。产品经理在指导产品生命周期方面发挥着关键作用。在产品生命周期的各个阶段，产品经理承担着不同的职责，但始终着眼于最大限度地实现产品成功（包括收入、市场份额、客户满意度等关键绩效指标），如图 1.9 所示。

图 1.9　产品经理在产品生命周期中的角色

↘ 导入阶段

在导入阶段，产品经理的角色会因产品类型的不同（如产品线延伸型新产品、公司级新产品和世界级新产品）而有所不同。一般来说，产品经理的角色包括验证产品是否匹配市场、确保产品定价合理，作为专家和倡导者确保产品获得立足点。

验证产品市场匹配度并迅速做出调整，是产品经理的关键工作，特别是"公司级新产品"和"世界级新产品"。在产品上市前，产品经理应该做市场调研和概念验证，但付费客户提供的反馈更可靠、更有价值。产品经理在这个阶段必须关注客户反馈，并将这些反馈转化为有用的信息提供给开发和工程团队。此时，完善价值主张十分重要。某个价值主张点如果与来自真实用户的反馈不符，就要更改或消除这个价值主张点。新的或之前意想不到的价值点也会被发现，这些价值点必须被迅速纳入整体价值主张，以确保产品仍然在瞄准目标客户、解决其问题、完成其打算做的任务。

该阶段的挑战是如何合理定价。给产品线延伸型新产品定价相对简单，但给全新产品定价就不那么容易了。根据公司重点，既可以采用低价策略以便尽早抢占市场份额，又可以在没有竞争的情况下，采用高价策略，以最大限度地提高利润或收入等关键绩效指标。此两种情况的定价失误会对产品成功产生不利影响。如果为了抢占市场份额而定价过低，风险在于，客户习惯以上一代产品相同（或更低）的价格获得新特性和功能。这会破坏价值主张，或者导致市场置于价格空间的低端，在市场走向成熟时没有回旋余地。定价决策必须支持产品价值主张和商业计划。该决策是动态的，既要保持上市期间快速增长的势头，又要保持长期可持续增长。简言之，在产品导入阶段，产品经理必须倾听市场和客户的意见，根据需求推动组织进行调整，并通过合理定价刺激市场需求，加速产品的采用。

↘ 成长阶段

在成长阶段，产品经理专注于加速产品采用、改进定价策略，并为产品识别更多的创新机会。

随着产品增长势头越来越好，需要加大营销力度。随着价值主张的明确、客户反馈融入产品定位，有信心将产品推向更广阔的市场。在该阶段，由于规模经济效应，产品单价开始降低，利润率开始升高。

在成长阶段，产品经理要关注一些重要事项。首先，要意识到竞争对手越来越多，竞争对手会通过降价以在市场立足，这会对定价策略产生影响。其次，确保一部分利润能够回到产品创新流程中，为产品改进和产品延伸奠定基础。最后，确保从客户和市场获得反馈，并将其融入产品定位和价值主张，确保产品跨越从导入阶段到成长早期阶段过渡的鸿沟。

↘ 成熟阶段

在成熟阶段，涉及定位和价值主张的大部分不确定性问题都得到了解决。但在该阶段，销售增长也大大放缓，大多数想购买产品的客户已经购买了该产品。进入市场的新买家越来越少，因此留住现有客户变得非常重要。产品经理在该阶段要关注数据。精心管理产品成本、营销和销售成本等，往往可以延长成熟产品的寿命。该阶段也是将成长阶段的客户反馈用于产品延伸或改进，以延长产品生命周期的阶段。

↘ 衰退阶段

任何好产品都会有生命周期结束之时。产品对组织的贡献度会逐渐下降，因为新的产品会更具竞争力。市场变化也会使客户转向使用新的或不同的解决方案。甚至颠覆性创新会使得整个产品类别或市场不再相关，而导致整个市场的衰退。例如，奈飞和其他视频流媒体服务导致了 DVD 播放器的衰落。

在衰退阶段，产品经理同样扮演着重要角色。最重要的是，要清晰理解导致衰退的原因。如果原因是竞争变化，则要开展更多的营销或促销活动。如果原因是市场或客户需求变化，则要通过产品线延伸或改进来延长产品生命周期。如果是颠覆性创新导致了衰退，产品经理则要考虑自己公司是否也能成为颠覆者。无论分析结果和应对措施如何，产品经理的最终职责都是有效地管理产品退市并顺利转移到下一个产品。人们往往会忽视退市和转移管理，有效的退市和转移管理可以更好地确保新产品、产品延伸和产品改进的成功。

1.6　产品生命周期中的鸿沟

从产品创新来看，产品生命周期中有一个关键部分，贴近起始阶段，在导入阶段之后，在成长势头全面显现之前。这个部分被称为"鸿沟"（Chasm）（见图 1.10）。这个术语是杰弗里·摩尔（Geoffrey Moore）在其《跨越鸿沟》（2014）一书中提出的。

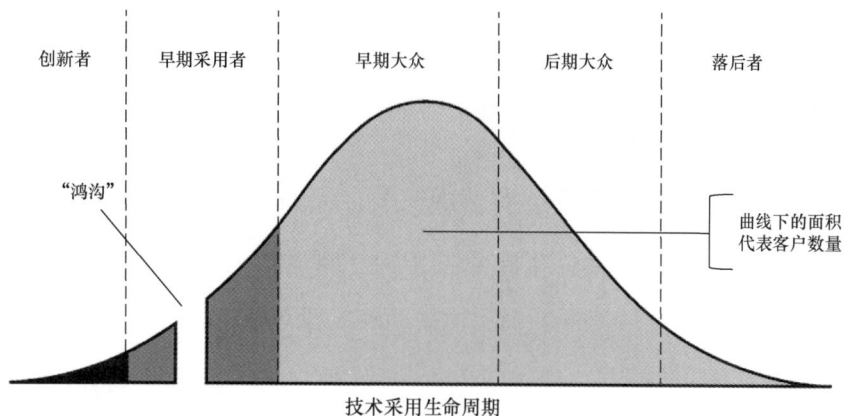

图 1.10　跨越鸿沟

该鸿沟（或称裂隙）必须被跨越，产品增长潜力才能实现。消费者如何以及何时愿意采用新产品（或创新）的整个过程被称为技术扩散（Diffusion of Technology）。

跨越鸿沟曲线是对产品生命周期曲线的补充，可将该曲线叠加到产品生命周期曲线上，创新者和早期采用者通常位于产品导入阶段和成长阶段早期。

为什么会有鸿沟？简单说，因为创新者和早期采用者将创新视为变革的驱动力。哪怕产品有缺陷或缺少一些功能，他们也会采用，因为他们希望走在曲线的前面，在竞争中领先。早期大众愿意为创新付费，来提高他们的生产率、改进他们的工作，因此他们希望得到一个他们认为具有良好价值的完整（整体）产品。在产品创新中，早期创新和快速增长之间很少是无缝过渡的。

1.6.1　跨越鸿沟

要制定有效跨越鸿沟的措施，就要先了解鸿沟存在的原因。一些产品跨越了鸿沟，另一些产品却无法实现。以下是鸿沟产生的原因和跨越的措施。

（1）相对优势。新产品比它拟替代的现有解决方案具有可感知到的相对优势，这种"可衡量的优势"有多个方面——经济的、社会声望的、便利性的、性能的等。被感知到的优势越明显，新产品就越有可能跨越鸿沟，继续扩散。然而，关于相对优势是由什么组成的，并没有硬性规定，取决于目标用户群及其需求和感知。

（2）一致性。感知到的创新与用户过去或现在的实践、价值观、经验和需求的一致性程度。创新的这种一致性程度，决定了它能否被采用以及被采用的速度。

（3）简单性。创新对用户来说是易于理解的还是难以理解的，将影响它的采用。创新越容易理解或越简单，相比那些复杂的创新，就越有可能跨越鸿沟，越有可能被更快采用。

（4）可试用性。新用户是否容易获得"试一试"的机会？用户在有限条件下越容易获得对创新测试和试验的机会，创新的风险越小，用户采用创新的可能性越大。

（5）结果可见性。新的潜在用户越容易快速、轻松地看到创新成果，创新就越可能被采用。结果可见性进一步降低了感知风险和不确定性，使目标用户在用户群中更容易分享其体验，从而加快新技术被接受和采用的进程。

1.6.2　"走向市场"战略

图 1.11 对老式和新式方法"走向市场"战略进行了比较。老式方法在很大程度上是一个线性流程，即做出产品，然后再考虑如何销售产品，而采用新式方法"走向市场"战略是一个迭代过程。

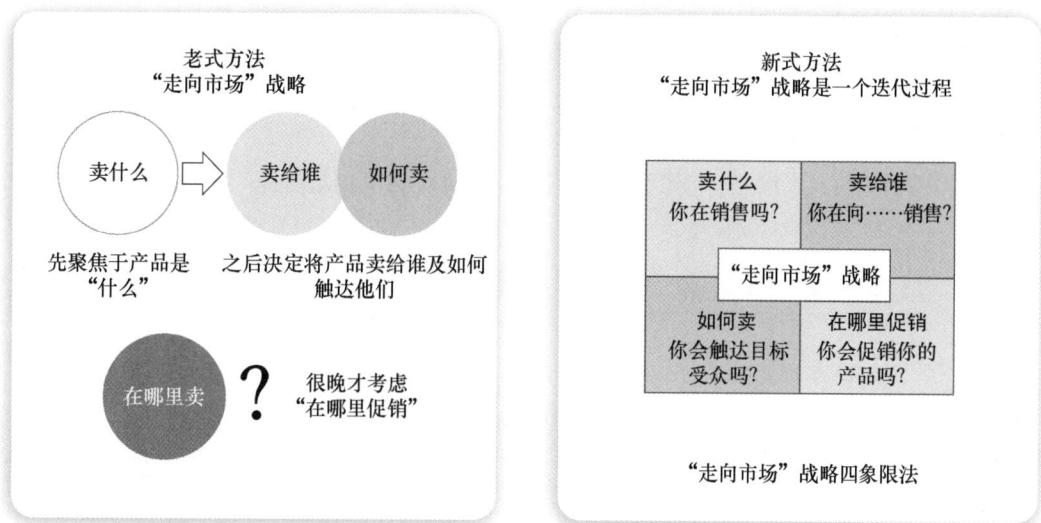

图 1.11 老式和新式方法"走向市场"战略

新式方法"走向市场"战略的案例

"Life Bike"是一款创新的具有独特人体工程学坐姿的电动自行车，如图 1.12 所示。

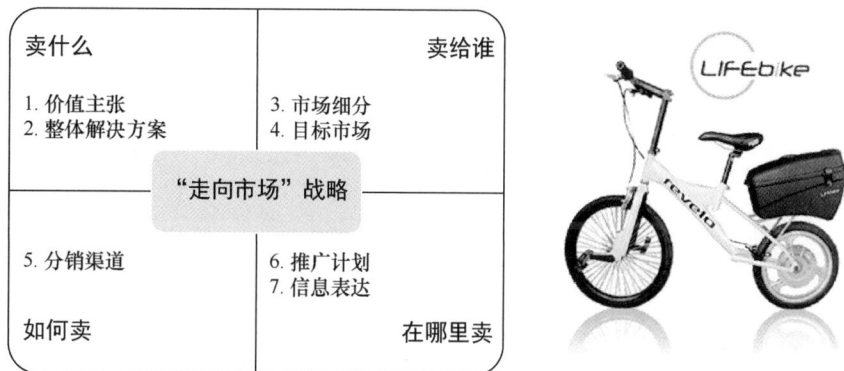

图 1.12 新式方法"走向市场"战略的案例

1. 卖什么

首先要清晰地定义你要卖的究竟是什么，该答案要基于开发流程中的概念说明和设计规格。与竞争对手相比，你的产品具有什么**独特**的利益？在通常情况下，竞争战略是基于低成本或差异化的。记住，你一直处在竞争环境中，你卖什么会影响你的竞争对手，反之亦然。

2．价值主张（Value Proposition）

价值主张是关于一个产品在哪些维度以及如何向潜在客户交付价值的一个简短的、清晰的、简单的陈述。"价值"的本质是用户从新产品所获利益与所支付价格之间的权衡（见图 1.13）。

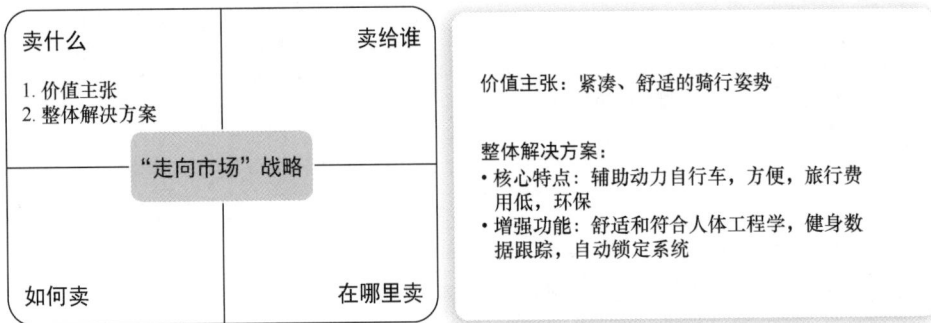

图 1.13　"走向市场"战略案例研究——价值主张

3．卖给谁

下一个关键问题是"卖给谁"。此时应关注细分市场，而不是市场规模和市场份额（见图 1.14）。

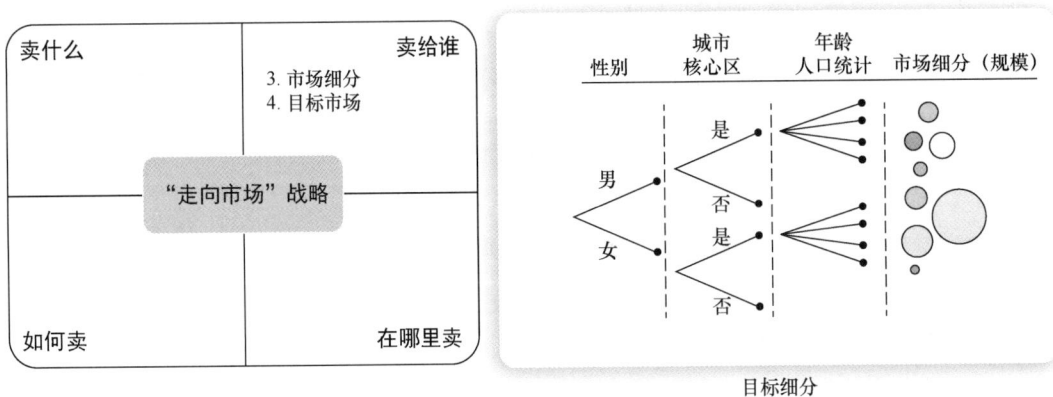

图 1.14　确定细分市场

4．定义目标市场

将产品主要利益与每个细分市场的需求进行对比。图 1.15 列出了 Life Bike 的两个利益维度。

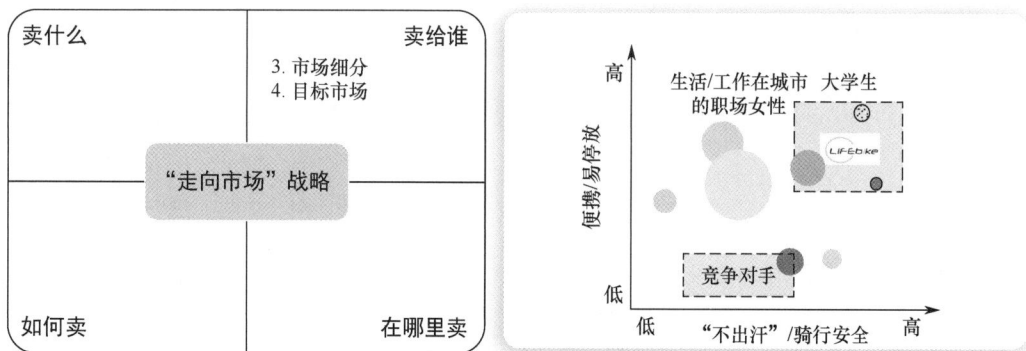

图 1.15　细分市场需求与 Life Bike 提供的利益

图 1.15 中，用不同的"圆圈"代表不同的目标市场。有两个细分市场的需求与 Life Bike 所提供利益相匹配，分别是大学生和城市中的职场女性，而主要竞争对手定位于市场的另一个区域，对另一个细分市场产生吸引力。

5．触达目标市场

采用哪种营销渠道？Life Bike 的渠道如图 1.16 所示。

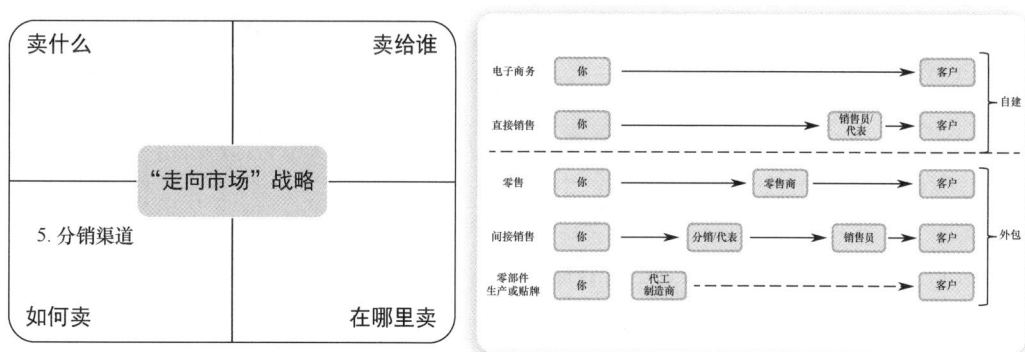

图 1.16　将新产品推向选定的细分市场

6．渠道战略

可以通过很多渠道将产品推向目标市场，渠道选择如图 1.17 所示。

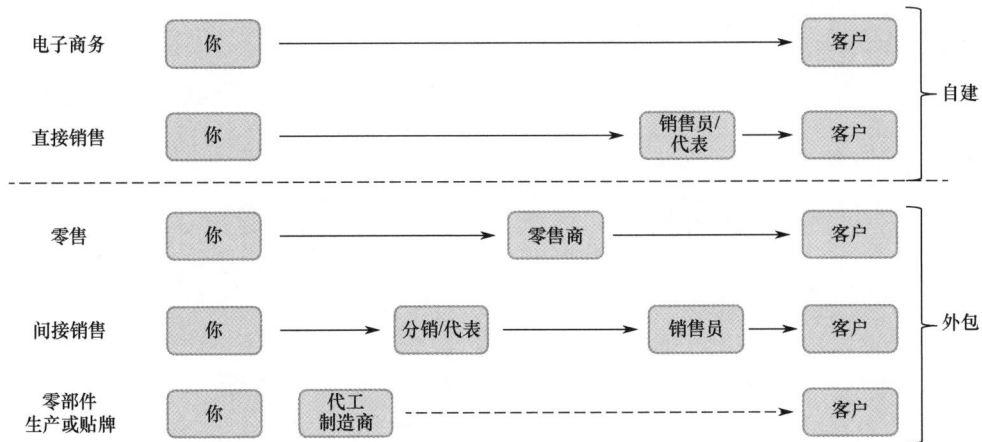

图 1.17　渠道选择

渠道选择的考虑因素

1. 产品因素

- 通常，高复杂度的产品向买家直接分销，简单或者标准的（大众的）低值产品主要通过间接渠道分销。
- 产品是否需要每年或每季更换？是易碎的还是坚固的？是耐用的还是易坏的？
- 产品生命周期的阶段十分重要。在早期阶段，占领市场份额很重要，所以应与多个分销商合作。在成熟阶段，提高分销效率和节约成本才是关键。

2. 组织因素

- 没有或者养不起自己销售团队的公司可以与代理商或中间商进行合作，通过他们联系批发商或其他买家。
- 面向多个目标市场的公司也会利用外部渠道，而为特定目标市场生产多种产品的公司则适合选择直接销售渠道。

3. 价格因素

- 中间渠道过多的话，会大幅增加成本，导致最终销售价格显著升高。

4. 客户因素

- 最终要考虑的关键因素是如何用最有效的方式让客户获得你的产品。

- 你需要了解你的潜在购买者，他们在哪里购买？何时购买？如何购买和购买什么？
- 如果客户在实体店购买产品，产品分销渠道主要有 3 种：
  — 针对**大量购买产品的客户**，则开设为数众多的门店。
  — 针对**购买专有产品的客户**，则开设专卖店或连锁店。
  — 针对**选择性购买产品的客户**，则在特定区域内开设几家零售店。

↘ 在哪里促销你的产品

不仅要在正确的地方向目标细分市场提供新产品，而且要使用正确的信息表达，让客户了解产品的利益和特性。图 1.18 是一些促销类型，表 1.6 是 Life Bike 的定位陈述。

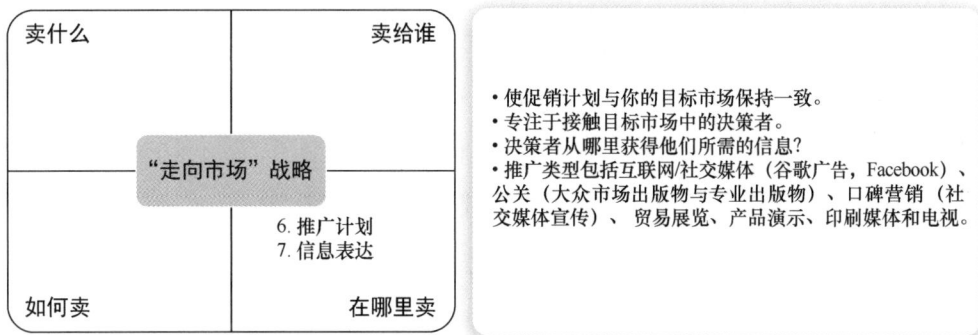

图 1.18　在哪里促销产品

表 1.6　Life Bike 的定位陈述

Life Bike【是什么】	是一款紧凑且"外观很酷"的自行车，骑行舒适
主要面向【目标市场】	在城市生活/工作的职场女性和大学生
购买 Life Bike 的主要理由【利益】	• 电动助力骑行，轻松省力 • 降低出行成本，经济实惠 • 环保出行，绿色生活 • 舒适的人体工程学设计，骑行更轻松 • 外观时尚酷炫，彰显个性
不同于【竞争对手】的是	• 骑行舒适 • 易存放，不占用空间 • 外观美观

1.7　产品创新中的路线图

路线图是帮助与内外部利益相关方就产品线愿景进行沟通的重要工具。路线图还可以用来组织和规划一些随时间推移合乎逻辑并令人注目的特性和功能发布。路线图定义哪些事情该做和哪些事情不该做。路线图有多种不同类型，为了更好地传达产品线愿景，可以单独使用，也可以结合使用。

路线图有很多种类型，能帮助人们可视化查看从 A 点到 B 点的基本原理和逻辑，常见的有人力资源路线图、销售路线图和项目路线图等。当面向最终客户开发产品或服务时，以下几种路线图非常有用。

1.7.1　产品路线图（Product Roadmaps）

在产品驱动型公司（硬件或软件公司，B2B 或 B2C 公司），产品路线图对组织协同至关重要。产品路线图展示了产品战略，呈现了产品随时间推移将如何演进。产品路线图包括即将推出的功能和产品创新的细节，如技术方案和资源配置。产品路线图是一种强大的沟通工具，产品经理可以通过它使不同部门在同一个愿景上保持一致，使销售团队能够与潜在客户就产品进行对话，使营销团队能够规划与未来产品上市和产品线延伸保持一致的活动（见图 1.19）。

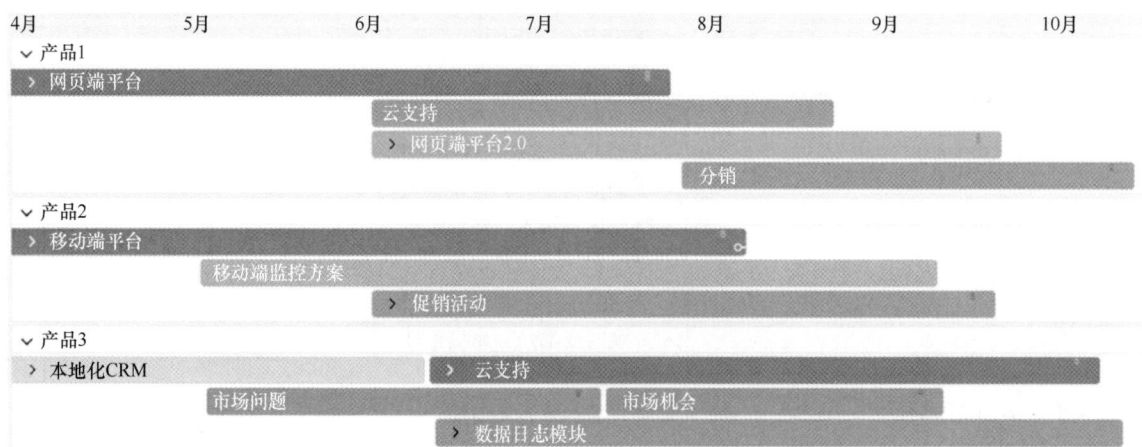

图 1.19　多产品路线图示例

↘ 发布计划

发布计划是一份战术文档，旨在对计划即将发布的功能进行捕获和跟踪。发布计划通常只涵盖几个月的时间，并且通常是产品和开发团队的内部工作文档。产品路线图与发布计划之间的区别如表 1.7 所示。

表 1.7　产品路线图与发布计划之间的区别

产品路线图	发布计划
高层次概述	具体步骤的详细视图
覆盖更长的时间范围——可能涉及向客户发布的多个版本 主要用于与内部利益相关方的沟通	覆盖较短的时间范围——立即向客户发布 通常用于在产品团队和工程团队之间建立一致性，并设定顾客预期
基于用户洞察和战略，关注为什么做某事	关注做什么事情以及承诺何时完成

1.7.2　看板（Kanban）

看板（英文：signboard）因其是丰田生产系统的一部分而广为人知，最初是一种可视化调度系统。看板已成为最有用的敏捷项目管理工具之一，被敏捷团队广泛使用，经常被作为敏捷任务板。看板使用看板卡片、看板栏、看板泳道和在制品（Work-in-Progress，WIP）限制等来帮助团队有效地可视化管理其工作流。

- 看板卡片：任务的可视化表示。每张卡片都包含任务和状态信息，如截止日期、负责人、描述等。
- 看板栏：看板的每一栏都代表工作流的一个特定阶段。卡片在整个工作流中流动直到完全完成。
- 看板泳道：是水平泳道，用于将不同的活动、团队、服务类别等分隔开。
- 在制品限制：规定了工作流特定阶段的最大任务数量。WIP 限制可以帮助你的团队仅专注于当前任务，从而更快地完成工作项。
- 承诺点：一个承诺标记了工作流中的一个点，在该点工作项将被拉入系统。
- 交付点：工作流中工作项完成的点。

看板模式下常用的路线图包括三栏，分别是待办工作（准备好的待完成工作）、进行中的工作、已完成工作。图 1.20 给出了一个示例。

待办工作：5	进行中的工作：4	已完成工作：3
特性E	特性B	特性A
特性F	特性C	特性D
特性G	特性M ◉	特性T
特性H	特性P	+
特性……	+	

图 1.20　看板模式下的路线图示例

1.7.3　技术路线图

技术路线图是对产品路线图的重要补充，用于确保技术规划和开发与单个产品或系列产品整体上市规划保持一致。技术路线图对于在创新战略和产品创新中高度聚焦技术的组织尤为重要。

图 1.21 是一个技术路线图示例，该路线图展示了新产品在四个领域（运营、基础设施、合规性和安全性）的工作。

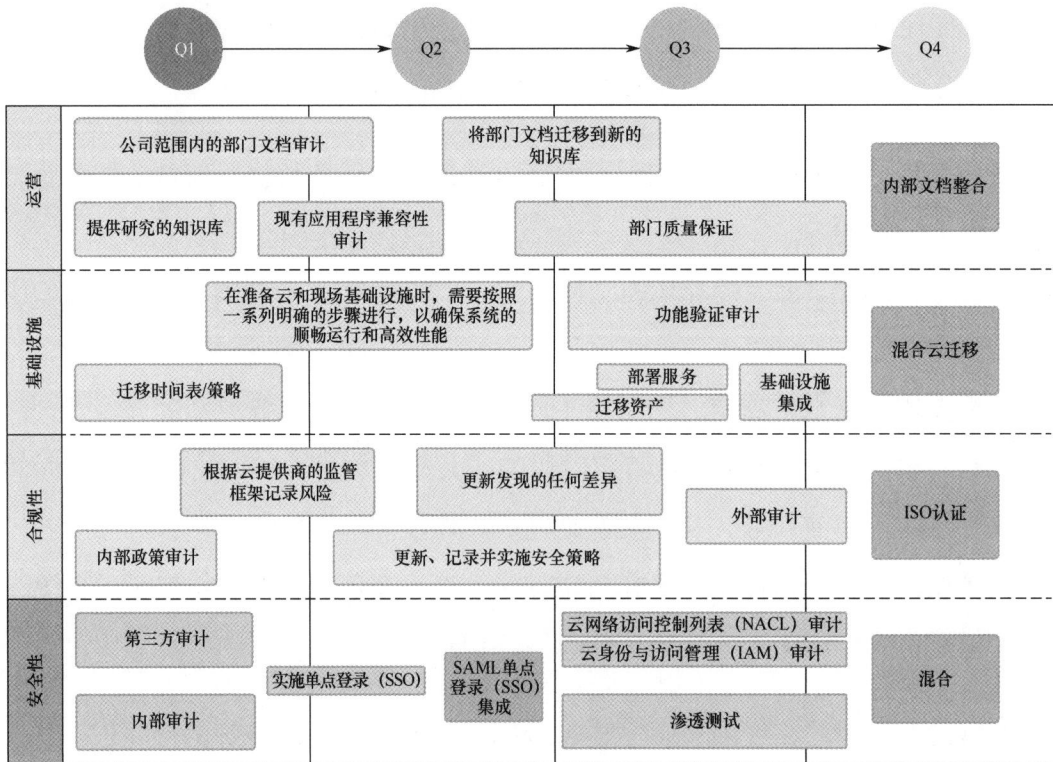

图 1.21　技术路线图示例

1.7.4　平台路线图

产品路线图关注的是单个产品的愿景，平台路线图描述的是开发一个平台的高层次计划。平台的相关内容将在第 2.7.3 节详细讨论。平台路线图在创建软件或硬件平台时至关重要，其他开发者将使用这些平台来构建解决方案，如图 1.22 所示。平台可以加快产品开发速度，降低风险，并提高一致性。

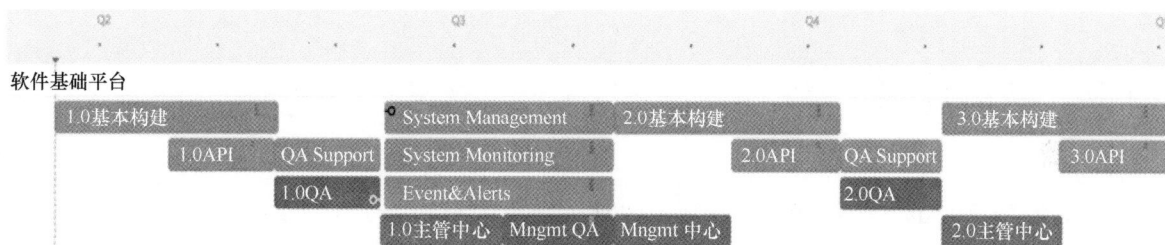

图 1.22　平台路线图示例

1.7.5　使用路线图的最佳实践

- 路线图设定了利益相关方的预期。无论路线图上标注了多少次"暂定""估计"等字样，利益相关方都可能将这些信息解读为承诺。因此，要小心谨慎展示时间表和具体特性。

- 有新信息时，必须及时更新路线图。例如，如果新的市场研究表明某个产品特性不应再实施，请从路线图中删除该特性，并向利益相关方说明原因。

- 对路线图进行单独数据存储，这样在更新时就会自动推送给有权访问路线图的所有利益相关方。常见但糟糕的做法是，使用 Excel 或 PowerPoint 创建路线图并将文件发送给利益相关方，使得版本控制变得非常困难。你永远不知道利益相关方何时会根据过时的路线图做出决策。

- 谨慎分享路线图。本质上，路线图包含了大量有关公司战略、计划等的信息。如果控制不当，优势也会变成弱点，并造成问题。撇开商业间谍不谈，即使在自己公司内部，不当的路线图展示也会引发混乱、担忧，并可能阻碍你的工作。

- 每当你分享路线图时，请务必将其标记为"机密：不得传播"。
- 使用不同颗粒度的路线图版本。确保无论在公司内部还是外部使用，信息是一致的。你可以与非员工分享概略版本，与直接相关员工分享详细版本。
- 确保你的路线图是协作制定的，尽早并经常获取反馈。为了使路线图更有效，它必须得到相关方的全力支持。确保团队完全认同并接受该路线图，这将提高其有效性。

1.8   项目管理

本节概要介绍项目管理如何应用于产品创新。项目管理和产品管理虽然是截然不同的学科，拥有各自独立的知识体系，但产品经理会利用项目管理的原则。有关项目管理的详细信息可参见项目管理协会提供的书籍、资料和认证（PMBOK®，2021）。

1.8.1   产品创新背景下的项目管理

"项目的定义包括工作的具体开始和结束日期，以及与临时团队一起实现目标。"（PMBOK®，2021）虽然新产品开发和商业化的整个过程可以被视为一个单一项目，但也可以将其视为许多小项目的组合，比如：

- 生成潜在新机会清单。
- 分析商业潜力。

指南中将项目的五个步骤定义为（PMBOK®，2021）：

- 启动。
- 监控。
- 规划。
- 收尾。
- 执行。

这些步骤与结构化的产品创新流程（如门径流程）有所不同。主要原因是，产品创新流程定义了从创意生成到商业化的整个路线图，而项目管理定义了实现产品创新流程中各个目标所需的结构和细节，进而定义了成功实现商业化的总体目标。

1.8.2 三重约束

项目面对的最常见挑战是管理三重约束（Triple Constraint）——范围、进度和预算，如图 1.23 所示。

三重约束通常呈现为等边三角形。如果项目的核心要素之一发生变化，项目就会失去平衡。比如，如果项目范围增加，就要调整进度和预算。三重约束强调了非常重要的一点，即项目的范围、进度和预算是高度交织在一起的。

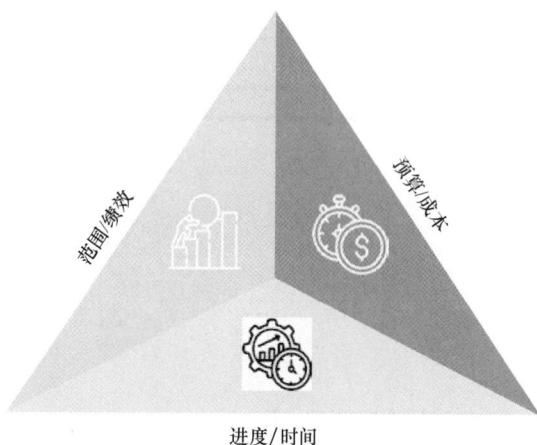

图 1.23 三重约束

1.8.3 项目和产品范围

项目管理协会对范围这个术语给出了两种用法（PMBOK®，2021）。

（1）项目范围：为交付具有特定特性和功能的产品、服务或成果而需要完成的工作。

（2）产品范围：某项产品、服务或成果所具有的特性和功能。

在产品创新中，项目范围和产品范围由产品创新章程定义，参见流程一章的工具介绍。

1.8.4 进度

进度包括成功实现项目目标所需的活动与关键里程碑。项目进度通常用条形图或甘特图来制定和呈现（见图 1.24）。在任何项目中，有些活动不能在其他活动完成之前开始，这些活动被定义为关键路径活动。关键路径活动的延误会直接影响项目的计划完工日期。

任务名称	持续时间	7月	8月	9月	10月	11月

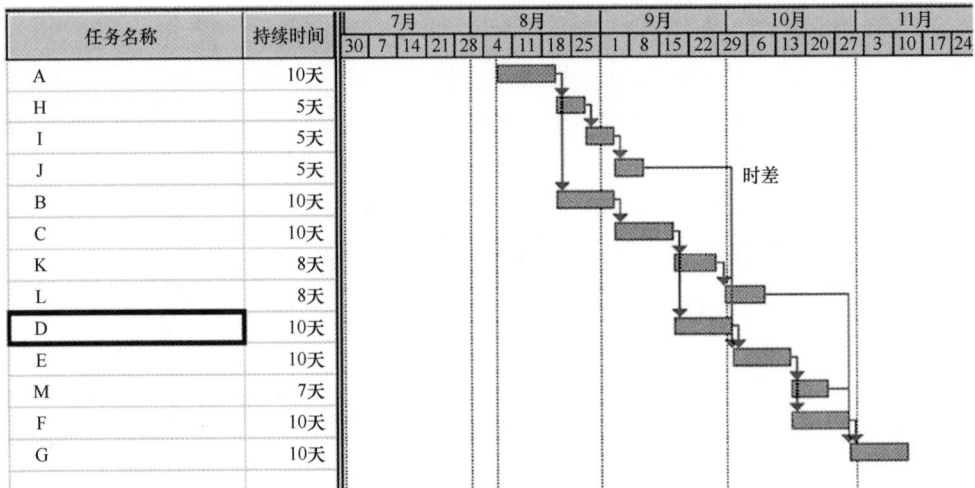

图 1.24　甘特图和关键路径

1.8.5　关键路径法

在项目进度表中，关键路径是从开始到完成的最长路径或总时差为零的路径。因此，关键路径决定了项目的完工日期，如图 1.24 所示。

1.8.6　进度压缩

在大多数情况下，项目的完工日期是固定的，如新产品上市日期。如果项目落后，就要想方设法地在不对范围产生重大影响的情况下压缩进度。进度压缩有两种主要方法：

- 赶工。比如增加资源（或成本）。
- 快速跟进。由串行改为并行执行任务。

1.8.7　预算

项目预算是为准时完成项目范围所需的预计成本。下面是几种制定预算的方法。

- 自下而上法（Bottom-Up）：先估算底层活动的所有单个成本要素，然后进行汇总，得出整个项目成本。

- 参数法（Parametric）：应用平均值（如最差成本、最佳成本、预期成本），从类似项目或其他可用数据推算项目成本。
- 历史数据法（Historical Data）：使用过去项目（如原型设计或市场调研）的具体成本数据作为估算依据。
- 自有方法（Company-Specific Methods）：大公司可能有自己的模型和方法来制定预算。

1.9　风险管理

1.9.1　什么是风险管理

项目风险是"一旦发生，就会对一个或多个项目目标，如范围、进度、成本或质量产生积极或消极影响的不确定事件或条件"（PMBOK®，2021）。

风险管理是对风险进行识别、评估和优先级排序，然后整合并经济地利用资源，以最大限度地减少、监测和控制不幸事件的概率和/或影响，或最大限度地利用机会。

项目风险管理是项目管理的一个重要方面。风险管理是《项目管理知识体系指南》定义的十大知识领域之一。项目风险可以定义为一个不可预见的事件或活动，它可能以积极或消极的方式影响项目进度、结果或成果。评估一个风险要考虑两个因素：影响和概率。

风险有各种来源：一个要求，比如法律或法规中的要求；一个假设，比如市场条件（有可能改变）；一个制约因素，比如在项目某一阶段中可用人员的数量；一个条件，比如组织项目管理成熟度。

已知风险是可以事先识别和分析的风险。一方面，对已知风险要：①降低其发生的可能性；②规划风险应对以减少其发生时的影响。另一方面，未知风险是那些事先未识别的风险。如果这些风险不能被识别出来，就无法对它们进行分析，当然也就不能主动管理了。

风险应对有四种措施，具体采取何种措施取决于风险发生概率的高低，以及对财务影响的高低。

- 规避（Avoid）：应对高概率、高影响风险。
- 转移（Transfer）：应对低概率、高影响风险，如购买保险。
- 减轻（Mitigate）：应对高概率、低影响风险。
- 接受（Accept）：应对低概率、低影响风险。

1.9.2 风险管理的步骤

根据《项目管理知识体系指南》（2021），风险管理分为七个步骤，分别是：

（1）规划风险管理。从规划工作和制订风险管理计划入手，选择管理风险的方法。

（2）识别风险。参考过往项目文件，如项目章程、预算、进度表和项目计划等。安排了解风险的人员参与项目，明确风险责任人。使用诸如头脑风暴、访谈、德尔菲技术和根因分析等工具识别风险。

（3）实施定性风险分析。分析概率和影响，计算风险评分并进行排序。

（4）实施定量风险分析。对重要风险进行量化。定量分析工具包括折现现金流、内部收益率与敏感性分析。

（5）规划风险应对。风险应对策略包括规避（不做冒险行为）、转移（购买保险、签订总价合同）、减轻（做出改变以降低概率）和接受（接受风险发生，建立应急储备，如成本、进度、性能等）。

（6）实施风险应对。确保按计划执行商定的风险应对措施来管理项目风险，将威胁最小化，将机会最大化。（原文无此内容。根据《项目管理知识体系指南》增加了该内容。——译者注）

（7）监督风险。重新评估现有风险和新风险。使用风险审计、偏差分析和趋势分析等工具。

1.9.3　产品创新项目风险管理

在第 4 章我们将产品创新流程视为风险与回报之间的博弈。流程的关键因素就是要识别产品创新和商业化的相关风险水平，并采取适当措施管理风险。

门径流程是风险管理的关键要素，根据可靠的信息和数据做出明智的决策。产品创新流程的结果受两类风险的影响。

（1）项目风险（Project-Based Risks）：

- 资源可用性：在正确的时间和正确的地点获得正确的资源。
- 资金可得性：足以满足项目资金支出。
- 资源能力：具备相关知识和技能的人员数量和类型。
- 信息可靠性：决策所需信息的可获得性和可信度。
- 范围定义：范围的清晰程度和范围的沟通，确保所有项目人员保持一致。

（2）产品风险（Product-Based Risks）：

- 对客户造成伤害。
- 未能兑现承诺的利益。
- 不符合法规要求。
- 未满足客户在美学、特性、功能或价格方面的期望。

产品创新中的风险管理应被视为《项目管理知识体系指南》七个步骤与创新战略、产品创新章程、新产品流程以及决策支持基础工具等实践的结合。

1.9.4　决策树

决策树（Decision Trees）是一种决策支持工具，利用树形图或者决策模型得出可能的结果，包括项目成果、资源和成本。该方法提供了一个非常有效的结构，列出选项，并且研究每个选项的可能后果。决策树帮助我们绘制与每个可能行动方案相关的风险和回报平衡图。决策树可以手工绘制，也可以用一些软件工具来制作（见图 1.25）。

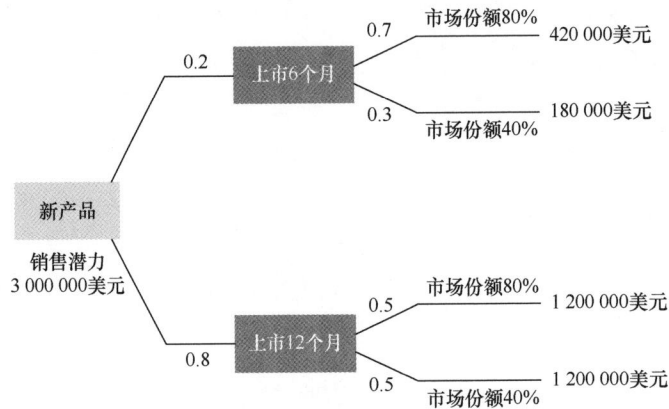

图 1.25　决策树示例

1.10　度量指标与关键绩效指标

度量产品创新绩效是产品经理的一项关键职能，既包括报告产品创新回报，也包括持续改进流程和实践以取得更大的产品创新成功。

关键绩效指标是反映组织实现业务目标效率的衡量值。度量指标（Metrics）的不同之处在于，它跟踪特定业务流程的状态。简而言之，关键绩效指标跟踪你是否达到了业务目标，度量指标跟踪流程。所有关键绩效指标都是度量指标，但并非所有的度量指标都是关键绩效指标。

1.10.1　平衡计分卡

平衡计分卡的原理由卡普兰和诺顿（1992）提出。平衡计分卡为管理者提供了一套可以快速而全面地了解业务的方法。平衡计分卡包括财务指标，这些指标可以说明已经采取的行动的结果。同时，用客户满意度、内部流程、组织创新和改进活动等运营指标作为财务指标的补充，这些运营指标是实现未来财务绩效的驱动力。

卡普兰和诺顿（1992）将组织管理比喻为驾驶飞机："把平衡计分卡想象成飞机驾驶舱中的仪表盘和指示器。为了完成复杂任务，飞行员在巡航和飞行时，需要有关飞行的方方面面的详细信息，如燃料量、气流速度、海拔高度、方位、目的地，以及反映当前和未来环境的其他指标。只依赖一种仪器是致命的。同样，今天管理一个组织的复杂性要求管理者能够同时查看多个领域的绩效。"

卡普兰和诺顿设计平衡计分卡的目的是"使业务活动与业务的愿景和战略保持一致，改进内部和外部沟通，并根据战略目标监控经营绩效"。平衡计分卡提供了广泛的财务和非财务信息，帮助有效管理业务。

↘ 平衡计分卡的基础知识

卡普兰和诺顿设计了一个四维度框架，即财务、客户、内部流程及学习与成长，每个维度都与愿景和战略保持一致。如图 1.26 所示，平衡计分卡基于一个原则，即任何单一指标都无法反映组织健康状况的全貌。一系列指标的综合才能提供更全面和更有价值的洞察，以实现组织学习和持续改进。适用于每个维度的具体指标将根据组织愿景和战略及其优劣势而有所不同。具体指标的示例如图 1.26 所示。

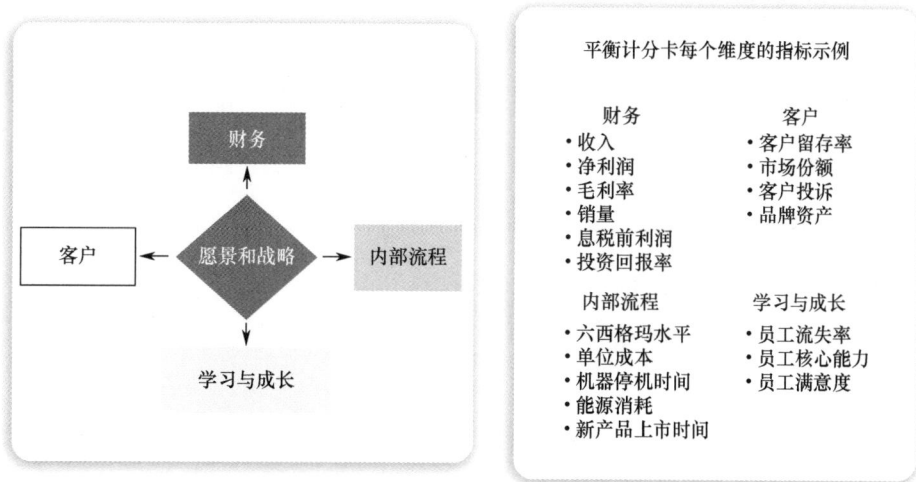

图 1.26　传统平衡计分卡的四个维度

1.10.2　产品创新度量指标

在讨论平衡计分卡在产品创新中的应用之前，需要进一步定义关键绩效指标（Key Performance Indicator，KPI）和度量指标这两个关键术语，特别是在产品创新情境下的含义。

如前所述，关键绩效指标是与业务目标相关的衡量值，而度量指标的目的是跟踪有助于成功实现 KPI 结果的业务流程的状态。

产品创新绩效度量指标的官方定义是：绩效度量指标是一组跟踪产品创新的衡量指标，并允许公司衡量流程改进随时间推移的影响。这些指标因组织而异，但可能包括两类指标，一类是表征产品创新过程的指标，如上市时间、某一阶段的持续时间等；另一类是表征产品创新结果的指标，如每年商业化的产品数量和新产品销售额占比等。

↘ 用于汇报的度量指标与用于持续改进的度量指标

在许多组织，产品创新度量指标是管理层的一个关键工具，用于汇报产品创新投资回报并证明未来投资合理性。高级管理层通常用来汇报的度量指标有：

- 活力指数：当年销售额中来自过去 N 年开发的新产品的百分比。
- 研发费用占收入的比例。
- 盈亏平衡时间或实现盈利所需时间。
- 专利申请数量和专利授权数量。
- 某个时间段上市的新产品数量。

虽然这些度量指标对于判断产品创新投资合理性是有效的，但并不能用来指导学习和持续改进。

让我们来看一个控制体重的简单例子。假设你设定了一个减轻体重的目标，你站在体重秤上就可以看到当前的体重。体重秤虽然能提供你当前的体重数据，但它并不能为你减轻体重提供任何指导。上面列出的产品创新汇报指标也是如此。你虽然有了衡量当前状况（或过去状况）的指标，但无法提供未来改进的计划。

↘ 寻找因果关系

如果能够找到导致最终结果（如盈亏平衡时间）的原因或贡献因素，就可以解决这些问题。SaaS 产品经理检查产品的留存率，并将其称为活跃度指标，这个关键指标将导向预期更高的留存率。对于 Facebook 来说，其活跃度指标是使用前两周结交的朋友数量。

仍以体重控制为例，有充分证据表明减轻体重的贡献因素是什么。解决了这些影响因素将直接导致体重减轻（更好的体重秤指标）：

- 少吃和/或吃得更健康。
- 多锻炼。
- 少喝酒。

通过度量这些贡献因素，行动就有了依据。比如，可以测量每天运动步数，将其作为运动指标。定好每天目标步数并实现该目标，就会使得体重下降。针对这三个贡献因素的每个因素都设定目标度量指标，就会带来更大的改进。（Anderson，2015）

↘ 促进产品创新改进的因素

近年来，有众多研究总结了产品创新的关键成功因素。产品开发与管理协会的研究提供了极好的参考来源：

- 比较绩效评价研究（The Comparative Performance Assessment Study，CPAS）。
- 《产品创新管理杂志》（*Journal of Product Innovation Management*）。
- 杰出创新企业奖获得者的演讲。

所有参与产品创新的人，尤其是产品经理，都有责任研究这些关键的成功因素，并将其应用于自己的组织。

以下是产品开发与管理协会2012年比较绩效评价研究中总结出来的一些成功因素。重点关注最佳公司与其他公司的区别（Markham 和 Lee，2013）。这些成功因素被归纳为"做正确的事"、"正确地做事"和"文化与氛围、组织"三个主题，如图1.27所示。

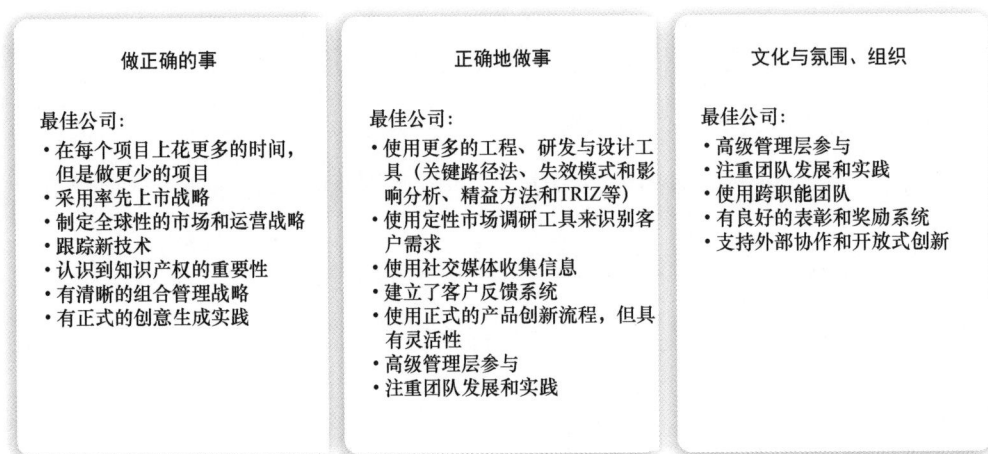

做正确的事	正确地做事	文化与氛围、组织
最佳公司： ·在每个项目上花更多的时间，但是做更少的项目 ·采用率先上市战略 ·制定全球性的市场和运营战略 ·跟踪新技术 ·认识到知识产权的重要性 ·有清晰的组合管理战略 ·有正式的创意生成实践	最佳公司： ·使用更多的工程、研发与设计工具（关键路径法、失效模式和影响分析、精益方法和TRIZ等） ·使用定性市场调研工具来识别客户需求 ·使用社交媒体收集信息 ·建立了客户反馈系统 ·使用正式的产品创新流程，但具有灵活性 ·高级管理层参与 ·注重团队发展和实践	最佳公司： ·高级管理层参与 ·注重团队发展和实践 ·使用跨职能团队 ·有良好的表彰和奖励系统 ·支持外部协作和开放式创新

图 1.27　产品创新的成功因素

仅从该项研究我们就找出了一系列产品创新成功因素。正如我们将运动指标作为减轻体重的贡献度量指标一样，我们也可以选择这些成功因素作为与产品创新成功有关或有贡献的绩效度量的基础。

（1）组织是否进行了**正确的产品创新**？是否有清晰的创新战略并纳入了总体业务战略？是否有完备制定并良好运用的组合管理？是否有正确的关键绩效指标和度量指标来跟踪战略决策和结果？是否根据这些指标进行学习并持续改进？

（2）组织是否使用了**正确的流程**？是否有适合公司和产品的产品创新流程？是否有治理结构来确保一个或多个流程的持续应用？是否有合适的团队成员和团队结构？高级管理层是否做出承诺和贡献？

（3）**组织结构和氛围**是否支持产品创新工作？是否积极促进创新文化的发展和维护？是否支持积极的团队开发实践？是否有适当的表彰和奖励措施？

表1.8总结了产品创新框架下的关键绩效指标和度量指标。

表 1.8 产品创新框架下的关键绩效指标和度量指标示例

创新关键绩效指标	度 量 指 标		
	做正确的事	正确地做事	文化与氛围、组织
活力指数：当年销售额或利润额中来自过去 3～5 年开发的新产品的百分比，最佳目标值为 20%～25% 投资回报率：可以计算单个新产品，也可以计算产品组合。目标值可以根据"基准收益率"为特定公司或特定产品或特定品类设定 特定目标市场的发展和/或增长：例如，目标值是出口产品增加到销售额的 20%；在"妈妈"市场占有 10% 的市场份额；用新技术开发一个新品类，3 年内实现 20% 的税前利润	清晰定义的创新战略并纳入总体业务战略 将创新战略清晰地传达给全体员工 新创意池 结构良好、规范的组合管理 完备的技术规划和路线图 可靠的利益相关方和竞争对手情报	适合特定公司和产品的产品创新流程 正式的创意生成流程 客户之声作为整个开发流程的输入 完善的商业论证和分析 支持所有创新阶段的匹配性的实践工具 准时到达关口 达到盈亏平衡点所需时间	完善的团队选择和发展 跨职能团队 良好的创新氛围 学习型文化 持续培训 高级管理层的大力支持 管理得当，及时表彰奖励

↘ 成功因素示例

图 1.28、图 1.29 和图 1.30 是"做正确的事"、"正确地做事"和"文化与组织、氛围"的成功因素和贡献度量指标的示例。

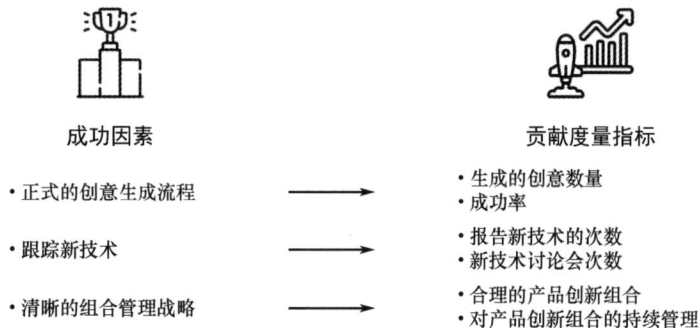

成功因素	贡献度量指标
· 正式的创意生成流程 →	· 生成的创意数量 · 成功率
· 跟踪新技术 →	· 报告新技术的次数 · 新技术讨论会次数
· 清晰的组合管理战略 →	· 合理的产品创新组合 · 对产品创新组合的持续管理

图 1.28 "做正确的事"的成功因素和贡献度量指标示例

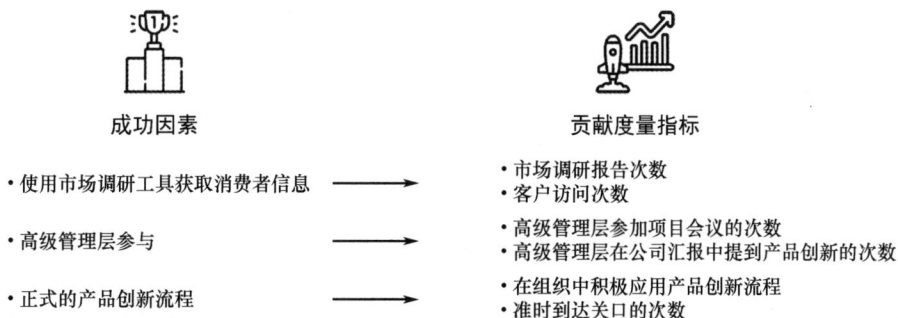

成功因素	贡献度量指标
· 使用市场调研工具获取消费者信息 →	· 市场调研报告次数 · 客户访问次数
· 高级管理层参与 →	· 高级管理层参加项目会议的次数 · 高级管理层在公司汇报中提到产品创新的次数
· 正式的产品创新流程 →	· 在组织中积极应用产品创新流程 · 准时到达关口的次数

图 1.29 "正确地做事"的成功因素和贡献度量指标示例

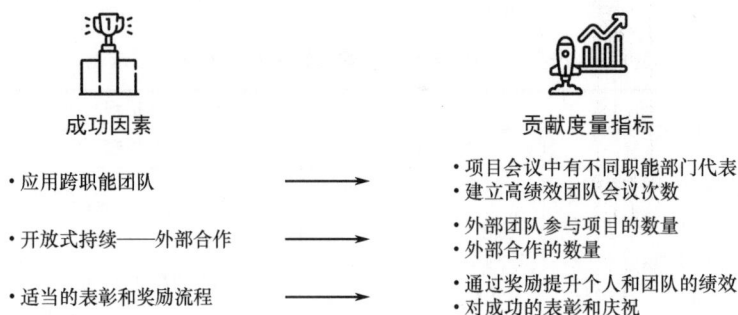

成功因素

· 应用跨职能团队

· 开放式持续——外部合作

· 适当的表彰和奖励流程

贡献度量指标

· 项目会议中有不同职能部门代表
· 建立高绩效团队会议次数

· 外部团队参与项目的数量
· 外部合作的数量

· 通过奖励提升个人和团队的绩效
· 对成功的表彰和庆祝

图 1.30 "文化与组织、氛围"的成功因素和贡献度量指标示例

1.10.3 制定产品创新平衡计分卡

制定产品创新平衡计分卡的流程：

（1）组建产品创新改进跨职能团队，要有高级管理层代表及支持。该团队负责制定平衡计分卡框架，将平衡计分卡作为创新绩效与战略的汇报工具，并作为持续改进的学习工具。

（2）识别那些真正体现产品创新对实现整体业务目标贡献的关键绩效指标。确保每个关键绩效指标都有一个客观的、可量化的衡量标准，如百分比或以美元计的价值。

（3）将组织与其他组织总结的最佳实践进行对标。找出当前创新实践中相对于基准数据的薄弱领域。例如，是否明显缺乏高级管理层支持？创新团队是否没有跨职能部门代表？是否缺乏技术能力？客户需求与新开发产品属性之间是否不匹配？

（4）选择少量度量指标（4～6 个）。度量指标不要太多，太多会导致不够聚焦。

（5）将每个度量指标进行量化。例如，创新会议有哪些职能代表？高级管理层多长时间参加一次会议？其他指标可以包括创新环境调查或每月产生的新创意数量。

（6）将这些数据与基准值进行比较，努力进行持续改进。例如，如果团队会议中始终缺少职能代表，则要予以纠正；如果产品属性和客户需求之间不匹配，则要加强客户之声调查。

（7）当某个具体度量指标得到显著改进，可以替换为新的度量指标。

（8）总体目标是改进组织的流程和实践，通过这些流程和实践带来产品创新的更大成功。

1.10.4　对标与持续改进

学习和持续改进对于产品创新持续成功至关重要。在本书，我们介绍了支撑产品创新成功的基本原则、流程和工具。所有组织都是不同的，需要对这些原则加以具体应用，并采用统一的学习和持续改进方法。对标为这种学习和持续改进过程提供了良好的基础。

什么是对标

对标是一种评估和比较绩效以实现持续改进的工具。对标通常指在同一感兴趣的领域（本书的案例是产品创新）与竞争对手进行绩效指标比较。

以下是导致学习和持续改进的对标的基本步骤：

（1）组建对标团队：产品创新是多职能的，要获得真正的成功，需要整个组织有共同的理解和承诺。由跨职能部门代表组成的对标团队，能确保对产品创新中当前优势和劣势达成一致，并致力于处理这些优势和劣势的方法。

（2）识别当前优势和劣势：附录 1A 提供了一份关于产品创新中特定领域最佳实践的调查问卷。该问卷应由对标团队的所有成员完成，如果可能，人员最好更广泛。来自不同职能部门的代表几乎总是会对绩效有不同的看法。将研究结果和后续讨论整理出来，可以在持续改进组织产品创新流程和实践时产生更强的跨职能合作。

（3）绩效度量指标：如第 1.10.2 节讨论的，绩效度量指标为识别需要改进的领域提供了一个有价值的工具。

（4）外部对标：与其他组织的比较将提供关于如何改进具体实践和流程的洞见。虽然建议与同行业重点组织进行比较，但也可以从行业部门之外获得有价值的知识。显然，获得对对标组织的深入洞见，需要高水平的协议和合作，这在竞争对手那里很难做到。

（5）外部调查：已有的很多调查识别了产品创新成功因素，或者识别了产品创新绩效的"最佳公司"和"其他公司"，包括库珀和克莱因施密特（1995，2010）的调查、马卡姆和李（2013）的调查，以及布斯泰勒和诺布尔（2023）的调查。

（6）将上述内容结合在一起：上述 1～5 项工作收集的数据和知识将为识别产品创新改进的领域提供基础。整个过程由跨职能团队推动，为立即采取行动、持续学习和改进提供了平台。

安德森（2008）提供了一个对标的例子，展示了上面的方法。

产品开发与管理协会 2021 年最佳实践调查及布斯泰勒和诺布尔调查（2023）的主要发现是：

- 随着业务和技术环境的变化，公司为了"活下来"，必须不断发展其新产品开发能力。
- 要获得更大的创新绩效，仅靠某个单一实践是不行的。相反，最佳公司更擅长巧妙地结合运用各种新产品开发能力和实践。
- 最佳公司更有可能制定新产品战略，鼓励激进创新，积极面对风险和制定长期战略，并通过进入新市场和引进新技术来实现增长。它们还开发所有类型的创新。
- 最佳公司能够更积极主动地应对全球新冠疫情等危机。

1.11　本章小结

本章重点论述了产品创新管理的作用。

1. 什么是产品创新

- 产品创新的定义是创造并推出新的产品（服务）或现有产品（服务）的改进版。
- 产品创新的范围从战略方向到组合管理，从单个项目管理到商业化，具有高度复杂性。它受到各种输入和因素的影响。

2. 管理产品创新

- 产品创新管理职责涉及众多的职位头衔——中小型公司的首席执行官，大型公司的创新副总裁、产品创新经理、品牌经理、产品经理等。当前，产品经理角色在世界范围内日益增多。
- 产品经理的工作是发现一款有价值的、可用的、可行的产品。产品经理的角色是商业、用户体验和技术之间的交集。
- 产品经理不是项目经理。项目经理管理创建项目或服务的创新流程。产品经理将解决方案商业化，以解决客户问题和/或满足市场需求。
- 产品创新的基本原理和原则在大多数行业和产品类型中都是通用的，只是具体运用的战略、流程和工具会不同。产品创新管理成功的关键是掌握基本原理和原则，识别并实施适用特定组织的战略、流程和工具。

3. 管理产品生命周期

- 大多数产品生命周期遵循开发、导入、成长、成熟、衰退、退市等阶段。
- 从总体上说，产品从导入到衰退的生命周期正变得越来越短，这给企业开发新产品和改进现有产品带来了更大的压力。
- 对营销组合（产品、价格、分销和促销）的产品管理，因产品生命周期的不同阶段而不同。
- 产品经理在指导整个产品生命周期中发挥着关键作用。
- 在产品生命周期早期阶段，"创新扩散"非常重要，这是新的创新被市场接受并开始获得成功的关键阶段。产品要跨越导入阶段和成长阶段之间的鸿沟。
- 产品路线图和技术路线图是产品创新规划的基本工具。

- 尽管项目经理和产品经理的角色存在着根本性区别，但产品创新管理在专注于产品的同时仍然需要应用项目管理原则和工具。理想方案是参加产品创新经理（来自 PDMA）认证与项目管理专业人员（来自 PMI）认证。

4. 度量产品创新绩效并聚焦于持续改进

- 度量和汇报产品创新结果的产品创新绩效指标对于展示投资回报至关重要。
- 尽管绩效指标在汇报时的应用非常重要，但将其应用于产品创新流程的持续改进对于组织长期增长更为重要。
- 充分了解产品创新的最佳实践并定期对标，包括内部的和外部的，对高绩效产品创新管理至关重要。
- 对其他组织的流程和实践进行对标，可以提供宝贵的输入以补充内部绩效指标，来支持流程持续改进。

本章试题

1. 简是一家玩具制造和营销公司的产品经理。该公司刚开始开发一款针对 8～12 岁儿童的新产品。简负责组建一个跨职能团队，以完成对产品潜力的早期可行性分析。她选择了来自市场营销、技术、研发和财务的代表作为团队成员。跨职能团队没有包括什么重要职能？

　　A. 维修和维护　　　B. 制造　　　C. 董事会　　　D. 客户

2. 老式和新式方法"走向市场"战略之间的主要区别是什么？

　　A. 更多的领导　　　　　　　B. 强大的产品经理
　　C. 愿景驱动　　　　　　　　D. 更具迭代性

3. 跟踪产品开发的一套度量标准是什么？

A.　TRIZ　　　　　B.　决策树　　　　C.　度量指标　　　D.　关键路径

4.　什么说明了高层级产品战略，并演示一个产品如何随着时间推移而演变？

A.　产品路线图　　　　　　　　B.　产品仪表板
C.　感知图　　　　　　　　　　D.　产品生命周期

5.　在产品生命周期中采取的产品管理措施首先由以下哪个因素决定？

A.　生命周期评估　　　　　　　B.　可持续发展计划
C.　产品、价格、促销和地点　　D.　产品生命周期的阶段

6.　在产品生命周期的导入阶段，以下哪种产品定价战略最常用？

A.　渗透定价　　　B.　撇脂定价　　C.　A 或 B　　　D.　有竞争力的定价

7.　哪种类型的消费者最可能在产品导入阶段购买产品？

A.　落后者　　　　B.　早期采用者　　C.　创新者　　　D.　早期多数

8.　杰克是一名产品经理，负责一款明显进入生命周期衰退阶段的产品。杰克应该采取什么策略？

A.　寻求降低成本，并继续向市场中的忠诚客户销售
B.　通过添加新功能和寻找新用户来恢复产品活力
C.　停止生产该产品
D.　A、B 或 C

9.　产品组合管理中，重要的是：

A.　在产品生命周期的导入、成长和成熟阶段，都有一个良好的产品组合
B.　在产品生命周期导入和成长阶段高度关注产品
C.　在产品生命周期的成熟阶段非常重视产品
D.　在产品生命周期的成长和成熟阶段非常重视产品

10. 在回顾一款产品对公司产品组合的贡献时，产品经理注意到，销售增长已经显著放缓，大量产品已经进入了市场，有必要降价，因此会导致利润率降低。该产品处于产品生命周期的哪个阶段？

A. 成长　　　B. 成熟　　　C. 退市　　　D. 衰退

本章试题参考答案

1. B　2. D　3. C　4. A　5. D

6. C　7. B　8. D　9. A　10. B

附录 1A　组织产品创新管理实践与流程的评估问卷

↘ 介绍

该自我评估问卷聚焦在决定产品创新管理成功的关键领域。虽然问卷较为全面，但并未完全涵盖高绩效产品创新所涉及的所有方面（见图 1A.1）。该问卷的目的是鼓励组织审视其产品创新管理的优势和劣势，并识别改进机会。

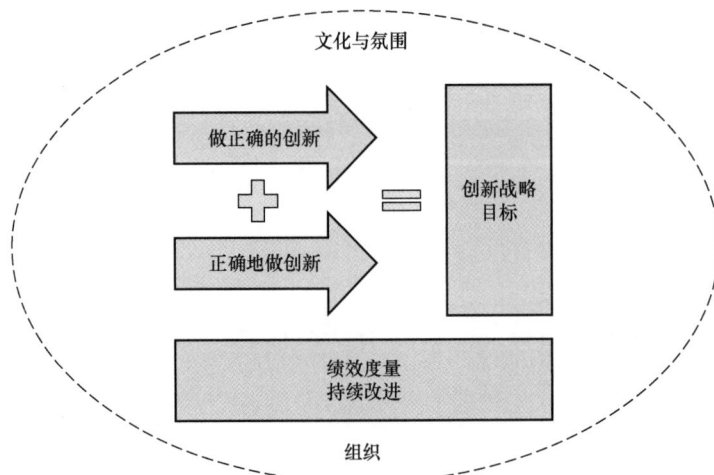

图 1A.1　产品创新模型

填写以下问卷

1. 回答每个问题，打出相应分数。

1	2	3	4	5

完全不是 　　　　　　　　　　　　　　　　　　　　　　总是

2. 在问卷最后的总结部分，将每个部分的得分累加起来。然后简要说明如何提高产品创新的整体绩效，以及聚焦于哪些具体领域。

3. 问卷没有设定最佳值或目标值。它旨在鼓励组织批判性地评估如何进行产品创新，并为改进产品创新成果的具体指标提供最佳参考。

第 1 部分　做正确的产品创新

1.1 公司制定了较好的总体业务战略。　　　　　　　　`1 2 3 4 5`

1.2 战略经过了充分沟通并得到了所有员工的理解。　　`1 2 3 4 5`

1.3 产品创新是公司战略中完整而明确的组成部分。　　`1 2 3 4 5`

1.4 公司战略为所有产品创新方法和方向及产品创新提供了　`1 2 3 4 5`
　　明确指导。

1.5 制定了产品创新战略，为产品创新的各个方面提供全面指　`1 2 3 4 5`
　　导，包括：

- 对公司增长目标的预期贡献。
- 产品重点。
- 市场重点。
- 产品创新风险概览。

- 知识产权战略。
- 核心内部能力。
- 利用外部能力。

1.6 产品创新战略为所有产品创新项目的优先级排序提供了　`1 2 3 4 5`

明确和有意义的指导。

1.7 产品创新战略经过了广泛沟通并得到了公司全体员工的理解。　　1　2　3　4　5

1.8 参与产品创新项目的所有员工都能清楚地说明该项目与战略的相关性。　　1　2　3　4　5

1.9 产品创新战略有技术规划支持。　　1　2　3　4　5

1.10 只要条件允许，就会将技术规划与主要竞争对手进行对标。　　1　2　3　4　5

1.11 公司拥有完善的技术规划和路线图制定流程。　　1　2　3　4　5

1.12 公司有严格、适用和正式的项目选择标准。　　1　2　3　4　5

1.13 公司有排序项目优先级的流程，确保资金和资源的最有效利用。　　1　2　3　4　5

1.14 公司用明确的方法框架来定义最佳的产品创新组合。　　1　2　3　4　5

1.15 公司有持续的产品组合分析流程，用于定期评审产品创新组合。　　1　2　3　4　5

第 2 部分：正确地做产品创新

2.1 在产品创新项目开始时开展详细的利益相关方分析。　　1　2　3　4　5

2.2 在产品创新流程中邀请利益相关方定期参与。　　1　2　3　4　5

2.3 在早期就将营销组合的所有要素（产品、价格、促销和地点）整合到产品创新流程中。　　1　2　3　4　5

2.4 采用明确的产品创新项目选择标准。

$\boxed{1 \quad 2 \quad 3 \quad 4 \quad 5}$

2.5 采用明确的产品创新项目选择流程，邀请所有关键利益相关方参与。

$\boxed{1 \quad 2 \quad 3 \quad 4 \quad 5}$

2.6 在产品创新流程的早期，制定明确的产品概念，并与所有关键利益相关方进行沟通，得到各方的同意。

$\boxed{1 \quad 2 \quad 3 \quad 4 \quad 5}$

2.7 制订完善的项目计划，包括所有关键利益相关方、关键活动、进度表、资源和预算。

$\boxed{1 \quad 2 \quad 3 \quad 4 \quad 5}$

2.8 在项目开始前定义关键项目角色，包括项目负责人、团队关键成员和高层管理指导委员会。

$\boxed{1 \quad 2 \quad 3 \quad 4 \quad 5}$

2.9 在产品创新流程早期开展商业论证，包括对目标市场和销售潜力、制造和营销成本及投资回报等方面的合理估算。

$\boxed{1 \quad 2 \quad 3 \quad 4 \quad 5}$

2.10 所有产品创新项目均采用明确定义的流程。不是所有项目都用一样的流程，流程能够适合具体项目和目的。所有相关方都清楚地理解并遵循流程。

$\boxed{1 \quad 2 \quad 3 \quad 4 \quad 5}$

2.11 产品创新流程包括明确的通过或不通过决策点或关口，每个关口都有明确的可交付成果。

$\boxed{1 \quad 2 \quad 3 \quad 4 \quad 5}$

2.12 通过或不通过决策得到认真对待，项目或被批准进行或重做或关闭。

$\boxed{1 \quad 2 \quad 3 \quad 4 \quad 5}$

2.13 所有产品创新项目结束时都召开评审会议。在评审会议上总结的经验教训被用来进行持续改进。

$\boxed{1 \quad 2 \quad 3 \quad 4 \quad 5}$

第 3 部分　文化与氛围、组织

3.1 高级管理层非常支持产品创新。

$\boxed{1 \quad 2 \quad 3 \quad 4 \quad 5}$

3.2 首席执行官通过以下方式定期展示对产品创新的支持：   1 2 3 4 5

- 在演讲中提及产品创新。
- 对产品创新成功进行表彰。
- 领导制订产品创新计划。

- 领导项目组合管理指导委员会。
- 在指导委员会中积极参与重大项目。

3.3 定期进行氛围调查。   1 2 3 4 5

3.4 氛围调查包含了创造力和创新等方面。   1 2 3 4 5

3.5 积极利用氛围调查结果提高公司绩效。   1 2 3 4 5

3.6 有完善的计划指导产品创新能力的提升和发展。   1 2 3 4 5

3.7 计划聚焦于核心内部能力和外部资源的平衡。   1 2 3 4 5

3.8 能力计划基于公司的产品创新战略和技术规划。   1 2 3 4 5

3.9 有明确的核心价值观，将其用于招聘时考察候选人。   1 2 3 4 5

3.10 有明确的指导方针和流程对产品创新个人贡献进行表彰和奖励。   1 2 3 4 5

3.11 有明确的指导方针和流程对产品创新团队贡献进行表彰和奖励。   1 2 3 4 5

3.12 产品创新项目团队由公司跨职能部门组成。   1 2 3 4 5

3.13 参与产品创新团队是每个人角色和职责的一部分。   1 2 3 4 5

3.14 产品创新项目组成员自始至终参与项目。   1 2 3 4 5

第 4 部分　度量指标

4.1 高级管理层使用度量指标来评估产品创新的投资价值。 　1　2　3　4　5

4.2 度量指标是建立在充分记录的信息基础上的，为产品创新投资提供了可靠的依据。 　1　2　3　4　5

4.3 用全面的产品创新度量指标识别需要改进的关键领域。 　1　2　3　4　5

4.4 度量指标涵盖产品创新的所有方面，而不仅仅是与产品创新部门直接相关的方面。 　1　2　3　4　5

4.5 高级管理层承诺应用产品创新度量指标，并确保其应用于产品创新中。 　1　2　3　4　5

4.6 产品创新度量指标与公司的绩效和发展框架有明确联系。 　1　2　3　4　5

4.7 产品创新度量指标作为持续改进的基础，在管理层和所有职能部门得到认真对待。 　1　2　3　4　5

4.8 产品创新度量指标会根据识别出的具体改进领域进行调整。 　1　2　3　4　5

第 5 部分　总结

总分

做正确的产品创新 75 分

正确地做产品创新 65 分

文化与氛围、组织 70 分

度量指标 40 分

总分　250 分

优势和劣势领域

改进机会

改进策略

本章参考文献

- Anderson, A.M. (2008). A framework for NPD management: Doing the right things, doing them right, and measuring the results. *Trends in Food Science and Technology 11*: 553–561.
- Anderson, A. M. (2015). *Keynote: Performance metrics for continuous improvement* [Conference paper]. The PDMA Annual Conference, Anaheim.
- Bsteiler, L. and Noble, C.H. (2023). *The PDMA handbook of innovation and new product development*, 4e. John Wiley and Sons.
- Cagan, M. (2017). *Inspired*, (2nd ed.).e. Silicon Valley Product Group.
- Catstellion, G. and Markham, S. (2013). Myths about new product failure rates. *Journal of Product Innovation & Management 30*: 976–979.
- Cooper, R. (2023). What separates the winners from the losers and what drives success. In: *The PDMA handbook of innovation and new product development*, 4e (ed. L. Bsteiler and C.H. Noble), 3–44. John Wiley and Sons.
- Cooper, R. and Kleinschmidt, E. (1995). Benchmarking the firm's critical success factors in product development. *Journal of Product Innovation Management 12*: 374–391.

- Cooper, R. and Kleinschmidt, E. (2010). Success factors for new product development. In: *Wiley international encyclopedia of marketing* (ed. J.N. Sheth and N.K. Malhotra), 1–9. John Wiley & Sons.
- Cooper, R. and Kleinschmidt, E. (2015). *Winning businesses in product development: Critical success factors*. Research-Technology Management.
- Dobson, M. (2004). *The triple constraints in project management*. Berrett-Koehler Publishers.
- Eriksson, M. (2011). *What, exactly, is a product manager?* Mind the Product.
- Glassdoor. (2022). *Best Places to Work*.
- Johnson, S. (2017). *Turn ideas into products: A playbook for defining and delivering technology products*. Independently Published.
- Kahn, K.B., Evans Kay, S., Slotegraaf, R.J., and Uban, S. (ed.) (2013). *The PDMA handbook of new product development*, 3e. John Wiley & Sons.
- Kaplan, R.S. and Norton, D.P. (1992). The balanced scorecard-measures that drive performance. *Harvard Business Review 70*: 71–79.
- Kocina, L. (2017). *What percentage of new products fail and why?* MarketSmart Newsletters.
- Knudsen, M.P., Zedtwitz, M., Griffin, A., and Barczak, G. (2023). Best practices in new product development and innovation: Results from PDMA's 2021 global survey. *Journal of Product Innovation Management 40* (3): 257–275.
- Lester, D.H. (2016). *Critical success factors for product development*. Research-Technology Management.
- Markham, S.K. and Lee, H. (2013). Product development and management association's 2012 comparative performance assessment study. *Journal of Product Innovation Management 30* (3): 408–429.
- Montoya-Weiss, M.M. and Calantone, R.J. (1994). Determinants of new product performance: A review and meta analysis. *Journal of Product Innovation Management 11* (5): 397–417.
- Moore, G.A. (2014). *Crossing the chasm*, 3e. Collins Business Essentials.
- PMBOK® (2021). *A guide to the project management body of knowledge*, 7e. Project Management Institute.
- Rogers, E.M. (1962). *Diffusion of innovations*. Free Press.
- Schneider, J., & Hall, J. (2011). *Why most product launches fail*. Harvard Business Review.

第 2 章

产品创新战略

为产品创新和持续的产品管理
提供背景、目标和方向。

↘ 本章学习重点

　　战略是组织生存和发展的核心，为组织的所有职能和活动奠定了基础，提供了框架。本章中，战略在组织的各层级均有运用，介绍的重点是创新战略，提供了分析和制定创新战略的框架，用其指导整个组织的创新实践。

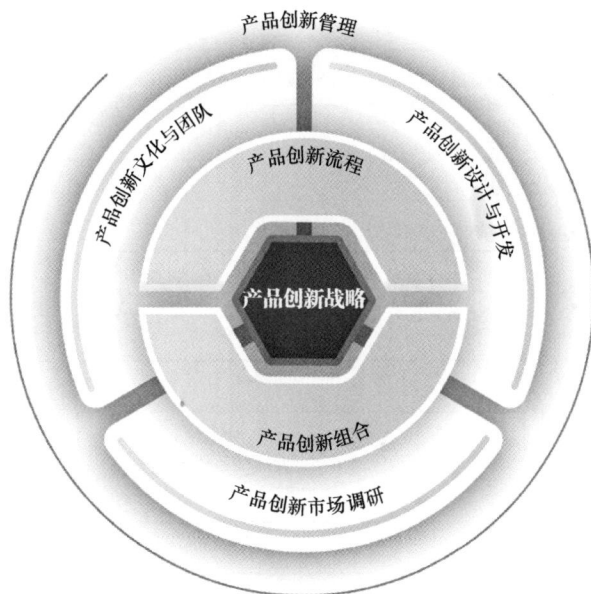

↘ **本章内容一览图**

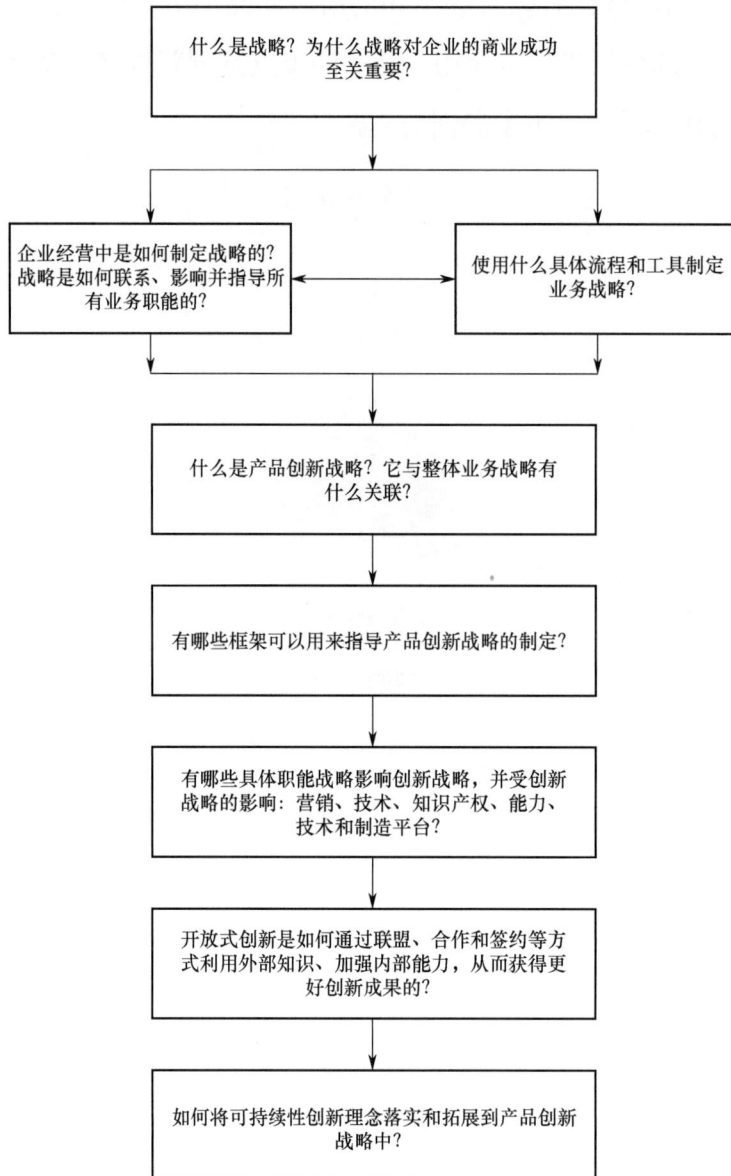

```
┌─────────────────────────────────┐
│ 什么是战略？为什么战略对企业的商业成功 │
│           至关重要？              │
└─────────────────────────────────┘
```

```
┌──────────────────────┐        ┌──────────────────────┐
│ 企业经营中是如何制定战略的？│◄──────►│ 使用什么具体流程和工具制定 │
│ 战略是如何联系、影响并指导所│        │      业务战略？         │
│    有业务职能的？        │        │                      │
└──────────────────────┘        └──────────────────────┘
```

```
┌─────────────────────────────────┐
│ 什么是产品创新战略？它与整体业务战略有 │
│          什么关联？               │
└─────────────────────────────────┘
```

```
┌─────────────────────────────────┐
│ 有哪些框架可以用来指导产品创新战略的制定？│
└─────────────────────────────────┘
```

```
┌─────────────────────────────────┐
│ 有哪些具体职能战略影响创新战略，并受创新 │
│ 战略的影响：营销、技术、知识产权、能力、 │
│        技术和制造平台？           │
└─────────────────────────────────┘
```

```
┌─────────────────────────────────┐
│ 开放式创新是如何通过联盟、合作和签约等方 │
│ 式利用外部知识、加强内部能力，从而获得更 │
│        好创新成果的？             │
└─────────────────────────────────┘
```

```
┌─────────────────────────────────┐
│ 如何将可持续性创新理念落实和拓展到产品创新 │
│           战略中？                │
└─────────────────────────────────┘
```

2.1　什么是战略

战略的广义定义是选择一个方法或规划以实现一个理想中的未来。例如，某个目标的实现路径或者某个问题的解决方案。

在商业中，战略"定义和传达一个组织独特的定位，说明组织如何通过整合资源、技能和能力以获取竞争优势"（Porter，2008）或"组织根据其行业定位、机会和资源，为实现长期目标而制订的行动计划"（Kotler，2012）。

在产品创新中涉及一些关键因素，分别为：

（1）独特的定位。

（2）能力和资源利用。

（3）竞争优势。

（4）整合以上要素并加以运用的方法。

2.1.1　战略对于产品创新的重要性

1990 年以来，产品开发与管理协会定期开展针对组织跨职能合作方面的研究，旨在不断深化对产品创新实践和流程的理解，从而提高新产品成功率。该研究的目标是，从产品创新绩效和成果的角度，找出"最佳公司"（Best Companies）与"其他公司"（Rest Companies）之间的差别。

每一次的研究都发现，明确的产品创新战略对整体新产品的成功具有重大贡献。与其他公司相比，最佳公司更频繁地拥有能够指导和整合其整个产品创新项目的战略。2021 年 PDMA 最佳实践调查（Knudsen 等，2023）强调了创新战略的重要性："……总体来说，这些结果表明，更好的绩效既与更具创新性的战略相关，也与更具创新性的项目相关。"关于创新战略的分类，包括激进型创新，将在第 2.6 节进一步讨论。

2.1.2　战略层级

战略指导组织实践，并为整个组织提供目标、优先级和聚焦点。如果组织规模较大，业务多元化，那么组织战略就是公司战略。如果组织规模较小，那么业务战略就可以作为公司战略。

大多数组织都在一定程度上依赖创新来实现收入增长。与业务战略保持一致的创新战略为整个组织的创新提供了方向和框架。组织的每个关键职能，包括营销、销售、人力资源、设计、开发、采购、制造等，都要制定自己的战略，对组织整体战略产生贡献，并支持创新战略。图 2.1 和图 2.2 描述了组织内部的战略层级，以及创新战略在这个战略层级中的位置。

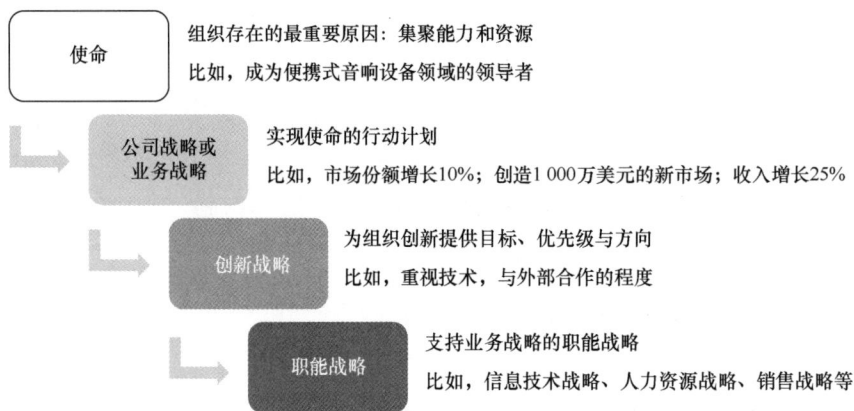

图 2.1　战略层级

图 2.1 说明了一个完全整合的战略规划方法的重要性。战略始于组织的使命。业务战略是组织将如何实现其使命。选择创新战略是为了支持业务战略的成功。最后，具体的职能战略（营销、销售、人力资源、设计、开发、采购、制造等）支撑着组织目标的实现。在更成功的组织中，所有这些方面都是协调一致的，并朝着同一个方向努力。

图 2.2 是图 2.1 的扩展，强调了组织使命在指导项目选择、组合管理以及整体产品

创新战略中的重要性。同时，也强调了通过制定和实施产品创新战略来确保职能战略协调一致的重要性。

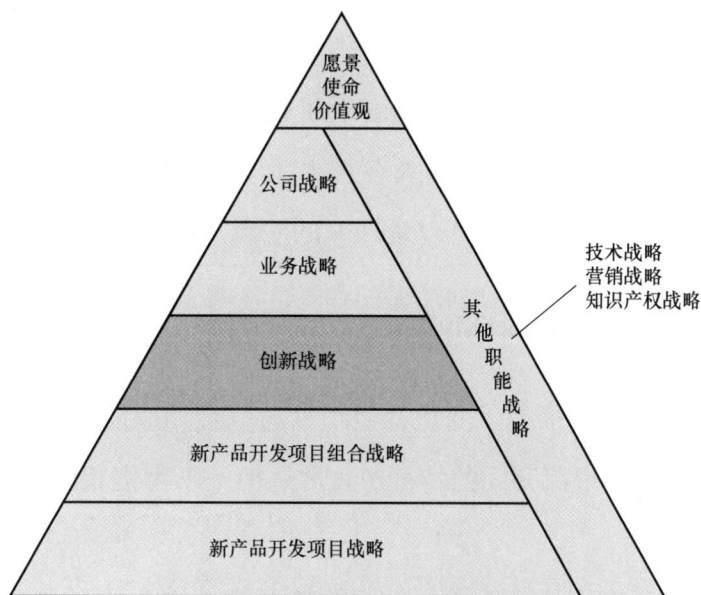

图 2.2 创新和战略决策层级

2.2 确立组织方向

2.2.1 组织身份

"组织代表了什么？为什么存在？""作为一个组织，我们是谁？"(Whetten, 2006)，明确理解和定义这些问题是组织实现长久成功的基石。

组织身份的案例

Zappos.com

- 方便购买，免费无麻烦退货。
- 顾客是上帝。
- 最人性化。

> **丽思卡尔顿酒店**
>
> 该酒店由瑞士酒店经营者凯撒·里兹于 1906 年 5 月创立，八年后他创建巴黎丽思酒店。公司信条明确指出"真心关怀和客人舒适是丽思卡尔顿酒店的最高使命"。对于大多数奢华旅行者来说，丽思卡尔顿酒店品牌的"与众不同之处"在于其俱乐部级别的高级客房。俱乐部级客房和套房还能享受升级的便利，如免费 Wi-Fi、管家式服务（如洗衣）、可以带回家的洗漱用品和个人礼物。

组织身份（Organizational Identity）的主要特征是：

- **核心性**：如果一个特征发生变化，组织性质就会相应地发生变化。
- **持久性**：在组织中根深蒂固的特征，通常是神圣不可侵犯的或在组织发展历史中形成的特征。
- **独特性**：该组织有别于其他类似组织的特征。

组织身份不应与品牌身份混淆，品牌身份是组织希望其受众如何看待它的方式。品牌形象是消费者持有的外部感知，而组织身份则是关于塑造这些感知的内部活动。

组织身份为定义组织愿景、使命和价值观提供了基础。这些特征既体现在组织的日常运营中，又体现在产品创新战略中。

2.2.2 愿景

愿景（Vision）的定义是"一种在远见和洞察力指导下的想象行为（act of imagining），它揭示了多种可能性和现实约束性……描绘了组织最期望的未来状态"（Kahn 等，2013）。

组织愿景的案例如下：

- **耐克的愿景**："为世界上的每一位运动员带来灵感和创新。（*只要你有一个身体，你就是一名运动员。）"

- 阿尔茨海默病协会（**Alzheimer's Association**）的愿景："一个没有阿尔茨海默病的世界。"
- 麦当劳的愿景："提供最出色的快速服务餐厅体验。做到最好意味着提供卓越的品质、服务、清洁和价值，以便我们在每家餐厅都让每位顾客微笑。"
- 华为的愿景："把数字世界带入每个人、每个家庭、每个组织，构建万物互联的智能世界。"

2.2.3　使命

使命（Mission）的定义是"关于组织的纲领（Creed）、哲学（Philosophy）、宗旨（Purpose）、经营原则（Business Principles）或公司信念（Corporate Beliefs）的陈述。使命的目的是使组织的能力和资源得以聚焦"（Kahn 等，2013）。

以下是几个知名企业的使命陈述：

- 星巴克（**Starbucks**）："激发并孕育人文精神，每人，每杯，每个社区。"
- 谷歌（**Google**）："组织全世界的信息，使其普遍可访问和有用。"
- 微软（**Microsoft**）："予力全球每一人、每一组织，成就不凡。"
- Kickstarter："帮助实现创意项目。"
- 特斯拉（**Tesla**）："加速世界向可持续能源的转变。"
- 阿里巴巴（**Alibaba**）："让天下没有难做的生意。我们助力企业变革营销、销售和运营方式，提高效率。"

2.2.4　价值观

价值观（Values）的定义是"个人或组织带着某种程度的情感坚守的准则"（Kahn 等，2013）。简言之，组织价值观是为组织提供目的和方向的指导原则。它们帮助公司管理与客户和员工的互动。表 2.1 列出了一些组织价值观的例子。

表 2.1   组织价值观的例子

Facebook： • 专注于影响力 • 快速行动 • 大胆创新 • 开放透明 • 创造社会价值	星巴克 • 营造温暖而有归属感的文化，欣然接纳和欢迎每个人 • 积极行动，勇于挑战现状，以创新方式实现公司和伙伴的共同成长 • 在每个连接彼此的当下，专注当下，坦诚相处，互尊互敬 • 对每件事，竭尽所能，敢于担当
华为： • 开放 • 合作 • 共赢	Adobe： • 诚信 • 卓越 • 创新 • 包容

2.2.5   组织身份与产品创新

使命、愿景和价值观不仅定义了组织希望实现的目标，还定义了组织的个性——组织是如何行动和如何感受的。这种个性：

- 对加强产品创新对组织的重要性有着显著影响。
- 对产品创新的焦点和实施方式产生重大影响。管理者应确保使命、愿景和价值观为产品创新提供适当的背景和方向。
- 负责确保在产品创新流程的各个层面与使命、愿景和价值观的相关性和联系。在涉及产品创新的所有职能和人员中沟通和定期强化这种相关性和联系至关重要。
- 支持品牌身份以及向客户和其他利益相关方传达组织身份和价值观。

2.3   业务战略与公司战略

公司战略或业务战略是组织活动目标和方向的基础。整体业务战略是职能战略的基础，这些职能战略包括制造、市场营销、知识产权、能力，以及（在本书的背景下）最重要的创新战略。业务战略既受产品创新战略的启发，也为产品创新战略提供信息。反过来，产品创新战略又指导了组织产品组合的选择和持续管理，并优先考虑特定的创新项目。

2.3.1 业务战略

Tregoe 和 Zimmerman（1980）定义业务战略（Business Strategy）为"指导那些决定组织性质和方向选择的框架"。换言之，就是选择什么产品（或服务）作为交付物、选择什么市场作为交付对象。

Porter（1996）则认为，竞争战略就是"做到与众不同"。他说，"这意味着有目地选择一组与众不同的行动，以提供一个独特的价值组合"。简言之，Porter 认为战略就是竞争定位，就是组织差异化。从客户视角看，就是通过一组与竞争对手不同的行动为客户增加价值。

将这两个定义从本质上结合起来，可以导出以下结论：

业务战略是选择一组行动以提供一个独特价值组合，对大部分业务来说，独特价值组合的核心是企业向特定市场提供的产品和/或服务。

产品创新和产品管理对大多数业务战略都有贡献，业务战略为创新战略和产品创新提供了背景和方向。业务战略落实到产品创新的关键步骤是：

（1）制定业务目标。明确具体产品类别和所聚焦的目标市场，以及相应的增长目标。

（2）明确产品创新在实现业务目标中的作用。企业可以通过兼并或收购，也可以通过产品创新来实现上述目标。例如，有些目标可以通过并购来支持，有些目标则最好通过产品创新来实现。如果通过产品创新，企业就有更多的潜在选项，包括内部开发、外部合作以及特许开发和/或特许营销等。

（3）为产品创新战略制订攻击计划，例如，将精力集中在创造市场领先产品或对竞争对手的产品进行改进上。本章后面将介绍一些创新战略框架，这些框架指导企业在产品创新主要领域的决策。决策中的核心问题总体上有：在产品创新上，企业愿意承担多大风险？企业想成为市场领导者还是跟随者？企业创新是技术驱动型还是市场驱动型？企业新产品的差异化体现在成本上还是具体特性上？企业面向较宽还是较窄的产品和/或市场领域？

上述战略决策为新产品规划的后续步骤奠定了基础，包括单个项目选择、产品组合管理以及资源配置，也为针对特定产品创新机会选择适合的产品创新方法提供了依据。

2.3.2 公司战略

各个组织在规模和结构上存在很大的不同。大型组织常常划分多个业务单元（Business Unit，也称事业部），每个业务单元都以一个特定的产品品类、品牌、服务、市场或区域为核心。图 2.3 是可口可乐的组织结构，展示了多元化全球公司的复杂性。

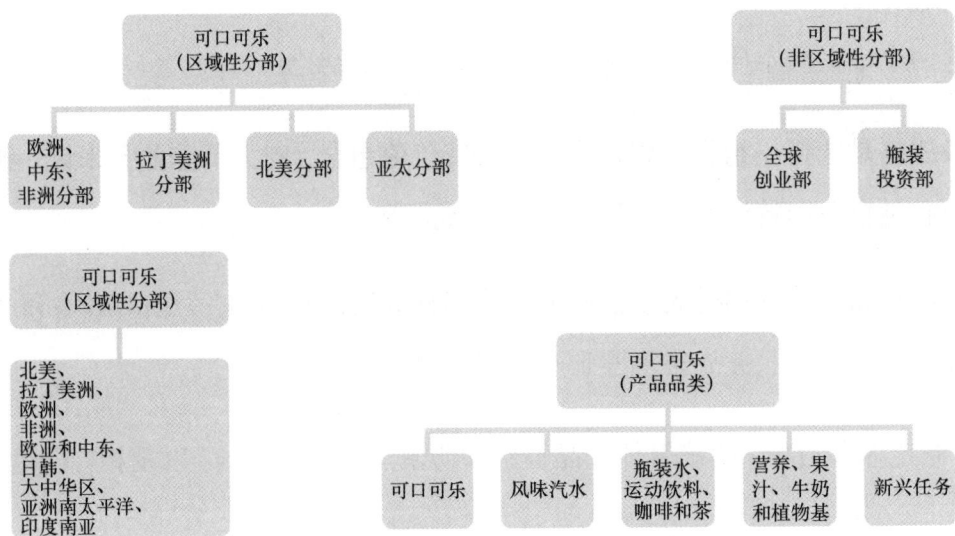

图 2.3　可口可乐的组织结构：2022 年 8 月的业务结构示例

这些大型且多元化的组织，需要有一个总体战略来指导整个组织。同时，每个业务单元都有单独的战略，并与总体战略或公司战略保持一致。

公司战略是：

- 一个多元化组织的总体战略。
- 回答两个问题，即"公司应该在哪些业务领域开展竞争"以及"不同的业务如何协同起来，以提高组织整体的竞争优势"。

产品创新在大公司的作用取决于其组织结构，尤其取决于组织寻求跨业务单元协同的程度，组织寻求业务单元的高度自治会起反作用。组织应该有一个高层次的战略来提高各个业务单元之间的协同水平，该战略将影响公司的并购战略和内部创新战略。

下面看几个例子：

- 一家 PC 生产商的战略目标是"在公司的品牌电脑中安装自己的操作系统"，实现该战略目标的方法：公司内部开发、外部合作开发，或者收购一家拥有所需开发技术或操作系统的公司。

- 一家在 50 个国家设有事业部的全球性食品生产企业，决定开发一个核心技术平台应用于一系列产品上。但要根据不同国家消费者的口味偏好对产品配方进行细微调整。为此，公司需要做出决策，是建立一个大型的中央研发中心，还是在多个地区建立聚焦的研发中心，还是将这两种方式进行结合。

- 一家在 80 个国家设有 20 多个事业部的大型油田服务公司，在世界各地建立了多个研发中心。每个研发中心的研发体系和流程各有不同，导致各个研发中心之间很少有知识转移。现在公司需要做出一个重大战略决策，即在以下两种方案中进行选择：是建立标准统一的研发和知识管理体系，还是每个机构拥有高度聚焦的、"适用当地情况"的研发体系？或者，是否存在一种折中方案，可以在不同研发中心实现知识共享？

2.4　制定业务战略的准备

在制定业务目标和战略之前，必须全面了解业务所处的环境，包括企业自身、所在行业、更广泛的区域乃至全球环境，如图 2.4 所示。

有很多结构化的工具和方法，可帮助我们获得制定业务目标和战略需要的知识。以下是一些最常用的工具。建议不要依赖单一工具，而是组合使用工具，从而为战略规划提供最全面的知识覆盖。

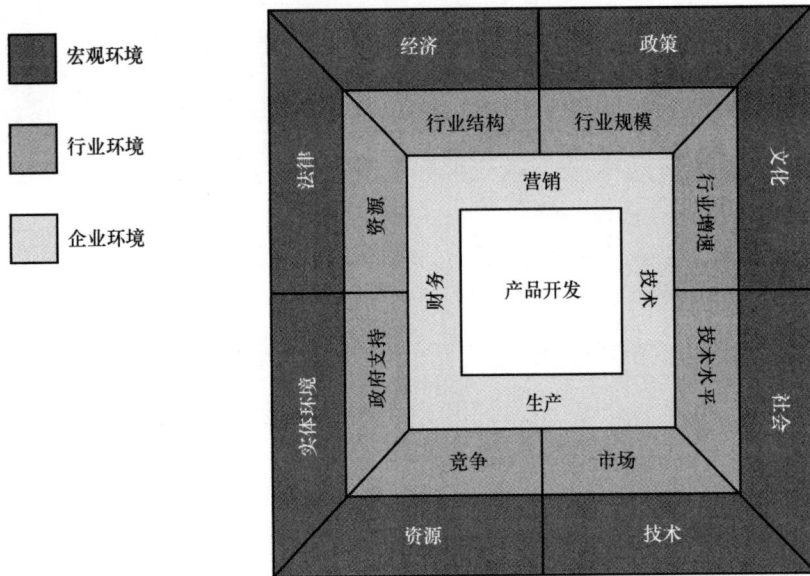

图 2.4　产品创新环境

2.4.1　PESTLE 分析

PESTLE 分析是一种结构化的宏观环境分析工具，包括政治（Political）、经济（Economic）、社会（Social）、技术（Technological）、法律（Legal）和环境（Environmental）因素。作为战略框架，PESTLE 分析可以帮助我们更好地理解那些直接影响组织未来趋势的因素，例如，人口统计、政策壁垒、颠覆性技术和竞争压力。当开始一项新业务或进入一个新的国外市场，或者当需要更好地理解外部业务环境的时候，都应该使用该工具（见表 2.2）。

表 2.2　PESTLE 分析示例

P——政治	E——经济	S——社会	T——技术	L——法律	E——环境
• 政府政策 • 政局稳定 • 对外贸易政策 • 税收政策 • 劳动法 • 贸易限制	• 经济增长 • 汇率 • 利率 • 通货膨胀率 • 可支配收入 • 失业率	• 人口增长率 • 年龄分布 • 教育水平 • 安全重点 • 生活方式和态度 • 文化障碍	• 技术激励 • 创新水平 • 自动化水平 • 研发活动 • 技术变革 • 技术意识	• 反歧视法 • 反垄断法 • 就业法 • 消费者保护法 • 专利法 • 健康和安全法	• 天气 • 环保政策 • 气候变化 • 来自非政府组织的压力

2.4.2　SWOT 分析

SWOT 是四个英文单词的首字母，分别是优势（Strengths）、劣势（Weaknesses）、机会（Opportunities）和威胁（Threats），如图 2.5 所示。

图 2.5　SWOT 分析

优势：某项业务或项目优于他人的特点。

劣势：某项业务或项目不如他人的特点。

机会：业务或项目可以利用的有利因素。

威胁：环境中给业务或项目带来麻烦的因素。

机会和威胁均来自外部因素。可以利用机会和计划来防范威胁，但威胁作为外部因素是不能直接改变的。例如，很难改变竞争对手、原材料价格以及顾客生活方式。认识到机会和威胁有助于制订计划并采用适当的管理流程来应对外部因素。

为确保 SWOT 分析的有效性，公司高级管理层必须深度参与 SWOT 分析，这是一项不能交给他人的工作。

但是，公司领导者也不能仅依靠自己来完成该项工作。为获得最佳结果，应邀请对公司持各种视角的一组人参与，选择的人应能代表公司的不同方面，如来自销售、客户服务、营销和产品创新等部门的人。有的公司会将目光放在公司之外，在开展 SWOT 分析时将客户的独特声音纳入考虑。

2.4.3　德尔菲技术

德尔菲技术（Delphi Technique）是一种基于专家小组的匿名问卷结果的预测方

法。会发放三轮或三轮以上的问卷，每轮问卷结束后，对匿名回答进行汇总，并与专家小组成员分享。德尔菲技术主要用于对未来的预测或预见以及长期战略规划。德尔菲技术的目的是，通过对问题的澄清和扩展，识别一致或不一致的地方，然后寻求共识。

德尔菲技术包括以下七个步骤。

第一步：选定并安排一名主持人

主持人最好是熟谙研究和数据的中立人士。

第二步：选择与主题相关的专家

德尔菲技术依靠专家小组来完成。专家小组成员可以是项目成员，也可以是客户，或其他来自公司内或行业内的专家。专家是对所调查特定领域具有专业知识和经验的人。选择与主题相关的专家，直接影响德尔菲法（Delphi）生成信息的质量，因此选择专家需要格外谨慎。

第三步：定义问题

拟探寻的问题是什么？专家必须清楚地知道他们在探讨什么问题。问题需要一个精确而全面的定义。

第四步：第一轮问答

先问一些一般性的问题，以广泛了解专家对未来事件的看法。这些问题可以采用问卷或调查的形式发出。然后，整理和总结专家对问题的回答，删除所有不相关的信息，寻找共同的观点。

第五步：第二轮问答

在第一轮问答的基础上，接下来的问题应该更深入地探讨主题，以澄清具体问题。这些问题仍可以采用问卷或调查的形式发出。然后，对结果进行整理和总结，删除所有不相关的信息，寻找共同的观点。关键目标是在专家之间达成共识。

第六步：第三轮问答

最后一轮问卷的重点是支持决策，专注于达成一致的领域。专家们在什么方面达成了一致？在某些情况下，为了达成更接近的共识，需要进行三轮以上的问答。

第七步：采取行动

在三轮问答之后，专家们通常会对未来事件达成共识。

预测未来并不是一门精确科学，但德尔菲技术有助于理解未来事件发生的可能性及它们对具体战略或项目可能产生的影响。

2.4.4　商业模式画布

商业模式画布（Business Model Canvas，BMC）是由奥斯特瓦德（Osterwalder）等（2010）首次提出的。它是一个简单而有效的可视化战略工具。无论组织规模大小，都可以使用商业模式画布进行商业模式创新。商业模式画布为精益创业中使用的精益画布方法提供了基础，精益画布强调以创业为中心的业务规划。

在战略和创新的背景下，组织的商业模式非常重要。如果商业模式定义错误，或者不支持创新战略、管理战略、技术战略和产品战略，就无法实现价值创造的最终目标。一个高度协同的商业模式会为包括客户、合作伙伴和组织在内的多个利益相关方创造价值。

商业模式画布包含商业模式的九个要素：客户细分、价值主张、渠道通路、客户关系、收入来源、核心资源、关键业务、合作伙伴、成本结构。商业模式画布的一个重要特征是可视化，如图 2.6 所示。该图将整个商业模式呈现在一页纸上。画布的右侧聚焦在客户上，左侧聚焦在业务上。通过提出和回答关键问题的方式，将关键信息写在画布上。

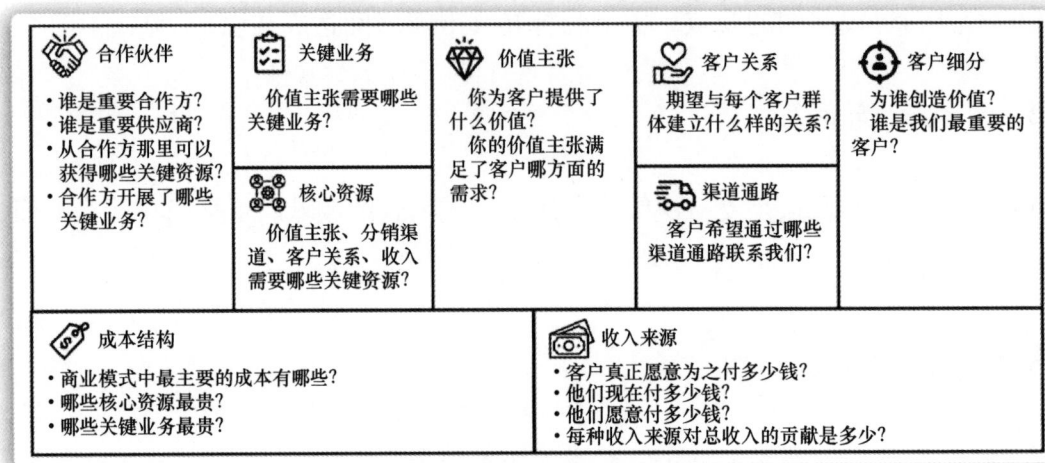

图 2.6　商业模式画布框架

1. 客户细分

组织的客户范围通常很广。可以将客户分为不同细分群体，每个细分客户群都有自己的特定要求和需求。这就需要为每个细分市场思考价值主张、客户关系和渠道通路。

2. 价值主张

价值主张可以将组织自身与竞争对手区分开来。价值主张一方面体现在数量上，如价格、服务、速度和交货条件等；另一方面体现在质量上，包括设计、品牌地位、客户体验和满意度等。

3. 渠道通路

为了将产品交到目标客户手中，需要关注哪些渠道通路？如何整合这些渠道通路？哪个渠道最经济？

4. 客户关系

需要与每个客户群建立什么样的关系？客户的期望是什么？如何建立客户关系？费用是多少？

5．收入来源

客户为什么愿意付费？产品帮助客户实现了什么价值？他们愿意如何付费？他们现在是怎么付费的？每种收入来源对总收入的贡献是多少？

6．核心资源

资源可以分为实物资源、智力资源、人力资源和资金。实物资源包括资产，如设备；智力资源包括知识、品牌和专利。

7．关键业务

需要通过哪些关键业务成功实现价值主张？包括研发、营销、制造和分销渠道。

8．合作伙伴

谁是重要合作方或关键供应商？他们提供哪些核心资源？合作方开展哪些关键业务？

重要合作方是企业开展关键业务并向客户提供价值所需的外部企业或供应商。对优化运营和降低商业风险而言，买卖双方的关系是非常重要的。

9．成本结构

在组织的商业模式中，最重要的成本驱动因素是什么？哪些核心资源和业务活动最为昂贵？业务是成本驱动的还是价值驱动的？成本驱动型企业希望将所有成本降至最低，而价值驱动型企业则更注重在质量或信誉方面为客户提供更高的价值。

2.4.5　波特的五力模型

波特（Porter，1979）提出了一个产业分析模型，该模型认为产业受五种力量影响。寻求超越竞争对手的战略性业务管理者可以使用此模型来更好地理解公司运营的产业环境。图 2.7 显示了每种力量需要解决的具体问题。

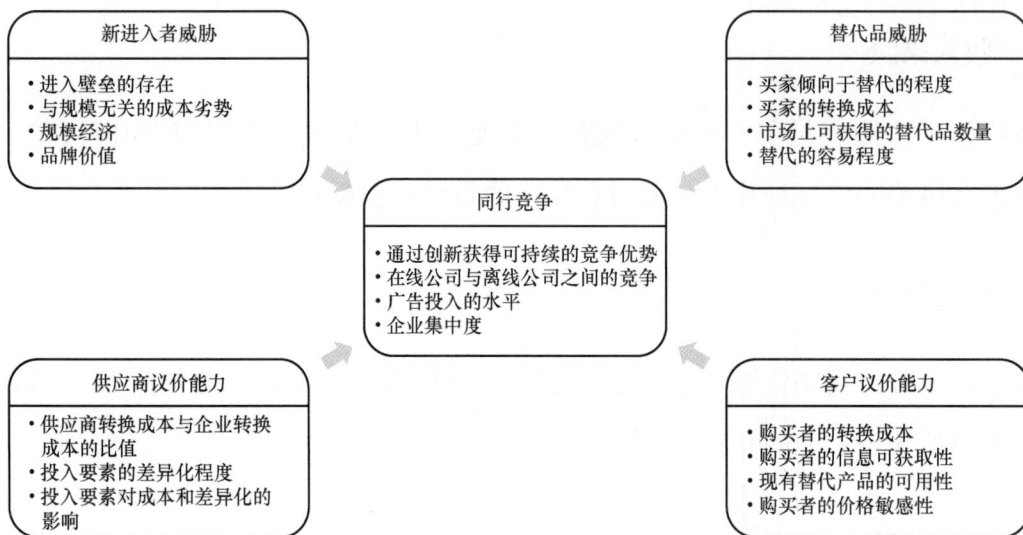

图 2.7　波特的五力模型

2.4.6　战略制定方法的应用示例

场景 1：一家为企业提供电信服务的公司正在考虑进入网络安全市场，但该市场已存在许多竞争者。该公司希望确定该市场是否在增长、能否容纳新的玩家、能否为他们带来利润。他们无法为该主题开展好的研究。你认为哪个模型最适合他们？

答案：德尔菲技术是最佳答案，因为该公司正在寻求对特定市场的预测，而该预测无法仅仅通过"计算"或查找得出（除非已经进行了特定的当地研究）。德尔菲技术提供了一个框架，利用行业专家来达成共识，从而生成在该情况下尽量可靠的预测性观点。

场景 2：一家制药公司正在考虑在海外投资建厂，但希望了解所有可能影响投资成功的宏观环境因素。使用哪种模型最合适？

答案：PESTLE 分析适合评估所有可能影响此类投资的宏观环境动态因素，无论是政治的（例如，目标国家政治环境的稳定性、外国税收法律的变化）、经济的（例如，货币波动的可能性）、技术的（例如，制造技术的最新状态）等。

场景 3：一家传统的会计软件应用供应商正在努力寻求活下来，因为作为"新进入者"的 SaaS（软件即服务）提供商抢走了许多客户。其传统的"大额前期成本"和"后期维护费用"模式正在受到挑战。公司想知道如何通过创新来适应和生存。哪种方法最适合评估其战略选项？

答案： SWOT 分析是一种合适的方法，可用于评估公司当前的优势和劣势，以及识别市场中的机会和威胁。通过了解公司自身和市场环境，他们可以制定创新战略来应对新的竞争对手，并找到新的增长点。

场景 4： 一家在全国拥有连锁健身俱乐部的公司发现其传统业务已经停滞不前。客户正在选择其他健身方式（如在家中、在公园里等）。然而，许多客户仍然喜欢去俱乐部，喜欢那种同伴情谊、俱乐部提供的不同课程以及专业健身教练的支持。该公司应如何评估其当前能力，并思考其业务未来发展方向有哪些选择？

答案： SWOT 分析是一个理想的工具，因为公司需要创造竞争优势，而 SWOT 分析可以确定在哪里来创造这种差异。它能帮助该公司列出其提供的所有好处（例如，场地、熟练的健身教练、优质的课程），也列出存在的劣势（例如，缺乏技术/在线能力），并分析业务环境变化出现的机会和威胁。

2.5　创新战略

"创新战略是进行产品创新并在困难时期保持增长的必备工具。"（Cooper 和 Edgett，2010）

"管理层应当阐明创新战略，说明公司的创新工作将如何支持总体业务战略。这有助于管理层做出取舍决策，选择最合适的创新行动，并对创新项目进行优先级排序，从而确保所有职能保持一致。"（Pisano，2015）

组织内部的创新不应该仅仅是一堆好想法、好做法，相反，它应该是整个组织中与整体业务战略相一致的集成的、协同的工作。

总体创新战略为整个组织的创新提供目标、方向和框架。各个业务单元和职能部门可能有各自的战略来实现特定创新目标，但这些战略必须与组织总体创新战略紧密衔接。

2.5.1   什么是一个好的创新战略

创新战略应当与具体的组织相适配。不存在一本标准教科书来定义创新战略应该是什么。创新战略为整个组织的一致性、确定优先级排序和评估权衡提供了坚实的基础。

好的创新战略的特征是：

（1）创新具有无序性，但正因如此才应该被拥抱。创新是一个过程，是艺术与科学（Art and Science）的结合。创新在应用时往往呈现出非线性特征，因为它包含了创造力、毅力等抽象概念。

（2）创新与经验学习曲线（Experimental Learning Curve）和发展有关。其迭代性体现在尝试新事物、吸取经验教训、调整工作优先级等方面。过程和最终结果同等重要。

（3）在创新过程中要不断产生有价值的信息。

（4）要保持有目的的好奇心，不断去寻找想要的设计、结果、流程、系统或产品。

（5）创新归根结底要创造价值，未必一定是新创意和新发明。

（6）利益相关方要尽早参与。

（7）创新要有将看似不同（且不明显）的组件整合为一个整体的能力。

（8）创新是持续进行的，因此组织需要设计和实施创新支持结构和体系，确保创新能够持续进行下去。

尽管创新在很多情况下更像艺术而非科学，但 Reeves 等（2017）认为，并非必须如此。他们认为，"创新，与市场营销和人力资源领域一样，可以通过新的信息利用方式减少对艺术直觉的依赖。但这需要转变观念：创新不被视为运气的产物，也不被视为非凡远见的产物，而是被视为刻意搜寻过程的结果。这个过程运用成功创新的底层逻辑来识别关键信息信号，并利用这些信号构建独具优势的创新战略"。Reeves 等（2017）用三个孩子建造新乐高玩具的简单例子来解释不同创新方法的差别。

回想一下你的童年时光。你和两个朋友待在一个房间里，玩着一大盒乐高积木（比如，受人喜爱的消防车套装）。三个人心中的目标是一样的：建造出尽可能多的新玩具。在玩的过程中，每人都会翻遍盒子，选择自己认为能帮助自己达到目标的积木。

现在，假设每个人都有不同的玩法。乔伊采用了一种我们称为**不耐心策略**，他小心挑选出乐高积木人和他们的消防帽，然后立即制作出可行的玩具。你则凭自己的直觉随机挑选看起来有趣的积木。吉尔则是选择了一些她留意到在更复杂玩具中很常见的部件，诸如车轴、轮子和小底板等，尽管她不能立即使用它们来做出一个更简单的玩具。我们把吉尔的方法称为**耐心策略**。

谁会下午结束时开发出最多的新玩具？也就是说，谁会建造出最多的新产品？我们的模拟表明，这取决于几个因素。一开始，乔伊会凭借他的不耐心策略一马当先。但随着游戏的进行，命运会发生转变。当吉尔用她最初认为无用的车轴和轮子组装出复杂的消防车时，她早期的举动似乎是偶然的。看起来她运气不错，但我们认为，她有效地利用了这种偶然性。

你呢？随机挑选组件，建造出的玩具最少。你的朋友有一个信息驱动战略，而你只依赖直觉和机会。

我们从这个例子能学到什么？如果创新是一个搜索过程，那么你今天选择的组件对你明天的选择至关重要。你是选择能迅速形成简单产品并立即带来回报的组件，还是选择能给你带来更高未来期权价值的组件呢？

Reeves 等（2017）的研究为创新战略提供了三个关键洞见：

（1）信息驱动型战略优于不利用搜索信息的战略。

（2）在创新的早期，不耐心战略表现得好；而到了后期，耐心战略则更为出色。

（3）企业可以采用一种适应型战略，随着市场的变化而变化，并在市场各个阶段都表现出色。制定适应型战略，需要知道何时从乔伊的不耐心策略转向吉尔的耐心策略。这个拐点是可知的：发生于产品复杂度在快速增长后开始趋于平缓时。

2.5.2　信息优势型战略

Reeves 等（2017）提出了构建信息优势型战略的五个步骤。这里将五个步骤拆解开描述如下：

（1）选择你的领域：在哪儿创新？

（2）仅仅分析市场和客户需求是不够的。为了成功创新，要全面了解你的"创新领域"中的一切，包括竞争对手、法规、技术等。

（3）选择你的战略：如何创新？

（4）回顾过去，而不是展望未来。该创新领域的复杂度如何？要综合考虑产品延伸边界、组件独特性、竞争对手数量、技术成熟度等因素。如果复杂度较低且相对稳定，选择不耐心策略。如果复杂度高，选择耐心策略。

（5）实施你的战略：如何执行？

（6）如果你选择了不耐心策略，你的目标是将相对简单的产品迅速推向市场，提高研发速度并缩短上市时间，通常要开发最小可行产品。

（7）感知变化并适应：如何发现拐点的信号？

（8）保持适应性。持续从你的创新领域获取信息。一旦创新领域出现变化，你的创新策略要随之改变。

（9）做好应对颠覆性变革的准备：如何重启时钟？

（10）你可能无法预知创新领域的颠覆性变革。重要的是，保持关键信息渠道畅通，打开心智面对技术、法规和市场需求的变革。

2.5.3　创新战略与业务战略及职能战略的关系

本书介绍的一系列战略和流程，都在总体创新战略的指导下：

- 分布于各章的技术战略、营销战略、平台战略、开放式创新、知识产权战略、可持续战略等。
- 第 1 章讨论了产品生命周期各个阶段在定义创新优先级时的战略重要性。
- 第 3 章讨论了组合管理，项目选择应与创新战略优先级保持一致，并由其指导。
- 第 4 章讨论了适合不同创新战略的各种流程。
- 第 7 章讨论了适合不同创新战略的各种组织和团队结构。

创新战略与业务战略整合的案例

"几年前，百时美施贵宝（Bristol-Myers Squibb，BMS）公司进行了全方位的战略重新定位，其中一项决定就是将其制药业务聚焦于癌症治疗。公司认识到，生物技术衍生的药物（如单克隆抗体）可能是治疗癌症的有效方法。因此，公司决定将其全部技术能力从传统的有机化学技术转向生物技术。新的业务战略（强调癌症市场）需要新的创新战略（将技术能力转向生物技术）。"（Pisano，2015）

2.6　创新战略框架

有多个框架有助于创建和评估创新战略。以下战略框架应纳入你的考虑。这些框架中的单一框架都不足以用来制定组织创新战略，但它们可以作为基础和起点。

2.6.1　波特战略框架

波特（Michael Porter，2008）认为，一个组织的优势最终体现为两方面之一：成本领先和差异化。通过将这两方面优势用于一个宽阔的或狭窄的市场范围，波特定义了三种通用战略：成本领先战略、差异化战略和细分市场战略（见图2.8）。

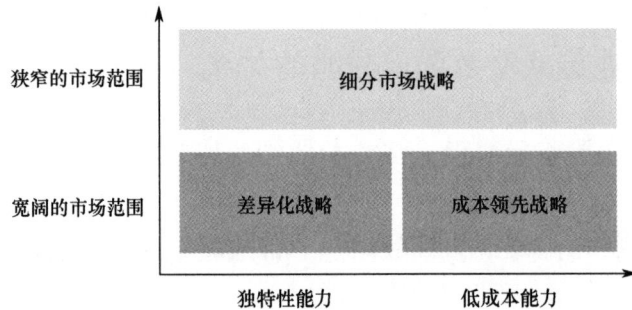

图2.8　波特的三种竞争战略

成本领先战略

成本领先战略的具体特点和产品创新重点，如图2.9所示。

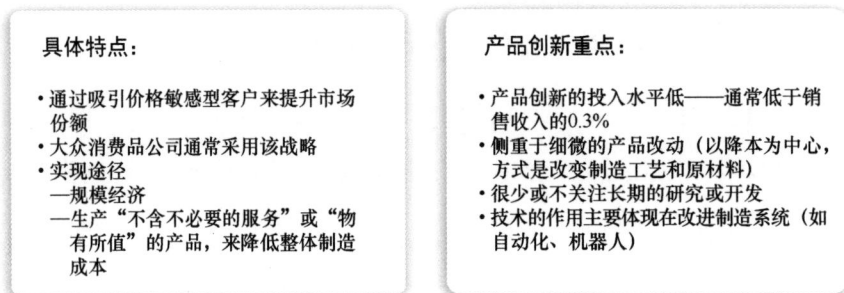

图2.9　成本领先战略的具体特点和产品创新重点

（1）成本领先战略的优点：

- 在价格竞争激烈的市场，成本领先通常是进入市场或者保持市场地位的唯一途径。在这类市场上，因为竞争激烈，客户对产品的差异化并不敏感。

（2）成本领先战略的缺点：

- 持续追求降低成本会导致对质量的重视程度降低，当出现拐点时，客户就会转向竞争对手。
- 通常，利润率较低且不断受到挤压，导致在研发上的投入有限。

差异化战略

差异化战略的具体特点和产品创新重点，如图 2.10 所示。

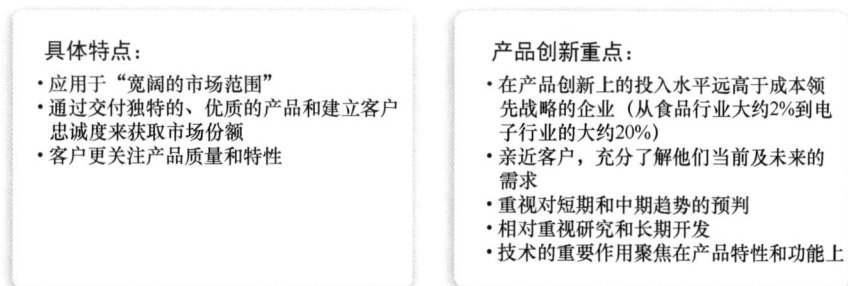

具体特点：	产品创新重点：
·应用于"宽阔的市场范围" ·通过交付独特的、优质的产品和建立客户忠诚度来获取市场份额 ·客户更关注产品质量和特性	·在产品创新上的投入水平远高于成本领先战略的企业（从食品行业大约2%到电子行业的大约20%） ·亲近客户，充分了解他们当前及未来的需求 ·重视对短期和中期趋势的预判 ·相对重视研究和长期开发 ·技术的重要作用聚焦在产品特性和功能上

图 2.10　差异化战略的具体特点和产品创新重点

（1）差异化战略的优点：

- 有利于建立客户忠诚度。
- 具有差异化的产品特性可以带来更高的利润率。

（2）差异化战略的缺点：

- 公司必须持续创新，开发出新的产品特性，才能吸引客户。
- 未能开发出符合价值定位的产品特性会导致市场份额大幅下降。

细分市场战略

细分市场战略的具体特点和产品创新重点，如图 2.11 所示。

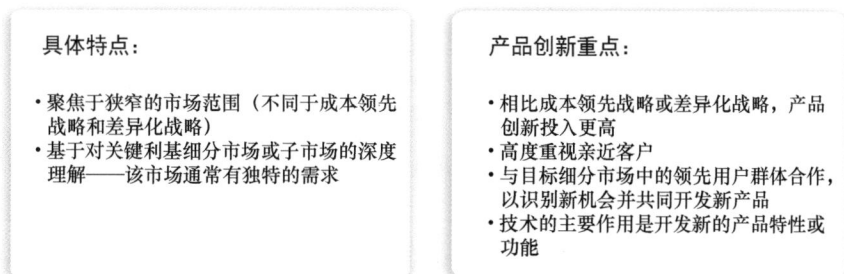

具体特点：	产品创新重点：
·聚焦于狭窄的市场范围（不同于成本领先战略和差异化战略） ·基于对关键利基细分市场或子市场的深度理解——该市场通常有独特的需求	·相比成本领先战略或差异化战略，产品创新投入更高 ·高度重视亲近客户 ·与目标细分市场中的领先用户群体合作，以识别新机会并共同开发新产品 ·技术的主要作用是开发新的产品特性或功能

图 2.11　细分市场战略的具体特点和产品创新重点

（1）细分市场战略的优点：

- 高度重视市场营销和产品创新工作。
- 深度理解客户，并与客户建立良好关系。因此，新进入者会面临很高的竞争壁垒。
- 有机会实现更高的利润率，从而实现更高的产品创新投入。

（2）细分市场战略的缺点：

- 存在过于依赖一个单一、狭窄市场的风险（将鸡蛋放在一个篮子里）。新技术的出现可能导致现有产品过时。参见第 2.6.3 节的颠覆式创新，柯达公司过于专注于胶片摄影，新兴数码技术对其造成了严重影响。

2.6.2　迈尔斯和斯诺战略框架

迈尔斯（Miles）和斯诺（Snow）战略框架由来已久，至今仍不失为一种有用的创新战略框架（1973）。该框架将战略分为四类：探索者、分析者、防御者和回应者（见图 2.12）。

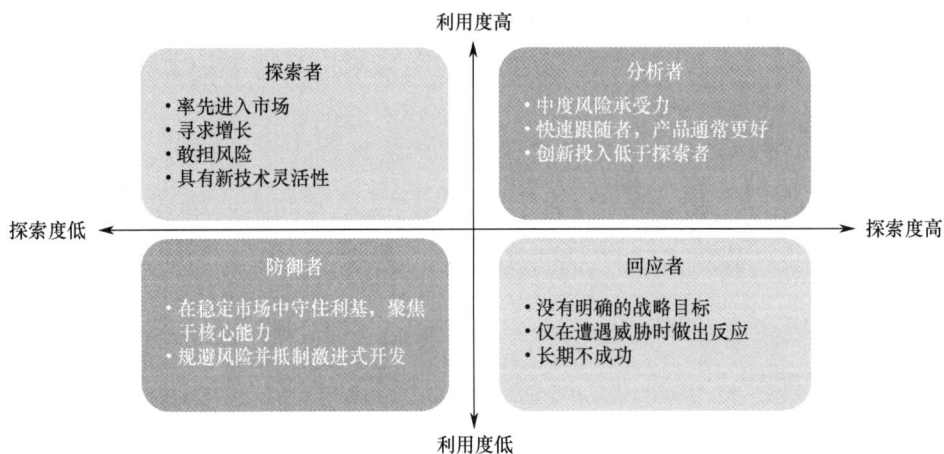

图 2.12　迈尔斯和斯诺战略框架

产品开发与管理协会 2021 年最佳实践调查（Knudsen 等，2023）关于最佳公司与其他公司产品创新区别的洞见是：

- 探索者最有可能成为最佳公司。

- 回应者最有可能成为其他公司。
- 探索者、分析者和防御者中有 80% 声称其创新工作是由战略驱动的，而回应者中仅有不到 50% 声称如此。
- 更积极的战略导向更激进的创新项目。
- 回应者几乎不可能将激进型创新商业化。

2.6.3　延续式与颠覆式产品创新

很多公司都要做一个关键的战略决策：产品创新聚焦在延续式创新还是颠覆式创新上？大多数组织选择（或默认为）延续式创新。在产品组合中考虑颠覆式创新能创造出革命性机会。

颠覆式创新理论由克莱顿·克里斯坦森（Clayton Christensen）首先提出（1997）。他用图 2.13 说明了延续式创新与颠覆式创新之间的区别，并描述如下：

"一项颠覆式技术或颠覆式创新创造新市场和新价值网络，并将最终颠覆现有市场和价值网络。颠覆式技术这一概念被广泛使用，但许多情况下颠覆式创新才是更有用的概念。因为，很少有技术在本质上具有颠覆性，促成和创造颠覆式效果的通常是商业模式，而不是技术。与颠覆式创新相比，一项延续式创新并不创造新市场或新价值网络，只是为现有市场或价值网络开发出更高的价值，市场上的公司通过各自的延续性改进来进行竞争。"

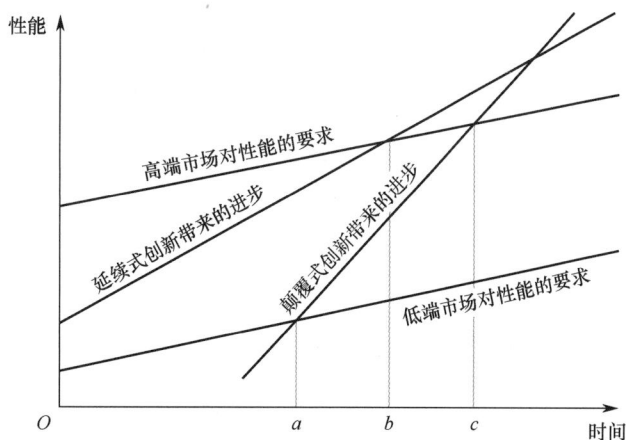

图 2.13　延续式创新与颠覆式创新的对比

虽然一个组织可以选择延续式创新战略或颠覆式创新战略，但通常，竞争组织的颠覆式创新带来巨大的影响力。颠覆式创新的陷阱在于，它不会在一夜之间发生，而是悄悄地降临到公司头上——常常不被注意或忽视了。一个证据充分的例子是柯达公司。柯达公司知道其他公司正在开发新的数字技术，却未将其视为重大威胁。柯达公司认为胶片的品质是数字技术无法企及的。这在当时来看是正确的。但直到技术发展到了一个拐点，当数字技术的缺陷被一一攻克后，这一观点就不再成立。此时，对柯达公司来说已经太晚了。因为那些拥抱数字技术的公司已经把原属于柯达公司的大量市场份额蚕食掉了。

（1）颠覆式创新的特点：

- 新产品或新服务瞄准现有产品或现有市场中某个细分客户群的独特需求。
- 虽然新产品在某些方面不如现有产品，但它提供的独特特性被那个小的细分客户群看重，而这个客户群是整个市场中的领先用户或影响者，使得新产品在市场上获得了一个立足点。
- 随着时间推移，新产品的整体特性被不断改进，当达到某一拐点，越来越多的客户开始"投奔"新产品。此时，新特性的价值远远超过了所有负面特性和性能不足的影响。

（2）颠覆式创新示例：

- **数码相机**：颠覆了传统胶片相机。
- **优步（Uber）**：颠覆了传统出租车服务（可能有些人认为优步不完全符合颠覆式创新模式）。
- **猫途鹰（TripAdvisor）**：颠覆了传统旅游代理机构。
- **移动电话**：颠覆了传统固定电话。
- **3D打印**：未来有可能颠覆传统制造业。
- **人工智能**：取代了人类的一些工作。
- **加密货币**：颠覆了支付服务系统和银行业。

2.6.4 创新景观图

虽然新技术常常是创新的来源，但并不总是如此。事实上，近年来包括亚马逊（Amazon）、领英（LinkedIn）和阿里巴巴在内的许多领先公司已经掌握了商业模式创新之道。制定组织创新战略时的一项关键决策，就是如何在技术创新和商业模式创新这两个方面分配精力和资源。

Pisano 在图 2.14 中描述的创新四象限是：

（1）常规式创新（Routine Innovation）。建构在企业现有技术能力基础上，并与现有商业模式相匹配。创新聚焦于特性改进和新版本或新型号。

（2）颠覆式创新（Disruptive Innovation）。需要一个新商业模式，但不一定需要新技术。注意，这与之前克里斯坦森对颠覆式创新的描述有所不同，但当新技术没有推动颠覆发生时，这种描述是相似的。一个例子是优步引入的颠覆式创新，该公司采用了一种新的商业模式（拼车），但并没有显著的新技术（移动应用）。

（3）激进式创新（Radical Innovation）。主要聚焦于技术进步。例如，基因工程和生物医药技术对制药业产生了重大影响。

（4）架构式创新（Architectural Innovation）。聚焦于技术和商业模式的改变。一个广为引用的例子是数码摄影，它给传统胶片企业带来了巨大的冲击。

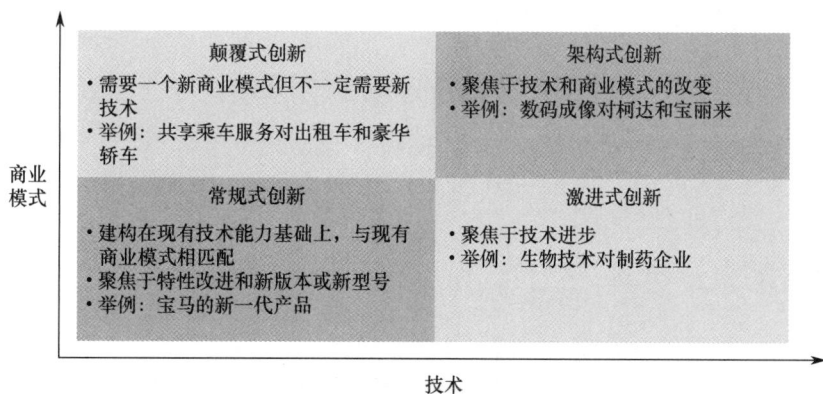

图 2.14 创新景观图

2.7　创新支持战略

总体创新战略为组织的所有创新活动提供了目标、方向和框架。组织中的众多领域和职能对创新战略做出贡献并产生影响。每一个领域和职能都有各自的战略。这些各自的战略对成功创新至关重要，因此，要与整体创新战略紧密相连——促进并推动创新战略的制定、进化和实施。支持总体创新战略的战略有：

- 营销战略。
- 技术战略。
- 产品平台战略。

- 知识产权战略。
- 能力战略。
- 数字化战略。

2.7.1　营销战略

营销战略是一种流程或模型，将组织的有限资源集中于最佳机会以实现销售增长并获得独特竞争优势。营销战略必须以总体业务战略中确定的业务目标为基础，并与之保持一致。因此，营销战略是确保创新战略成功制定和实施的一个重要因素。

业务目标、营销战略和营销计划的层级结构如图 2.15 所示。

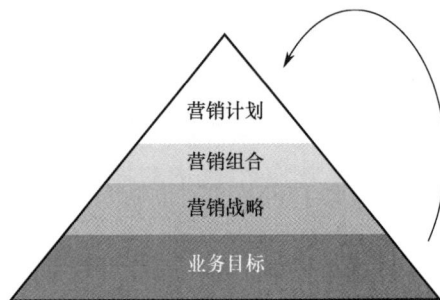

图 2.15　从业务目标到营销计划

（1）业务目标：从愿景和使命中概括的业务目标开始。

（2）营销战略：为营销工作提供高层级的指引。

（3）营销组合：包括产品、定价、促销和渠道。

（4）营销计划：为实现营销战略和业务目标设计具体任务和活动。

制定营销战略时，要回答以下问题：

- 提供什么产品？需要明确产品线的广度和深度。
- 目标客户是谁？需要明确市场范围和边界及要服务的细分市场。
- 客户如何获得产品可得性和产品利益的信息？
- 产品如何触达客户？需要明确具体的分销渠道。

营销组合

营销组合（Marketing Mix）包含了营销一个产品所需的基本工具。营销组合通常又被称为 4P，即产品（Product）、价格（Price）、促销（Promotion）和渠道（Place）。营销组合的构成元素如图 2.16 所示。

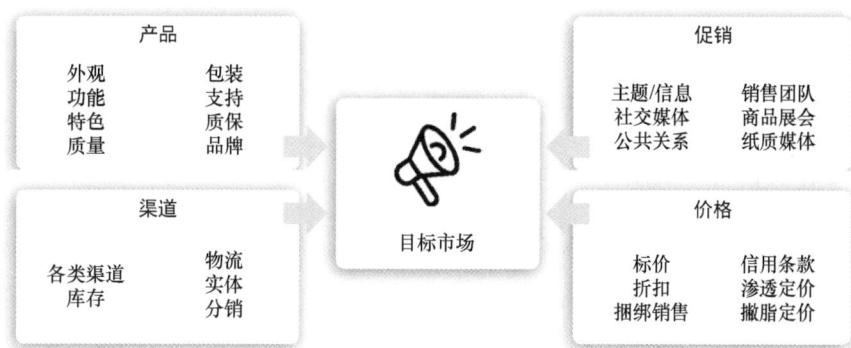

图 2.16　营销组合的构成元素

制定产品营销组合

在制定产品营销组合时，应考虑以下内容：

- 营销组合的所有要素都应围绕目标市场的需求和期望同步进行。
- 定价应符合客户对产品价值的期望，通过产品功能和美学外观来证明定价合理。
- 促销应强调核心利益、有形特性和增强特性（参见下文对核心利益、有形特性和增强特性的描述）。
- 销售渠道应与产品质量、品牌认知、产品特性、目标市场的行为相一致。

第 1 章讨论了营销组合在产品生命周期各阶段特别是导入阶段的应用。

产品的圈层

一个产品可以用三个圈层来描绘，如图 2.17 所示。

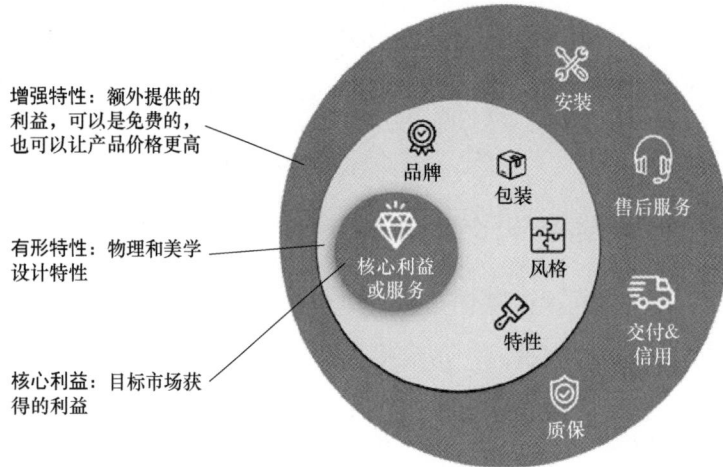

图 2.17   产品的三个圈层

- **核心利益**：目标市场从产品中获得的利益。
- **有形特性**：赋予产品外观和功能的物理和美学设计特性。
- **增强特性**：额外提供的产品利益，可以是免费的，也可以让产品价格更高。

案例：豪华汽车

核心利益：展示产品拥有者的财富、权力和声望。

有形特性：时尚的外观、功率强大的发动机、加热座椅等。

增强特性：5 年质保期、优惠的付款方式、2 年免费保养。

在第 5 章将进一步讨论产品的三个圈层。

价值主张

价值主张（Value Proposition）是产品在哪些方面以及如何给潜在客户交付价值的一个短的、清晰的、简单的陈述。"价值"的本质是用户从新产品获得的利益与支付的价格的权衡（《PDMA 新产品开发工具手册 1》）。

价值主张是否清晰，决定了一个正在开发的新产品能否在市场上取得成功。针对客户需求进行的市场调研是价值主张的基础。基于价值主张，可形成清晰的概念说明和产品设计规格。市场研究应该在产品创新流程中持续进行，以确保产品设计始终与价值主张保持一致。

↘ 分析现有产品组合

对组织现有产品组合进行分析是产品管理和产品创新规划的一项核心工作。

该方法由波士顿咨询集团（Boston Consulting Group，BCG）开发。该 2×2 框架基于两个维度分析现有产品组合：市场增长率和市场份额（见图 2.18）。在这个 2×2 框架中，现有产品被分为四类：明星（Stars）、问号（Question Marks）、现金牛（Cash Cows）和瘦狗（Dogs）。

- **明星**：处于不断增长的整体市场中，并占有较高市场份额。
- **问号**：处于高速增长的整体市场中，但尚未占有较高市场份额。
- **现金牛**：处于缓慢增长的整体市场中，占有较高市场份额。
- **瘦狗**：处于缓慢增长的整体市场中，市场份额较低。

图 2.18 总结了每一类产品的产品管理和产品创新策略。

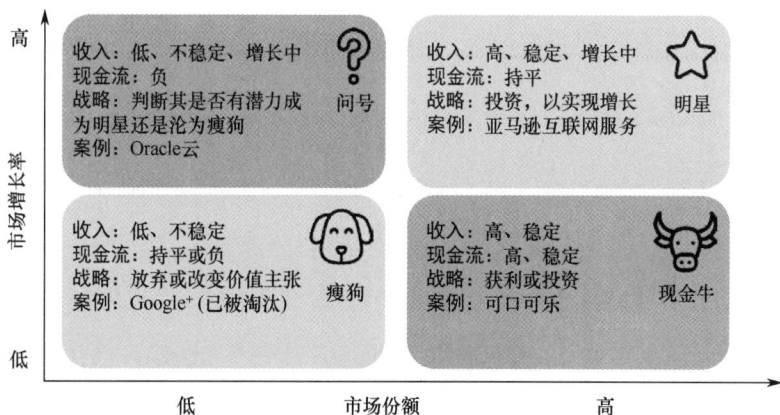

图 2.18　波士顿矩阵

↘ **产品路线图**

产品路线图是将短期和长期业务目标与具体产品创新解决方案相匹配以帮助实现这些目标的计划。

产品路线图的目的是向内部团队和外部利益相关方传达产品方向和进展。产品路线图展现了高层次计划以及实施这些计划的步骤。制定产品路线图是贯穿产品生命周期的连续过程。产品路线图也是一个协作工具，使得特定利益相关方了解计划，并为计划输入提供催化剂。产品路线图已在第 1.7 节进行了讨论。

2.7.2 技术战略

技术战略是一份有关技术维护和开发的计划，这些技术支持组织未来增长并帮助组织实现其战略目标。

组织在制定技术战略时要考虑如下问题：

- 在新技术引进和开发方面，我们是领导者还是跟随者？
  — 创新的边界在哪儿？（创新项目中最大能承受的风险和不确定性水平）
  — 如果是跟随者，是购买还是模仿领导者的技术？
- 能投资多少钱用于开发和购买新技术？
- 用什么方法来获取和保护技术？专利、商业秘密、标准、速度？
- 公司的技术平台包括哪些要素？有哪些产品、服务和流程的共用技术？
- 技术来自内部研发还是从外部购买？
  — 创新向外部开放到什么程度？
  — 合作方和供应商在技术研发中参与到什么程度？参与方式是什么？
- 什么核心竞争力需要通过内部开发来获得？（核心竞争力是成功开发并应用新技术的关键）

↘ 技术预见

技术预见（Technology Foresighting）是一种洞察未来以预测技术趋势及其对组织潜在影响的流程。技术预见的工具有很多种，包括头脑风暴（Brainstorming）、专家小组（Expert Panels）、德尔菲技术（Delphi）、SWOT 分析（SWOT Analysis）、专利分析（Patent Analysis）和趋势分析（Trend Analysis）等。在第 7 章中，将进一步介绍其中的一部分工具。图 2.19 描述了技术预见的基本框架。

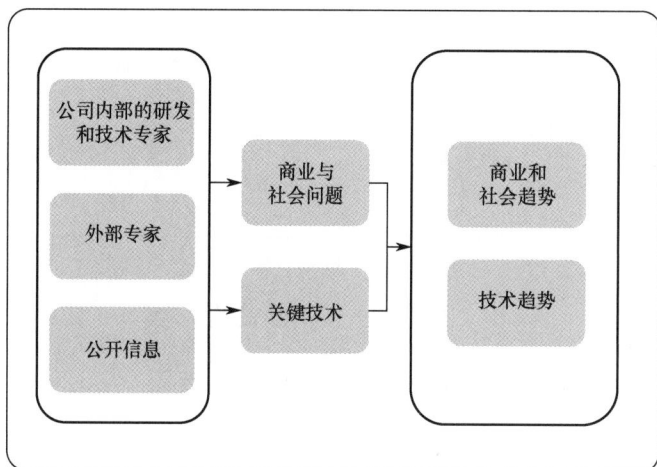

图 2.19　技术预见的基本框架

↘ 技术战略——与业务战略和创新战略连接起来

技术战略的作用和重要性在很大程度上取决于组织的战略聚焦点。有以下要点：

- 技术驱动型组织通过新颖的、开创性的技术获得竞争优势。
- 市场驱动型组织注重满足客户需求，技术可以是也可以不是其核心部分。
- 大多数组织处于某个中间状态：既注重满足客户需求，也通过技术获得竞争优势。

本章在第 2.6.4 节介绍了皮萨诺提出的创新景观图。创新景观图根据对商业模式和技术的相对重视程度，将创新战略划分为四象限。架构式创新同时聚焦新商业模式和新技术，激进式创新更加专注新技术。将创新战略定位于架构式创新或激进式创新的组织必须跟踪相关技术（当前技术及未来技术）的状态和趋势。技术生命周期（或技术 S 曲线）原则是技术开发和应用的基础。

↘ 技术 S 曲线

技术 S 曲线显示了技术萌芽、成长和成熟的生命周期阶段，该曲线适用于大多数技术，如图 2.20 所示。

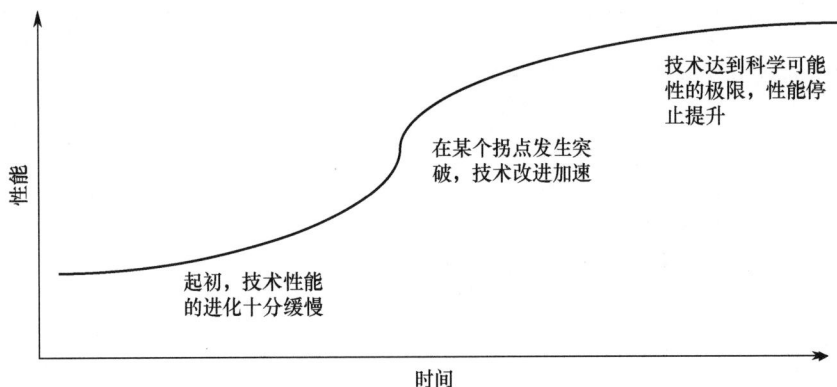

图 2.20　技术 S 曲线

（1）萌芽期：是技术的初始应用阶段，技术性能有限。在该阶段，应用该技术的公司要承担巨大的风险。这些风险可能会导致潜在的产品故障并降低客户满意度，采用相对低风险战略的组织会选择不进入。另外，采用高风险战略的组织会将处于萌芽期的技术视为在市场中获得早期立足点并成为市场领导者的机会。

（2）成长期：在该阶段，技术及其性能有了显著改进。越来越多的风险规避型组织会考虑应用该技术。这就导致应用该技术的产品之间出现激烈的竞争。

（3）成熟期：在该阶段，技术性能提升达到了其所依赖的科学极限。另一种可能则是，该技术已经被新的更先进的技术所取代。图 2.21 是一个示例。

↘ 技术路线图

技术路线图是对产品路线图的重要补充，它使技术规划与单个新产品或一系列新产品上市的总体规划保持一致。技术路线图对于那些创新战略和产品创新高度聚焦于技术

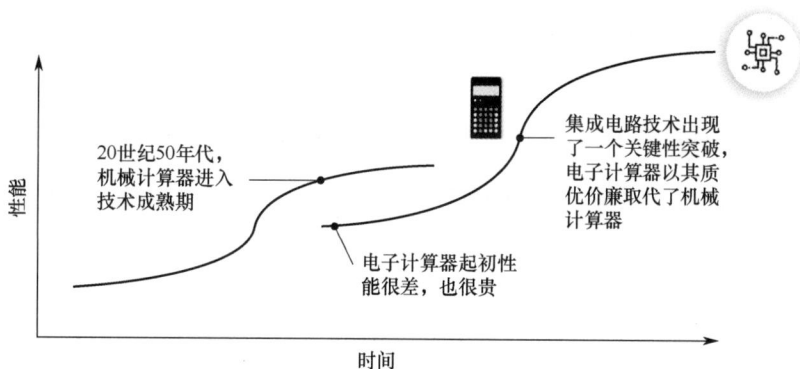

图 2.21 技术颠覆示例——机械计算器

的组织来说尤为重要。了解技术路线图的详细信息，请参阅第 1.7.3 节。

2.7.3 产品平台战略

对很多公司而言，产品平台战略是开发新产品的基础。产品平台战略是将产品中的一组子系统和接口组成一个共用架构，继而基于这个共用架构高效地开发和制造出一系列衍生产品的战略。

"一项产品平台技术不是一款产品，而是应用于一系列产品的共用要素，尤其是底层核心技术的集合。它是产品战略的基石，对于那些将多个产品建构于一个核心技术之上的高科技公司来说尤其如此。"（McGrath，1995）

↘ 产品平台战略的优点

产品平台战略能够为组织带来以下好处：

- 有助于快速地、连续地、低技术风险地推出系列产品。
- 鼓励从长期视角制定产品战略。
- 大幅度提升运营效率。
- 确保公司和客户都能清晰理解该产品平台的底层要素。
- 使公司产品与竞争产品产生显著差异，尤其是当平台包含独特的知识产权时。

📋 **案例：互联网行业的平台战略**

谷歌将其最初的产品变成了未来产品的平台。谷歌在 1998 年发布搜索引擎的测试版，之后，该搜索功能成为谷歌其他产品的平台，包括面向公司的搜索硬件设备、Gmail、地图、文档、YouTube 等。

📋 **案例：软件行业的平台战略**

用于编写和运行应用程序的软件环境就是一个产品平台。该平台包括软件工具，如 GUI 生成器（Graphical User Interface，GUI，图形用户界面）、编译器、类库、用于开发应用程序的实用工具库，以及用于执行应用程序的运行时引擎（因为应用程序无法独立运行）。Sun 公司开发的 Java 及微软公司开发的.NET 框架都是软件平台的例子。

📋 **案例：汽车行业的平台战略**

定义一个汽车平台的关键机械零部件包括：

- 车架设计，决定了底盘、结构件及机械件的组成。
- 前后轴及其间距（轴距）。
- 转向和转向动力类型。
- 前后悬架类型。
- 发动机和动力总成部件的布局和选择。

例如，奥迪 TT 和大众高尔夫的多数机械零部件都是一样的，二者的外观却截然不同。

2.7.4 知识产权战略

知识产权（Intellectual Property）是指运用智力创造出来的成果，如发明、文学艺术作品、设计、符号、名称和用于商业的图像。与其他形式的财产（土地、建筑物等）一样，知识产权可以被其所有者出售、授权、交换或赠送。

知识产权对于产品创新的重要性在于，它定义了一个组织从新产品中获取价值的潜力。组织获取价值，可以通过制造和销售新产品直接完成，也可以通过将知识产权授权给另一个组织来完成，还可以通过出售知识产权来完成。知识产权保护是业务战略的重要组成。保护知识产权的法律途径有很多种，这些途径使得知识产权所有者能够从他们的发明或创造中获得认可或财务收益。

↘ 知识产权的类型

专利、版权和商标是产品创新中最常见的知识产权形式。商业秘密和植物品种的生态位保护也很重要。

- 专利（Patent）：经政府授权或许可在一定时间内拥有的权利或资格，尤其指禁止他人制造、使用、出售一项发明的独有权利。
- 版权（Copyright）：原创者被授予的在一定年限内享有的印刷、出版、表演、拍摄或记录文学、艺术或音乐成果的独有的和可转让的法律权利。
- 商标（Trademarks）：经法定注册或许可的用于代表一个企业或一个产品的符号、单词或词组。
- 植物品种权（Plant Variety Rights）：赋予种植和销售新品种繁殖植物的独有权利。
- 商业秘密（Trade Secrets）：在组织内保持秘密状态并与知识产权相关的信息。

↘ 知识产权管理成熟度模型

近年来，知识产权纳入业务战略的做法日趋成熟。由以前跟踪知识产权开发的被动状态，转变为利用知识产权获得竞争优势的主动状态。组织总体目标和商业环境决定了知识产权战略，并通过知识产权战略驱动总体业务战略。表 2.3 总结了知识产权管理的四种方法：被动型、主动型、战略型和优化型。

表 2.3   知识产权管理方法

活 动	方 法			
	被 动 型	主 动 型	战 略 型	优 化 型
研究与产品创新	研发之后才考虑知识产权	更加灵活	与业务战略保持一致	知识产权驱动研发投入；形成战略优势
知识产权组合与管理	简单的知识产权组合跟踪	知识产权组合与业务关联起来，形成知识产权意识	知识产权组合是研发和授权的输入	通过知识产权组合管理提高竞争优势
知识产权收购与变现	对知识产权授权机会的临时应对	主动寻找授权伙伴	确立知识产权使用费和收入目标	根据业务战略确定知识产权收购和变现目标
竞争情报	临时应对或视需要进行情报分析	获取行业关键竞争对手的竞争情报	持续进行完整的知识产权竞争情报分析	竞争情报分析是业务战略的关键
风险管理与诉讼	突发诉讼发生时做出应对	监控风险，防止侵权	保护性授权	投保并转移风险

图 2.22 介绍了优化型知识产权管理的方法，方法将知识产权置于实现组织战略目标的核心。知识产权在该方法中的作用是：

- 形成竞争优势。
- 作为组合管理的关键标准。
- 作为公司盈利和增长的关键驱动力。
- 通过竞争情报支持战略决策并降低风险。

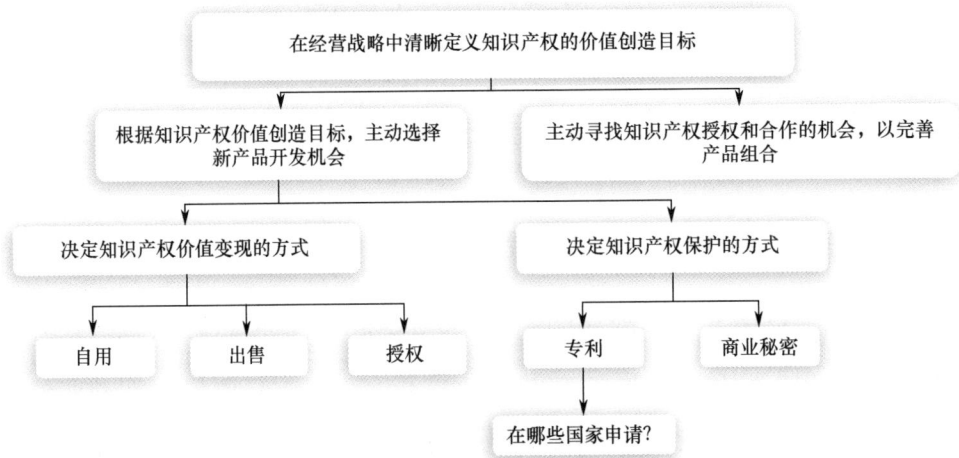

图 2.22   优化型知识产权管理的方法

2.7.5　能力战略

创新战略确定之后就要实施。当务之急是建构起正确的能力来实施这一战略。

↘ 重要术语及其定义

竞争力（Competencies）是技能（Skills）、知识和才能（Ability）的组合。这些技能、知识和才能可以帮助组织实现卓越的绩效，使组织在市场上具备竞争力。竞争力有两种主要类型：行为竞争力（或称软竞争力）和技术竞争力（或称硬竞争力）。

行为竞争力包含了分析思维、人际才能和主动性等特质。才能依靠先天的或固有的行为，而不是后天习得的。虽然才能在一定程度上可以培养，但是构成才能的核心部分是无法通过学习获得的。

技术竞争力包括通过学习和实践获得的知识和技能。技能（Skills）是知识在工作（贸易工作或专业工作）或休闲中的运用。

核心竞争力是指组织在为客户创造和传递价值的过程中，给组织带来一个或多个竞争优势的东西。一些基本竞争力使得一个组织可以在市场上参与竞争，而核心竞争力则是使组织真正具有竞争优势的竞争力。

资源是组织开展其业务活动的运营性输入。资源通常分为三类：

- 实物资源。
- 人力资源。
- 组织的资本。

能力（Capabilities）是组织整合利用其资源（实物资源、人力资源、组织的资本）而开展的活动和具备的功能。能力可以随着时间的推移得到锻炼和提升。当能力变得强大时，组织在其特定功能或业务领域的知识也得到加强。这些专业知识使组织从激烈竞争中脱颖而出。

基于能力的战略也称资源基础观。组织内的资源和能力为组织战略提供了平台，也成为利润的主要源泉。企业的一项关键管理职能就是识别出需要填补哪些资源缺口，以便在需要这些能力时保持竞争优势。

为产品创新制定基于能力的战略的基本步骤如下：

（1）明确定义组织的使命、目标、业务战略和创新战略。正如本章前面所讨论的，这些内容是所有组织决策的基础。每个元素之间需要精确地对齐。例如，如果业务战略基于成本领先，则探索者的创新战略就是不对齐的（见图 2.23）。

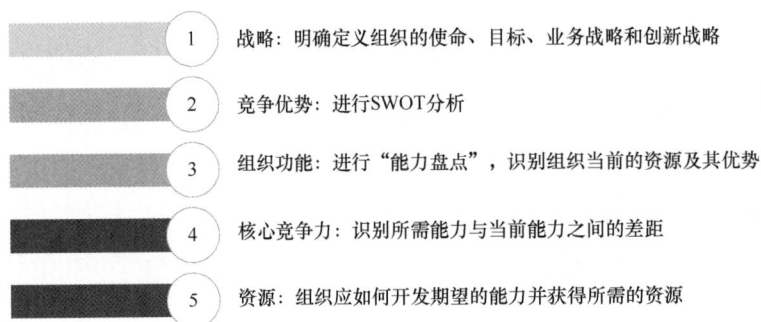

1	战略：明确定义组织的使命、目标、业务战略和创新战略
2	竞争优势：进行SWOT分析
3	组织功能：进行"能力盘点"，识别组织当前的资源及其优势
4	核心竞争力：识别所需能力与当前能力之间的差距
5	资源：组织应如何开发期望的能力并获得所需的资源

图 2.23　基于能力战略的层级

（2）进行 SWOT 分析，重点分析组织利用机会和应对威胁的能力。具体需要哪些资源，是实物资源、人力资源还是组织的资本？

（3）进行"能力盘点"，识别组织当前的资源及其优势。

（4）识别所需能力与当前能力之间的差距，具体包括：

- 需要哪些新资源？
- 当前的资源在哪些方面需要加强？
- 参与竞争需要哪些能力？
- 形成真正的竞争优势需要哪些核心能力？

（5）组织应如何开发期望的能力并获得所需的资源？具体包括：

- 内部开发，例如对现有员工进行培训和再培训。

- 添加角色以补充或完善现有能力。
- 通过兼并、收购、合资和/或开放式创新等来整合外部能力。

2.7.6　数字化战略

↘ **数字化转型的历史**

数字化转型的历史可以追溯到 20 世纪 40 年代，当时克劳德·香农（Claude Shannon）在《通信的数学理论》一文中正式提出了数字通信的概念。随着计算机在组织和个人中的普及，以及互联网的迅速发展，数字通信变得司空见惯。到 2010 年，许多组织已经将手动系统转换为数字系统。例如，纸质表格越来越少，因为数据更多地以网页表单、PDF 或其他数字格式出现。这是大多数人认为的从模拟到数字转变的第一步，组织将以前模拟的且更依赖手工操作的流程自动化。这段时期的战略通常被表述为"我们正在实现数字化"。大量公司采用 SAP、Oracle、Microsoft 等公司提供的企业级信息系统，包括企业资源规划、客户关系管理、库存管理以及其他大型 IT 系统。这为当前我们所说的数字化转型战略铺平了道路。

人们普遍认为，新冠疫情大大加速了数字化转型。沃克（Walker，2021）在《哈佛商业评论》关于后疫情时代转型的调查总结中称，95%的受访者表示，在疫情的前 12 个月数字化转型的重要性日益增加；90%的受访者表示，新冠疫情加速了其组织转型的步伐；58%的受访者表示，疫情暴发以来其组织转型战略的效果比疫情前提高了 20%。

以下是一些关键术语的定义（图 2.24 是数字化应用的层级）：

数据化（Digization）：指创建物理对象或属性的一个数据化表达。数据化的目标是使信息更容易访问、存储、维护和共享。

数字化（Digitalization）：指通过利用数字技术和数字

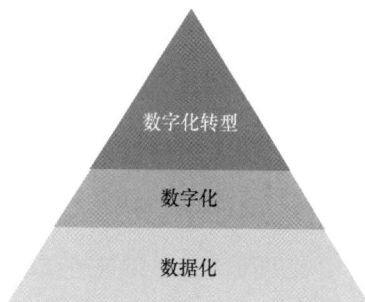

图 2.24　数字化应用的层级

化的数据来实现或改进流程。数字化的目的是通过使用数字化数据和技术来支持、改善和转变业务运营，从而转变组织开展业务的方式并提高生产力。

数字化转型：数字化转型研究所（Institute for Digital Transformation）将数字化转型定义为"将数字技术整合到业务中，重塑一个组织，使其围绕客户体验、商业价值、不断变化而重新定位"。该定义认为数字化转型不仅仅是硬件、软件或数字平台等信息技术的改变。数字化转型深入业务流程的核心，只有对其进行转型才能达到利用数字化能力的目的。

↘ 数字技术与新产品或新服务开发

希恩（Sheen，2019）提供了一个影响新产品和新服务开发转型的数字技术类别列表。

- 智能设备是以传感器或显示器、用户界面、处理能力和数字通信为特征的产品或设备。因此，这些设备本质上是嵌入产品中并实现更多功能的计算机。大多数智能设备可以通过个人配置文件或可编程功能进行定制，使得用户能够与设备建立独特的交互模式。
- 物联网这项数字技术近些年得到迅速发展。物联网的特点是其中的设备、装置、传感器或显示器都具有数字通信能力。物联网将设备通过网络以数字方式连接起来，实现单向或双向通信。
- 分析平台将数据汇集到仪表盘或用户界面上，使得用户能够监视和控制多个连接设备的运行。分析平台还可用于排查故障，并评估被监控流程中每个步骤的状态。
- 数字平台是通过互联网运行的连接不同用户社群中独立个体的软件应用程序。通过数字平台的连接，个人或企业实体可以交换信息、购买产品或服务、推广业务或产品。数字平台可能非常复杂，有许多用户社群类别，并具备呈现和交换信息的强大共享功能。数字平台也可以非常简单，只聚焦于小部分用户社群类别以及几种信息类型。

数字化转型与新产品或新服务开发

数字时代给产品设计和开发带来了多方面的影响。希恩（Sheen，2019）强调以下几点：

- 顾客对产品价值的看法已经超越了其外观和性能，扩展到产品提供的连接性和关系层面：

  — 通过用户社群和产品论坛与其他顾客建立连接。

  — 在提供产品性能反馈方面与制造商建立连接。

  — 使用共同平台与其他设备建立连接。

- 社交媒体、众包、大数据和其他在线工具，为设计和开发早期阶段提供了更多的信息输入。通过使用计算机辅助建模来展示产品概念的特性和功能，可以为设计概念提供快速反馈。

- 新产品上市——第 1.6 节讨论的"跨越鸿沟"，可以通过数字技术来促进。比如通过计算机辅助设计和快速原型制作，使客户在购买前体验产品。早期采用者可以通过各种数字媒体提供反馈，有助于说服主流顾客购买该产品。

- 数字时代开发产品的不利方面是信息的可得性，这些信息可以使竞争对手更快地进入市场。

制定数字化转型战略

数字化转型的定义强调数字技术在整个组织的整合。因此，数字化转型要想取得成功，就必须与组织的整体愿景、目标以及产品创新、市场营销、技术、知识产权、能力和可持续性等支持性战略紧密相连。制定数字化转型战略的基本步骤包括：

（1）定义组织的整体愿景和目标。第 2.2～第 2.4 节详细讨论了该过程的关键步骤，包括分析内部和外部环境，以及对消费者趋势、竞争和技术的前瞻性预测。运用德尔菲技术和 PESTLE 分析找到未来的技术趋势和消费者趋势，尤其强调新技术的出现和增长以及给产品创新带来的潜力。

（2）确定支持组织目标实现所需的具体数字技术领域。

（3）定义组织实现数字化需要做什么。

- 哪些具体业务领域需要数字化？
- 如何在这些业务领域内部和之间实施数字化？
- 实施新技术需要什么能力？
- 运营和维护这些技术需要什么能力？

（4）定义如何实现数字化转型。

- 基于新的数字技术，业务持续和改进需要什么能力？

（5）如何在整个组织传播新的商业模式？

- 需要哪些培训计划来提高现有员工的技能？
- 采用哪些具体关键绩效指标来衡量和改进数字化商业模式？
- 建立什么样的结构和系统来确保持续改进？

↘ 一个假设的例子

"了解你的农场"是一家农业咨询公司，在过去 20 多年一直为农民提供建议和帮助。公司创始人的儿子山姆最近接管了公司。山姆接受过计算机科学和信息技术方面的培训，并在制药行业的数字技术应用方面有五年工作经验。"了解你的农场"是一家非常传统的公司，20 名员工均有农业背景，使用纸张和基本的电话通信与农业客户进行沟通。近年来，随着对技术的日益重视，农业行业发生了重大变化。基于公司的新愿景和目标，山姆渴望利用这一趋势。

1. 愿景和目标

将"了解你的农场"转型为一家基于数字技术的公司，促进与农民和整个农业社区的轻松沟通。根据最新信息向农民提供快速反馈和建议。

2. "了解你的农场"的哪些具体领域需要数字化？

最重要的领域是为农民和承包商提供一套数字工具包，使他们能够提高生产率、增强安全性并减少文书工作。

3. 实现数字化需要做什么？

- 需要农民就他们特别重视的数字工具包的特性和功能提供意见。农民中的领先用户群体将为最终产品的开发提供持续反馈。

- 尽管山姆有数字技术方面的经验，但他认识到在这个特定的产品应用领域需要更多的支持。

4. 如何实现数字化转型？

- 尽管公司董事和员工非常支持进入数字时代，但这种支持并非普遍，员工除使用手机外几乎没有数字技术经验。

- 将为所有员工提供培训，并鼓励员工参与到新数字工具包的开发中，主要工作是测试新数字工具包的功能，并与农民的领先用户群体互动。

- 根据员工和农民的反馈，将制订向新数字工具包过渡的实施计划，以及客户反馈和支持机制。

2.8　开放式创新

2.8.1　开放式创新的基础

开放式创新将创新资源扩展到组织之外。开放式创新是指一个组织通过联盟、伙伴关系和合同安排的方式，积极从外部寻求知识以补充和增强其内部能力，从而改进创新成果的战略。这些创新成果可以通过内部的新商业实体实现商业化，也可以通过向外部许可的方式实现商业化。

开放式创新可以带来很多收益，如何用好它却是一个挑战。表 2.4 总结了应用开放式创新的一些收益和挑战，具体内容围绕开放式创新的六个原则展开（Tidd 和 Bessant，2013）。

表 2.4　开放式创新的收益和挑战

开放式创新原则	收　益	挑　战
利用外部知识，例如通过与客户、大学合作，或采用其他方式的合作	增加知识库；减少对有限内部知识的依赖	如何搜寻和识别相关知识来源；打破内部传统创新观念
和外部研发方合作	可以降低与内部研发相关的成本和不确定性，提升研发深度和广度	不太可能产生独特的能力，更难形成差异化优势；外部研发方可能成为竞争对手
非获利性研究	降低内部研发成本，在外部资源获取和关系维护上投放更多资源	需要足够的内部研发能力，以便识别、评估和适应外部研发
形成更好的商业模式比率先上市更重要	更多的长期盈利能力和成功	先发优势取决于技术和市场环境，改变环境却很难
最大化利用内部和外部创意，而不是生成创意	将资源用于搜寻和识别创意而不是生成创意	大多数公司更善于生成粗浅的创意，而不是寻找长期赢家；在筛选数以千计的创意时，评估成本通常很高
从他人的知识产权中获益（输入型开放式创新）和将知识产权转给他人而获益（输出型开放式创新）	将知识产权交给最有能力实现商业化的公司	在商业收益或战略方向上发生冲突；需要针对可接受的知识产权授权形式和条款进行谈判

2.8.2　开放式创新的类型

输入型开放式创新寻求与外部各方（客户、供应商、竞争对手或大学等研究机构）合作。组织可以成为不同类型的输入型开放式创新者，这取决于合作伙伴的数量和类型（也称合作伙伴多样性），以及他们向外部各方开放创新流程的阶段数量和类型（也称创新漏斗开放程度）（Tidd 和 Bessant，2013）。

图 2.25 按照创新漏斗的开放程度和合作伙伴的多样性，划分出四种开放式创新类型。封闭创新者的创新漏斗开放程度低、合作伙伴范围小。整合协作者合作伙伴数量相对较少但高度协作。专业协作者的合作伙伴很广泛但开放程度较低。开放创新者的创新漏斗开放度很高并与许多合作伙伴合作。

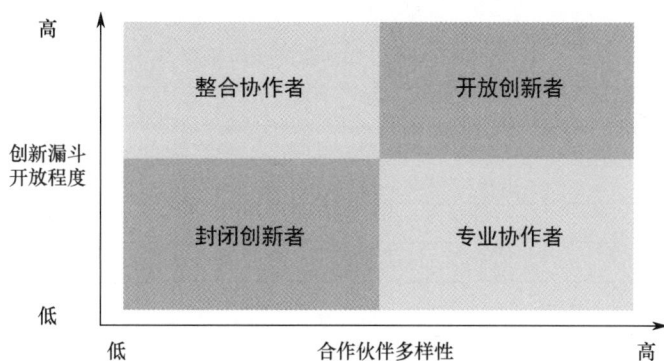

图 2.25　开放式创新类型

组织在为输入型开放式创新配置资源时必须慎重。研究表明，过低的开放度（对外部创意采取封闭态度）和过高的开放度（大量采用外部创意）的创新绩效都不佳，只有开放度适中的企业才能产生优异的产品和流程绩效。

不同类型开放式创新者的关键成功因素和管理风格各不相同（Tidd 和 Bessant，2013）。图 2.26 总结了四种开放式创新类型的关键成功因素及相应的管理风格。

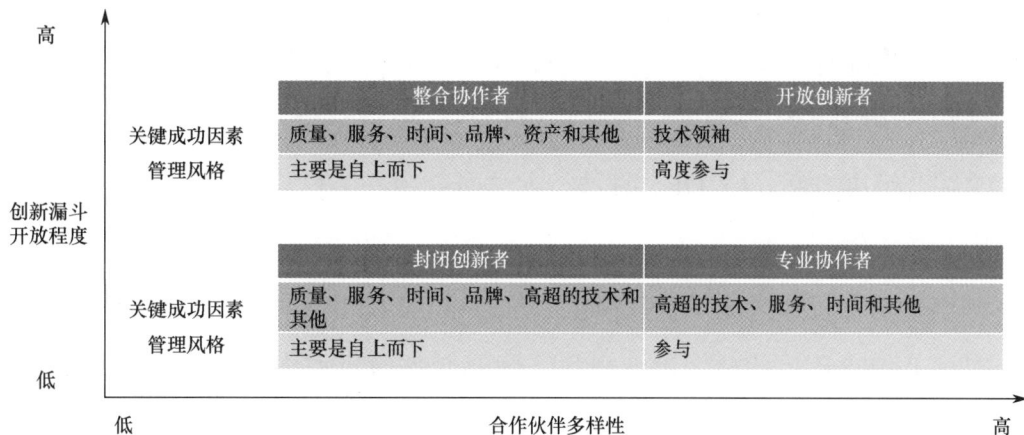

图 2.26　开放式创新类型的关键成功因素及相应的管理风格

成为开放创新者可以提高创新绩效，不过，该绩效在很大程度上取决于潜在合作伙伴的数量、对合作伙伴的筛选以及公司所处行业环境的不确定性（Lazarotti 和 Manzini，2014）。

组织参与开放式创新的方式有四种，分别是创新寻求者、创新提供者、中介者或开放创新者（Ellis 等，2014）。表 2.5 中列出了每种参与机制。

表 2.5　开放式创新的参与机制

开放式创新参与方式	参 与 机 制
创新寻求者	利用用户创新、外包或结成联盟
创新提供者	风险投资、授权许可或结成联盟
中介者	拍卖或合伙
开放创新者	外包、结成联盟、并购、风险投资或授权许可

更多关于开放式创新的信息，参见 Chesbrough（2003）和 Noble 等（2014）的书。

开放式创新案例

开放式创新被许多组织所采用，包括很多赢得产品开发与管理协会杰出创新企业奖的组织。

- 诺维信（Novozymes）是一家酶和微生物技术领域的领军企业，在创新流程的各个阶段都使用了开放式创新。他们在创意生成阶段运用众包方式，即在网上持续两周收集创意，然后对这些创意进行筛选，接着用一个月的时间对选中的创意进行完善，最后将成熟的创意作为新项目提案提交给管理层审批。

- 中海油工程股份有限公司（China Offshore Oil Engineering Co., Ltd，COOEC）是全球领先的 KIBS 海洋能源工程供应商，为石油和天然气田开发提供开创性的综合解决方案。COOEC 通过与大学研究中心、供应商和客户合作，积极应用开放式创新方法。

- 印度贫困农村地区的"智慧村庄"（Smart Village）项目。该项目促成原本在市场上相互竞争的公司进行合作，同时赋予村民权力，使村民能够加入供应链。为村民和公司开创了双赢局面（Darwin 和 Chesbrough，2016）。

2.9　可持续性创新

2.9.1　什么是可持续性业务

可持续性是指企业寻求对全球或当地环境、社区、社会或经济产生积极影响——这类业务努力满足三重底线的要求。可持续性业务还要求企业制定不断发展的环境和人权目标。

业务的可持续性除了利润，通常涉及两个方面：

- 业务对环境的影响。
- 业务对社会的影响。

可持续性业务战略的目标是对上述领域产生积极的影响。如果公司未能承担这项责任就会产生相反的结果，比如，环境恶化、不平等和社会不公等问题。

可持续性除了有助于遏制这些全球性挑战，还能推动业务的成功。如今，一些投资者使用环境、社会和治理指标来分析组织的道德影响和可持续性实践。投资者关注的因素有：公司的碳足迹、水利用、社区发展的努力和董事会多元化等。

根据麦肯锡（荷兰）的研究，"激励员工具有可持续性理念的最强激励因素是：与公司的目标、使命或价值观保持一致；建立、维护或提高声誉；满足客户的期望；抓住新的增长机会"。

2.9.2　可持续性与战略

当今，大多数组织都采用总体框架将可持续性纳入组织的标准运营中，该框架的内容是：

- 组织制订正式的可持续性计划。
- 用可持续性来获得竞争优势。
- 将可持续性用作创新和开发新产品的驱动力，遵循"三重底线"（利润、人类和地球）。
- 将可持续性纳入组织的使命和价值观陈述中。
- 高层管理者关注可持续性指标。
- 建立可持续性成熟度模型，并定期跟踪进展。
- 通过可持续创新实现合规性、市场驱动、塑造未来，也称合规性、被动性、主动性和目的性。

↘ "三重底线"

在传统会计中，"底线"（Bottom Line）是指损益表底部的利润或亏损情况。它是衡量业务绩效的关键指标。近年来，一些企业寻求从更广泛的视角评估其绩效，将对社会和环境的贡献或影响纳入考虑。

"三重底线"从三个维度评估绩效：

- **财务**：追求利润，因为这样可以创建一个对地球和人类负责的强大组织。
- **社会**：尊重他人和社区，部分是因为他们是现在和未来的员工与客户。
- **环境**：通过构建具有可持续性（长期性）的商业模式与环境互动。有的公司还找到了降低成本的方法，比如将生产过程中的废物转化为有价值的产品。

这三个维度也被称为3P，分别是：

- 利润（Profit）。
- 人类（People）。
- 地球（Planet）。

↘ 制定可持续性业务战略的方法

1. 第1步：评估问题并定义目标

推动变革的第一步是评估可持续性对团队、公司、行业和客户意味着什么。找出这些群体的每个人都认为重要的大问题，根据这些信息建立一个重要性矩阵，描述这些问题对组织的影响，以及对利益相关方的重要性。

为了做好这一步，可提出以下问题：

- 对组织的客户群来说，哪些社会和环境主题最重要？
- 社会和环境主题在哪些方面对组织或其客户群构成了风险？
- 组织的宗旨是什么？

- 组织制造了多少浪费？

- 组织是否有积极的文化？

- 招聘是否吸引了多元化的求职者？

- 组织的产品是否针对重要性矩阵中的重要主题？

- 组织对当地社区有什么影响？

回答这些问题将有助于确定组织的可持续性目标，并提高 PESTLE 分析信息输入的质量（参见第 1.5.2 节）。

2. 第 2 步：将可持续性内容纳入组织使命

确定具体的可持续发展目标，并确保这些目标体现在公司的使命中。确保这些目标成为使命不可分割的一部分，是建立可持续性业务的关键。下面两家公司的使命陈述中都体现出了可持续性。

Alignable 公司："我们相信本地企业团结在一起会更强大。我们的目标是帮助小企业主建立联系，产生更多的口碑推荐，并获得本地企业社区的集体智慧。"

Patagonia 公司："制造最好的产品而不造成不必要的伤害，运用商业手段去激发、实施应对环境危机的解决方案。"

上述两家公司的价值观都非常清晰，也说出了公司将如何践行这个价值观。

3. 第 3 步：制定可持续业务战略

制定可持续业务战略时，首先要明确可持续性会给组织使命带来什么贡献。

制定可持续业务战略时，确保组织盈利非常重要。虽然三重底线的每一项都很重要，但利润是第一优先级，因为它支持了可持续性的其他要素。

试想：你的组织是不是经常整夜开着电器和暖气，即使没有员工在现场？想象一下，如果最后离开办公室里的人将其关掉，或者添加传感器以在人们不在时关闭设备，可以节省多少成本和能源啊！

消费者是否愿意为可持续性产品支付更高价格呢？联合利华 2017 年的一项研究发现，33%的消费者希望购买"在社会或环境方面做得更好"的品牌或产品，这为可持续性商品市场创造了一个尚未开发的机会（联合利华，2017）。以后的年度调查显示，选择购买可持续性组织产品的消费者比例正在上升。一项研究表明，90%的 Z 世代愿意为可持续性产品支付更多费用（Petro，2022）。

针对具体行业有若干种战略可以提高运营效率，提升社会和内部价值。从长远看，建立稳健的可持续性战略将造福组织和环境。

2.9.3   可持续性产品创新

可持续性产品创新是开发新产品或新服务并将其商业化的过程。在整个过程中，从经济、环境和社会等方面尊重可持续性特征，并落实在产品生命周期的采购、生产、使用和服务结束全阶段。可持续性创新需要全球视野，并超越产品或服务的主要生命周期，考虑所有的利益相关方。

可持续性产品创新得到了可持续发展的支持，可持续发展的定义是"既满足当代人的需求，又不损害后代人满足自身需求能力的发展模式"（Brundtland Commission，1987）。

↘ 可持续性对产品创新的重要性

近年来，可持续性对产品创新越来越重要。2011 年可持续性和创新全球高管报告称，70%的受访者将可持续性永久列入管理日程并对其进行投资（Haanaes 等，2012）。

产品开发与管理协会 2012 年比较绩效评估调查（Comparative Performance Assessment Study，CPAS）显示，三分之一的公司认为可持续性对其利润有贡献（Markham 和 Lee，2013）。

图 2.27 是可持续性成熟度模型，描述了组织可持续性从"初始级"到"领先级"所对应的特征。

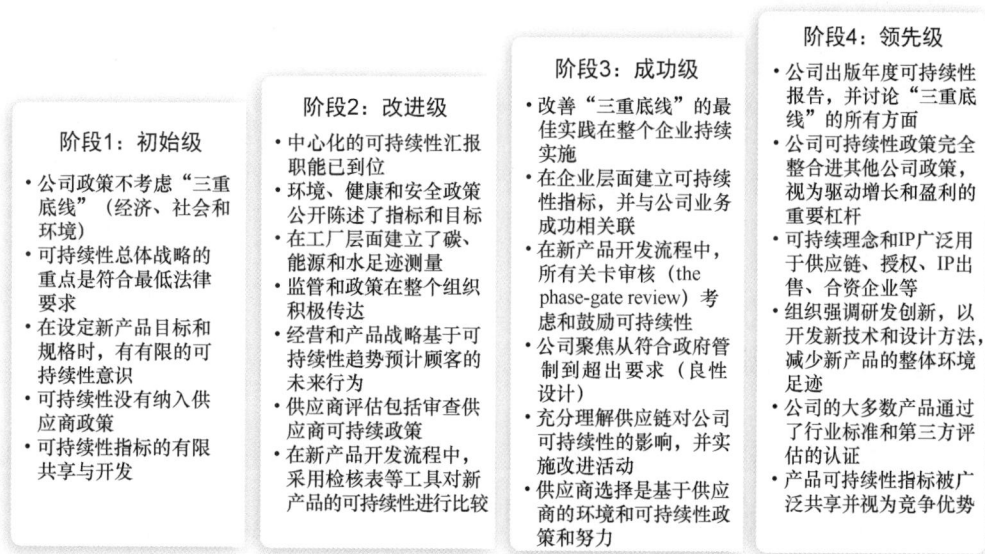

阶段1：初始级
- 公司政策不考虑"三重底线"（经济、社会和环境）
- 可持续性总体战略的重点是符合最低法律要求
- 在设定新产品目标和规格时，有限的可持续性意识
- 可持续性没有纳入供应商政策
- 可持续性指标的有限共享与开发

阶段2：改进级
- 中心化的可持续性汇报职能已到位
- 环境、健康和安全政策公开陈述了指标和目标
- 在工厂层面建立了碳、能源和水足迹测量
- 监管和政策在整个组织积极传达
- 经营和产品战略基于可持续性趋势预计顾客的未来行为
- 供应商评估包括审查供应商可持续政策
- 在新产品开发流程中，采用检核表等工具对新产品的可持续性进行比较

阶段3：成功级
- 改善"三重底线"的最佳实践在整个企业持续实施
- 在企业层面建立可持续性指标，并与公司业务成功相关联
- 在新产品开发流程中，所有关卡审核（the phase-gate review）考虑和鼓励可持续性
- 公司聚焦从符合政府管制到超出要求（良性设计）
- 充分理解供应链对公司可持续性的影响，并实施改进活动
- 供应商选择是基于供应商的环境和可持续性政策和努力

阶段4：领先级
- 公司出版年度可持续性报告，并讨论"三重底线"的所有方面
- 公司可持续性政策完全整合进其他公司政策，视为驱动增长和盈利的重要杠杆
- 可持续理念和IP广泛用于供应链、授权、IP出售、合资企业等
- 组织强调研发创新，以开发新技术和设计方法，减少新产品的整体环境足迹
- 公司的大多数产品通过了行业标准和第三方评估的认证
- 产品可持续性指标被广泛共享并视为竞争优势

图 2.27　可持续性成熟度模型

📋 **案例：可持续性和战略**

> **宜家：**承诺只使用可再生和可回收材料，每件宜家产品平均减少70%的气候足迹。
>
> **耐克：**目标是在所有自有设施中使用 100%可再生能源。2020 年，该公司的这些设施仅使用了 48%的可再生能源。此外，该公司希望将关键业务中的能源消耗降低 25%（Nike，Inc．，2013）。
>
> **苹果：**目标是到 2030 年实现碳中和，并将可持续性作为新产品营销的主要卖点。
>
> **英特尔：**目标是实现净正水资源、100%可再生电力、零垃圾填埋以及额外的绝对碳排放减少。
>
> **联合利华：**目标是将每位消费者使用公司产品的总废弃物足迹减少32%，在所有工厂实现零废弃物填埋。将公司自己制造过程中的温室气体排放量减少65%，并在工厂实现100%的可再生电网电力。

2.9.4　外部性

外部性（Externalities）是指产品对人或环境的影响，而该影响并未反映在产品的市场定价中。外部性是许多公司应考虑的因素，可以通过政府政策或法规将外部性纳入产品价格。碳定价就是政策将外部性（温室气体排放）纳入产品价格（电力）的一个例子。

在缺乏监管或政策的情况下，一些公司发现将外部性纳入产品中可以创造营销优势。例如，在产品上贴上可再生资源生产的标签，重视环境的消费者会愿意接受更高的产品价格。

2.9.5　循环经济与创新

"从摇篮到摇篮"（从一款产品生命的开始到一款新产品生命的开始）让我们思考或专注于能够形成战略驱动力的循环经济。

循环经济（Circular Economy）的目标是在产品生命周期中形成闭环。循环经济基于以下三个原则。

原则一：通过控制有限库存、平衡可再生资源流动，来保护和增加自然资本（Natural Capital）。

原则二：通过产品、组件、材料的循环利用，优化资源产出，实现技术和生物全生命周期的最高效利用。

原则三：通过发现和消除负外部影响来提高系统效率。

图 2.28 是循环经济产品的案例。

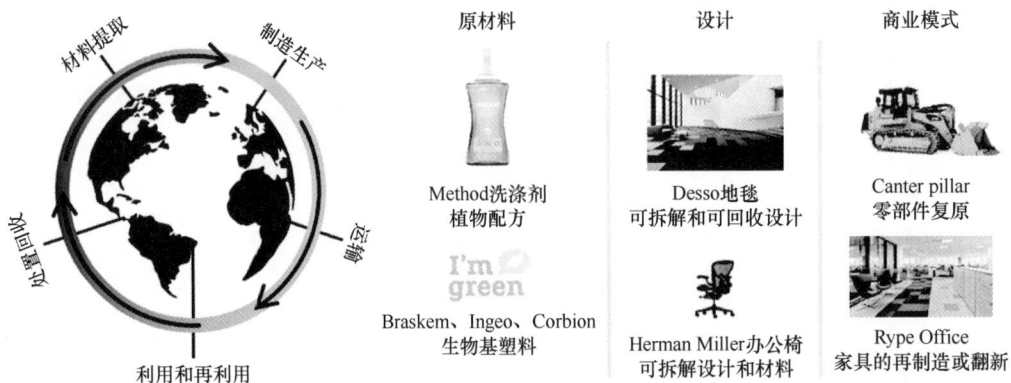

图 2.28　循环经济产品的案例

2.10　本章小结

- 战略是组织生存和发展的核心，它为组织的所有职能和活动奠定基础并提供框架。

- 战略从公司和业务层级开始，并转化为组织的各种职能战略。构建与组织、行业、更广泛的环境、竞争对手和客户相关的知识基础是制定良好战略的关键。可以使用一些工具提供帮助，包括 SWOT 分析、德尔菲技术、PESTLE 分析和商业模式画布等。

- 创新战略对大多数组织来说至关重要。它说明了组织创新将如何支持总体业务战略。这为跨产品品类或业务部门的投资权衡决策提供了依据。

- 有一系列框架可帮助制定组织创新战略，包括创新景观图（2015）、波特战略（2008）、克里斯坦森颠覆式创新理论（2003）及迈尔斯和斯诺战略框架（1978）。

- 创新战略由平台、技术、营销、知识产权、数字和能力战略辅助。所有战略必须协调一致，以实现共同的创新目标。

- 产品战略（包括开发和上市）可以通过内部、外部能力或者两者的结合来实现。越来越多的组织采用开放式创新战略，积极促进与外部各方合作进行创新。

- 可持续性正日益成为组织整体使命的一个组成部分，在具体战略上重点考虑可持续性。大多数组织现在都提供基于利润、人类和地球的"三重底线"报告。

本章试题

1. 平台战略的定义是_____。

    A. 一系列产品的共用营销计划

    B. 一系列产品的共用制造系统

    C. 将产品中的一组子系统和接口组成一个共用架构，基于这个共用架构高效地开发和制造出一系列衍生产品

D. 连接营销、技术和制造的战略

2. 公司愿景是_____。

A. 产品创新项目的目标 B. 关于公司信念的哲学陈述

C. 一整套价值观 D. 组织最期望的未来状态

3. 使命有助于组织_____。

A. 集中人力和资源 B. 提出创意

C. 制订产品上市计划 D. 低利率获得融资

4. 战略的定义是 _____。

A. 组织哲学 B. 公司为实现长期目标而制订的计划

C. 组织的产品创新计划 D. 组织的价值观陈述

5. 下面哪一个不在波特五力模型中?

A. 新进入者的威胁 B. 客户的讨价还价能力

C. 替代者的威胁 D. 雇员的讨价还价能力

6. 谁负责制定公司战略和业务战略?

A. 流程经理 B. 高级管理层

C. 股东 D. 董事会

7. 你的竞争对手推出了一款新产品。当在制定竞争对策时,你意识到当前产品中所采用的技术已达到极限,无法通过改进性能的方式进行有效竞争,唯一的选择是采用更新颖或更先进的技术取代现有技术。目前处于技术 S 曲线的哪个阶段?

A. 成长期 B. 萌芽期 C. 成熟期 D. 滞后期

8. 一家乳制品制造商发现了一种可能具有显著健康益处的新微生物(益生菌)。公司决定启动一项重要的研究计划来证明益生菌对健康的益处。该公司计划在一系列产品中都使用这种益生菌,包括酸奶、健康饮料和婴儿配方奶粉。这是应用哪种战略的例子?

    A. 产品线延伸   B. 技术战略

    C. 平台战略   D. 营销战略

9. 以下哪种创新强调技术创新?

    A. 常规型   B. 架构型   C. 激进型   D. B 和 C

10. 在波士顿矩阵中,"现金牛"被定义为市场份额高但增长率低的产品。公司对该类产品应该采取什么策略?

    A. 尽可能多地从该产品中获得利润

    B. 趁产品还在赚钱时将其卖掉

    C. 对产品、竞争对手和市场进行详细分析,为产品的未来制定明确的战略

    D. 在产品改进方面加大投资

本章试题参考答案

1. C   2. D   3. A   4. B   5. D

6. B   7. C   8. C   9. D   10. C

本章参考文献

- Brundtland Commission. (1987). *Report of the world commission on environment and development: Our common future.* United Nations.
- Chesbrough, H.W. (2003). The era of open innovation. *MIT Sloan Management Review 44* (3): 35–41.

- Christensen, C. (1997). *The innovator's dilemma: When new technologies cause great firms to fail.* Harvard Business Review Press.

- Christensen, C. (2016). *The innovator's dilemma: When new technologies cause great firms to fail.* Harvard Business Press.

- Cooper, R. and Edgett, S. (2010). Developing a product innovation and technology strategy for your business. *Research-Technology Management 53* (3): 3–40.

- Darwin, S., & Chesbrough, H. W. (2016). *Prototyping a scalable smart village to simultaneously create sustainable development and enterprise growth opportunities.* The Berkeley-Haas Case Series. University of California, Berkeley. Haas School of Business.

- Ellen Macarthur Foundation. (n.d.). *It's time for a circular economy.*

- Ellis, S.C., Gianiodis, P.T., and Secchi, E. (2014). Advancing a typology of open innovation. In: *Open innovation research, management and practice* (ed. J. Tidd), 39–86.

- Haanaes, K., Balagopal, B., Arthur, D., Kong, M. T., & Velken, I. (2012). *The embracers seize advantage.* MIT Sloan Management Review.

- Kahn, K.B., Evans Kay, S., Slotegraaf, R.J., and Uban, S. (ed.) (2013). *The PDMA handbook of new product development*, 3e.

- Knudsen, M.P., von Zedtwitz, M., Griffin, A., and Barczak, G. (2023). Best practices in new product development and innovation: Results from PDMA's 2021 global survey. *Journal of Product Innovation Management 40* (3): 257–275.

- Kotler, P. (2012). *Marketing management.* Prentice Hall.

- Lazarotti, V. and Manzini, R. (2014). Different modes of open innovation: A theoretical framework and an empirical study. In: *Open innovation research, management and practice* (ed. J. Tidd), 15–38.

- Markham, S.K. and Lee, H. (2013). Product innovation and management association's 2012 comparative performance assessment study. *Journal of Product Innovation Management 30* (3): 408–429.

- McGrath, M. (1995). *Product strategy for high technology companies.* McGraw-Hill.

- McKinsey. (n.d.). *Insights on sustainability.*

- Miles, R.E. and Snow, C.C. (1978). *Organizational strategy, structure and process.*

- Nike, Inc. (2013). *Nike, Inc. FY12/13 sustainable business performance summary.*

- Noble, C., Durmusoglu, S., and Griffin, A. (2014). *Open innovation: New product innovation essentials from the PDMA.* Wiley.

- Osterwalder, A., Pigneur, Y., and Smith, A. (2010). *Business model generation: A handbook for visionaries, game changers, and challengers.* Wiley.

- Petro, G. (2022). *Consumers demand sustainable products and shopping formats.* Forbes.

- Pisano, G. (2015). You need an innovation strategy. *Harvard Business Review 93* (6): 44–54.

- Porter, M.E. (1979). How competitive forces shape strategy. *Harvard Business Review 57* (2): 137–145.

- Porter, M.E. (1996). What is strategy? *Harvard Business Review 74*: 61–78.

- Porter, M.E. (2008). *On competition*, Updated and expandede. Harvard Business School Pub.

- Reeves, M., Fink, T., Palma, R., & Harnoss, J. (2017). *Harnessing the secret structure of innovation*. MIT Sloan Management Review.

- Sheen, R. (2019). *Digital transformation in product development*. Institute for Digital Transformation.

- Tidd, J. and Bessant, J. (2013). *Managing innovation: Integrating technological, market and organizational change*, 5e. John Wiley & Sons.

- Tregoe, B. and Zimmerman, J. (1980). *Top management strategy*. Simon and Schuster.

- Unilever. (2017). *Report shows a third of consumers prefer sustainable brands*.

- Walker, M. (2021). *Accelerating transformation for a post-COVID-19 world*. HBR Pulse Survey, Harvard Business School Publishing.

- Whetten, D.A. (2006). Albert and Whetten revisited: Strengthening the concept of organizational identity. *Journal of Management Inquiry 15*: 219–234.

- Porter, M.E. (1979). How competitive forces shape strategy. *Harvard Business Review 57* (2): 137–145.

- Tidd, J. and Bessant, J. (2013). *Managing innovation*: Integrating technological, market and organizational change, 5e. John Wiley & Sons.

第 3 章

产品创新组合

建立并维护新产品和现有产品创新项目间的适当平衡，使其与业务战略和创新战略保持一致。

↘ **本章学习重点**

组合管理确保所有产品创新项目与战略及资源可用性保持一致。本章进一步厘清产品创新组合与总体业务经营战略之间的关系，介绍在组合中的项目类型，以及选择项目以实现期望的组合平衡的标准和方法。

本章还介绍了组合管理实践中遇到的一些重要问题，以及解决这些问题的方法。

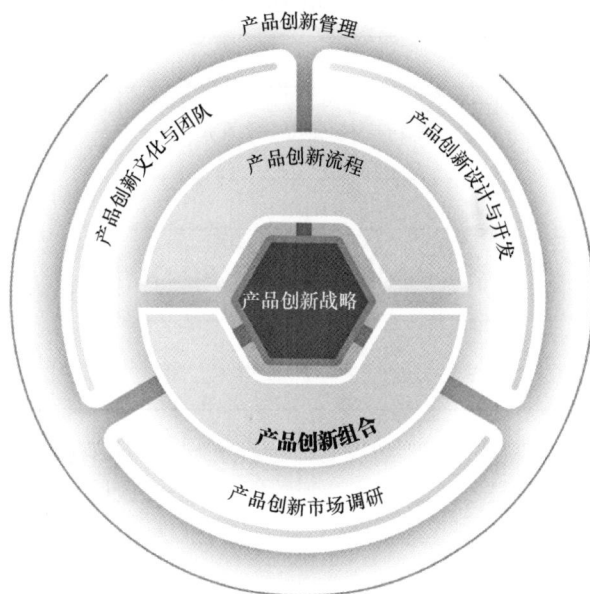

↘ 本章内容一览图

公司战略、业务战略及创新战略是组合管理的前提。组织在开发和维护产品组合时，总会遇到项目之间争夺资源和资金的情况。组合管理遵循创新战略，是确保产品创新和产品管理项目保持合理的优先级排序和平衡的必备手段。

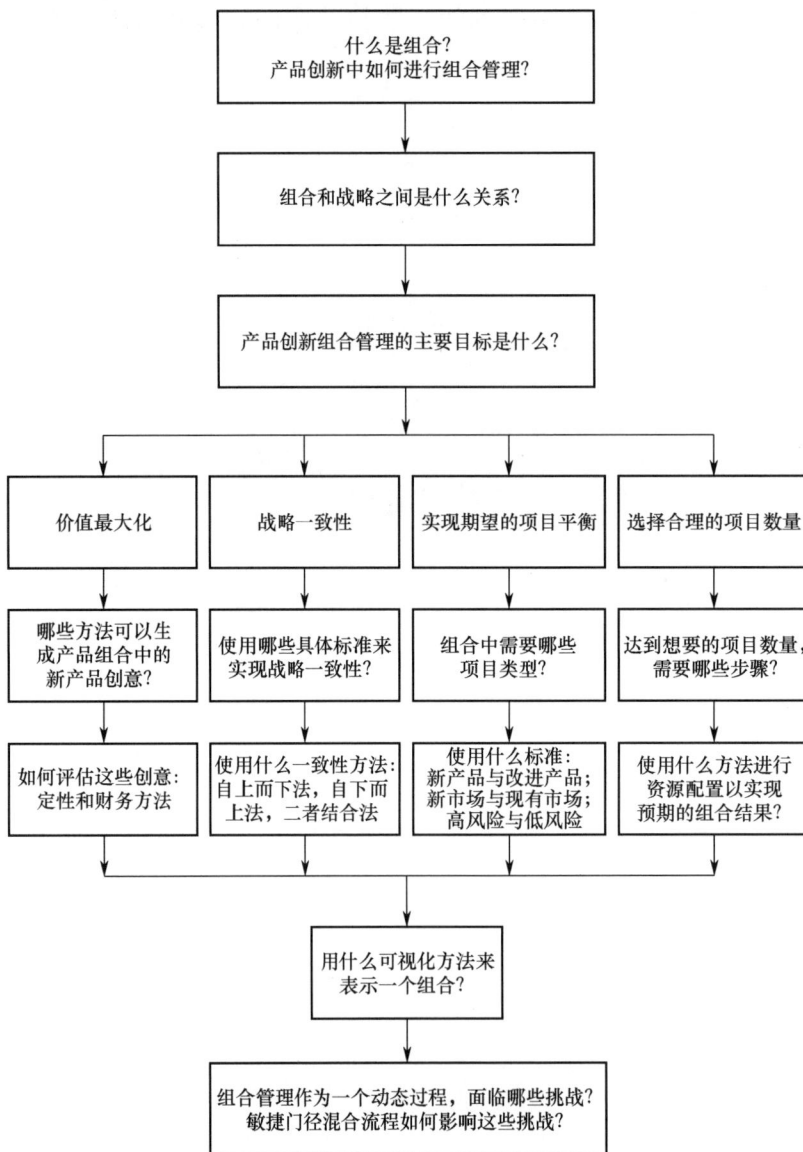

```
┌─────────────────────────────┐
│        什么是组合?           │
│  产品创新中如何进行组合管理?  │
└─────────────────────────────┘
              │
┌─────────────────────────────┐
│   组合和战略之间是什么关系?  │
└─────────────────────────────┘
              │
┌─────────────────────────────┐
│ 产品创新组合管理的主要目标是什么? │
└─────────────────────────────┘
```

价值最大化	战略一致性	实现期望的项目平衡	选择合理的项目数量
哪些方法可以生成产品组合中的新产品创意?	使用哪些具体标准来实现战略一致性?	组合中需要哪些项目类型?	达到想要的项目数量，需要哪些步骤?
如何评估这些创意：定性和财务方法	使用什么一致性方法：自上而下法，自下而上法，二者结合法	使用什么标准：新产品与改进产品；新市场与现有市场；高风险与低风险	使用什么方法进行资源配置以实现预期的组合结果?

```
┌─────────────────────────────┐
│      用什么可视化方法来       │
│      表示一个组合?           │
└─────────────────────────────┘
              │
┌─────────────────────────────────────┐
│ 组合管理作为一个动态过程，面临哪些挑战? │
│ 敏捷门径混合流程如何影响这些挑战?      │
└─────────────────────────────────────┘
```

3.1　什么是产品创新组合

理解产品创新组合，先要理解以下几个术语。

组合：组合是指为了实现战略目标而组合在一起管理的项目、项目集、子项目组合和运营工作。组合中的项目或项目集不一定彼此依赖或直接相关，但它们作为一个整体进行管理以实现战略目标（PMI，2021）。

组合管理：企业可以通过两种途径实现新产品成功：做正确的项目和正确地做项目。组合管理就是做正确的项目（Cooper 等，2002）。

组合管理活动常常被错误地划分为：

- 组合选择。
- 组合评审。

这两个活动不应该被割裂开来。组合管理应当是一个连续的过程，对于项目而言，一旦产品概念被选中进行开发，就将历经上市、衰退直到退市。不论哪一个阶段，产品组合都包括现有产品、新产品、产品改进、维护和支持项目以及研究和开发项目。组合管理是与战略目标保持一致并使投资回报最大化的过程。图 3.1 展示了组合管理的整体作用、应考虑的项目、从创意生成到产品退市整个流程、与项目实施之间的关系、与绩效度量指标之间的依赖关系，以及与财务和资源管理之间的关键联系。

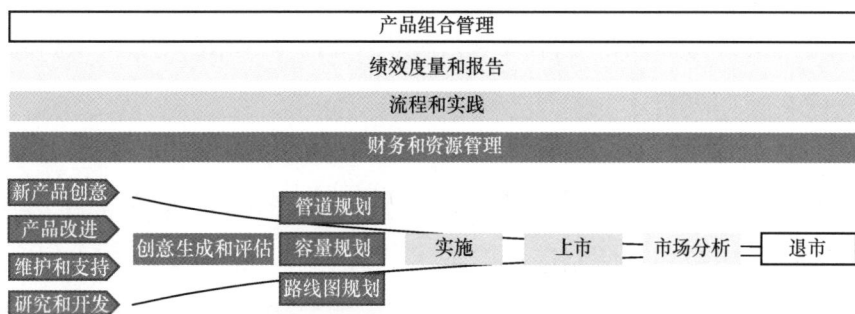

图 3.1　组合管理

3.1.1 组合管理的关键特征

（1）组合管理是一个动态环境中的决策过程，需要持续评审。

（2）组合中的项目处于不同的阶段。

（3）组合管理面对的是未来事项，并不能确保成功。组合管理旨在提高组合中项目或产品的总体成功率。

（4）组合管理被用于管理资源配置。产品创新和产品管理的资源有限，常常是多个职能部门共享。为实现组织回报最大化，就必须进行资源配置。只有与组织总体目标和创新战略保持一致，才能确保这些权衡性决策是正确的。

3.1.2 组合中的项目类型

为了实现组合中项目的平衡，会用到多个项目或产品分类。这些分类还有助于实现战略一致性，以及进行优先级排序。常见的项目或产品类型如下：

（1）突破型项目（Breakthrough Projects，有时也称激进型或颠覆型项目）：此类项目向市场推出具有新技术的新产品。与组织现有实践有着显著差异，高风险。

（2）平台型项目（Platform Projects）：在第 2.7 节中已介绍，是指开发一组子系统及接口并形成一个共用架构，基于该共用架构可高效开发和制造出一系列衍生品。此类项目为开发衍生品或项目提供平台。风险比衍生型项目或支持型项目大，比突破型项目小。

（3）衍生型项目（Derivative Projects）：此类项目由现有产品或平台衍生出来，可填补现有产品线空白、使制造更具成本优势、基于组织核心技术提升性能或增加新特性。风险相对较低。

（4）支持型项目（Support Projects）：此类项目是对现有产品的增量改进，或现有产品制造效率的提升。风险很低。

（5）合资或并购项目（Joint ventures or M&A projects）：新产品机会常常出现在组织外部，例如出现在合资企业或并购中。这些机会与内部项目一样也会消耗资金和资源，应将其作为整体组合管理的一部分加以考虑。

3.1.3　组合管理的目标

库珀等（2015）提出的组合管理的目标：

（1）价值最大（Value Maximization）：通过资源配置实现组合价值最大化（各个项目商业价值的总和）。

（2）战略一致（Business Strategic Alignment）：确保整体组合与组织业务战略及创新战略保持一致，也确保组合中的投资与组织的战略优先级保持一致。

（3）组合平衡（Balance）：根据预先设定的标准来实现正确项目的正确平衡。标准包括长期与短期、高风险与低风险、增长与维持、产品或市场类型等。

（4）数量合理（Right Number of Projects）：企业可用资源有限，但组合中常常有太多项目。组合管理要对资源配置进行监督和控制。

2021 年 PDMA 的最佳实践调查（Knudsen 等，2023）结论支持上述目标，因为他们更加关注最佳企业而非其他企业。

3.2　价值最大

一个好的组合始于一个好的机会池或创意池，并且这些机会或创意要符合组合定义的标准。企业应不断寻找新产品机会，包括公司级新产品、产品线延伸型产品或改进型产品。尽管新机会的出现具有随机性，但最佳企业都建立了包含一系列方法的前瞻性系统来寻找这类机会。这些方法既可用于组织内部，也可用于客户和其他利益相关方之间。

机会生成之后，企业的挑战是如何评估这些机会并确定其优先级。以下各节，我们先介绍用于生成创意池的一系列方法，然后介绍用于评估、优先级排序和选择机会的方法。

创意何时进入组合管理？

并不是组织讨论的每个新产品创意都能成为组合的一部分。许多创意都失败了，消失得无影无踪；有些创意可能有价值，但输给了更符合组织目标的创意。这里的问题是：创意何时进入组合管理？答案因企业而异，但至少，组合管理中的项目应该是获得广泛关注、资源承诺和资金分配的项目。而那些仍处于生成中、未知多于已知的创意，则应留在组合之外。许多企业都设立了创意孵化流程，那些最有前途的创意可能会被选中进行进一步调查，并成为组合管理的一部分进行开发。

3.2.1 机会生成

↘ 创意生成

创意生成是生成、开发和交流新创意的创造性过程，也是设计流程的基本组成部分。运用到产品创新上，"创意生成是为解决消费者问题而寻找更多解决方案的所有活动和流程。创意生成方法可用于产品创新早期阶段生成初始产品概念，用于产品创新中期阶段解决问题，用于产品创新后期阶段规划上市，用于退市阶段总结产品的市场成败"（Kahn 等，2013）。

创意生成有两种思维方式：

- **发散思维（Divergent Thinking）**：不基于判断和分析提出新创意和新可能性的过

程。这种思维方式强调自由联想、扩展边界、跳出框架，并构思新的路径来解决那些没有唯一正确答案或已知答案的难题。

- **收敛思维（Convergent Thinking）**：基于分析、判断和决策对大量创意进行分类、评估和利弊分析然后做出决策的过程。

↘ 创意生成工具

以下是管理者创意生成常用的一些工具，对每种工具都进行了简要说明。关于这些工具或更多工具的更多资料，可查阅 Dam 和 Siang（2021）提供的资料。

1．SCAMPER 法

采用一系列行为动词来激发创意的方法，特别适用于改进现有产品或开发新产品，有助于生成创意。SCAMPER 是以下动词的首字母缩写。

- S（Substitute）——替代。
- C（Combine）——组合。
- A（Adapt）——调适。
- M（Modify）——修改。
- P（Put to another use）——他用。
- E（Eliminate）——去除。
- R（Reverse）——逆向。

2．头脑风暴（Brainstorming）

一群人（通常 6～10 人）在一起，鼓励提出许多创意、自由发言、不用担心受到批评的一种常用方法。通常，这些创意会被混合或进一步建构从而创造出一个更好的创意（1+1=3）。设计公司 IDEO 为头脑风暴制定的具体规则包括：延迟评判、鼓励大胆创意、在他人创意上进一步建构、专注于一个主题、一次只讨论一个话题、可视化、重视创意数量而不是质量。

尽管头脑风暴法多年来被广泛使用，但数十年的研究也表明，头脑风暴法生成创意的效果相比其他方法要差很多。当参与者第一次接触这个主题、允许独立并安静构思，之后再群体风暴，那么效果会大大提高。

3．头脑书写法（Brainwriting）

针对具体问题时，不要求参与者说出创意（传统头脑风暴法），而是写出创意，然后参与者将写好的创意传递给下一个人，下一个人在创意上加上自己的想法，之后再传递给下一个人，以此类推，大约 15 分钟后，将所有创意集中到一起进行小组讨论。该方法的另一种形式是用图形而非文字来生成创意，然后小组所有成员共同丰富创意。

4．思维导图（Mind-mapping）

在各种信息碎片、创意和概念之间建立联系的一种图形化方法。参与者先在一页纸的中心写下一个关键词或一个短句，然后以该关键词或短句为中心，向多个方向生成新创意，再将这些创意联系起来创建一个关系图。

5．故事板（Storyboarding）

制作消费者使用或体验某个产品的图片故事，以更好地理解客户的问题或者主题，从而发现某个产品设计新属性或新需求。

6．六顶思考帽（Six Thinking Hats）

爱德华·德·博诺（Edward de Bono）开发的一种工具，鼓励团队成员以六种明确的职能或角色进行独立思考，每个角色对应某种颜色的"思考帽"。

- 白色：象征客观，聚焦在事实上。
- 黄色：象征积极，寻找价值和好处。
- 黑色：象征消极，寻找问题或缺陷。
- 红色：象征情绪，喜欢、不喜欢或害怕。
- 绿色：象征创造，寻找新创意、新可能和新方案。
- 蓝色：象征控制，确保遵循正确的流程。

7．德尔菲技术（Delphi Technique）

向一组专家发放问卷并基于结果进行预测的一种方法。通常会向专家发放几轮问卷，获得匿名反馈，每轮反馈的统计结果都会分享给小组专家。该方法适用于需要专家洞见的问题，比如对未来技术和消费趋势的预测和展望（在第 2.4.3 节作为战略规划工具进一步介绍）。

8. 人种学（Ethnographic Approaches）

观察用户在自然状态（比如，厨房、办公室、建筑工地等）下的行为的一种研究方法。该方法通过"深潜"的方式理解客户的复杂性、维度和因素，从而理解其行为、信念、态度和偏好的原因。详见第 6.5.3 节。

9. 生活中的一天（A day in the life）

该方法通过识别一个人在一整天的活动、挑战和情绪，理解用户体验产品或服务时的行为和环境。

10. 用户画像（Personas）

用户画像是对用户群体进行客观和直接观察后构建的虚构角色。这些角色被称为"典型用户"或"用户原型"。开发者通过这些角色能够预见客户对产品特性的态度和行为。用户画像通常用人口统计、行为、态度、生活方式和偏好等数据来描绘，然后，这些提炼出的特征可以用来识别潜在用户群或目标人群，还可以进行用户画像——产品的交互分析以进行设计优化。

11. 用户体验地图（Journey Maps）

用户体验地图是消费者与产品或服务进行交互时的行动和行为流程图。用户与产品或服务的交互一刻被称为"接触点"。用户旅程图还包括用户体验过程中产生的情绪，进而可以通过识别痛点找到价值创造机会。

12. 同理心分析（Empathy Analysis）

同理心包括与客户建立连接、深度理解客户、与客户建立直接情感连接等内容。设计者要沉浸到客户的世界中，理解他/她的问题，从他们的角度提出解决方案。同理心分析方法通常是其他创意生成工具（如人种学、一日生活、用户画像和用户旅程图等）的一项内容。

13．大数据（Big Data）

各种规模的组织都在越来越多地使用他们获得的客户数据，例如连锁杂货店的忠诚度计划、特斯拉所有车辆的驾驶数据以及酒店品牌关于常客喜好的数据。大数据是在采集、存储、共享、分析和可视化过程中，用不同装置收集的大量复杂数据（Pisano 等，2015）。

近 20 年，大数据和大数据分析行业日臻成熟。收集和储存大量信息用于分析的做法也越来越普及。Zikopoulos 等（2015）用"淘金"来比喻大数据的含义和价值："过去，淘金者能够轻易地发现金块或金矿（每比特数据价值高），因为肉眼就能看到金子。但是，仅凭肉眼难以看到更多的金子，要找到这些金子就需要动用上百万人。今天，淘金者的工作方式不同了。淘金者依靠能够处理数百万吨污泥（每比特数据价值低）的新设备，就可以找到肉眼几乎不可能看见的金粒。人们依靠现代化设备从大量污泥中提取细小的金粒，并将其加工成金条（高价值数据）。今天，有大量的数据以不同方式散布在不同地方。未来的挑战是定位这些数据，并将这些数据处理成能够产生价值的内容。"

因此，大数据为产品创新的许多方面提供了巨大潜力，包括识别新机会。关键的挑战仍然是：如何将大量数据提炼为真正有价值的新产品机会。

第 6.5.12 节将进一步讨论大数据的应用。

14．众包（Crowdsourcing）

众包是针对某一特定任务或项目，应用一系列工具，从一个庞大且相对开放的群体中获取信息、商品、服务、创意和资金的方法。该服务可以是有偿的，也可以是无偿的，主要通过技术平台、社交媒体或互联网来实现。许多公司和组织都将自己的网站作为众包渠道，从中获得新产品创意。

例如，乐高公司建了一个专门网站（LEGO Ideas），作为粉丝及用户提供产品创意的平台。用户可以为他们喜爱的创意投票，写明他们愿意出多少钱购买该产品，并说明为何喜欢该创意。如果有超过 1 万人支持该创意，它就会被提交给乐高官方评审委员会，由该委员会决策是否投入生产。如果创意被商业化，创作者就会在产品包装上冠名，并在全球销售额中获得 1%的版税。

另一个例子是，2012 年，百威为酿造新啤酒启动了一个众包项目。百威的做法与典型的以消费者为主导的众包项目有所不同。先是通过比赛，由十二家百威酿酒厂的酿酒师们提出一系列啤酒配方。随后，邀请 2.5 万多名消费者参与品尝环节，来选出最佳的啤酒配方。可以说，百威将消费者的智慧充分地用到了产品创新流程中的某一环节。最终，来自洛杉矶酿酒厂的黑冠（Black Crown）配方胜出，该款产品最终于 2013 年上市。

第 6.5.13 节将进一步讨论众包的其他应用。

15. 来自组织内部及利益相关方的创意

一些最好的新产品创意来自组织内部。新产品创意的来源包括公司员工、客户、竞争对手、外部发明者、收购和渠道成员。在这些来源中，既有被征集的创意，也有自发产生的创意，有些创意甚至是偶然产生的。宝洁公司的象牙香皂就是一个意外的结果。在生产过程中，制造人员过度混合了成分，在肥皂中产生了气泡，导致肥皂漂浮起来。大家最常谈论的例子是 3M 公司的便利贴产品开发，它来自一个产品创新失败与一个非目的性发明的巧妙连接。1968 年，3M 公司的一位黏合剂工程师发明了一种压敏型黏合剂复合物，但想不出它的用途。这种胶水只能勉强将两张纸粘在一起，但涂抹在物体表面之后撕下时不会留下残留物。"开发失败"几个月后，另一位 3M 工程师在合唱团唱歌。他常常把小纸片放在歌本中来标记歌曲的特定部分。灵感一闪，这位工程师想起了"弱胶水"，并意识到重复使用书签的这一潜力需求。就这样，便签诞生了。最初被命名为 Press' n Peel，后来被命名为 Post-it Note（Belludi, 2021）。尽管这类例子并不少见，但更正式、更结构化的"公司内部"创意生成将带来更持续的成功。具体建议包括：

（1）创造和培养创新的工作环境和文化。创新文化能增强创新的价值，鼓励整个组织的员工发挥个人和集体的创造力。有关这一主题的更多内容参见第 7 章。

（2）创意管理软件。为员工提供一个创意和协作平台，以结构化和透明的方式分享、完善和推广创意。

（3）把工作时间投入创造性思维中。越来越多的组织允许并鼓励员工将一定比例的带薪工作时间花在他们认为能为组织增值的个人项目上。谷歌允许员工将 20% 的时间用于个人项目，而 3M 公司长期以来一直将 15% 的时间作为创新管理的基础。

（4）表彰和奖励。组织目标与员工个人目标之间的明确连接至关重要。因此，个人绩效考核对于个人如何为实现组织目标做出贡献具有真正的意义。若发现了可能创造真正价值的新机会，可以通过多种方式予以表彰，如奖金、一盒巧克力或一瓶红酒、下次出国航班的商务舱升级、出席会议等。重要的是，要选择对受表彰者真正有价值和有意义的表彰方式。可以在员工会议、组织通信、社交平台或其他组织沟通方式中进行表彰和奖励。在通常情况下，最好是当面表彰，而不是通过电子邮件或电话。

（5）利用外部利益相关方。外部利益相关方包括客户、二级制造商、分销渠道方等，可以成为极有价值的新创意来源，无论是全新的产品还是对现有产品的改进。这方面的例子包括医疗设备制造商利用初级医疗服务提供商，以及乳制品配料制造商定期向其产品的二级制造商寻求反馈。2016 年 PDMA "杰出企业创新奖" 得主 Sherwin Williams 涂料集团商店因其利用店内客户联系主动向业主和行业人士寻求新产品创意的创新方法而受到表彰。

（6）反馈。运用上述方法最重要的是，要对员工和其他利益相关方提出的所有创意提供反馈，而不仅仅是那些在商业上取得成功的创意。缺乏反馈会很快导致创意枯竭。

3.2.2　机会评估

2021 年 PDMA 最佳实践研究（Knudsen 等，2023）发现，最佳公司明显比其他公司更常使用组合管理方法，他们非常重视组合管理，而且更有可能采用单一的集成产品创新和组合管理流程。这就需要有评估潜在创新产品项目的方法。2012 年，PDMA 在题为"产品创新与管理比较绩效评估"研究中收集了各种项目评估工具相对使用情况的总结，如图 3.2 所示（Markham 和 Lee，2012）。

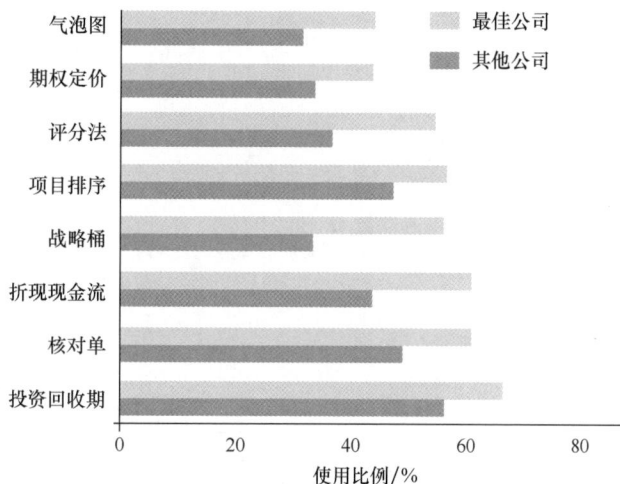

图 3.2　项目评估工具及其使用情况

总体上，可将评估和筛选新产品机会的方法分为两大类——定性评估方法和定量评估方法。

↘ 定性评估方法

定性评估方法或评分法带有主观性。但有确凿的证据表明，应用评分法的组织在组合管理上取得了显著的成功（Markham 和 Lee，2012；Cooper 等，2001）。这些方法通常是根据一套特定标准来评估机会。

1. 评估标准

标准包括导致新产品成功的已知因素，加上组织的特定要求。

近年来，针对新产品成功的因素开展了大量研究，第 1.1.2 节进一步讨论了这些因素。一些更重要的成功因素来自创造竞争优势的基础（Cooper 等，2001）：

（1）独特的、卓越的产品。与竞争对手产品有显著差异，能够为客户提供独特的利益和卓越的价值。

（2）聚焦于一个有吸引力的市场，该市场规模大、处于增长中、利润率高、竞争不激烈且竞争压力小。

（3）利用组织内部优势。利用自身在营销和技术方面的优势、竞争力及经验开发产品和项目。

大多数成功因素都为组织所周知、所理解，尤其是传统行业。如果直接将这些成功因素作为标准来评估新产品机会，那么得出的结论就会有相当高的可靠性。

组织的特定评估标准包括：

- 战略一致性。
- 技术可行性。
- 风险水平。
- 监管影响。
- 短期财务回报。
- 长期财务回报。
- 研发费用。
- 盈亏平衡点（实现盈利所需时间）。
- 产品或产品线的收益范围。
- 研发投入的可获得性。

可持续性在很多组织是战略的一个部分，也是创造产品的一个重要因素。选择项目时应考虑项目的可持续性。可持续性方面的标准有：

- "三重底线"。
- 碳排放。
- 符合 ISO 生命周期评估要求。
- 资源再利用或再循环。

图 3.1 描述了一个类似"漏斗"的流程，从最早期的创意生成到最终的产品上市。

该"漏斗"流程常用于对大量创意或机会的评估，从中筛选出有价值的产品概念，纳入创新组合，并对其投入大量资金和精力。当面对大量新产品机会时，组织应采用通过/失败法来进行快速筛选，以缩小机会清单的规模，实现更高效的组合管理。

2．通过/失败法（Pass/Fail）

通过/失败法的目的是快速减少大量的产品创意或新机会。它评估一个机会或创意是否符合一些基本标准。根据具体标准对每一个机会进行评估，得出"通过"（用"P"表示）或"失败"（用"F"表示）的结论。只有符合所有标准要求的机会才能进行下一步。通过/失败法的基本准则包括：

（1）邀请跨职能部门（如营销、技术和制造部门等）的代表参与评估，以便将其知识和经验应用于评估流程中。

（2）将参与者的个人评价作为讨论的基础，最终达成共识。

通过/失败法的优点是：

- 不需要大量的研究和分析。
- 操作简单快捷。
- 用一种相对简单快捷的方法让各层级人员参与到产品创新的早期阶段。
- 可凸显需进一步研究的不确定领域。

通过/失败法的缺点是：

- 缺乏足够的研究可能导致好创意在早期就被否决。

表 3.1 是一个简单的例子，包含三个"通过/失败"标准。

表 3.1 通过/失败法示例

产 品 创 意	现有分销渠道	制 造 能 力	与业务范围的一致性	总 体
1	通过	失败	通过	失败
2	通过	通过	通过	通过

（续表）

产 品 创 意	现有分销渠道	制 造 能 力	与业务范围的一致性	总 体
3	通过	通过	通过	通过
4	失败	通过	通过	失败
5	通过	失败	失败	失败
6	通过	通过	通过	通过
7	失败	失败	失败	失败

3．评分法（Scoring）

评分法更详细，通常用于通过/失败法筛选之后。运用评分法时，需要更多信息来确保评估的可靠性和可信度。评分法的流程如下：

（1）制定评估标准。通常 5～7 条标准就足够了，但是采用何种标准取决于具体情况。例如，如果非常重视新技术的应用，那么"技术能力"将是一项重要标准。如果新产品的目标市场竞争激烈，那么新产品创意的差异化程度就很重要。

（2）对每个评估标准赋予权重，以体现其相对重要性。

（3）按照每个评估标准对产品创意逐一进行评分（通常为 10 分制），计算出每个产品创意的加权分数，并按照分数高低对所有产品创意进行排序。

（4）与通过/失败法一样，明智的做法是请组织内不同职能部门的人员进行评分。

（5）为了确保评分法的客观性，特别是当评估者众多时，非常重要的一点是在分数刻度尺上为每个分数提供说明，将其提供给评分人作为参考。

（6）图 3.3 显示了根据 3 个标准（或筛选因素）对 7 个新产品创意进行的评估，每个标准的权重反映了其重要性——销售潜力（10）、战略一致性（7.5）和竞争力（5）。每个产品创意都按 10 分制进行评估。因此，以销售潜力为例，创意 1 的评分为 8/10，因为销售潜力是 55 万件，而创意 5 的销售量是 8 万件。

（7）每个创意的加权总分计算如下，从而为 7 个创意的排序提供了依据。

创意 1 的加权总得分=(8×10)+(6×7.5)+(8×5)=165。

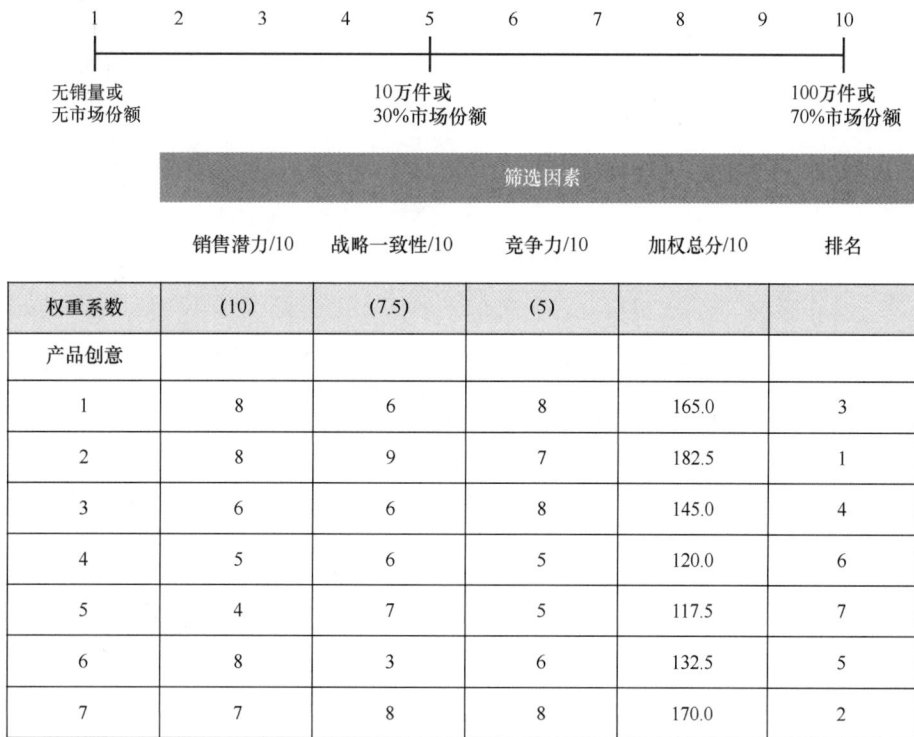

图 3.3　评分法示例

权重系数	销售潜力/10 (10)	战略一致性/10 (7.5)	竞争力/10 (5)	加权总分/10	排名
产品创意					
1	8	6	8	165.0	3
2	8	9	7	182.5	1
3	6	6	8	145.0	4
4	5	6	5	120.0	6
5	4	7	5	117.5	7
6	8	3	6	132.5	5
7	7	8	8	170.0	2

↘ 定量评估方法

在产品组合选择和持续的管理中，定量评估方法主要是指财务分析方法，有两种用途：

- 决定新产品的财务可行性。新产品是否能够提供令人满意的投资回报率？
- 决定项目的优先级排序。这是组合选择或持续组合管理流程的一部分。

图 3.4 描述了对新产品机会进行财务分析的框架，该框架清楚地表明了定量的财务分析所需的信息。

- 收入：基于销量和价格。
- 成本：基于制造和营销成本。
- 资本支出：在建筑物、厂房及设备上投入的资金。

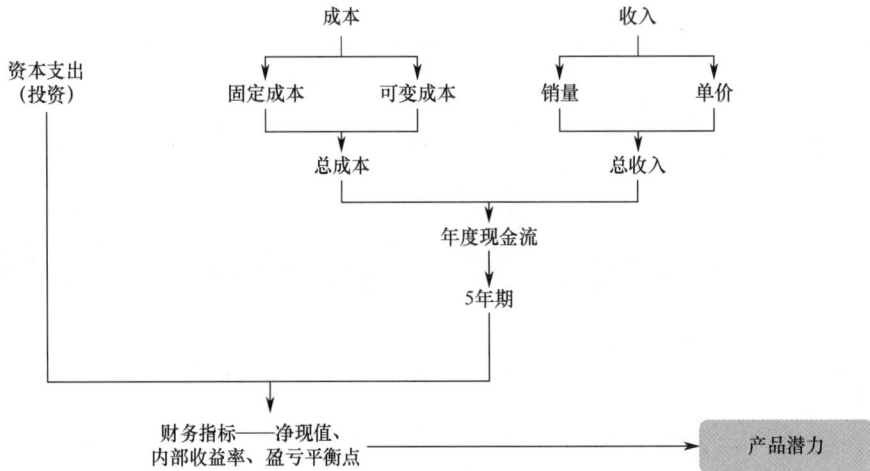

图 3.4　财务分析的框架

具体的财务指标用于确定新产品机会相对于投资的预期价值。这些指标包括：

- 投资回收期（Payback Period）。

- 净现值（Net Present Value，NPV）。

- 内部收益率（Internal Rate of Return，IRR）。

- 划算指数（Bang-for-buck ratio）。

- 预期商业价值（Expected Commercial Value，ECV）。

- 期权定价理论（Options Pricing Theory，OPT）。

1. 投资回收期

投资回收期是指需要多长时间才能收回投入的资金。例如，如果资本支出为（建设新工厂或建筑物）100 万美元，需要多少年才能获得累计 100 万美元的利润呢？

虽然投资回收期是一种常用且相对简单的指标，但它通常不考虑资金时间价值这一重要因素，因此不能准确计算出投资回报的时间。不过，投资回收期因其简单和直观而很有用。

表 3.2 中有 A、B、C 三个项目。每个项目投资额都是 10 万美元，投资回收期均为 5 年。你会选择哪个项目进行投资？为什么？请继续阅读下文"净现值"的内容，获得这个问题的答案。

表 3.2　投资额相同但各年收益不同的项目　　　　　　　　　　单位：美元

项　　目	第 1 年	第 2 年	第 3 年	第 4 年	第 5 年
A	20 000	30 000	40 000	10 000	
B	20 000	20 000	20 000	20 000	20 000
C		10 000	30 000	50 000	10 000

回答表 3.2 提出的问题"哪个是最佳项目"的关键在于 5 年中每年获得的收益。表 3.3 显示了表 3.2 中数据基于 10% 利率计算出的净现值。回收期较短使项目 A 成为最佳选择。接下来详细介绍净现值的计算方法。

表 3.3　表 3.2 中项目的净现值计算　　　　　　　　　　单位：美元

项　　目	第 1 年	第 2 年	第 3 年	第 4 年	第 5 年	净现值
A	20 000	30 000	40 000	10 000		79 858
B	20 000	20 000	20 000	20 000	20 000	75 816
C		10 000	30 000	50 000	10 000	77 597

（1）资金的时间价值。

今天投资 1 美元，明年得到的回报会比 1 美元更多。这意味着，现在的钱为你未来赚更多钱提供了投资机会（见图 3.3）。

今天投资 1 美元　➡　利率为 10%　➡　1 年后就是 1.10 美元

（2）现值。

现值（Present Value）指未来的资金在今天的价值。通过一个转换系数，就可以将未来值（Future Value）转换为现值。

$$未来值=现值×（1+利率）^{期数}$$

将该公式进行变化，就可以得到现值的计算公式：

$$现值=未来值/（1+利率）^{期数}$$

2. 净现值

净现值等于回报（或收益）的累积现值减去成本的累积现值。

（1）折现系数。

表 3.4 列出了不同期间和利率所对应的折现系数。例如，如果 5 年后的收入为 1 000
美元，利率为 10% 的话，那么其现值为 620.9 美元。

表 3.4 净现值计算中的折现系数

年	利　率			
	10%	20%	30%	40%
1	0.909 1	0.833 3	0.769 2	0.714 2
2	0.826 4	0.694 4	0.591 7	0.510 2
3	0.751 3	0.578 7	0.455 2	0.364 4
4	0.683 0	0.482 3	0.350 1	0.260 3
5	0.620 9	0.401 9	0.269 3	0.185 9
10	0.385 5	0.161 5	0.072 5	0.034 6
20	0.148 6	0.026 1	0.005 3	0.001 2

（2）计算新产品的累积净现值。

表 3.5 描述了新产品净现值的简单计算过程。显然，为了得出该简单表格中所包含
的数据需要做大量工作：

- 确定产品的潜在生命周期（此例为 5 年）。
- 计算产品生命周期中每年的收入。
- 计算产品生命周期中每年的成本。
- 计算年度净现金流（收入减去成本）。
- 计算每年净现金流的现值。
- 将产品整个生命周期每年的现值进行累加，就是累积净现值。此例为 25 673 美元。

表 3.5 净现值计算示例（折现率为 10%）　　　　　　　　　　　　单位：美元

	第 1 年	第 2 年	第 3 年	第 4 年	第 5 年
收入	3 500	10 800	15 000	20 000	21 000
成本	8 370	3 500	4 800	7 800	8 000
净现金流	−4 870	7 300	10 200	12 200	13 000
现值因子	0.909 1	0.826 4	0.751 3	0.683 0	0.620 9
现值	−4 427	6 033	7 663	8 333	8 072
净现值	25 673				

3. 内部收益率

内部收益率为净现值为零时的折现率，它用于评估在项目或产品上进行投资的吸引力。大多数组织对投资都有一个必须达到的回报水平——通常称为"基准收益率"，如10%或15%。基准收益率由以下因素决定：

- 其他投资渠道的回报率。一个显而易见的例子是："把钱存入银行比投资建厂生产新产品的回报率更高吗？"
- 风险程度。更高的基准收益率通常对应的是更高风险的投资——正如高风险的股票和债券可能会带来更高的潜在回报一样。

计算出的内部收益率既可以与公司的基准收益率进行比较，也可以与内部或外部的其他投资方式进行比较。举个简单的例子，如果项目的内部收益率低于当前的银行利率，在其他条件相同的情况下，把钱存入银行比实施项目更有利。

财务敏感性分析。

新产品投资分析中使用的数据往往存在很大的不确定性。这在开发的早期阶段即"创新前端或模糊前端"尤其明显。根据不同定价进行销售额预测，以及根据尚未明确的产品规格估算制造成本，这些都是影响财务分析的众多变量之一。解决这些不确定性的最常见方法是应用"敏感性分析"，即不同方案对财务结果的影响。大多数常用的电子表格都有内嵌的财务功能，包括净现值和内部收益率，可以进行"假设分析"或"敏感性分析"。例如，如果市场份额只有预计的一半，会对内部收益率产生什么影响？或者，如果由于供应链短缺，一个主要部件的成本翻了一番，会产生什么影响？

表 3.6 是一个新产品机会财务分析电子表格的简单示例。该电子表格中的大多数元素相互链接，可以进行快速、简便的"假设分析"，这种工具极其好用，可以为团队讨论或高级管理层演示提供基础，展示某些结果的潜在风险。

简单的电子表格也可以提供很好的工具，在获得更可靠的数据后不断更新财务分析。在数据质量存在高度不确定性的情况下，特别是在敏感性分析指出这些变量的重要性时，可以在电子表格中突出显示特定变量，加强对更可靠数据的需求。

表 3.6　财务分析表示例

市 场 数 据	年				
	1	2	3	4	5
市场增长率		14%	1.2%	1.2%	1.2%
市场/件数	100	1 400	1 680	2 016	2 419
市场占有率	100%	100%	60%	54%	49%
市场份额/件数	100	1 400	1 008	1 089	1 176
成本					
可变成本/美元					
直接材料费	120				
包装	20				
销售和营销	40				
直接人工费	240				
变动间接费用	40				
总可变成本	460				
固定成本/美元					
制造	40 000				
营销	30 000				
工资	80 000				
行政	20 000				
总固定成本	170 000				
定价/美元					
零售价（含商品及服务税）	3 300				
零售价（不含商品及服务税）	2 933				
零售毛利率	0				
零售毛利额	1 173				
生产销售价	1 760				
资本成本	20%				
设备成本	2 600 000				

经营现金流摘要

	单价销量	年					
		0	1	2	3	4	5
销售收入			100	1 400	1 008	1 089	1 176
	1 760		175 980	2 463 720	1 773 878	1 915 789	2 069 052
可变成本	460		46 000	644 000	463 680	500 774	540 836
边际贡献	1 300		129 980	1 819 720	1 310 198	1 415 014	1 528 215
固定成本			170 000	170 000	170 000	170 000	170 000
经营现金流			−40 020	1 649 720	1 140 198	1 245 014	1 358 215
投资		−2 600 000	=	=	=	=	=
总现金流		−2 600 000	−40 020	1 649 720	1 140 198	1 245 014	1 358 215
资本成本	20%						
净现值	318 374美元						
内部收益率	24.4%						

4．划算指数（Bang for the Buck Index）

　　"Bang for the buck" 是一个人的金钱或努力物有所值的俗语，即"划算"。这个俗语

源自俚语 "bang" 和 "buck" 的用法，"bang" 的意思是 "兴奋"，"buck" 的意思是 "钱"。

净现值不考虑项目所需的资源。一个项目的净现值可能很大，很有吸引力，但需要大量资源，而另一个项目的净现值吸引力稍低，但所需资源可能少得多。解决这一问题的方法是通过计算净现值与预计所需资源的比率来确定 "划算指数"：

$$划算指数 = 项目净现值 / 所需资源$$

5. 预期商业价值

净现值法和划算指数法的缺点之一是没有考虑风险，没有考虑技术和商业成功的概率。预期商业价值法旨在通过以下公式最大限度地提高项目的预期商业价值或价值：

$$ECV = ((PV \times P_{cs} - C) \times P_{ts}) - D$$

式中　ECV —— 预期商业价值；

PV —— 现值；

P_{cs} —— 商业成功概率；

C —— 商业化（上市）成本；

P_{ts} —— 技术成功概率；

D —— 开发成本。

表 3.7 的例子展示了一系列潜在项目预期商业价值的计算结果。它将商业和技术成功的概率运用于 PV 和 ECV，从而影响项目排序。

表 3.7　ECV 计算示例

项目	现值	现值排序	技术成功概率	开发成本	商业成功概率	商业化成本	预期商业价值	预期商业价值排序
A	20	4	0.8	3	0.6	5	2.6	5
B	30	3	0.9	5	0.8	3	13.9	1
C	5	5	1.0	1	1.0	1	3.0	4
D	60	1	0.5	4	0.5	2	10.0	3
E	45	2	0.7	4	0.6	3	12.8	2

ECV 特别适用于高度不确定性项目、敏捷迭代式项目或敏捷门径混合式项目。ECV

为处理产品创新项目中的增量投资或分步投资提供了一个模型。该模型采用决策树方法，每次评估一个步骤的投资，因此 ECV 适用于有多个冲刺阶段的情况，每个冲刺阶段都有确定的投资水平。

6．期权定价理论

在现金流折现分析或净现值分析中，有个假设前提是，项目是"要么全要，要么不要"的投资决策。在产品创新中，这种情况很少发生，因为在这里投资是循序渐进的，会随着新信息和深入信息的出现，做出"通过/失败"决策。基于期权定价的详细理论和计算非常复杂，其最纯粹的形式可能超出了大多数组织的能力范围。ECV 方法包含了期权分阶段过程的原则以及结果的概率。OPT 方法对那些研发重点是研究的组织最有价值。在这些组织，研究往往需要很长时间才能取得商业成果。在整个研究过程中，方向可能会发生变化。研究过程结束时，可能不会产生任何商业价值，但也有可能出现一系列在开始时没有想到的机会。下面举例说明 OPT 如何应用于制药公司的药物开发。药物开发是一个漫长的过程，通常需要数年时间，并需要经过研发、临床前研究、临床研究和监管审查等几个阶段才能最终实现商业化。

在本案例中，公司正在开展一个研发项目，投资额为 2 000 万美元，为期 3 年，管理层估计产品成功概率为 5%。

最终商业化所需的每个阶段都有很高的相关成本。该案例假设总成本为 2 亿美元。但是，如果开发成功，就可以获得一段市场独占期。假设项目期为 10 年，在这种情况下，研发投资不被视为终局，而被视为一种投资期权或继续投资权。

10 年中每年的潜在回报估计为 1 亿美元。按 6%的贴现率计算，10 年间这些回报的净现值为 2.25 亿美元。

现在，让我们根据 3 年的研发投资期来计算净现值。

$$净现值= -20+5\%\times225/(1+6\%)^3$$
$$= -0.11（亿美元）$$

仅从研发角度看，开发成功的可能性很低，因此不太可能继续实施该项目。而采用期权评价则对项目的潜力有了不同的看法，如图 3.5 所示。

图 3.5　期权定价分析示例

↘ 为财务分析提供数据输入

新产品投资分析所需的三个关键数据是成本、售价和销售额。

1. 成本

成本的基本构成是固定成本（Fixed Costs）、可变成本（Variable Costs）和资本支出（Capital Costs）。

固定成本是指在相关时间段或生产规模内，总额与业务活动不成比例变化的费用，包括行政费用、租金、利息和管理费用。

可变成本是与业务活动成比例变化的费用，如生产人员工资、电费、清洁材料成本和制造材料成本。

$$总成本=固定成本+可变成本$$

资本支出是指购买土地、建筑物和设备等的支出，在生产产品或提供服务时要用到。

营运资金（Working Capital）是指在准备销售时，用于产品或服务相关的直接成本和可变成本中的资金，包括制造和销售的所有成本及在新设备上的投资等。

2. 售价

出厂价格是与产品相关的所有成本与公司利润之和。这是组织将产品提供给买方的价格。买方负责运输费用,以及产品到达销售地点或销售给其他客户过程中产生的其他费用。

如果在"工厂大门"之外销售产品,最终客户看到的销售价格将取决于出厂价格,以及与到达最终客户手中相关的所有成本之和,包括分销渠道商收取的利润。基本分销渠道的示例如图 3.6 所示。分销渠道的复杂性因产品、组织而异,它极大地影响了从出厂成本到最终客户售价之间的加成。

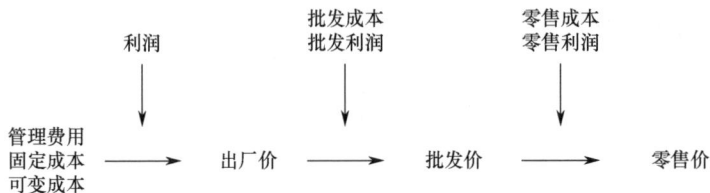

图 3.6　基本分销渠道与产品成本加成示例

3. 销售额

评估新产品需求量会用到几种方法。针对具体需求,如果组织能够预测销售潜力,就能为整个新产品的可行性分析、财务预测和生产计划带来关键价值。

需求模型包括巴斯模型、ATAR 模型、购买意向法、链式比率法等。下面介绍一些常用方法。

1. 巴斯模型

该模型适用于对创新、新技术或耐用品的销售预测。它假设创新扩散过程存在两种情景(消费者要么购买,要么等待购买),该模型的关键应用是,给出随着时间推移将采用该产品消费者数量以及采用该产品的时间的定量值。客户何时采用产品取决于采用率,即所谓的扩散速度。该模型因其简单而又有效在很多行业得到了广泛应用。

巴斯模型有两种形式,即基本型和广义型。基本型需要评估三个参数,分别是 p、q

和 N。参数 p 是创新系数（产品试用率或渗透率），q 是模仿系数（扩散率）。参数 p 和 q 从 0 到 1 之间取值，其受产品相关因素（复杂度、兼容性和可见收益等）或市场相关因素（潜在用户之间的联系和沟通等）影响。N 表示目标中最终购买产品的消费者总数。估算时不考虑重复或替换性购买。该模型要么需要一些历史销售数据，要么需要输入 p 和 q 值来估算一段时间内的需求量。估算出来的需求量通常呈现为 S 曲线。

2. ATAR 模型

Crawford 和 DiBenedetto（2011）提出了一个在没有历史销售数据的情况下预测销售潜力的模型，即 ATAR［知晓（Awareness）–试用（Trial）–可购（Availability）–复购（Repeat）］模型。它是一个对创新或新产品扩散进行数学建模的预测工具。如果某人或某公司要成为新型产品或服务的正式购买者或者用户，必须首先知道市场上有该产品，接着才会试用，当发现产品中有他们想要的功能，并对产品满意时才会购买，然后才能成为重复购买者（见表 3.8）。

表 3.8　ATAR 模型示例

购买单位数量	3 000 000
知晓率	40%
试用率	20%
可购买率	40%
复购率	50%
年度购买次数	1.5
销量	72 000
销售单价	25 美元
单位成本	12.5 美元
单位利润	12.5 美元
利润=销量×单位利润	900 000 美元

3. 购买意向法

该方法将概念测试结果作为初始输入，然后根据历史结果或概率值对结果进行调整。例如，对洗手液产品进行概念测试（使用从"肯定会购买"到"肯定不会购买"的购买意向量表）的结果为：

5% 的潜在消费者肯定会购买该产品。

36%的潜在消费者可能购买该产品。

回答肯定购买的人中，80%的人会真正购买。

回答可能购买的人中，33%的人会真正购买。

最终得出市场份额预测值如下：

$$市场份额（预测值）= (0.8)×(5\%)+(0.33)×(36\%)≈16\%$$

4. 链式比率法

这种方法通过将一个基数乘以一系列调整百分比来估算市场需求。例如，服装制造商计划开发一系列新的专业运动训练服，这些训练服具有内置的关键生理测量功能，是智能训练服。用链式比率法估算新产品销售潜力的简单解释如下：

该国的总人口	=	50 000 000
参与体育活动人数的百分比	=	30%
重视生理监测人数的百分比	=	参与体育活动人数的5%
预估会购买的人	=	重视生理监测人数的10%

预估的销售潜力=50 000 000×0.3×0.05×0.1=75 000

虽然链式比率法和 ATAR 模型有相似之处，但要注意的是，只有 ATAR 模型区分了可触达市场规模和总体市场规模。因此，链式比率法可能会导致较高而不切实际的销售额预估。

3.3 战略一致

"一切都可归结为战略。从企业的新产品创新和技术战略出发，其他一切都水到渠成。除非以公司目标来衡量价值，否则，实现组合价值最大化的目标毫无意义。"（Cooper 等，2015）

组织的愿景、目标和战略应为其开展产品创新项目提供背景和方向。因此，举例来说，如果一家公司的愿景是成为世界领先的农业综合制药公司，那么对突破性产品的需求就要求高度重视研发工作，这一点应反映在组合中对这些项目的重视程度上。

3.3.1　组合与战略的连接方法

库珀等（2001）提出了在组合管理中实现战略一致的三个目标：

- 战略匹配——项目与所制定的战略是否一致？例如，如果将某些技术或市场定为战略重点领域，那么这些项目是否在这些领域中？
- 战略贡献——在业务战略中定义了哪些具体目标？如"在现有市场中获得更多的份额"或"进入一个新的产品类别"。这些项目在多大程度上促成了这些目标的实现？
- 战略优先级——组合中分配在项目上的资金是否体现了战略优先级？例如，如果该组织重点放在技术领先上，那么组合中对项目的投资额度及比例就应体现该重点。

库珀等（2001）提出了用于项目选择和组合评审的三种方法，以确保在战略和产品组合之间建立起清晰的链接：

- 自上而下法。
- 自下而上法。
- 二者结合法。

以上三种方法都有一个共同目的，就是实现最优的项目组合，并利用有限资源实现战略目标。

↘ 自上而下法

自上而下法以企业愿景、目标和战略为坚实基础，这为组合的构成和资源分配提供了方向。自上而下法总体上有两大步骤：

（1）产品路线图：该方法以战略为导向，确定需要开展的关键项目以及每个项目完成所需的时间，由此制定产品路线图，进而帮助形成产品组合。

（2）战略桶：该方法更注重资源配置。首先，"业务战略"决定了可用的产品创新资金数额。然后，将这笔资金分配给各类项目，包括基于产品、市场或技术的类别，或这些类别的组合。例如，一家生物技术公司可能会将研究、开发和改进作为其战略桶。这些项目可进一步划分为不同的市场，如工业、消费和技术市场，或基因修饰和微生物市场。

运用自上而下法的步骤如下：

（1）明确定义组织战略、经营战略、与创新相关的战略目标及优先级。

（2）定义用于整个项目组合的资源水平。

（3）按照在组织中的战略位置，从总体上对事业部或产品类别的优先级进行排序。

（4）给"战略桶"贴上标识，然后确定各事业部或产品类别的相应比例。两个例子：

a. 按照产品类别放置：突破型项目占比为 10%，平台型项目占比为 20%，衍生型项目占比为 20%，支持型项目占比为 50%。

b. 按照事业部放置：A 事业部占比为 60%，B 事业部占比为 30%，C 事业部占比为 10%。

（5）按照优先级将项目分配到相应的战略桶中。

（6）根据潜在的附加值，确定战略桶内项目的优先次序。

↘ 自下而上法

自下而上法从一份项目机会清单开始，这些机会可能来自整个组织的各种渠道。这就需要对项目进行严格的评估和筛选，以确保发现最佳机会并得到资助。因此，自下而上法依赖与企业战略和目标明确挂钩的完善的项目评估程序。与自上而下法的主要区别在于，自下而上法从潜在项目清单开始，通过严格的筛选标准，最终确定符合业务战略的项目。

运用自下而上法的步骤如下：

（1）识别潜在项目。

（2）制定战略选择标准，用于评估项目。

（3）按照选择标准对每个潜在项目进行评估。

（4）项目是否能够入选主要取决于该项目是否满足选择标准，无须考虑事业部或产品类别的优先级，也无须刻意追求在组合中实现项目平衡。

↘ 二者结合法

自上而下法和自下而上法都有不足之处。将这两种方法结合起来，可以克服这些不足。二者结合法从顶层开始，明确界定目标和战略、产品路线图以及确定资金配置的战略桶。然后，生成机会，按照自下而上法通过决策过程进行项目选择。该方法结合了自下而上法和自上而下法的优点，运用步骤如下：

（1）列出事业部或产品类别所需资金和战略优先级。

（2）按照战略标准和资金对每个潜在项目进行估算和排序。

（3）不但考虑每个项目的优先级与预算，而且考虑事业部或产品类别的优先级，最后将项目分配到相应的"战略桶"中。

3.4　组合平衡

大多数组织都希望产品组合中有一系列新产品机会，这有助于平衡风险和收益。此外，多元化的组合能够抵御市场变化造成的影响。新产品机会的范围和比例取决于公司战略或业务战略，并与创新战略保持一致。有很多对新产品机会进行分类的方法，如按照事业部、产品类别或目标市场分类，或按照项目特征分类，例如：

- 突破型项目、平台型项目、衍生型项目和支持型项目。
- 降低研发成本或商业化成本。
- 潜在的回报或收益。
- 开发阶段或商业化阶段的风险水平。
- 开发或维护的技术难度。
- 从开发到进入市场获得商业回报所需的时间。
- 在厂房和设备上的投资。
- 通过知识产权实现价值的潜力。

如前所述，组合中新产品机会平衡的依据是与业务战略和创新战略保持一致。管理者运用这些战略做到三件事情：

（1）决定了组合的关键维度和关键标准。比如，在组合中，对高风险产品创意的配置比例，为组织拓展新市场的新产品机会的配置比例，以及"组织级新产品"与产品改进型新产品的比例关系等。

（2）运用关键维度和关键标准将产品创新机会配置到组合中，以实现最佳平衡，确保与战略保持一致。

（3）持续进行组合管理，确保整个开发管道（Pipeline）和整个产品生命周期始终保持合理的选择和平衡。

图 3.7 展示了不同产品新颖度和市场新颖度项目的配置比例，展示了组合中在产品新颖度和市场新颖度两个维度的平衡状态。

	市场新颖度低	市场新颖度高
产品新颖度低	现有产品改进 30%	现有产品线延伸 15%
产品新颖度中	降低成本型产品 25%	新的产品线 10%
产品新颖度高	重新定位产品 15%	世界级新产品 5%

图 3.7　产品组合示例

3.4.1　将产品组合可视化

制定和报告组合时，可视化方法非常重要。气泡图（Bubble Diagram）是可视化展示的一种常用方法。

典型的气泡图用 X 轴和 Y 轴两个维度来呈现项目。X 轴和 Y 轴各代表一个维度，如风险和回报。可以根据项目在 X 轴和 Y 轴上的分值来确定气泡的位置。气泡的大小代表第三个维度，如投资额或资源需求量。

图 3.8 的气泡图用不同维度展示组合平衡。

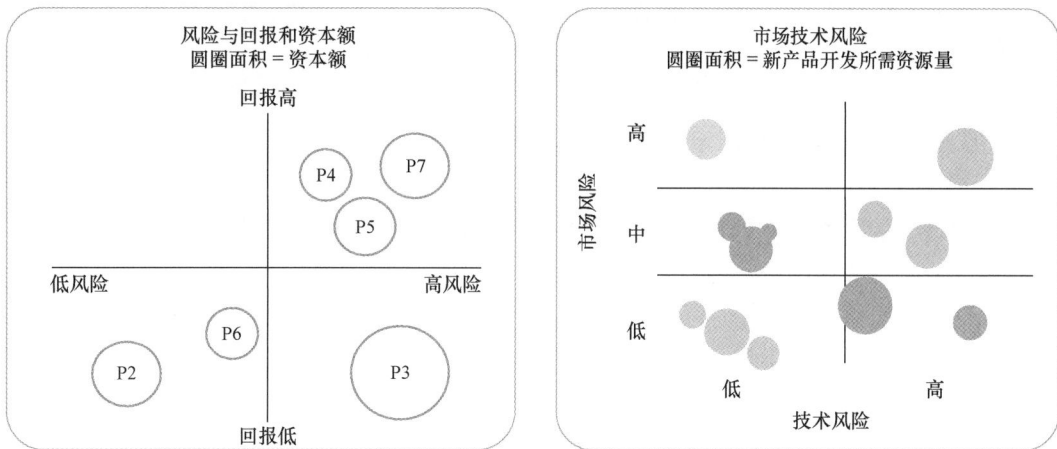

图 3.8　组合气泡图

在向高级管理层进行报告时，气泡图特别有效，可以相对简单又一目了然地报告组合状况，也很容易发现组合中的空白或与经营战略及目标不一致之处。例如，图 3.8 右侧的项目组合，通过市场风险和技术风险两个维度的分析，发现组织更重视低、中级风险项目。只有一个项目位于高市场风险和高技术风险区域，且该项目需要较多的资源需求。该总图有助于管理者快速了解组合与总体战略的一致性，并将风险纳入考虑。

3.5 数量合理

3.5.1 资源配置

组合管理的一项重要内容就是资源配置。为项目配置充足的资源非常关键。很多公司发现，产品创新成功率与产品管理有效性受以下几个方面影响：

- 同一时间段有过多的项目在同时开发。
- 产品创新项目与其他业务争夺优先级。
- 糟糕的项目计划和项目执行。
- 项目延迟，需付出巨大努力才能按时完成。
- 用尽最后力气完成项目，到了下一阶段却被搁置。
- 优先级不断变化，资源不断在一个又一个项目之间漂移。
- 缺少支持，材料、供应商、工程的供给远远无法满足需求。
- 管理者陷入日常事务和紧急问题的救火中。

这些问题常导致上市延期、错失良机、产品由于特性和功能缺陷而被用户拒收。

资源配置是一个复杂流程，绝不仅是简单的人员数量问题，而是在正确的时间为项目配备具有正确技能的正确人员。

合理资源配置的好处：

- 更顺畅的项目流动（更少的项目延期）。
- 更多的成果输出（更多的上市产品）。
- 更高的员工满意度。
- 更有效的组合管理。

创新战略的一个关键要素是能力规划，即内部和外部能力要满足创新目标和创新战略的要求。采用基于创新战略的组合选择标准，为资源配置提供了切实的依据。

3.5.2　资源配置方法

库珀等（2015）提出了资源配置的两种基本方法：基于项目资源需求和基于新产品目标。这两种方法最好与整个组合管理流程结合起来使用。

1.　基于项目资源需求的资源配置

（1）对清单中现有项目进行优先级排序（采用评分模型或财务分析方法）。

（2）为每个项目制订详细的项目计划，可使用项目管理软件。

（3）在项目计划中，确定每个项目需要的资源类别（工程师、设计师、制造商等）。

（4）按照时间阶段，统计每个资源类别的总需求。

（5）根据资源供给，为不同时间段的不同需求匹配不同类别的资源。

（6）识别出资源不足情况，采取措施：重新对项目进行优先级排序，或者从组合中删掉项目，增加资源，如招募更多的人或外包。

2.　基于新业务目标的资源配置

（1）始于新产品目标，先问"希望从新产品中获得多少回报或利润"。

（2）使用财务分析法计算组合中每个备选新产品的潜在回报或利润，如经济附加值（Economic Value Added，EVA）或现金流折现。

（3）根据经营目标和潜在回报对项目进行优先级排序，选择出那些累计财务回报能满足经营目标的项目。

（4）按照前述基于项目资源需求的资源配置方法，对每个项目进行规划，根据资源供给确定不同时间阶段的资源需求。

3.5.3　资源配置流程

如果不了解供给（资源）和需求（项目）情况，是无法实施拉动型资源规划的。

图 3.9 描述了资源规划和配置中的四个重要角色及其责任。根据组织的规模和结构，可以由一个或多个人员来履行这些职责；并非所有组织都为每个职责配备了独立的员工。

项目经理	资源负责人	资源规划者	产品规划者
负责向资源负责人提交项目资源需求	负责将项目资源需求换算为全职人力工时需求（Full-Time Equivalent, FTE），并将FTE分配到项目中	与项目经理和资源负责人每月会面，讨论如何优化资源配置并进行组合情景假设分析	与资源规划者每月会面，讨论如何调整资源以优化资源配置；每季度进行组合情境假设分析

图 3.9　资源规划和配置中的四个重要角色及其责任

图 3.10 描述了典型的资源配置流程。

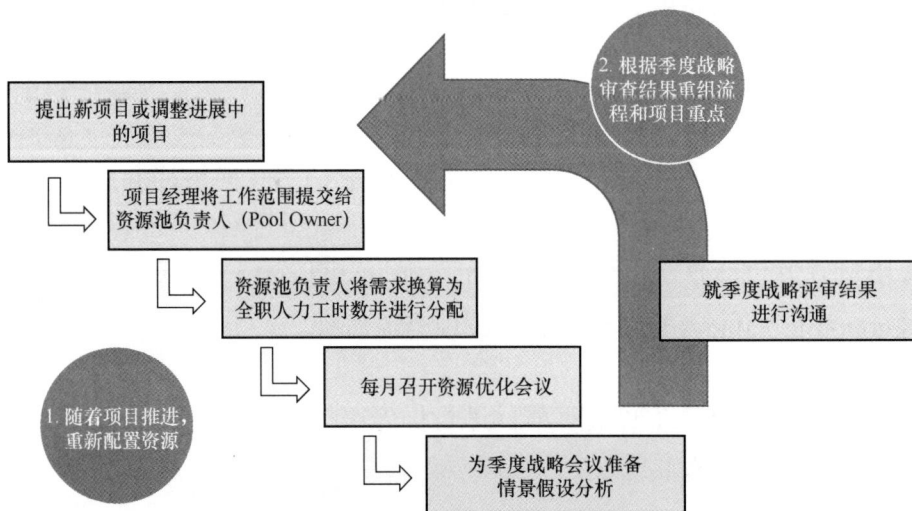

图 3.10　典型的资源配置流程

3.5.4　资源配置工具

在大型组织，收集有关可用资源的信息非常困难。在众多项目中对潜在竞争性资源进行优化配置极具挑战性。图 3.11 是搜集单个项目资源需求信息以及可用资源信息的流程。项目经理负责识别资源需求，资源负责人（职能管理者或部门管理者）负责识别可用资源。

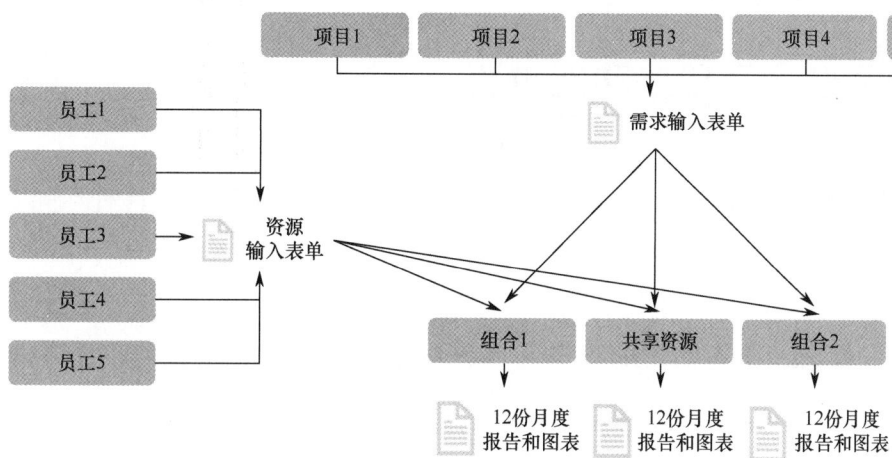

图 3.11　资源需求信息收集流程

需求输入表单为收集所有项目团队的资源需求提供了标准且一致化的模板。该表单事先定义好需要哪些类型和格式的信息。资源需求类型的一致性定义对于资源负责人非常重要。例如，简单地说需要三名工程师，而没有详细说明需要哪一类工程师，那么，到底是需要三位工艺工程师，还是需要一位结构工程师加上两位工艺工程师？答案决定了资源的真实需求。

资源负责人用需求输入表单来汇总项目团队的资源需求。从项目开始到项目结束，可用资源和所需资源之间的不平衡是不可避免的。

表 3.9 将需求输入表单的数据放进一个列表，可以显示出哪类资源不足或哪类资源过剩。评估资源缺口之后，对"利用率"超过 100% 的情况，要采取措施填补缺口：增加资源、缩减项目、选择较小的项目等。清晰的创新战略和目标为跨部门之间竞争性资源配置提供了决策依据。

表 3.9　何时何地出现资源缺口

所有角色	项目角色所需的工时					总需求工时	总供给工时	资源利用率
	项目 1	项目 2	项目 3	项目 4	项目 5			
项目经理	120	80	40	80	40	360	500	72%
机械工程师	0	100	60	20	0	180	180	100%
精密工程师	10	10	10	0	0	30	60	0
工具设计师	30	40	0	20	10	100	120	83%
维保技术员	20	10	5	0	5	40	20	200%

3.6　新产品组合管理：动态过程

如本章前面所述，新产品组合包含了处于产品生命周期不同阶段和具有不同要求的一系列产品：

- **初始创意和概念**：是否值得纳入组合？是否符合所定义的筛选标准？
- **开发中的产品**：一旦某个创意通过了筛选，它就可以根据第 4 章 "流程" 中描述的流程之一进入开发流程。

大多数完善的流程都设有评审点，以对项目进行评估，就是否继续、改变方向或终止项目做出决策。每个决策都会对产品组合和所需资源产生潜在影响。继续进行可能不会对组合产生直接影响；改变方向则需要改变资源和资金需求；终止项目为在组合中增加另一个项目提供了机会。

如第 1.5 节所述，产品存在一个生命周期，基本上是六个阶段：开发、导入、成长、成熟、衰退和退市。每个阶段采取的战略都会对组合产生影响。在成长和成熟阶段，会出现对产品延伸或改进的需求。在衰退阶段，需要就产品保留（可能需要对产品进行改变）或产品退市（可能会腾出资源用于更好的用途）做出决策。

3.6.1　新产品组合管理的挑战

新产品组合管理的总体目标是高价值项目的高比例、项目和资源的良好平衡

（Cooper 等，2004）。Cooper 和 Sommer（2020）认为，只有一小部分企业在应对组合管理挑战时能够实现这些目标。组合管理有两大挑战：管道中项目相比可用资源是超载的，组合决策缺乏可靠的数据基础。

（1）管道超载。常见问题是，项目过多而可用资源不足，导致资源过于分散，大多数项目资源不足。这通常会导致收入减少，因为最具战略意义的项目由于没有充足的资源配置导致完成时间晚。项目过多的原因是没有"杀死"坏项目，而进一步归因则是信息不足、糟糕的决策过程、领导对偏爱项目的过度承诺等。

（2）缺乏可靠的数据。产品创新项目的正确决策有赖于严格的分析方法以及可靠的数据输入——销售估算、定价、制造成本等。创新前端，即项目从创意到设计和开发工作的早期阶段，长期以来被认为是至关重要的决策阶段。这个阶段并不需要太多投资。而这个阶段的正确"生/杀"决策可以大大减少对失败项目的大量下游投资，减少向组合增加新项目和资源的机会损失（Markham，2013）。第 4.1.4 节将进一步讨论创新前端。

3.6.2　新产品组合管理：门径和敏捷

管理新产品组合显然是一个复杂而动态的过程。一直到最近几年，组合管理的大部分做法都是基于门径流程的。敏捷和敏捷门径流程的出现为新产品组合管理带来了更大的挑战。第 4 章将对每个流程进行更深入的介绍。如果你不熟悉这些流程，不妨先阅读第 4 章的相关章节，然后再阅读下面关于敏捷对组合管理的影响的内容。

门径流程（Stage-Gate）自 20 世纪 80 年代初问世以来，已成为产品创新流程管理最常用的方法之一。门径流程的结构旨在将产品创新流程分解为一系列阶段，阶段与阶段之间设有决策点或关口。在这些关口决定是按计划继续，还是改变方向或终止项目。决策结果反馈到组合管理流程中，以确保组合中项目的持续管理和相应的资源配置。

敏捷流程最初是为软件行业开发的，以促进对变化的快速响应，包括客户的持续合作和反馈。

近年来，许多组织已经认识到将门径流程和敏捷流程的优势组合为一个混合系统（敏捷门径流程）的价值。在混合流程中，门径流程的每个阶段都包含一系列固定时长的迭代，称为冲刺。每个接续的冲刺都是根据前一个冲刺的结果实时规划的。在每个冲刺结束时，项目团队都会产生有形的成果，如概念、设计图纸或原型，并展示给利益相关方或管理层。每个冲刺结束时都会召开团队回顾会议，对成果和团队表现进行评估。

门径流程通常是线性的，项目团队按照严格的时间表从一个任务到另一个任务，从一个阶段到另一个阶段，阶段内的客户互动或迭代有限。而敏捷门径流程则鼓励贯穿整个过程的试验和迭代。持续的迭代，加上来自各利益相关方信息的持续更新，有助于解决上文讨论的组合管理挑战。

前端分析的重要性依然存在——市场、竞争和客户需求帮助定义产品概念和商业论证。但是，具有明确结果的短期冲刺流程，提供了比传统门径流程更多的定期审查机会。这些定期审查要求对客户接受度、预计销售额和产品定价做出越来越可靠的估计。随着产品开发的不断迭代，从概念验证到早期的设计和原型制作，越来越多关于制造和营销"最终产品"的总体成本和可行性的信息被收集起来。整个过程旨在收集越来越可靠的数据，作为新产品可行性和定期"生/杀"决策的依据。

3.6.3   应对敏捷组合管理的挑战

敏捷门径混合流程有助于解决组合管理的一些挑战，但也带来了新的难题（Cooper 和 Sommer，2016）。敏捷的本质是灵活性和动态性，随着时间的推移，计划在不断变化，产品设计也在不断进化，使得准确估算制造成本、销售价格和销售额极具挑战性。

Cooper 和 Sommer（2016）强调的另一个关键挑战是组合度量指标。在传统门径流程中，组织通过项目是否达到指定的里程碑以及是否符合预算来评估项目的进度和持续价值。如果达到了这两个标准，默认的决策是继续项目。然而，达到这些标准虽然重要，但并不一定会带来成功的产品。此外，超出预算的项目也可能有某个很好的理由，比如，对某个组件的额外研究可能会为产品带来重大价值。

面对纯粹敏捷或敏捷门径混合流程的流动性和不确定性，需要不同的工具和度量指标来支持决策。Cooper 和 Sommer（2016）提出了三个有用的度量指标，分别是：燃尽图、生产力指数（Productivity Index，PI）和预期商业价值。

1. 燃尽图

燃尽图是一个标准的敏捷工具，是剩余工作与时间的图形化表达。纵轴通常标注未完成工作（或待办工作），横轴标注时间。燃尽图是未完成工作的运行图，对预测所有工作何时完成非常有用（见图 3.12）。

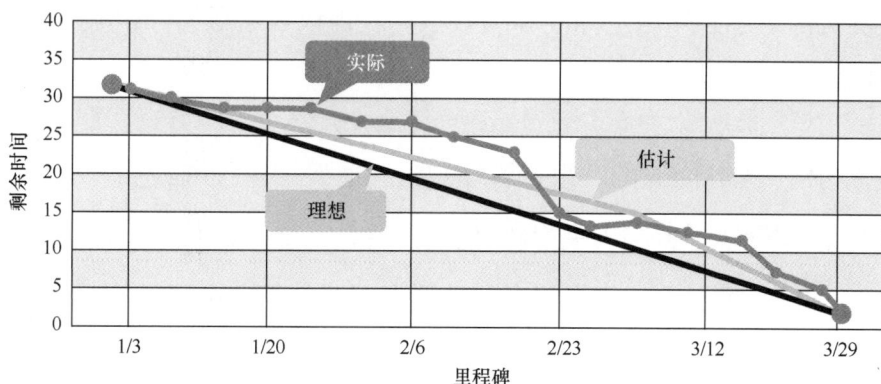

图 3.12　燃尽图

2. 生产力指数

生产力指数实时衡量一个项目的经济状态（Matheson 等，1994）。生产力指数公式如下：

$$PI = 净现值/剩余待用资金$$
$$或\ PI = 净现值/剩余工作天数$$

PI 可以随时间绘制。如果项目进展顺利，则生产力指数会增加，其曲线在产品上市前接近无穷大。

3.7 组合治理

组合治理是一个复杂的治理过程。它不是一个简单的由某个组合经理就某个时点的某个项目做出决策，其他人支持的过程。

Markham（2023）提出，组合管理中的决策权具有层级性。组织中所有层级都要同意自己层级做出的决策，也要同意其他层级做出的决策，绝不越界。这明确了提出建议和进行决策的不同责任。治理模型的核心是确定决策权，即由谁做出什么决策。Markham（2023）建议，组合治理至少要为组合的各个层级和各个阶段指定提议者和处置者。提议者是提出项目建议的个人或群体，处置者是决定是否提供资源的个人或群体。处置者必须按时提供资源，还必须制定标准和绩效预期。提议者必须善于利用资源，并同意这些标准和预期。

图 3.13 展示了 Markham 的"组合管理的治理框架结构"，描述了一个典型的开发组织的决策层级。图中标明了各层级决策者、他们需要什么输入以及他们提供什么。Markham 建议（2023），大部分情况下，由提议者和处置者组成的简单两级结构是最好的。

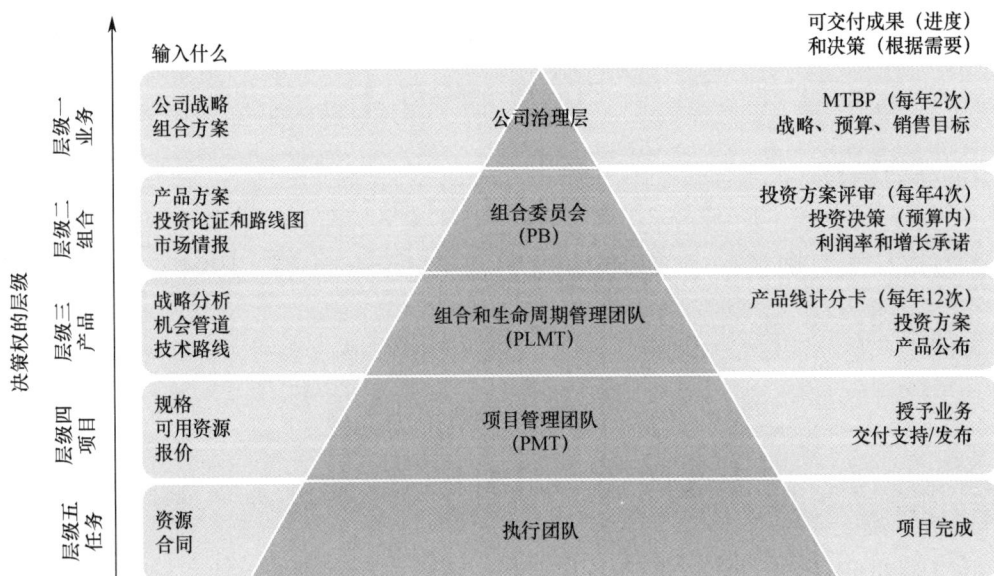

图 3.13　组合管理的治理框架结构

层级一：公司治理层的决策者要求公司战略确保充足的投资用于正确的地方以实现公司目标。

层级二：组合委员会（Portfolio Board，PB）是一个常设的跨专业团队，组成人员通常是与组合有直接利益关系的部门负责人，如销售、营销、生产和开发部门。组合委员会根据收入、资源、竞争、新机会和内部能力，做出组合投资决策。

层级三：组合和生命周期管理团队（Portfolio and Lifecycle Management Team，PLMT）也是一个常设的跨专业团队，组成人员通常是各部门负责人的代表。为了执行由组合委员会提出并经治理机构批准的组合战略，组合和生命周期管理团队向组合委员会提出单个项目建议。PLMT 需要战略分析、透明的机会管道和技术路线图。

层级四：项目管理团队（Project Management Team，PMT）是另一个常设的跨专业团队，旨在满足组合的开发要求。PMT 负责创建和管理由执行团队完成的实际工作。PMT 确保资源分配给项目并向 PLMT 交付成果。

层级五：执行团队做实际开发工作。本章也称其为技术开发团队，但它还可以是服务开发团队、维护项目团队、内部流程团队或其他类型的团队。

Markham（2023）进一步指出，"较小的项目或较小的组织可能只有两个层级——提议者和处置者。他们在组织中的层级并不重要，重要的是，做决策的人与执行决策的人是分开的。例如，只有一个产品开发总监和一个产品开发团队"。

3.8　组合管理的益处

2021 年 PDMA 最佳实践研究（Bsteiler 和 Noble，2023）发现，最佳创新公司比其他公司更常使用组合管理。此外，最佳创新公司始终采用正式的组合管理流程。

如图 3.14 所示，最佳创新公司更有可能使用组合管理来实现以下目标：

（1）使项目与业务战略保持一致。

（2）做出淘汰决策，以聚焦最重要的项目。

（3）根据组合结构对项目进行优先级排序。

（4）只对能提供资源的项目做出承诺。

（5）采用可重复使用的决策分析方法。

（6）将所有项目及其相互关系纳入考虑。

（7）评估组合投资和其他类型的投资。

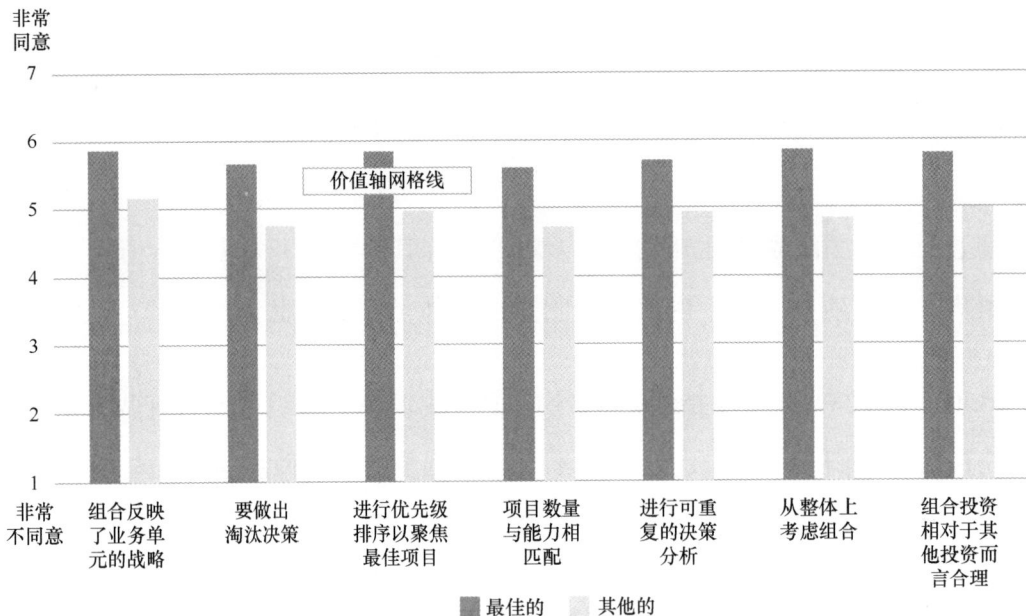

图 3.14　PDMA 最佳实践研究中的组合管理实现

3.9　本章小结

- "组合是指为了实现战略目标而组合在一起管理的项目、项目集、子项目组合和运营工作。项目组合中的项目或项目集不一定彼此依赖或直接相关。"（PMI，

2021）

- 产品组合被定义为"组织正在投资的并需要对其做出战略权衡的一系列项目或产品"。

- 组合管理的四个关键目标：

  - **价值最大**（Value Maximization）：通过资源配置实现组合价值最大化（各个项目商业价值的总和）。

  - **战略一致**（Business Strategic Alignment）：确保整体组合与组织业务战略及创新战略保持一致，也确保组合中的投资与组织的战略优先级保持一致。

  - **组合平衡**（Balance）：根据预先设定的标准来实现正确项目的正确平衡。标准包括长期与短期、高风险与低风险、增长与维持、产品或市场类型等。

  - **数量合理**（Right Number of Projects）：企业可用资源有限，但组合中常常有太多项目。

- 组织的整体战略及相应的创新战略为产品组合选择提供了评估标准。

- 组合中的项目可以来自不同的事业部。公司级新产品、产品改进、降低成本项目在新产品管道和产品生命周期的不同阶段所占的比重有所不同。

- 在通常情况下，组织在创建平衡的产品创新组合时所使用的标准包括：风险与回报、公司级新产品与产品线延伸型新产品、新市场与现有市场等。不论采用哪种标准，所选标准都应当与组织战略保持一致。

- 战略一致包括的单个项目选择和组合平衡，可以通过自上而下法、自下而上法或二者结合法来实现。

- 资源配置是组合管理的关键要素。许多组织受困于过多的项目，导致执行不力、上市延期和经营失败。嵌入创新战略中的能力规划为组合管理流程中的资源规划提供了良好基础。

- 为避免组织在启动组合管理系统时不堪重负，一开始应采用较为简单的组合管理流程。随着时间的推移不断增加新的要素。

- 组合绩效度量指标可用于测量和维护随时间而变化的平衡组合，并评估组合对战略变化的响应。组合绩效度量指标通常来源于组合评估标准。

- 近年来，敏捷和敏捷门径混合流程的应用帮助解决了组合管理的一些传统挑战，包括管道超载、缺乏可靠数据作为组合决策基础等问题。但同时，由于基于敏捷的新流程具有动态性和迭代性，需要采用不同方法进行项目度量和财务评估，新的挑战也随之而来。

本章试题

1. 对组合中的项目进行评估时，净现值方法的缺点是_____。

　　A. 不能用于项目排序

　　B. 不能用于资源配置

　　C. 计算 NPV 的工具不易获得

　　D. 很难获得准确的现金流数据，尤其是在开发流程的早期

2. 对一组项目进行资源配置以优化绩效的方式被称为_____。

　　A. 价值最大　　　B. 谋利　　　C. 合理化　　　D. 裁剪

3. 自上而下法和自下而上法用于_____。

　　A. 预测　　　　　　　　　　B. 领导

　　C. 将客户与组织联系起来　　D. 将战略和组合联系起来

4. 你是 A 公司的首席执行官。你的公司通过大量收购实现了有效增长。公司目前拥有种类繁多的产品，分别投放到多个市场，产品团队也产生了开发新产品的创意。你需要对全部现有产品和将要投资的新产品进行优化，你会怎么做？

　　A. 告诉团队不要开发任何新产品

　　B. 给每个团队安排相同额度的资金，让他们持续开发

　　C. 建立组合管理流程

D. 只批准开发预算低于 50 万美元的项目

5. 在评估产品机会时，下面哪种是财务评估方法？

A. 战略一致性　　　B. 投资回报率　　　C. 技术可行性　　　D. 上市所需时间

6. 在评估产品机会时，下面哪种不是财务评估方法？

A. 风险等级　　　B. 净现值　　　C. 投资回收期　　　D. 内部收益率

7. A 公司最近开展了产品创新实践。在第一阶段使用了一系列的创意生成工具来生成一些新产品创意。现正对 150 种产品创意进行评估和优先级排序，以便进一步评估是否开发。在评估这 150 种新产品创意的阶段，你会推荐使用什么方法？

A. 通过/失败法

B. 财务分析

C. 报告上级

D. 按照战略标准对每个创意进行详细评分

8. Mary 是 ACE 电子公司的产品经理。高级管理层要求她编制一份标准清单，作为评估产品组合中新机会的依据。她列出的清单中包含了以下内容：

• 潜在市场份额。

• 对公司盈利能力的潜在贡献。

• 产品创新资源的可用性。

Mary 遗漏了哪个最重要的标准？

A. 首席执行官的支持　　　　　　B. 与公司新产品战略保持一致

C. 充足的营销预算　　　　　　　D. 足够的制造能力

9. 你需要估算一种新产品的销售潜力，以确定其总体"财务可行性"。销售经理估计，销售 500 000 件产品的可能性为 40%，销售 1 000 000 件产品的可能性为 60%。在可行性分析中，你会采用哪种销售潜力？

A. 600 000 件   B. 700 000 件   C. 800 000 件   D. 900 000 件

10. Jane 正在评估 ACME 建筑公司的创新组合。几个同时进行的项目要用到同一群产品创新专家。此外，组合中的许多项目都在延期，并与其他高优先级的业务发生了资源争夺。为了解决这些问题，Jane 应该考虑组合管理中的哪个关键方面？

A. 资源配置   B. 项目流程
C. 敏捷项目开发   D. 战略执行

本章试题参考答案

1. D   2. A   3. D   4. C   5. B

6. A   7. A   8. B   9. C   10. A

本章参考文献

- Belludi, N. (2021). *Creativity-it takes a village: A case study of the 3m post-it note*. Right Attitudes.
- Bsteiler, L. and Noble, C.H. (2023). *PDMA handbook of innovation and new product development*, 4e. John Wiley and Sons.
- Cooper, R. G. (2019). *Determining the value of ambiguous agile projects with multiple iterations using ECV*. Bob Cooper.
- Cooper, R.G. and Sommer, A.F. (2016). The agile-stage-gate hybrid model: A promising new approach and a new research opportunity. *Journal of Product Innovation Management 33* (5): 513–526.
- Cooper, R.G. and Sommer, A.F. (2020). New-product portfolio management with agile. *Research-Technology Management 63* (1): 29–38.
- Cooper, R.G., Edgett, S.J., and Kleinschmidt, E.J. (2001). *Portfolio management of new product*, 2e. Perseus Book Groups.

- Cooper, R.G., Edgett, S.J., and Kleinschmidt, E.J. (2002). Portfolio management: Fundamental to new product success. In: *The PDMA toolbook for new product innovation* (ed. P. Belliveau, A. Griffin, and S. Somermeyer), 331–347. John Wiley and Sons.

- Cooper, R.G., Edgett, S.J., and Kleinschmidt, E.J. (2004). Benchmarking best NPD practices 2: Strategy, resources and portfolio management practices. *Research-Technology Management 47* (3): 50–60.

- Cooper, R. G., Edgett, S. J., & Kleinschmidt, E. J. (2015). *Portfolio management: Fundamentals for new product success*. Stage-Gate.

- Crawford, M. and DiBenedetto, A. (2011). *New products management*, 11e. McGraw Hill.

- Dam, R. F., & Siang, T. Y. (2021). *Introduction to the essential ideation techniques which are the heart of design thinking*. Interaction Design Foundation.

- Kahn, K.B., Evans Kay, S., Slotegraaf, R.J., and Uban, S. (ed.) (2013). *The PDMA handbook of new product development*, 3e. John Wiley & Sons.

- Knudsen, M.P., von Zedtwitz, M., Griffin, A., and Barczak, G. (2023). Best practices in new product development and innovation: Results from PDMA's 2021 global survey. *Journal of Product Innovation Management 40* (3): 257–275.

- Markham, S.K. (2013). The impact of front-end of innovation activities on product performance. *Journal of Product Innovation Management 30* (S1): 7–92.

- Markham, S.K. (2023). An innovation management framework: A model for managers who want to grow their business. In: *The PDMA handbook of innovation and new product development*, 4e (ed. L. Bsteiler and C.H. Noble), 45–58. John Wiley and Sons.

- Markham, S.K. and Lee, H. (2012). Product development and management association's 2012 comparative performance assessment study. *Journal of Product Innovation Management 30* (3): 408–429.

- Matheson, D., Matheson, J.E., and Menke, M.M. (1994). Making excellent R&D decisions. *Research-Technology Management 37* (6): 251–269.

- Pisano, P., Pironti, M., and Rieple, A. (2015). Identify innovative business models: can innovative business models enable players to react to ongoing or unpredictable trends? *Entrepreneurship Research Journal 5* (3): 181–199.

- Project Management Institute (2021). *A guide to the project management body of knowledge (pmbok guide)*, 7e. Project Management Institute.

- Sommer, A. (2018). *Determining the value of ambiguous projects with multiple iterations using expected commercial value*. Sommer Systems.

- Zikopoulos, C. and Tagaras, G. (2015). Reverse supply chains: Effects of collection network and returns classification on profitability. *European Journal of Operational Research 246* (2): 435–449.

第 4 章

产品创新流程

为持续且成功地开发新产品或改进现有产品提供一些方法，整个组织普遍理解并采纳这些方法。

↘ 本章学习重点

结构化和规范化的流程是产出可重复且成功成果的关键因素。本章介绍了在可持续产品创新中常用的流程和思想，总结了这些流程和思想，并讨论了它们的优缺点。

推荐选用与所在组织和具体产品战略相匹配的流程或流程组合。

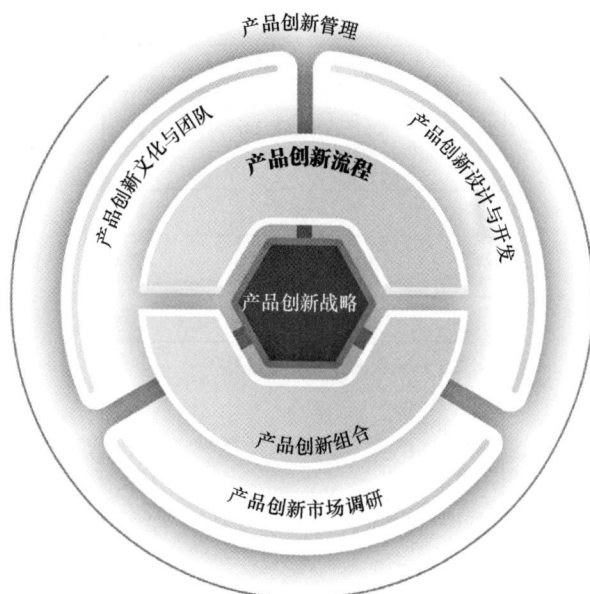

↘ 本章内容一览图

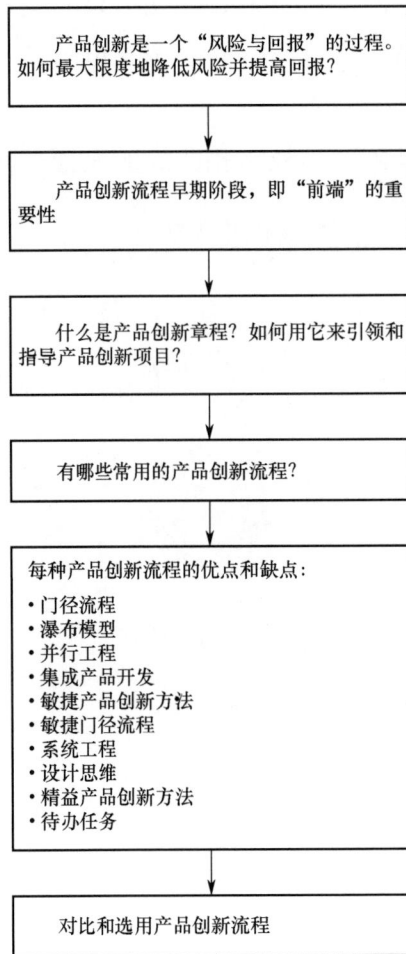

```
┌─────────────────────────────────────┐
│　产品创新是一个"风险与回报"的过程。    │
│如何最大限度地降低风险并提高回报？      │
└─────────────────────────────────────┘
                    │
                    ▼
┌─────────────────────────────────────┐
│　产品创新流程早期阶段，即"前端"的重    │
│要性                                   │
└─────────────────────────────────────┘
                    │
                    ▼
┌─────────────────────────────────────┐
│　什么是产品创新章程？如何用它来引领和  │
│指导产品创新项目？                      │
└─────────────────────────────────────┘
                    │
                    ▼
┌─────────────────────────────────────┐
│　有哪些常用的产品创新流程？            │
└─────────────────────────────────────┘
                    │
                    ▼
┌─────────────────────────────────────┐
│每种产品创新流程的优点和缺点：          │
│ ·门径流程                             │
│ ·瀑布模型                             │
│ ·并行工程                             │
│ ·集成产品开发                         │
│ ·敏捷产品创新方法                     │
│ ·敏捷门径流程                         │
│ ·系统工程                             │
│ ·设计思维                             │
│ ·精益产品创新方法                     │
│ ·待办任务                             │
└─────────────────────────────────────┘
                    │
                    ▼
┌─────────────────────────────────────┐
│　对比和选用产品创新流程                │
└─────────────────────────────────────┘
```

4.1　产品创新引论

本节介绍了有关产品创新的几个基本概念，为产品创新流程（见第 4.3 节）提供了一些基础知识。

只有将创意生成阶段中的输入与将这些创意转化为社会或商业价值的结构化活动相结合，才能实现真正意义上的创新。该论断是本书的基调，也是端到端（从创意到产品上市）产品创新实践和流程的基础。

产品可分为不同类别。有些流程和实践对某类产品非常有效，对另一类产品则无效。有些流程适用于多种产品类别，如快速消费品中的食品、饮料和化妆品，但无法适用于消费电子产品或药品，因为其定义、开发和交付流程截然不同。

产品创新是一项涉及多学科的活动，需要综合各方面信息以做出合理的决策。随着产品类别的不断增多，加之流程不断迭代改善的本质特点，各种各样的流程、思想或模型也在不断发展。

库珀将产品创新流程定义为："一系列活动、工具和技术，包括战略制定、产品线规划、概念生成、概念筛选和研究，最终为客户交付成功的成果——产品。"（Cooper，2017）

《PDMA 手册》（第 3 版）将产品创新流程定义为："一组经过严格定义的任务和步骤。通过运用规范且适当的方法，组织可以不断地将创意转化为可销售的产品或服务。"（Kahn 等，2013）该定义经受住了时间的考验。

就像探索物理规律一样，人们一直在探寻单一和统一的产品创新标准流程。虽然做了大量的工作，却仍然无法做到。Gurtner 等在 2018 年出版的《反向创新》一书中探索了如何利用约束进行创新，即用更少的资源做更多的事情。他们认为，成功是"某种形式的跨职能、分阶段开发流程"的结果，他们还建议将门径流程作为核心框架。虽然门径流程已被广泛采用并融入了敏捷方法，但是它既不是第一种，也不是唯一一种产品创新流程。

4.1.1 产品创新是"风险与回报"过程

库珀打了个有趣的比方，他将产品创新比作赌博（Cooper，2001）。产品创新的过程就是管理风险的过程，其中的规则是：

- 如果不确定性高，就少下赌注。
- 随着不确定性降低，就逐渐增加赌注。

很多组织都是风险规避型的。一旦有过产品创新失败经历，组织就会害怕尝试新事物。此外，随着组织的发展，他们越来越关心怎么做既能成功，又不至于承担风险。因此，大多数组织的关键问题是："能否降低失败率？"如果能的话，那么"如何更好地进行产品创新"？

这给人一种印象，好像产品创新就是管理风险与回报似的。事实上，产品创新的主要目标是为市场开发适用的产品或解决方案，在满足（也可能超越）客户期望和需求的过程中平衡风险与回报之间的关系。现代产品创新的目标是在风险与回报的平衡中争取更多的可能性，从而提供最优的解决方案。

2021 年，PDMA 开展了最佳实践研究（Knudsen 等，2023）。研究者收集了来自 38 个国家的参与者的问卷。这些参与者来自大型、中型和小型企业，几乎覆盖了所有类别的产品。该研究表明：新产品成功率在很大程度上取决于企业采用的产品创新流程和实践的质量以及是否能将流程落实到位。

- 最佳公司的新产品成功率为 76%。
- 其他公司的新产品成功率为 51%。

从总体上看，和其他公司相比，最佳公司每做四个项目就多产生一个成功的项目。可见，在产品创新项目规模相同的情况下，最佳公司的资源利用率也明显优于其他公司。

4.1.2　管理新产品失败风险

在产品创新流程中，随着时间推移，累积成本会逐渐增加。产品创新者面临的挑战就是在成本不断增加的过程中降低产品失败的概率（或不确定性水平）（见图 4.1 和图 4.2）。

图 4.1 说明了在产品创新生命周期中，随着资源、人力、材料投入的增加，产品创新成本的增长情况。

随着项目不断推进，对产品参数和项目可交付成果的定义会越来越明确，不确定性因素也就越来越少（见图 4.2）。换言之，在开展良好的项目中，通过加深理解或获得知识，可以减少产品、市场和其他关键因素的不确定性，产品成功率就会随之增加。

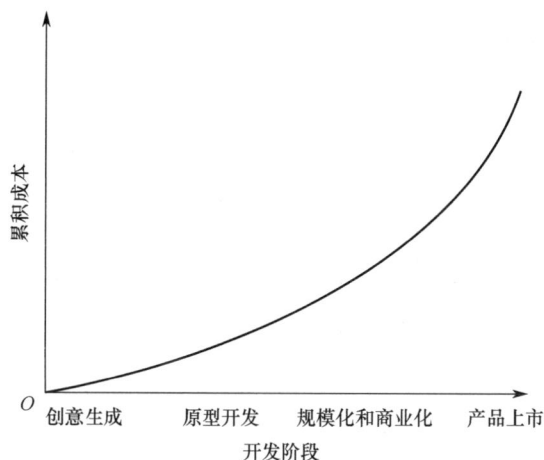

图 4.1　产品创新生命周期中的成本　　图 4.2　在产品创新生命周期中管理不确定性和成本

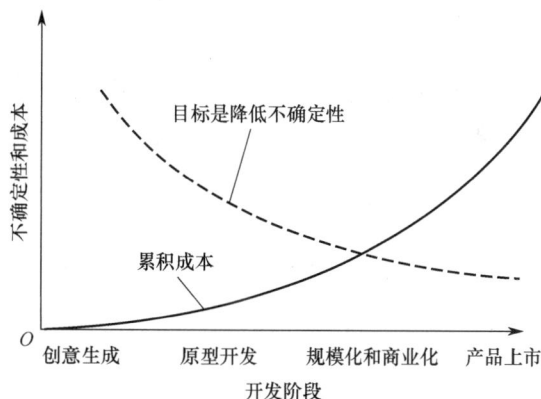

4.1.3　运用知识提升决策水平并减少不确定性

图 4.3 是应用于很多领域的标准决策框架。该框架是诸多产品创新流程模型的基础，其目的是减少不确定性或提高可预测性。制定正确的决策需要知识、信息和数据，包括：

- 组织中的历史记录。
- 组织中的员工。
- 外部顾问。
- 公开文献。

- 专利。   - 客户。
- 竞争对手。

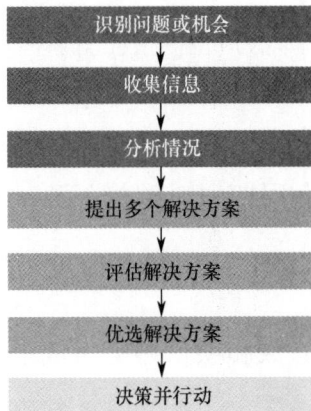

图 4.3　标准决策框架

4.1.4　产品创新流程的早期阶段——"前端"

在第 4.1.2 节和第 4.1.3 节中，阐述了"随着产品创新流程的推进，成本会显著增加"这一观点。在流程的早期阶段做出关键决策是至关重要的，这么做既可以增强支出的信心，又可以最大限度地减少失败的可能性。通常，将流程的早期阶段称为创新前端（Front End of Innovation，FEI）或模糊前端（Fuzzy Front End，FFE），因该阶段具有不确定性高且清晰度低等特点。

产品创新流程通常以漏斗形式呈现。图 4.4 描述了产品创新的前端、开发和商业化三个基本阶段。经过该三阶段漏斗后，大量的初始创意或机会被筛选掉，创意数量也就越来越少。

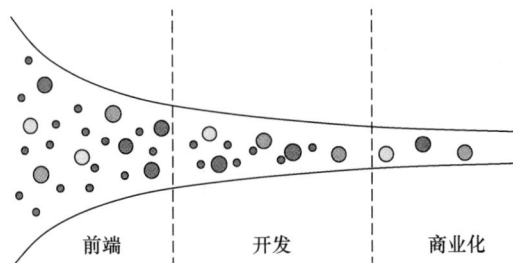

图 4.4　产品创新漏斗

在流程的早期阶段或创新前端，会产生大量创意或机会。这些创意总体呈现清晰度低、杂乱甚至互相矛盾等特点。产品创新的最大挑战就是从逻辑上减少模糊性，明确项目的未来方向，从而最大限度地减少浪费和失败的风险，如图 4.5 所示。

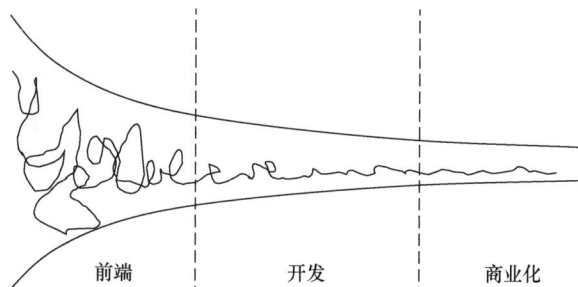

图 4.5　创新前端——从模糊到清晰

↘ 创新前端中的活动

通常，创新前端包括以下主要活动：

- 发现机会。机会包括产品线延伸、现有产品改进或全新产品开发，也包括问题解决方案，如废物利用或产能提升设备等。在第 3.2.1 节中，介绍了一些创意生成技术，用于生成创意或机会。

- 明确创新目标和问题。对项目成功而言，明确目标和问题非常关键。在开发产品之前，经过初步分析，可以找到要为客户解决的问题。例如，谷歌眼镜（Google Glass）是产品创新史上的一个失败案例。在开发该产品时，谷歌项目团队甚至没有考虑要为客户解决什么问题。结果，该产品成了一个代价高昂的败笔。

- 初步可行性分析。在该阶段，要快速且经济地评估项目可行性。了解客户对目标的看法，以及是否有实现目标的技术和人力资源等。举例来说，可口可乐公司于1985 年推出了新款可乐。公司希望通过改变可口可乐的经典配方，来争取百事可乐的拥趸。公司根据消费者口味研究的结果调整了拥有 100 年历史的经典配方。然而，新款可乐一经推出，消费者的强烈抗议就铺天盖地而来。79 天后，可口可乐公司被迫重新用回可口可乐经典配方，放弃了新配方。业内公认，新款可乐事件是有史以来最大的商业营销失败案例。第 6 章介绍了如何获得消费者洞察的技术，第 3 章介绍了早期评估和筛选机会的技术，这些技术都可用于可行性分析。

- 商业论证。第 3 章介绍了一些财务评估方法，这些方法可以作为早期商业论证的基础。如表 3.6 所示，一张简单的电子表为早期财务分析提供了一个极好的开始。随着创新流程的推进，可以用更可靠的数据替换掉相对粗略的数据，从而对电子表进行更新。
- 制订开发计划。需要制订一个计划，将一些潜在的产品机会导入产品开发流程中，并进行筛选。如第 4.2 节所述，产品创新章程提供了早期计划的框架，包括开发进度估算、项目人员配置、成本估算及其他信息。

4.2　产品创新章程

4.2.1　为项目提供方向和指南

无论组织如何管理创新前端，只要产品要进入开发阶段，就需要获得一些关键信息，包括：

- 市场趋势。
- 客户利益和验收标准。
- 产品定义和规格。
- 产品经济性分析。
- 开发进度估算。
- 项目人员配置和成本估算。

最好由跨职能产品团队，而不是由产品经理和/或项目经理独自来生成这些信息。第 7 章介绍了跨职能团队。

除这些关键信息之外，每一个新产品创意还要符合一些常见的成功标准，包括：

- 与公司能力和可用资源的匹配度。
- 与公司战略的一致性。
- 解人所难。
- 有人愿买。
- 有规模。

Marty Cagan 提出了包含以下标准的实用框架（2017），即产品发现中的四大风险：

- 价值风险（客户是否会购买，或者用户是否会选用）。
- 可用性风险（用户是否知道如何使用）。
- 可行性风险（工程师是否能够利用现有时间、能力和技术开发用户所需的东西）。
- 经营可行性风险（解决方案是否符合经营方面的要求）。

一款成功的产品能够充分回答上述每一个问题。随着产品创新项目的推进，确保产品团队始终协调一致是一个很大的挑战。团队既要了解如何应对每种风险，又要共享清晰的产品愿景。一些产品创新项目从最初的创意或洞察到后来就变得面目全非了。一个经典案例就是 Sgt. York Tank 项目，该大型项目完全违背了最初的愿景（《纽约时报》，1985）。

那么，如何获取并传达产品团队所需信息，并让团队共享清晰的愿景呢？一种方法是制定产品创新章程（Product Innovation Charter，PIC）。通常，在创新前端阶段就要着手制定产品创新章程，包含市场偏好、客户需求、销售额和利润等假设。随着项目进入实施阶段，这些假设要在原型开发和市场测试中经受检验。商业需求和市场条件会随着项目的推进而发生变化，范围蔓延也会增加项目风险，这些因素都会降低项目成功率。

从 PDMA（美国产品开发与管理协会）于 2021 年开展的最佳实践研究（Knudsen等，2023）中，可以看到项目开发周期（完成项目所需时间）的变化，如表 4.1 所示。表中数字代表了每类创新项目的平均完成周数。在过去的 20 多年中，增量型创新项目的平均完成周数没有太多变化，而通过较好地应用产品创新流程和项目管理方法，激进型创新项目的平均完成周数缩短了将近 70%。

表 4.1　产品创新项目的平均完成周数

	2020 年	2012 年	2004 年	1995 年
激进型创新项目	59	85	104	181
居中型创新项目	50	59	62	78
增量型创新项目	35	34	29	33

导致项目时间缩短的因素有许多，通过制定有效的产品创新章程，然后管理该章程

中的要素，将大大有助于缩短项目时间。产品创新章程有助于确保产品团队成员保持一致，并确保创新项目按计划进行，从而减少风险并缩短产品上市时间。

4.2.2 产品创新章程的内容

产品创新章程通常是一个相对简短的文件（通常 1～3 页），内容包括以下四个部分：

- 背景（Background）。
- 聚焦领域（Focus arena）。
- 总体目标和具体目标（Goals and objectives）。
- 特别准则（Special guidelines）。

↘ 背景

- 确认项目，包括项目目的、与经营战略和创新战略的关系。组织为什么要做该项目？
- 项目范围，项目聚焦的内容边界是宽还是窄？
- 项目团队在实现项目目标中的角色。
- 项目制约因素，包括资源、资金、制造和营销等任何可能影响项目成功的因素。
- 所有现有和未来的关键技术。
- 环境、行业和市场分析，说明新产品所处环境，包括客户、竞争对手和法律法规等。
- 产品创新项目的期望利益。
- 在当前和未来环境中，与可持续性有关的方面。

↘ 聚焦领域

"竞技场"（Arena）一词主要是指体育比赛或文艺表演的场所。在商业上，该词的含义为经营活动场所。其包括：

- 目标市场（比赛场所）。

- 关键技术和营销方法（如何比赛）。

- 实现项目成功的关键技术和市场规模。

- 竞争对手（其他参赛者）的优劣势，包括技术、营销、品牌、市场占有率和制造等。

- 识别并考虑受到产品影响的所有项目或产品利益相关方，如社区或供应链等。

- 支撑项目成功的可持续性因素。

↘ 总体目标和具体目标

- 与经营战略相关的总体目标。例如，在新市场中的份额和当前市场份额的增量。

- 除市场和客户细分、社会经济影响之外，还要制定和管理可持续性战略目标。

- 经营目标，包括利润、销量、降低成本、产量增量和可持续性目标。可持续性目标超越了市场客户细分，考虑更为广泛的社会和经济影响。例如，减少对地球和人类的负面影响，制订材料使用和回收再利用计划等。

- 项目相关目标，包括财务指标、预算、上市时间、利益跟踪和实现，以及有效的利益相关方期望管理。

- 每个总体目标或具体目标都要对应具体和量化的成功标准，即绩效指标（详见第 1 章）。

↘ 特别准则

- 项目团队内的工作关系，包括召开会议的时间和方式以及采用的协作方法。

- 项目汇报，包括频率、形式和具体利益相关方。

- 预算支出责任。

- 外部机构的参与，如监管机构。

- 与上市时间或产品质量有关的具体要求。

- 项目治理和领导力。

4.3   产品创新流程模型

4.3.1   产品创新流程的发展

在过去 50 年里，对产品创新流程的研究和应用发展迅猛，涌现出了很多流程。这些流程都是在不同行业、产品或市场环境下应运而生的。

必须强调的是，没有一个适用于所有组织或产品的产品创新流程。产品创新流程应当与组织及其产品或服务的具体需求相吻合。

此外，不同地区的人会采用不同的产品创新流程。例如，在亚太地区，集成产品开发很受欢迎，北美地区常用敏捷门径流程，一些地区则常用系统工程。

从历史上看，经定义的产品创新流程可以追溯到 20 世纪 40 年代的化工品开发八阶段流程。20 世纪 60 年代，美国国家航空航天局提出了阶段开发的概念，并形成了阶段评估流程，即把开发项目划分为多个阶段，并在每个阶段之后都进行评审。

20 世纪 60 年代中期，博思、艾伦和汉密尔顿（Booz，Allen 和 Hamilton，1982）设计了一个由六个基本阶段构成的流程。该流程为近年来出现的众多流程奠定了基础。这六个基本阶段是：

- 探索（Exploration）。
- 筛选（Screening）。
- 商业评估（Business Evaluation）。
- 开发（Development）。
- 测试（Testing）。
- 商业化（Commercialization）。

产品创新流程发展史上的一个里程碑是在 20 世纪 80 年代中期由库珀和克莱恩施密特提出的门径流程（Cooper 和 Kleinschmidt，1986）。门径流程促进了产品创新流程正规化及其在行业中更为广泛的应用。

在过去的 30 年中，为了帮助组织满足在不同市场环境下所产生的不同产品需求，许多产品创新流程应运而生。接下来介绍其中的一些产品创新流程，以及在具体环境下应用每个流程的优点和缺点。这些流程包括但不限于：

- 门径流程（Stage-Gate）。
- 敏捷产品创新方法（Agile Product Innovation）。
- 集成产品开发（Integrated Product Development，IPD）。
- 精益产品创新方法（Lean Product Innovation）。
- 精益创业（Lean Startup）。
- 系统工程（Systems Engineering）。
- 设计思维（Design Thinking）。
- 待办任务（Jobs To Be Done，JTBD）。

在本书中，姑且将敏捷产品创新方法、精益产品创新方法、集成产品开发和设计思维称为流程。当然，它们也被称为思想、哲学或原则。

4.3.2　门径流程

在 20 世纪 80 年代中期，库珀首先提出了门径流程。随着行业需求的不断变化，该流程也在不断发展。图 4.6 是门径流程总览，包含阶段和关口。

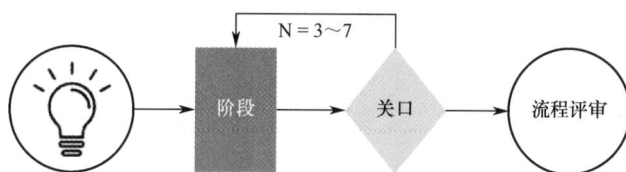

图 4.6　门径流程总览

↘ 什么是阶段（Stage）

从根本上说，阶段是在整个产品创新流程中经定义的工作集合，包括：

- **活动**：项目团队按照项目计划必须做的工作。
- **综合分析**：通过跨职能部门沟通，项目负责人和团队成员对所有活动进行综合分析，输出分析结果。

- **可交付成果**：综合分析结果的呈现。在进入关口时，团队必须完成并提交这些成果。

什么是关口（Gate）

从根本上说，关口是对项目未来做出关键决策的节点，包括：

- **可交付成果**：关口评审点的输入。可交付成果是计划中要交付的，是前一个阶段完成的结果。每个关口都有针对可交付成果进行验收的标准清单。
- **标准**：评判项目时所采用的标尺，由此决定项目是否通过以及项目的优先级。这些标准通常以计分卡的形式出现，其中包括定量（如财务指标）和定性标准。
- **输出**：关口评审的结果。关口要有明确的输出，包括：对上一阶段成果的决策（通过/否决/搁置/重做）和下一阶段的路径（经批准的项目计划、下一个关口日期和可交付成果）。

门径流程的主要阶段包括：

- **发现**：寻找新机会和新创意。
- **筛选**：初步评估市场机会、技术需求及所具备的能力。
- **商业论证**：筛选阶段之后的一个关键阶段。在该阶段要进行更为深入的技术、市场及商业可行性分析。
- **开发**：产品设计、原型制作、可制造性设计、制造准备和上市规划。
- **测试与确认**：测试产品及其商业化计划的所有方面，以确认所有假设和结论。
- **上市**：产品的完整商业化，包括规模化制造及商业化上市。

图 4.7 是库珀阐述的 5 阶段完整版门径流程。需要说明的是，阶段数量是不固定的，应根据具体情况进行调整，可依据的标准如下：

- 新产品上市的紧迫性。时间紧迫就要缩短流程，减少阶段数量。
- 与新产品相关的技术和市场知识储备。知识储备越多，风险就越小，所需的阶段数量也就越少。

- 不确定性水平。不确定性水平越高，则需要更多的信息来降低风险，从而导致流程变长。

图 4.8 描述了 5 阶段完整版门径流程和基于以上标准调整后的流程。

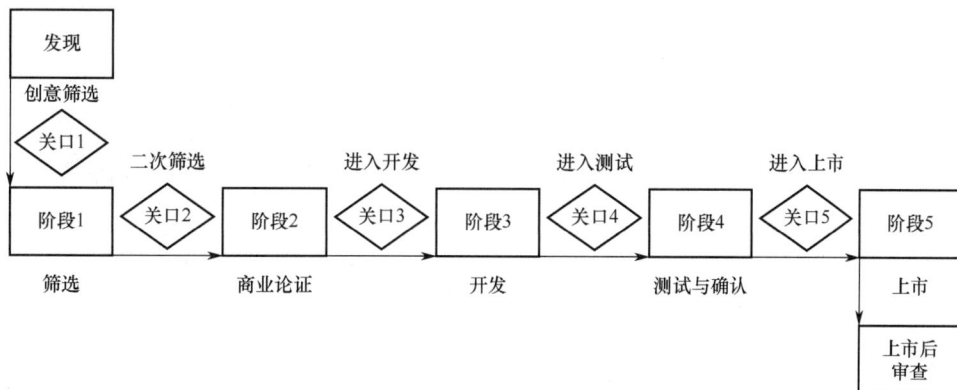

图 4.7 5 阶段完整版门径流程

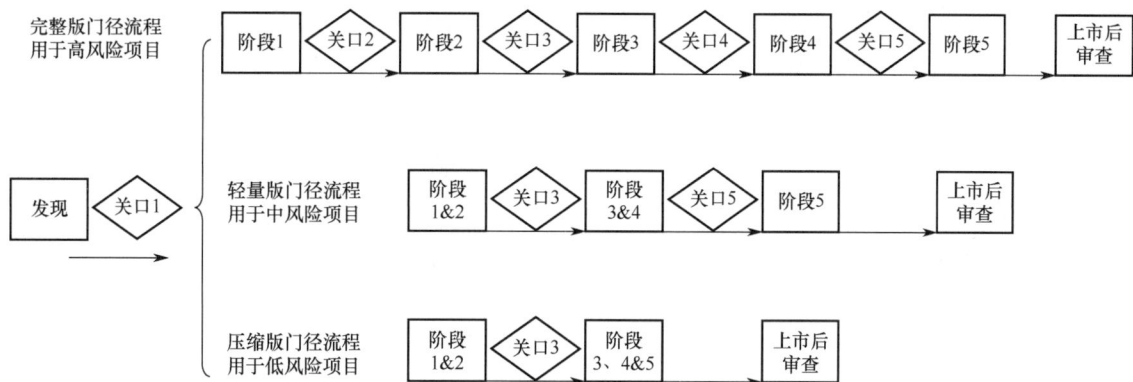

图 4.8 门径流程的三个层次

↘ 门径流程的发展和应用

在门径流程推出的早期，其显示出明显的线性和串行特点，但这并不是原创者的本意（Cooper，2014）。近年来，为了适应不同的产品创新场景及满足不同公司的需求，库珀（2014）撰写了大量文章，介绍门径流程的新发展。库珀强调，虽然门径流程的基本原理没有改变，但需要对门径流程进行调整以适应具体情景。经调整的门径流程包括：

（1）并行流程：传统的门径活动路径（线性和串行）被"压缩"成并行活动路径，

目的是加快每个阶段中的活动进度。这些活动在战略决策关口汇聚。并行流程要求组织在同一时间段内为活动配置更多的资源。

（2）可循环设计和产品管理：该方法的重点是可持续性，包括在产品创新设计阶段早期邀请客户和用户参与，目的是优化设计，实现材料再利用，减少产品创新和使用过程中的浪费，以及实现产品再回收。

（3）快速门径流程：也称为敏捷门径流程（Cooper 等，2016）。该流程将 IT 行业中的敏捷方法（如 Scrum、冲刺、待办列表等）引入制造业中。在考虑制造业特点的基础上，对敏捷方法进行调整，以适用于制造业。该混合型流程旨在促进创新，最大限度地降低风险，加快决策，最终加快产品创新和上市速度。在第 4.3.7 节中，会有更多介绍。

↘ 门径流程的优点和缺点

表 4.2 描述了门径流程的优点和缺点。

表 4.2　门径流程的优点和缺点

优　　点	缺　　点
• 为产品创新提供准则和约束 • 有助于减少和管控风险 • 强调高质量的决策 • 对所有参与者保持公开透明 • 适用于大多数组织	• 会导致过度官僚化 • 如未得到充分理解，就会变得僵化和成本高昂 • 准则和约束也会扼杀创造力 • 流程旨在缩短上市时间，如果难以安排关口审查，就会延长上市时间

↘ 根据具体情况采用门径流程的案例

一家历史悠久、技术和制造能力均较强的冰激凌公司要开展一个简单的产品线延伸项目。在该情况下，开发复杂度很低，成功的概率较高，失败的风险也较小。该公司只需要一个简短的流程即可，包括初步商业论证，然后是迭代规划（或设计），再是产品测试，最后是产品上市。开发周期预计为 1～3 个月。

一家在目标市场内累积了一定经验但技术能力有限的公司，希望开发一款适合 10～

12 岁儿童的玩具车。目标市场所期待的产品特性和潜在需求有较大的不确定性。在该情况下，不仅在产品概念和设计规格阶段有较多的不确定性，而且在设计和制造阶段也是如此。此时，门径流程应有更多的阶段，也应更重视关口评审，以确保决策正确，并减少不确定性。此时，应当特别重视位于模糊前端的概念开发阶段和初步商业分析阶段。在流程中还要对可制造性设计、市场测试、最终可行性分析和规模化制造投入更多精力，以确保产品成功上市。开发周期预计为六个月至两年。

通用电气（General Electric，GE）公司的案例说明了如何根据具体要求调整门径流程。如图 4.9 所示，通用电气公司的流程包括四个阶段和十个任务。

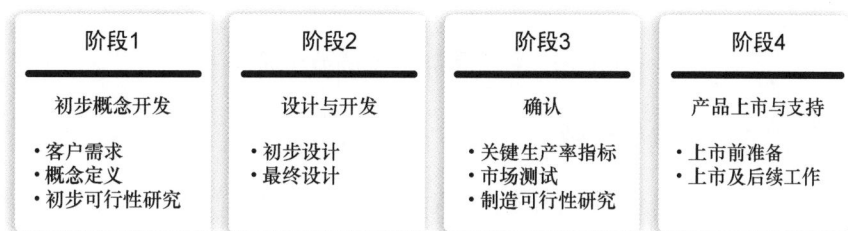

阶段1	阶段2	阶段3	阶段4
初步概念开发	**设计与开发**	**确认**	**产品上市与支持**
·客户需求 ·概念定义 ·初步可行性研究	·初步设计 ·最终设计	·关键生产率指标 ·市场测试 ·制造可行性研究	·上市前准备 ·上市及后续工作

图 4.9　门径流程应用案例

通用电气公司之所以选择十个活动的门径流程，是因为希望在大规模生产和上市之前，推动各职能部门协作并重视早期市场需求。此外，它还为公司注入了规范化的项目管理技术。（Phillips 等，1999）

4.3.3　瀑布模型

瀑布模型的推出首先要归功于温斯顿·罗伊斯（Winston Royce，1970）。在 21 世纪初，瀑布模型被广泛应用于软件行业。如图 4.10 所示，经典瀑布模型的五个阶段包括：

- 需求：了解用户需求和产品所需的功能和目的等。
- 设计：设计产品的特性和功能，确保产品能够在实施阶段满足客户需求，包括可行性分析和规划。
- 实施：按照产品设计方案进行开发。
- 验证：确保产品符合客户期望。
- 维护：通过客户识别产品设计中的不足或错误，对产品进行优化。

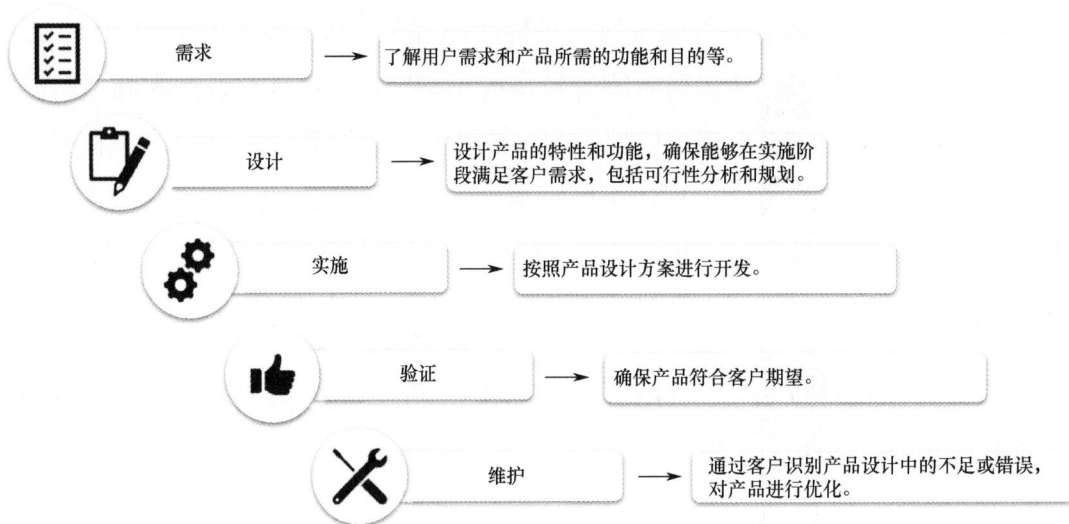

图 4.10 经典瀑布模型的五个阶段

近年来，因采用瀑布模型导致了一些产品或项目完成太慢或缺乏灵活性，该流程饱受非议。于是，一些组织将经典瀑布模型改为混合型瀑布模型，即在原框架的基础上，融入了更为灵活的迭代方法，从而加快了开发速度。通常，采用混合型瀑布模型的项目团队规模较小，并采用集中办公方式。

无论如何，瀑布模型仍将继续发挥作用，尤其是当需求被清晰理解并且预计不会改变时，更是如此。瀑布模型的优点和缺点如表 4.3 所示。

表 4.3 瀑布模型的优点和缺点

优　点	缺　点
• 需要在进入下一阶段之前完成前续阶段 • 非常适合小型且明确定义的项目，其需求完整且被清晰理解 • 对客户参与的要求最少	• 不适用于需求频繁变更的大型复杂项目 • 后期才对产品进行测试，增加了风险 • 需要详尽的文档，很耗时

4.3.4 并行工程

并行工程被视为取代了经典瀑布模型。"并行工程是一种集成、并行设计产品及其相关流程的系统方法，包括制造和支持。该方法要求开发者从一开始就要考虑产品生命周期中的所有要素，从概念到退市，从质量、成本、进度到用户需求。"（Winner 等，1988）并行工程模型如图 4.11 所示。

并行工程的基本前提建立在两个要求之上。其一，产品生命周期中的所有要素，从功能、制造、装配、测试、维护、环境影响到最终的退市和回收，都应在早期设计阶段被逐一仔细考虑。其二，考虑到并行工程能显著提高生产率和产品质量，这些设计活动都应同时进行，即并行。这样一来，就可以在早期设计阶段，即项目仍具灵活性时，发现错误并优化设计。通过尽早识别和解决问题，设计团队可以避免因后期错误而造成的高昂代价，尤其当项目推进至更为复杂的测试阶段和硬件生产阶段时，更是如此。

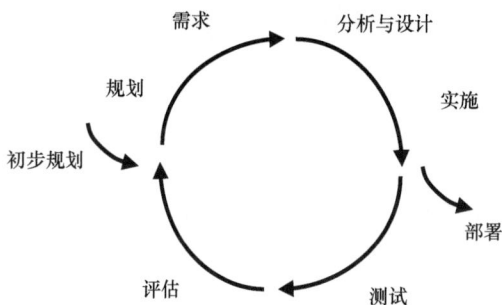

图 4.11　并行工程模型

4.3.5　集成产品开发

集成产品开发由并行工程发展而来。集成产品开发的定义为："系统地运用由多功能学科集成而得的团队成果，有效果、有效率地开发新产品，以满足客户需求的一种理念。"（Kahn 等，2013）

近年来，一些组织致力于以集成产品开发原则为核心，逐步完善整个产品创新体系，从而实现以下目标，即从应用产品创新基本工具到项目管理，然后到客户之声，再到战略一致，最终形成学习文化（见图 4.12）。集成产品开发是一个产品创新体系，而不仅仅是一个模型或流程。该体系囊括了大多数常见产品创新流程中的基本原则，重点在于理解客户、学习和持续改进。

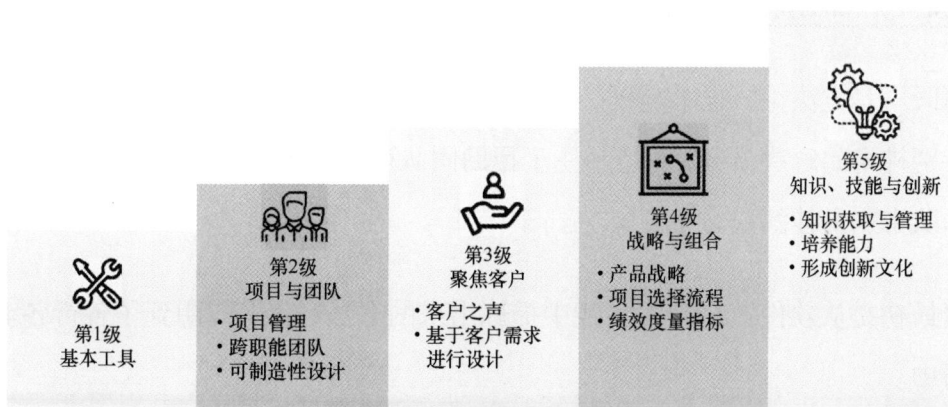

图 4.12　集成产品开发体系的组织实践等级

集成产品开发的优点和缺点如表 4.4 所示。

表 4.4　集成产品开发的优点和缺点

优　点	缺　点
• 组织遵循集成产品开发步骤，逐步提升能力和成熟度，产品创新和交付会变得更为高效 • 将效率的提升转化为成本管理的改善和盈利能力的提高 • 由于在模糊前端阶段非常强调设计（定义产品或项目目标），因此产品定义更清晰，在产品创新生命周期中风险管理更有效 • 高质量、主动的风险管理及对客户需求的关注，确保了准确实现价值 • 在产品创新项目中，通过有效协同多功能团队（包括内部和外部），将技能和能力聚焦到共同目标上 • 提供了一种具体方法来落实可持续性和循环经济，促进各利益相关方参与，鼓励实现可持续性目标	• 需要在开发阶段的早期明确客户需求，以便为后续阶段创造和实现价值提供依据，而要做到这些，必须有利益相关方的积极参与 • 需要最新的工具和方法 • 需要在流程中配备相应的资源和能力（人员和技能） • 如果团队无法有效协作和共同创造，那么利益相关方协作就会遇到障碍并会导致问题复杂化 • 需要对创新前端和设计控制进行适当平衡，这对项目成功而言至关重要，否则就会导致效率低下，最终会延误产品交付（Naveh，2004）

⬐ 在集成产品开发中纳入可持续性的案例

雀巢公司是一家成功地将可持续性纳入集成产品开发的公司。Espinoza-Orias 等（2018）介绍雀巢公司的做法是"以根植于尊重的价值观为指导，与合作方和利益相关方进行合作，在公司的所有活动中创造共享价值（Create Shared Value，CSV），这些活动在为社会做出贡献的同时也确保了事业的长期成功"。雀巢公司承诺在范围和进度上与可持续发展目标（Sustainable Development Goals，SDGs）保持一致。

4.3.6　敏捷产品创新方法

敏捷既不是方法论，也不是框架，而是原则和价值观。敏捷方法不是试图给团队带来一个特别神奇的解决方案，而是专注于帮助团队进行清晰化、创造性和协作式的思考，从而为团队带来最佳解决方案。

敏捷最初是从软件产品开发实践中提炼出来的方法，后来应用到了各行各业和各种产品创新中。

↘ 敏捷软件开发宣言

2001 年 2 月，17 位软件开发者在犹他州聚会，讨论轻量型开发方法，并发布了敏捷软件开发宣言。该宣言称：

"我们正在寻找更好的软件开发方法。我们这么做的同时，也帮助别人这么做。我们提出以下价值声明：

- 个体和互动高于流程和工具。
- 可工作的软件（或产品）高于详尽的文档。
- 客户合作高于合同谈判。
- 响应变化高于遵循计划。

右侧的事项有价值，左侧的事项更有价值。"

虽然流程、工具、文档、合同和计划都重要，但是敏捷实践者更要优先考虑个体和互动、可工作的软件、客户合作和积极互动，以及适应计划变动（响应变化）的能力，以此作为产品设计与开发的指导原则，进行产品发布。

敏捷产品创新方法是一种迭代方法，可以用于自组织团队在协作环境中开展的产品创新中。它帮助团队通过增量、迭代的工作节奏来应对不可预测性。最常见的敏捷产品创新方法是 Scrum。Scrum 在软件行业应用很广，也用于制造有形产品的敏捷门径流程中（在第 4.3.7 节中有深入介绍）。与硬件不同，软件是持续和不断变化的。

↘ 敏捷产品创新方法的关键原则

以下是敏捷产品创新方法的 12 条原则：

（1）我们的首要任务是通过尽早和持续交付有价值的软件来满足客户。

（2）即使在开发后期，我们也欢迎需求变更。敏捷方法将这些变更转化为客户的竞争优势。

（3）频繁地交付可运行的软件，数周或者数月交付一次，时间间隔越短越好。

（4）在项目期间，业务人员与开发者共同工作。

（5）招募积极主动的人员来开发项目，为他们提供所需的环境和支持，相信他们能做好自己的工作。

（6）在开发团队中，最省时、有效的信息传递方式是面对面交流。

（7）可运行的软件是衡量进度的主要标准。

（8）敏捷方法有利于可持续开发。发起人、开发者和用户应始终保持固定的前进步伐。

（9）持续关注先进的技术和优秀的设计，提高敏捷性。

（10）简洁——令待办工作最少化的艺术是一切的基础。

（11）只有自组织团队才能做出最好的架构和设计。

（12）团队定期反思如何提高效率并调整工作流程。

↘ 敏捷产品创新方法的关键要素

虽然敏捷产品创新方法的具体应用会因组织和环境而有所不同，但基本要素大体都是相同的，这些关键要素如图 4.13 所示。

| 产品待办列表 | Scrum | 产品负责人 | 敏捷教练 |
| 敏捷团队 | 冲刺 | 评审 | 回顾会 |

图 4.13　敏捷产品创新方法的关键要素

1．Scrum

Scrum 是由杰夫·萨瑟兰（Jeff Sutherland）在 1993 年创建的一种方法，灵感来自橄榄球比赛中的"争球"（Scrum）（Sutherland，2014）。Scrum 是最常用的敏捷框架。团队以 Scrum 为框架，在一系列固定周期的迭代中开发产品，并以有规律的节奏发布软件。

2．产品待办列表（Product Backlog）

产品待办列表包含系统的需求，其中的产品待办项（Product Backlog Items）按照优先级进行排序。需求包括客户提出的功能性和非功能性需求，以及由技术团队提出的需求。产品待办列表有多种来源，产品负责人负责对产品待办列表进行优先级排序。一个产品待办项是团队在一个冲刺迭代周期中要完成的最小工作单元。

3．冲刺（Sprint）

冲刺是指完成特定任务，由开发阶段进入评审环节的一个时间段，通常为 2～4 周。

4．评审（Demo）

在每个冲刺完成时，项目利益相关方（如客户或公司管理层）将对该冲刺中交付的产品（增量）和/或新特性进行评审。这就需要团队对当前完成的产品进行演示。评审的目标是确认成果，并开启下一个冲刺。

5．回顾会（Retrospective meeting）

在每次冲刺结束后召开回顾会，目的是识别并记录从上一个冲刺中吸取的经验和教训。通过绩效评估，帮助团队持续改进。在回顾会上，通常会讨论以下问题：

- 哪些工作进展顺利及为什么（继续做有效的工作和/或将新的工作纳入进来）。
- 哪些工作进展不顺利及为什么。
- 如何处理进展不顺利的工作，并为冲刺规划提供依据。

图 4.14 说明了在冲刺规划会议期间和之后要做的事项、角色和结果。冲刺规划会议

的输入和输出包括：

- 产品待办列表。
- 团队能力。
- 商业条件。

- 技术。
- 现有产品。

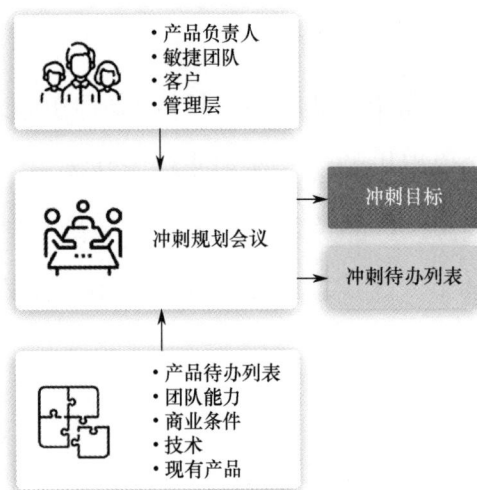

图 4.14 冲刺规划会议

最终，团队商讨并制定下一个冲刺目标，并建立和/或更新冲刺待办列表。

冲刺规划会议是每次冲刺的起点。在该会议上，产品负责人（对工作提出要求者）和敏捷团队商讨并确定本次冲刺所要完成的工作。冲刺周期由敏捷教练决定。冲刺开始后，产品负责人退出，由开发团队主导工作。冲刺结束后，团队将已经完成的工作成果提交给产品负责人。产品负责人按照在冲刺会议上制定的验收标准，接受或拒收该工作成果。

6. 产品负责人

在对产品待办列表的优先级和需求进行排序时，产品负责人是代表客户利益并拥有最终决策权的人。团队必须能够随时联系到产品负责人，尤其在冲刺规划会议期间。冲刺开始后，产品负责人不应再管理团队，也不应再提出变更。产品负责人的主要职责是平衡利益相关方之间互相竞争的利益。

7. 敏捷教练

敏捷教练是团队和产品负责人之间的促进者。敏捷教练不是管理团队，而是通过以下方式协助团队和产品负责人：

- 清除团队和产品负责人之间的障碍。
- 激发团队创造力，并给团队授权。
- 提升团队生产率。
- 改善工程工具和实践。
- 实时更新团队进展信息，确保各方都被知会。

8. 敏捷团队

敏捷团队通常由七个人组成，也可在此基础上增减两个人。为了实现冲刺目标，团队成员通常由多个职能部门（跨职能团队）的人员组成。软件开发团队成员包括软件工程师、架构师、程序员、分析员、质量专家、测试员及用户界面设计师等。在冲刺期间，团队通过自组织的方式实现冲刺目标。团队在实现目标的方法上享有自主权，并对这些目标负责。图 4.15 描述了敏捷团队为完成产品和冲刺待办列表而采用的流程。敏捷团队每天（或根据需要，通常以 15 分钟的现场或虚拟站立会议开启新的一天）召开一次会议，通过会议汇总信息并在以下方面达成一致：

- 已经完成的成果。
- 尚未完成的成果。
- 下一步要做的工作。

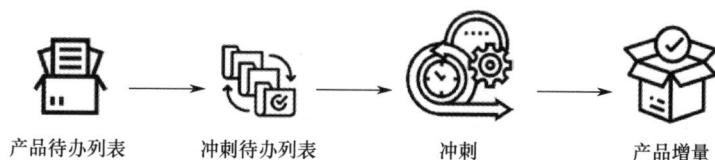

产品待办列表　　冲刺待办列表　　冲刺　　产品增量

图 4.15　敏捷产品创新方法

一个冲刺周期通常不超过 30 天。在冲刺中，完成产品和冲刺待办列表中的待办事项，并交付产品增量。通常，将冲刺所交付的成果称为最小可行产品（Minimum Viable

Product，MVP）。虽然它还未包含所有产品特性，但已经具备功能的产品了。产品待办列表为后续开发提供了依据。

敏捷产品创新方法的优点和缺点如表 4.5 所示。

表 4.5　敏捷产品创新方法的优点和缺点

优　　点	缺　　点
• 敏捷产品创新方法适用于商业需求在项目开始时不明确或不确定，而在项目推进中才出现的情境 • 应用敏捷产品创新方法进行前瞻性开发，快速编码和测试。一旦出现错误，可以很容易地对其进行纠正 • 敏捷产品创新方法是对项目进行轻量化控制的方法，要对时间框中的工作进展频繁更新。因此，项目开发和进度一目了然。其本质是迭代，需要获得用户的持续反馈 • 由于冲刺周期短、反馈及时，团队更容易应对变化 • 通过每日站会可以评估个体生产率，从而提高每个团队成员的生产率 • 通过每日站会可以迅速解决问题，防止问题变大 • 敏捷产品创新方法已成功应用于软件、硬件和软硬件混合产品的开发。在流程和管理上的费用最少，可以更快、更省地交付成果	• 如果管理不善，敏捷产品创新方法就会成为范围蔓延的诱因。除非有明确的截止日期，否则客户等利益相关方会不断要求团队交付新功能 • 进行冲刺时，必须事先定义好产品待办项，而且客户必须能够答疑并提供输入 • 如果团队成员没有全力以赴，就无法结束项目，甚至导致项目失败 • 因为敏捷产品创新方法由小型团队完成，所以只适用于快速变化的小型项目 • 敏捷产品创新方法需要有经验的团队成员。若团队中有新手，则会导致项目无法按时完成 • 若敏捷教练信任团队，敏捷项目管理的效果就会不错。若敏捷教练对团队成员实行过于严格的控制，就会给团队带来极大的挫败感，团队会因此缺乏动力，进而导致项目失败 • 在开发流程中，任何一个团队成员的缺席都会对项目开发产生较大的负面影响 • 除非测试团队能够在每个冲刺后都进行回归测试，否则项目质量管理很难得到落实和量化

4.3.7　敏捷门径流程

敏捷门径流程将经典门径流程（阶段与关口）与敏捷方法中的自组织团队和短周期迭代相结合，如图 4.16 所示。

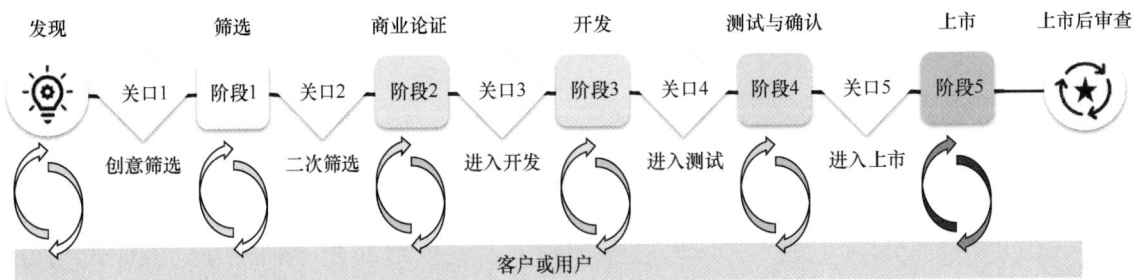

图 4.16　敏捷门径流程

在实践中，将项目阶段（如开发阶段）分解为短时间盒和产品增量，称之为冲刺。每个冲刺持续 1～4 周时间（见图 4.16 中的小圆圈）。

每次冲刺都要交付可用的产品（可用的产品并不一定是准备上市的产品）。这就要求项目团队要比传统门径流程更频繁、更快速地获得客户和用户的反馈。这反过来又促使组织能够专注于真正重要的事情，并快速应对市场的变化。

在本书中，我们强调了组织应用流程和技术以适应其特定环境和需求的必要性。每种流程都有其优点和缺点。了解这些优缺点，并适应组织的环境和需求，都是学习型组织的一部分。

随后，Cooper 和 Sommer（2018）又提出，想要采用敏捷门径流程的公司应该谨慎且深思熟虑。因为每个组织环境和项目都会有所不同，所以"一刀切"的想法是行不通的。他们建议，最初成立一个小型工作组，简化当前流程，并识别和管理实践中的挑战。认识到该流程仍是一个新概念，需要所有从业者对其可能性进行评估、试验并不断改进。

↘ 敏捷门径流程的优点和缺点

这些优点和缺点与硬件制造公司如何采用敏捷原则（敏捷通常应用于软件开发公司）以及由此产生的结果有关。因此，敏捷门径流程通过将"门径流程的重点、结构和控制"与"敏捷方法的速度、敏捷性和生产率"结合起来，综合了这两种方法的优点（Cooper 和 Sommer，2016）。敏捷门径流程的优点和缺点摘自 Cooper 和 Sommer（2018）发表的文章，如表 4.6 所示。

表 4.6　敏捷门径流程的优点和缺点

优　点	缺　点
• 产品设计更灵活 • 产品上市速度更快 • 生产率更高 • 应对市场变化的能力更强 • 主动响应客户需求的能力更强 • 沟通和协调更好，团队士气更高 • 更为聚焦并能抓住重点，项目成果更多	• 管理层因不了解敏捷及其思维方式而产生疑惑 • 资源配置和参与度增强（注意：可能是积极的，也可能是消极的） • 管理不断变化的产品定义和/或设计（"模糊性"）会很困难 • 要管理不断变化的开发计划 • 敏捷团队往往显得很孤立，易与组织的其他部门隔绝 • 与官僚化的组织流程和/或绩效奖励系统发生冲突。例如，组织在多大程度上鼓励和允许试验和失败，要求质量完美的程度，重视短期规划还是长期规划等

4.3.8　系统工程

系统工程将系统思维与系统流程模型相结合，运用系统、集成化的设计流程及项目管理方法、工具开发出解决方案。所有系统都由具有属性或功能的部件或元素［基础模块（Building Block）］组成，这些元素通过特定关系相互链接。多系统由一个系统与另一个系统相关的多个元素组成，也称系统或环境。系统的复杂度由系统或子系统的动态性、可变性、种类、多样性和规模决定。

因此，系统工程是综合了众多技术和人文科学的交叉学科。在系统生命周期中，系统工程将工业、机械、制造、控制、软件、电气、土木工程及控制论、组织研究和项目管理整合起来。通过技术和管理流程，确保实现系统用户的需求。

系统工程注重将产品的各个组成部分视为一体，从而强化整个产品。它适用的产品可繁可简，如烤面包机、冰箱、汽车直至猎鹰重型航天器。系统工程也适用于服务行业，如用其检查和改进咖啡店的服务，从而取悦顾客。

图 4.17 描述了系统工程设计框架中的步骤（Pahl 等，2007）。

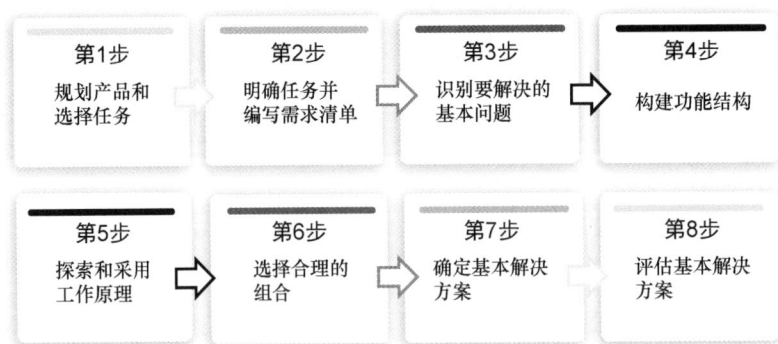

第1步	第2步	第3步	第4步
规划产品和选择任务	明确任务并编写需求清单	识别要解决的基本问题	构建功能结构

第5步	第6步	第7步	第8步
探索和采用工作原理	选择合理的组合	确定基本解决方案	评估基本解决方案

图 4.17　系统工程设计框架中的步骤

上述每个步骤都涉及各种各样的方法，如选择方法、趋势研究、测试、测量、头脑风暴、设计目录、质量保证和成本计算方法。

系统工程的特点包括：

- 预先、有目的且深入地设计思考。
- 通过从一般分析到具体分析来界定问题。
- 跨学科。
- 复杂度管理。
- 降低成本。
- 降低风险。
- 加快项目进度。
- 优化。
- 改进产品质量。

系统工程确保综合考虑项目或系统的所有方面，并将这些方面整合到一起。

与制造流程完全不同，系统工程流程是一个发现过程。制造流程的重点是以最少的成本和时间实现高质量产出的重复性活动。系统工程流程则必须从发现需要解决的实际问题开始，然后确定最有可能发生或影响最大的故障，再应用系统工程找到针对这些问题的解决方案。

系统工程的优点和缺点如表 4.7 所示。

表 4.7　系统工程的优点和缺点

优　点	缺　点
• 多系统优势明显且有价值 • 与设计相关的决策非常详细，并可在客户深度参与下提前做出决策 • 在项目早期就有学习机会（随着项目推进而逐渐增加专业知识），并将知识分享给各方 • 容易识别和管理即将发生的变化	• 对问题的过度分析和过多的预设细节会造成延迟风险，也会导致将重点放在不恰当的解决方案要素上 • 随着项目推进，初始需求可能会过时，因其是基于当时条件下所产生的知识。随着知识的增加，初始需求可能不再合适或必要 • 类似问题也会出现在规划工作上，长期计划和/或开发风险也会造成解决方案过时 • 由于对项目的运营和资源做出了承诺，所以当产品创新流程进入尾声时，有效应对变化的能力会越来越弱

针对上述缺点，Haberfellner 等（1986）提供了以下有价值的建议：

（1）摒弃规模庞大、需要数年时间才能实施的超级集成解决方案，特别是当处于动态环境中且受到不确定条件的影响时，更应如此。针对问题，最好采用小型解决方案，并尽快实现利益。

（2）在总体概念上体现灵活性，追求"敏捷"，即尽可能做到可适应、可扩展和可拆除。制订模块开发计划，用更好或更高效的模块替换现有模块。对扩大或减少机会持开放态度。

（3）哪怕会增加投资，也要做到计划灵活或用途多样。

（4）先交付一部分成果，并提供一部分利益。

（5）不去优化没有价值的细节。

（6）如果存在不确定性因素，在不违背流程要求的前提下，尽可能晚做决策。

上述第 2 项和第 3 项也称可变更性设计（Designing for Changeability，DFC），该方法允许系统在其整个生命周期内发生变更，尤其适用于汽车行业中的产品平台开发（Fricke 和 Schulz，2005）。

4.3.9　设计思维

设计思维是一种以人为本的问题解决方法，借鉴了设计师在设计解决方案时所遵循的流程，广泛应用在图形化用户界面、实物产品、服务、建筑物以及其他类型产品中。

在 21 世纪初，IDEO 公司和斯坦福大学设计学院在北美首先提出"设计思维"一词。大约在同一时期，一门名为"服务设计"的学科在欧洲商界受到欢迎。服务设计只关注对服务的设计。在实践中，服务设计采用与设计思维相同的基本方法来解决问题。这两个术语，即设计思维和服务设计经常可以互换。两者都是以人为本的方法论，也具有许多共同特点。本章将使用设计思维一词来涵盖这两种方法。

↘ 设计思维的发展

"设计思维"这一术语起源于 20 世纪 50 年代和 60 年代开展的一项研究，该研究旨在探寻不同行业的设计师在从事设计工作时常用的方法。它被引入商业始于这样一个问题："设计能给商业带来什么？"随着设计原则在商业中的应用，它被证明具有巨大价值。它是一种指导团队协作，以及运用共情来解决根本问题的创新方法。20 世纪 60 年代中期，Rittel 和 Webber（1973）用"棘手问题"一词来表示具有多重复杂度的问题，并将设计思维带入了商业。他们的研究重点是企业如何轻松地采用设计思维，并用系统方法解决"棘手问题"。

20 世纪 70 年代，认知科学家、诺贝尔经济学奖获得者赫伯特·A. 西蒙（Herbert A. Simon）提出了现在被视为设计思维原则的核心概念。他的著作《人工智能科学》主要围绕视觉在解决问题中的作用这一主题（McKim，1972）。

在 20 世纪 80 年代，Cross（1982）将设计师解决问题的方法与其他学科（如建筑学）解决问题的方法进行了比较。他发现，科学家是以问题为中心的问题解决者，科学家们系统地探索每一种可能的组合来设定假设。设计师倾向于提出多种可能的解决方案，然后根据问题对每一个解决方案进行测试，以确定其是否解决了问题，最终摒弃那些无用的解决方案。

从 20 世纪 90 年代开始，包括 IDEO 公司和斯坦福大学设计学院在内的一些组织通过推出用户友好等专业术语和应用工具包，将设计思维发展为主流方法。

↘ 以人为本的理念

设计思维这一概念很有用，它是指设计师如何解决问题，更确切地说，在面临高度复杂的挑战时，设计师是如何寻求解决方案的。设计思维也很有价值，它是一种特定的思维方式和看待问题的方式。设计思维并不是说设计师头脑中有特殊天赋或心灵感应，而是有关设计师解决问题的方法以及涵盖各种设计原则的方法。

Tim Brown（2008）在《设计改变一切》一书中，对设计思维进行了开创性的阐述。他提出了这样一个观点，即真正的创新解决方案是在可行性（技术上是否可行）、延续性（财务上是否可延续）和需求性（人们想要或需要什么）三者的交叉点上获得的，如图 4.18 所示。

商业思维者往往一开始就考虑潜在解决方案的延续性：能赚到钱吗？技术思维者倾向于考虑解决方案的可行性：能在技术上实现吗？设计思维者则以人的需求为出发点来思考如何解决问题，聚焦在满足关键利益相关方（人）的需求和愿望上，也就是设计挑战的中心所在。

从需求性开始

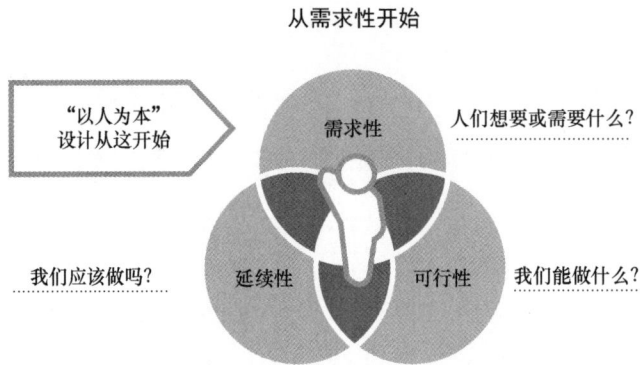

图 4.18 设计思维始于人的需求

设计师通过有条不紊的研究来了解人们的需求，探索背景、环境、参与者和其他因素，以深入了解问题或设计挑战。该研究所需的关键技能之一是能够与处于设计挑战中心的人产生共鸣。共情是设计思维的核心，在商业领域或技术领域却无此概念。

共情是以人为本设计的秘诀。因此，理解设计思维最简单的方法是将其视为一种特定的思维方式——将人置于解决问题过程的中心。一个关键说法是，如果人们都不需要或不想要你提出的解决方案，那么它是否可行也就无足轻重了。在整个设计流程中，以人为本的理念是设计思维中最重要的组成部分。

方法和框架

设计思维方法由几个核心原则组成。两个最受欢迎的设计思维框架分别是斯坦福大学设计学院的五蜂巢模型（见图 4.19）和英国设计委员会的双钻模型（见图 4.20），它们代表了设计思维流程中的不同阶段。

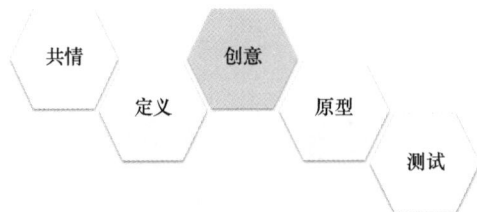

图 4.19 斯坦福大学设计学院的五蜂巢模型

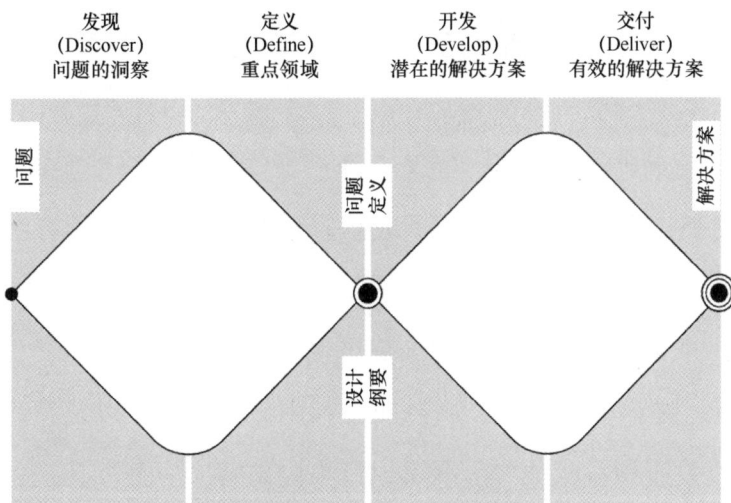

图 4.20 英国设计委员会的双钻模型

大多数设计思维框架具有相同的核心阶段或工作步骤，只是采用了不同的可视化呈现手段。这些阶段包括：

- **研究**：要找到解决问题的创新方法，就要产生洞察（基于深入理解的新知识），以此作为解决问题的起点。研究通常包括调查、访谈、焦点小组和一些专业的设计研究技术，如文化探索（Cultural Probes）、场景探究（Contextual Inquiry）和观察式研究。

- **理解数据**：做的研究越多，产生的数据就越多，需要分析的数据也就越多。然而，设计思考者不是使用电子表和算法，而是使用工具、模板和协作活动来弄懂（主要是定性）数据，探寻模式、故事、洞察、触点和利益相关方，深刻理解处于问题中心的人，这就是问题解决者（设计师）与服务对象之间进行共情之处。

- **重新定义问题**：设计思维流程中的一个关键点是设计团队根据研究和洞察活动重新构建或重新定义问题。该步骤需要创造力和技能，以确保重新定义的问题既不至于太笼统（如"试图煮沸整个大海"），也不至于太狭窄（如将解决方案嵌入新的问题描述中），从而为创造性解决方案的涌现留出足够大的空间。

- **生成创意**：生成创意是团队产生各种不同创意的阶段。此时，通常只是生成解决问题的局部创意。在创意生成时，会采用头脑风暴，也会采用一些更有条理、更能够创造性解决问题的方法。在该阶段，还未对可能的解决方案进行判断和淘汰。

该阶段的目标就是产生大量的创意。因为有了更多的创意，才更有可能出现真正创新解决方案的种子。

- **制作原型**：在生成创意之后，团队选择一个创意或一组创意进入制作原型阶段。该原型只是概念性的，与工程原型或制造原型完全不同。所有的努力都是用最少的工作和细节快速将解决方案概念进行建模，以便团队对解决方案所具备的内容保持一致，并能够在下一阶段向客户展示解决方案。

- **测试和迭代**：在该交互阶段，通过向目标用户或客户（以及发起人、决策者和实施者等其他关键利益相关方）展示原型来测试解决方案。在迭代中，原型会变得越来越细化，解决方案也会变得更加可靠，实施过程和客户不接受的风险也在不断降低。Liedtka 和 Ogilvie（2011）在《为增长而设计》一书中提出，任何解决方案的最终测试都是要求目标用户或客户用时间和金钱来换取解决方案。因此，测试阶段应尽可能包括验证商业模式和价值主张中的关键方面（最好包括财务方面）。

上述设计思维中的各阶段也与设计思维者群（Design Thinkers Group）开发的双菱框架相同。在图 4.21 中，这些阶段被置入双菱框架中。该框架的优点是它不仅涵盖了不同的阶段，而且包含了发散思维和收敛思维等概念，以及问题域（第一个菱形）和解决方案域（第二个菱形）。

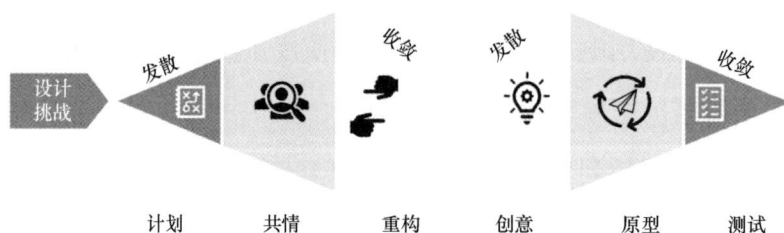

图 4.21 设计思维者群的双菱框架

作为社会科学的设计思维

Liedtka（2020）将设计思维称为社会科学。想要在组织中采用设计思维，应向那些虽未用但认为有用的人推荐才最为有效。

设计思维建立在团队合作和协作基础之上（"社会"部分），也通过经验证的结构和流程来指导实践中的工作（"技术"部分），从业者可以通过沟通更好地应用设计思维。事实上，与其他新方法一样，应用设计思维的最大挑战之一是组织能否支持不同的工作方法。

作为社会科学，设计思维采用了以下方法。

- **共情**：如前所述，共情要求设计者站在服务对象的角度来看世界，这么做有助于克服偏见。在定性研究时，共情可以帮助团队获得洞察以及基本决策，从而为提出更具创造性的解决方案打下基础。
- **高度协作**：设计思维不是单打独斗。该结构和流程的真正威力来自团队共创。团队由拥有不同观点和专业知识的成员组成，出资者、决策者和实施者都是参与设计流程的关键利益相关方。当设计团队直接与最终用户或客户合作时，协作活动就达到了高潮。大家一起共创，共同设计。
- **迭代**：始终保持谦卑心态，即认识到初始创意是不完善的，需要经过测试。此外，潜在的解决方案中也包含了假设，这些假设需要经过检验。在迭代过程中，不断优化或增补创意。通过制作原型来澄清问题和检验假设。这么一来，团队就可以进行调整、学习和重新设计，直到找出完善的解决方案。
- **结构化流程**：如果要用以人为本的方式探寻和开发新颖的解决方案，那么组织就要打破常规。设计思维中的结构和流程为设计流程提供了指导和边界，确保设计团队不会"优柔寡断"（analysis paralysis），也不会因匆忙跳过重要步骤而导致解决错误的问题。

设计思维的这些要素帮助团队更有效地协作。它们既是每个团队成员思考和解决问题时不可或缺的部分，又是"以人为本"设计师的核心思维模式。

↘ 设计思维应用案例

多年来，设计思维在多个行业的应用证明了其有效性，以下几个精选案例说明了这一点。

1. 美国银行

2004 年，在 IDEO 公司的帮助下，美国银行推出了"零头转存项目"（The Keep the Change Program）。该项目的目标是通过开发新型方法，从而吸引更多的人开设银行账户。IDEO 团队对客户行为进行了研究。在研究中，一个关键的洞察是"储户在开支票时都有意地写整数金额"。通过观察人们与金钱之间的关系，以及深入了解现有客户的行为，从而实现了项目目标。

2. Slack 公司

Slack 公司通过使用自己的软件收集客户反馈，与客户共创和优化产品。通过与各种利益相关方合作并观察他们的行为，Slack 公司获得了一些关键洞察，比如，人们会寻找他们真正想要的东西；沟通至关重要；要始终向初学者学习。

3. 通用电气公司

通用电气公司医疗保健事业部（GE Healthcare）推出了"儿科探险系列项目"（The Pediatric Adventure Series）。该项目旨在通过重构来改变用户体验。Doug 参与了核磁共振设备的设计。Doug 在一家儿童医院安装核磁共振设备时，发现孩子们害怕做核磁共振检查。为了确保检查顺利，孩子们还经常被注射镇静剂。通过运用设计思维和共创，Doug 产生了以孩子为主角创作故事的创意。通过编排诸如击退恐龙或潜艇探险等故事情节，孩子们做核磁共振检查时就非常放松。这样一来，需要服用镇静剂才能做检查的儿童数量急剧下降，每天也可以检查更多的患者了。

↘ 设计思维快速入门指南

学习和应用设计思维需要时间，最好是边做边学，并尽早开始实践。设计思维的一个关键原则是在实践中学习。这么做有助于强化设计思维原则，并在团队和组织内打造创新文化。开始应用设计思维的一些快捷方法：

- 举办设计思维基础知识研讨会。采用线上或面对面的方式，时间为 1～2 天，向团队介绍一些基本概念，引导团队一起应对挑战。

- 进行一次设计思维冲刺（Knapp 等，2016）。该方法由谷歌风险投资基金（Google Ventures）开发。用一周或更短的时间，针对客户的问题，由团队快速开发解决方案，在实践中学习。
- 始终问"问题是什么"和"遇到这个问题的用户是谁"，并将这两个最重要的问题作为工作重心。

1. 何时采用设计思维

- 当面临以人为本的挑战时。任何与人有关的问题，需要对人有深入的了解，包括改善员工体验，设计产品的具体用例，了解一些新功能在产品中未能发挥作用的原因，等等。
- 当面临复杂的挑战时。复杂问题是个挑战，因为只能定义问题的一部分，尚未完全了解也无法预测问题。设计思维非常有利于探索复杂问题，因为它允许信息流动，并嵌入了迭代过程，可以随着问题的展开而进行调整。

2. 何时不适合采用设计思维

- 当遇到非开放式问题时。如果已经知道解决问题的结果或具体解决方案，那么最好不要采用设计思维。
- 当某个专家已经明确提出问题的解决方案时。
- 当另一种解决问题的方法被证明更有效时。对于存在已知有效方法的问题，采用设计思维可能不会增加什么价值。例如，有效地解决制造企业的质量问题可以采用精益六西格玛，而不采用设计思维。

4.3.10　精益产品创新方法

精益产品创新方法建立在丰田公司首创的精益生产系统（Toyota Production System，TPS）的基础上。精益生产系统旨在消除浪费（Muda）。在日语里，Muda 的含义是无用、无效、闲置或浪费。精益生产系统的主要目的是从制造流程中消除浪费。这些原则被应用到产品创新流程中。

精益产品创新方法的核心概念和原则包括消除浪费以及预先收集尽可能多的信息和知识。重要的是，要不断和不懈地学习，并在整个产品创新生命周期中寻找改进机会（见图 4.22）。因此，精益产品创新方法的核心内容包括：收集和增加产品知识，在产品创新流程早期就让团队充分参与。

知识增长
产品知识

精益流

精益实践治理

人员参与

过程流

管理、改进、持续学习

图 4.22　精益产品创新方法的理念

精益产品创新方法对提升组织生产率起到关键作用（Mascitelli，2011），可采用以下指标进行度量：

- 每小时（或每单位时间）产生的利润。
- 设计者或开发者的有效利用率。
- 更快的上市速度。

- 单位时间内完成更多的项目。
- 更多的满意客户。
- 更少的无效活动。

潜在的浪费来源包括：

- 混乱的工作环境。
- 资源短缺。
- 没有明确的优先级。
- 跨职能沟通障碍。
- 产品需求定义不明确。

- 早期没有考虑可制造性。
- 过度设计。
- 过多的无效会议。
- 过多的电子邮件。

丰田公司以应用精益原则闻名。詹姆斯·M. 摩根（James M. Morgan）和杰弗里·K. 莱克（Jeffrey K. Liker）在《精益产品开发体系——丰田公司整合人员、流程与技术的精益原则》一书中，对精益产品创新方法做出了如下总结。

---

1. 流程

（1）明确由消费者定义的价值，将增值与浪费区分开来。在将增值与浪费分开时，需要重点关注两种关键浪费：

- 因工程技术差而导致的产品和/或工艺性能不佳。
- 因产品开发流程差而导致的时间和资源浪费。

（2）在产品开发流程前期充分研究可选方案，因为此时设计改动的空间最大。丰田公司在开发流程中嵌入研究阶段和主动式问题预防方法，显著减轻了创新前端的混乱状况。

（3）建立均衡的产品开发流程。有很多产品创新流程可以用于开发产品或解决方案。丰田公司的 TPS 系统通过采用可复用的流程和适应型工具，不仅可以消除浪费，还可以消除不均匀和过载。

（4）利用严格的标准化减少变异，创造柔性和可预测的产出。创新管理或产品开发始终致力于平衡创造性和可再现性。丰田公司将宏观系统的灵活性和微观任务的标准化进行平衡，从而达到上述目标。他们采用三大类标准化：

- 设计标准化：用可复用模块和共享组件组成通用架构。
- 流程标准化：基于标准制造流程的产品模板和开发系统。
- 工程技能标准化：为项目规划和人员配置提供灵活性。

2. 人员

（5）建立自始至终领导项目开发的总工程师制度。大多数公司将项目管理职责安排给项目经理。丰田公司的不同之处在于，安排一名跨功能且技术娴熟的总工程师全权负责管理整个产品开发项目。在团队陷入僵局的情况下，由总工程师决定使用哪种工程或制造解决方案。

（6）建立适当的组织结构，找到职能部门内技术专长与跨职能整合之间的平衡。丰田公司通过总工程师、工程团队模块化和作战室来增强跨职能的参与度和专注度。

（7）为工程人员构造尖塔型的知识结构。工程是一个技术性很强的岗位。许多组织希望培养工程师的经营理念，然而，这么做可能会削弱其技术能力。丰田公司鼓励工程师深化而不是拓宽技能，总工程师或项目经理会统筹协同工程师们的任务。

（8）建立公司内部学习和持续改进机制。公司领导强调组织学习和持续改进的重要性。

3. 工具和技术子系统

（9）建立追求卓越、锐意进取的企业文化。总体而言，文化是丰田公司产品战略的重要组成部分。除学习和持续改进之外，对质量和卓越的承诺也从历代领导人手中传承下来。此外，会定期在全公司范围内庆祝取得的进步。

（10）调整技术以适应人和流程。在不了解问题范围的情况下，贸然采用技术来解决问题就会导致糟糕的结果。

（11）利用简单的可视化沟通来达成一致。虽然文化和标准化是丰田公司成功的关键因素，但如果没有清晰且简洁的沟通方法，就很难使组织上下保持一致。丰田公司通过政策部署确保公司战略目标在公司各个层级取得进展。政策部署规划包含以下 7 个步骤：

① 树立愿景，评估现状。

② 制定突破性目标。

③ 制定年度目标。

④ 在整个组织内逐级落实目标。

⑤ 完成年度目标。

⑥ 月度总结。

⑦ 年度总结。

（12）运用强大的工具做好标准化和组织学习。最后，如果未能采用工具来管理跨项目和跨时间的学习并制定相应标准，就很难确保创新的持续性。持续改进是改善的核心原则之一。丰田公司开发了强大的工具，并对工具不断优化，随时在各级组织间、各项目间获取、提炼、交流学习所得和标准。

精益产品创新方法的优点和缺点如表 4.8 所示。

表 4.8　精益产品创新方法的优点和缺点

优　　点	缺　　点
• 重点在于信息的顺畅流动，而非严格的治理 • 通过均衡驱动的方法简化合作和优化设计 • 强调对进度、成本、性能和质量等风险进行主动管理 • 适用于各种规模的项目 • 用简单和可视化工具获取知识、追踪进度、排定优先级和解决问题	• 需要专职且经验丰富的人员，这样才能为系统改进提出建议，并对系统变化做出积极响应 • 需要改变组织结构和文化，特别是组织应有统一且有承诺的项目文化以及合理且支持创新的组织结构 • 需要强有力的供应商管理。若要采用精益产品创新方法或准时交付（Just In Time，JIT），就要与供应商进行良好的沟通和协作 • 组织有意愿且有能力接受项目目标和方向上的变化

4.3.11　精益创业

精益创业原本是一种开办新企业的方法，创业者在开发产品时要进行调查、实验、测试和迭代。精益创业的概念起源于 21 世纪初，并在 2010 年前后发展为一种方法论。精益创业由硅谷企业家布兰克（Blank，2011）和莱斯（Ries，2012）共同提出。

该方法的拥趸们认为，精益创业原则确保创业者能够开发出客户真正想要的产品，而不是采用未经测试的创意来开展业务。他们将其称为"快速试错法和低成本试错法"。精益创业旨在控制在产品创意上花费的时间和成本，尤其是在测试和证明产品创意的潜在价值时，更是如此。

精益创业要求创业者首先寻找一种商业模式，然后通过测试他们的创意来开启创业之旅。接着，通过潜在客户的反馈来优化他们的创意。精益创业还提倡创业者持续参与该循环——探索并提出假设，然后在客户中进行测试，以获得反馈。这也可以说是一个验证性的学习过程。创业者利用客户反馈来重新设计产品。

要正确运用精益创业，就要考虑六个关键因素。

1．开发—测量—学习循环（Build-Measure-Learn）

如图 4.23 所示，莱斯（2011）提到："精益创业可以概括为三个关键词：开发、测量和学习。简单来说，就是通过开发原型来测量什么是有效的，然后了解到客户需求。尽快、多次重复该循环，才能打造一个可持续发展的企业。"

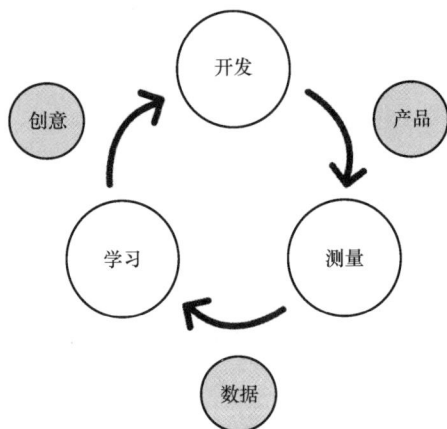

图 4.23　开发—测量—学习循环

2．商业模式画布

奥斯特瓦德（Osterwalder）等（2010）提出了商业模式画布。它是一个简单而有效的视觉化战略工具。无论组织规模大小，都可将其用来进行商业模式创新。商业模式画布为精益创业公司中常用的精益创业画布提供了基础，其重点是以创业者为中心的商业策划。在战略和创新背景下，组织的商业模式非常关键。如果商业模式不正确或者商业模式不支持创新战略、管理战略、技术战略和产品战略，那么营利性组织就无法实现其最终目标——创造价值。互联网的发展和全球化为组织创造了动力，促使其将创新纳入每个能够获取价值并转化为利润的环节中。有关商业模式画布的更多详细信息，参见第 2.4.4 节。

3. 学习计划——螺旋式提升

《精益创业》（*Lean Startup*）一书作者莱斯（2011）提到："有效学习是用经验证明团队已经发现了当前创业和未来商业前景的有价值真相的过程。"学习计划描述了如何验证关键假设。完成一项学习计划就是"螺旋式提升"一次，如图 4.24 所示。学习计划分为四个象限，分别为：

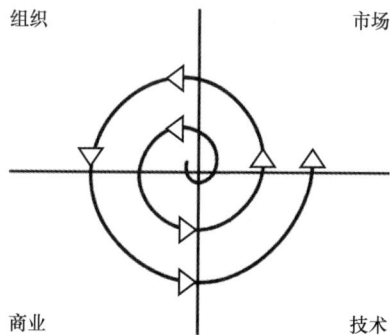

图 4.24　学习计划——螺旋式提升

- 市场——例如，患者和消费者。
- 组织——例如，人员配置、预算编制和组织结构。
- 商业——例如，投资和盈利能力。
- 技术——例如，技术、创新和平台。

学习计划不必涵盖所有象限，只需涵盖那些对项目成败至关重要的领域即可。好的学习计划具备以下特点：

- 好的学习计划失败得快，学得也快；随着阶段的进展，成功概率通常会上升。
- 有没有办法提前验证？能尽早了解低概率事件吗？
- 分阶段为问题解决提供证据或转型点。

4. 创业三阶段：问题与解决方案匹配、产品与市场匹配及规模化

（1）问题与解决方案匹配：客户是否有明显的痛点（或利益）值得我们去解决？对于目标客户来说，有真正的"痛点或利益"是最紧要的。太多早期创意失败是因为项目团队或领导者热衷华而不实的新技术或解决方案。

（2）产品与市场匹配：产品是否符合市场需求？该阶段不仅对验证产品特性及市场吸引力而言至关重要，而且对走向市场的商业模式也很重要。

（3）规模化：快速增长，实现规模效益。生产、销售、服务和支持是否到位？商业模式是否能够带来利益？

5. 最小可行产品

最小可行产品是指具有恰好满足早期客户所需功能，并为未来开发提供反馈的产品。"最小可行产品告诉我们，任何超出开始学习所需的额外工作都是浪费，无论它当时看起来多么重要。"（Ries，2011）

在收集反馈方面，和具有更多特性的产品相比，开发一款最小可行产品要经济得多。由于某些原因（例如，错误的假设）导致开发失败时，具有更多特性的产品造成的损失和风险也会更高。2001年，Frank Robinson首先提出并定义了最小可行产品这一概念，后来由布兰克（Blank和Dorf，2012；Blank，2016）进行了推广。

6. 转型

创业者们发现，新产品或服务的极端不确定性需要不断纠错或转型才能找到成功方法。对此，莱斯提出了10种转型方式：

- 放大式转型。将产品中的某一功能转为整个产品。该转型突出了聚焦和最小可行产品的价值，能够快速高效地交付产品。
- 缩小式转型。相反，有时某一功能不足以满足客户总体需求，可以将整个产品转为更大产品中的某一功能。
- 客户细分市场转型。产品会吸引真正的客户，也许不是你最初设想的客户。换言之，要准确定位细分市场，要解决真正的问题，才能获得市场认可。
- 客户需求转型。如果从早期的客户反馈中得知需要解决的问题对客户而言并不重要，那么就要重新定位产品，甚至开发出全新的产品，直到发现真正需要解决的问题为止。
- 平台转型。从应用功能到平台的转型，或反方向的转型。许多创业者未能开发一个"杀手级"的应用功能，就会将解决方案设定为一个未来产品的平台。

- 商业架构转型。许多年前，杰弗里·摩尔（Geoffrey Moore）提出了两种主要的商业架构：高利润/低销量或低利润/高销量。这两者无法兼得。
- 价值获取转型。初创企业获取价值方式的改变会对经营、产品和营销战略产生深远影响。"免费"模式无法获取太多价值。
- 增长引擎转型。如今，大多数初创公司使用三种主要增长引擎：病毒式传播、客户黏性和付费增长模式。选择正确的增长模式可以显著提高增长速度和盈利能力。
- 渠道转型。公司向客户交付产品的机制称为销售或分销渠道。渠道转型通常需要独特的定价、特性和竞争定位。
- 技术转型。使用完全不同的技术来解决问题。最重要的是，新技术能够带来更好的性能和/或价格。

4.3.12　待办任务

有些人认为待办任务是一种创新流程或框架，也有些人认为它是需求生成工具。这很大程度上是因为待办任务理论的起源与这两者都有关联。待办任务的一个源头来自克里斯坦森（Christensen）和雷纳（Raynor，2003），他们认为待办任务的价值在于理解客户为什么做出购买决策，这就与需求生成有关。另一个源头来自乌尔威克（Ulwick，2016），他认为人们购买产品的原因是完成任务。因此要研究该任务，对其进行分析。该方法通过一个严谨的流程，清晰地定义客户想要完成的任务。这两种方法都得到了广泛的应用。因此，待办任务是一种有价值的创新实践方法。

作为需求生成的一个例子，Efosa Ojomo（2021）写了一篇题为《简单又强大的待办任务方法》的博客。在这篇文章中，他用一件轶事来说明大多数流程或框架只重视产品创新的功能层面，而待办任务还重视社会和情感层面。

由已故克里斯坦森教授和他的长期合作伙伴 Bob Moesta 创建的"待办任务理论"是一个有价值的框架，有助于创新者更好地理解消费者行为。该理论强调了一个事实，即人们不单是购买产品或服务，更是用它们完成特定情况下的任务［称之为"待办任务"

（Jobs to Be Done），简称"任务"（Jobs）]。

待办任务理论透过现象揭示了消费者做选择时考虑的三个层面，即功能、社会和情感。功能层面很简单，即产品或服务的功能必须帮助消费者解决问题。社会层面是他人如何看待使用产品或服务的消费者。情感层面则是产品或服务给消费者带来的感受。为了圆满地完成任务，创新者应该综合考虑任务的功能、社会和情感三个层面。

举例来说。几年前，一家名为 Godrej 的印度公司开发了一款名为 chotuKool 的新型制冷机，为数亿没有制冷机的印度人提供制冷服务。经过大量研究，Godrej 公司了解到，这款新产品的目标人群中的大多数家里没有电力供应，买不起包装食品，也买不起市场上现有的大多数冰箱。chotuKool 是专门为这个市场设计的。

chotuKool 是一款小型热电式冰箱，通过可充电电池来供电，冰箱的电池类似于笔记本电脑的电池。该产品重约 16 磅，容量为 35 升，制冷温度为 10 摄氏度（50 华氏度）。该产品由 20 个部件组成，没有移动部件（传统冰箱多达 200 多个部件），只消耗传统冰箱一半的电力，售价约 60 美元，相当于市场上最便宜冰箱的零头。种种迹象表明，该产品一定会稳操胜券。可是，在社交和情感层面，chotuKool 的表现却差强人意。Godrej 公司很快发现，消费者购买了 chotuKool，就会被人认为他们买不起传统冰箱。经过深入研究，Godrej 公司还发现，由于电力供应不稳定，许多人购买了传统冰箱，却没有给冰箱通电。对他们来说，尽管冰箱不常通电，但他们认为家里有一台传统冰箱就是身份的象征。拥有一台传统冰箱让他们自我感觉良好，也好像提升了自己的社会地位。也就是说，虽然冰箱没有实现任务的功能层面，但是满足了任务的社会层面和情感层面。

后来，Godrej 公司从这个艰难的起步中吸取了教训，又开发了一款冰箱。该款冰箱满足了任务的三个层面。该案例提醒创新者要理解客户任务的功能、社会和情感三个层面，只有抓住每一个层面，才能极大地提高成功率。

那么，如何运用待办任务呢？Zbignev Grecis（2015）画了一张图并提供了相关说明，如图 4.25 所示。

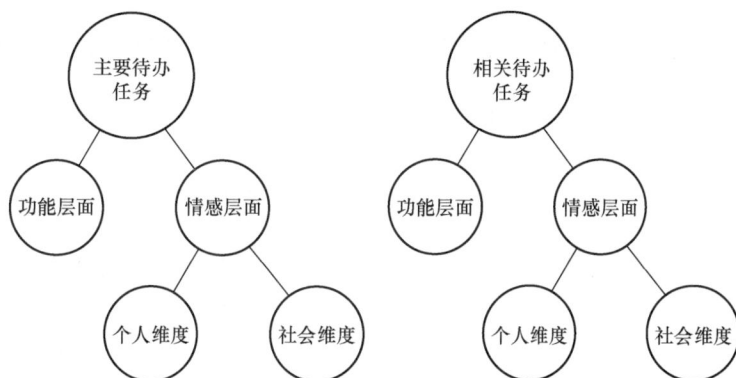

图 4.25　两种不同类型的待办任务

两种不同类型的待办任务：

（1）主要待办任务是客户想要完成的任务。

（2）相关待办任务是客户希望与主要待办任务一起完成的任务。

在这两种待办任务中，都包括：

- 功能层面：与实物相关的客户客观需求。
- 情感层面：与感受和感知相关的客户主观需求。

情感层面进一步细分为个人维度和社会维度。个人维度是客户对解决方案的感受，社会维度是客户在使用解决方案时认为他人是如何看待自己的。

下面，用一个越野车改装的案例进一步说明待办任务，如图 4.26 所示。

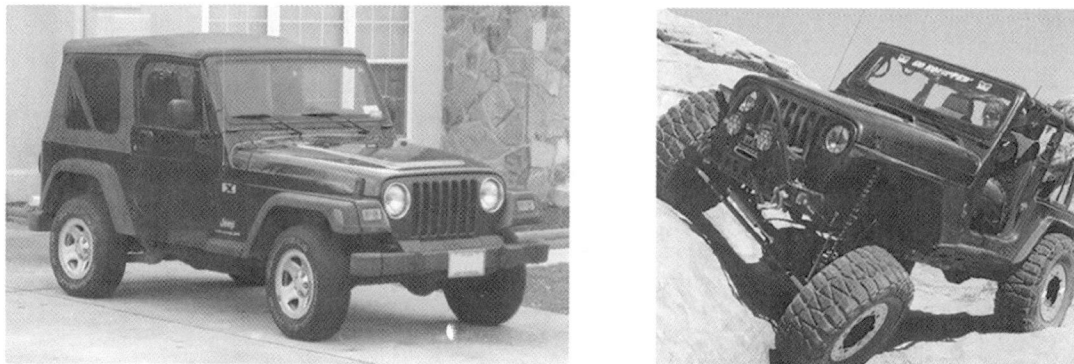

图 4.26　越野车改装

一种待办任务是将吉普车改装为越野车，即在保持公路驾驶性能的同时，实现更好的越野性能。针对这个较为宽泛的待办任务，我们通过缩小范围，即升级轮胎来实现。

大多数现有基本款吉普车的轮胎型号都是 P245/70R17。对于熟悉该型号的人来说，意味着在直径 17 英寸的轮毂上安装了一个外径 31 英寸和宽度 10 英寸的轮胎。如果轮胎厂商只注重轮胎性能，即轮胎的耐用性以及在使用环境（公路、土路、泥路和石路等）中的性能的话，就往往无法获得他们期望的市场份额。

轮胎的功能层面包括尺寸、耐用性和性能。如果吉普车大部分时间都在泥泞或潮湿环境中行驶，就应选 M/T（泥泞地形）款轮胎。如果又希望保持公路驾驶性能，就应选 MTX（泥地/全地形）款轮胎。而轮胎选择的情感层面呢？

在最近一项针对美国近 2 300 名吉普车爱好者的民意调查中，68% 的受访者表示耐用性和性能是主要决策因素，21% 的受访者提到了价格，只有 8% 的人在意吉普车轮胎外观是否"酷炫"。这些数据表明，耐用性和性能是最重要的决策因素。然而，这是不是客户决策的全部？

对于一些吉普车爱好者来说，外观酷炫往往更为重要。他们非常看重轮胎外观，外观决定了他们是否对吉普车有感觉，以及其他人如何看待他的吉普车。如何从上述数据中确定这一点？通过查看实际购买数据，就可以发现这一因素。与受访吉普车爱好者位于同一地区的一家越野车轮胎店收到调查数据后说："客户很大程度上按照外观来选轮胎。"该店的销售历史数据证明，在超过 80% 的情况下，当面临两种选择时，一种轮胎价格明显更贵，另一种轮胎质量/性能明显更低，如果外观吸引力更强，那么购买者就会选择外观更好看的轮胎，而不在乎轮胎价格高或性能低等因素。

4.4   产品创新流程模型比较

组织不断加深对产品创新成功要素的理解，逐渐发展并改进了流程方法，以满足特定组织环境和产品类别的需求。研究人员和实践者已经认识到，在产品创新流程中"一刀切"的方法显然是行不通的。在前几节中，介绍了一些近年来得到较多应用的主要流程模型。这些流程模型各有优缺点。虽然在某些情境下，可以只选用某一种模型，但在大多数情境下，需要将多种模型进行适当组合。下面，对一些流程模型进行比较。

4.4.1　敏捷方法与精益方法

敏捷方法和精益方法有着显著不同。很多人觉得它们在某种程度上是一样的，实际上并非如此。

精益方法旨在减少浪费，提高运营效率，尤其适用于制造过程中常见的重复性任务。在产品创新中，精益方法的真正价值在于它聚焦于一整套核心原则或指导方针，这些都是产品创新流程的根基。精益方法并不是专注于成功开发新产品所要开展具体活动和任务的明确流程。在第 4.3.10 节中，总结了 12 项精益产品创新原则，丰田公司率先运用了这些原则。

提出敏捷方法的初衷是希望在一个较短的时间周期内执行任务，与客户进行频繁互动，并能够对变化做出迅速响应。在应用于产品或产品部件开发时，敏捷方法对结构、流程和角色都进行了明确定义。简而言之，敏捷方法是一种以时间为中心、不断迭代的理念，推崇以一步一步（增量）的方式开发产品，交付最小可行产品。它的主要优点之一是，在任何阶段都能够适应和改变（取决于反馈、市场条件和公司制约因素等），并只提供市场所需的产品。

值得一提的是，虽然敏捷方法与精益方法有所不同。但它们并不互相排斥，在同一组织中，可以共用。

4.4.2　敏捷方法与门径流程

门径流程并不是一个项目管理模型或微观规划模型。更确切地说，它是一个全面、完整、从创意到上市阶段的系统，是一个宏观规划流程，也是跨职能的（包括技术和产品开发、营销、销售和运营部门）。它将重点放在关口上，关口构成了投资决策模型的基础。在关口处要回答的关键问题是：组织在做正确的项目吗？组织在正确地做项目吗？

相比之下，敏捷方法最初是为快速开发软件而专门设计的。在实践中，开发阶段包括一系列的冲刺，每个冲刺或迭代交付一个产品（可运行的代码或软件）并可以向利益相关方（客户）演示该产品。一次迭代可能无法为产品赋予足够多的功能或使产品达到上市要求，但在每次迭代结束时都会有一个可用的产品版本，这恰恰是迭代的目标。若要发布产品或新特性，则通常需要进行多次迭代。一次冲刺的周期通常为2~4周。

库珀很好地总结了门径流程和敏捷方法的特点，如表4.9所示。他提出了一个得到大众认可的观点：门径流程适用于开发硬件产品，而敏捷方法适用于开发软件产品。他继而得出结论：这两种方法是相对独立的。库珀认为："敏捷方法和门径流程不是互相取代的关系。相反，敏捷方法是一种有效的微观规划工具或项目管理工具，可以用于门径流程中以加快某些阶段，如阶段3和阶段4。"（Cooper，2015）

表 4.9　门径流程与敏捷方法的特点

对 比 项	门 径 流 程	敏 捷 方 法
方法类型	宏观计划	微观计划，项目管理
范围	从创意到上市，端到端	用于开发和测试阶段
组织跨度	跨职能（技术、市场和制造等）	技术部门为主（工程人员、IT人员）
重点	在市场上发布新产品	开发和测试产品
决策内容	投资决策：高级管理层决策——通过/否决	战术性为主：下一个冲刺所需的行动

4.4.3　集成产品开发与其他流程模型

顾名思义，集成产品开发是将产品创新中的功能、角色和活动集成起来的框架。其定义是"系统地运用由多功能学科集成而得的团队成果，有效果、有效率地开发新产品，以满足客户需求的一种理念"（Kahn，2013）。集成产品开发的一个特点是"学习和持续改进"。

从逻辑上说，门径流程注重宏观规划和阶段决策，敏捷方法注重微观规划和灵活性，精益方法注重减少时间与人力浪费，这些方法之间是互补而不是互斥的。将所有这些产品创新方法整合起来建立学习型组织，或将每种模型中的元素融合为一个真正适合产品创新流程的模型，并将学习和持续改进作为重点，才是真正先进的产品创新实践。

4.4.4　关键问题：采用哪种流程？

答案是：没有定论。

- 本章中介绍的大多数流程都有共同的要素。
- 寻求产品创新项目的结构化。
- 强调跨职能团队的价值。
- 强调客户之声的重要性。

用一句话概括每种流程的特点：

- 门径流程强调结构化和规范化。
- 敏捷方法提高了交付灵活性和速度。
- 精益方法侧重于消除浪费（资源、时间）。
- 集成产品开发侧重于功能、角色和活动的集成。
- 设计思维以人为中心，以解决问题为基础。
- 待办任务侧重于潜在的客户需求。

那么，究竟应该采用哪种流程？虽然没有明确的答案，但是可以参考以下建议：

（1）考虑组织文化、资源和能力。结构僵化、缺乏灵活性的组织会发现采用敏捷方法很困难，而采用门径流程会更合适。

（2）高风险和公司级新产品。开展高风险、高回报项目时，更适合采用门径流程，尤其是在制药行业。如前所述，关口数量可根据风险等级和上市速度的要求进行调整。

（3）迭代开发和优化。对现有产品进行迭代开发时，首选敏捷方法，尤其在 IT 和软件行业，更是如此。

（4）产品组合中的一系列产品。如果产品组合包含一系列产品，从低风险到高风险，从公司级新产品到迭代开发产品，从现有技术应用到新技术应用等，就要为每种产品选择最合适的流程。不要强迫所有项目都采用同一种流程。

那么，有最正确或最佳的流程吗？

答案显然是否定的。

最佳公司会选择适合其具体需求的流程。根据需要选择和优化流程，并使用流程组合。为什么不将门径流程作为基本框架，在其中的某些阶段采用敏捷方法呢？抑或以识别客户需求的待办任务为基本方法，借助设计思维来提供以人为本的问题解决方案，同时将精益方法作为底层支撑？

重中之重是要打造一个专注于持续改进的学习型组织。

4.5　产品创新流程控制与管理

本章介绍的每种产品创新流程在基本结构和基本原理方面都具有明显的优势。然而，组织可能会执行不力，经常出现流程优先于结果的问题，甚至为了流程而流程。例如，交付团队编撰所要求的文档，如需求文件或架构文件，这么做只是为了通过流程中的关口。

赋予高级管理者或管理团队控制和管理（治理）的责任是确保产品创新整体有效性的最好方法。也就是说，要采用数量适当的流程，专注于交付正确的结果，高效和有效地开展工作。产品创新流程的重点是产品而不是流程本身。

4.5.1　什么是产品创新流程治理

项目管理协会将项目集治理定义为（粗体字表示在产品创新中的重点和应用）："涵盖由发起组织对项目集和战略进行**定义**、**授权**、**监督**和支持的**体系与方法**。项目集治理是指发起组织用于确保项目集（在可行的范围内）**被有效和持续管理**而执行的实践和流程。由评审和决策机构来实施项目集治理，该机构负责批准或签署其授权范围内的项目集建议。"（《项目集管理标准》第 3 版，2013）

从产品创新治理的角度来看，需要回答以下问题：

（1）产品创新流程是否适合组织及其产品或服务的特定需求？整个组织是否对流程进行了良好的沟通、理解和采用？

（2）新产品或服务成果的可测量目标是否已经明确并达成一致？所有参与产品创新流程的人是否都理解这些信息？

（3）是否为产品创新流程中的每个阶段设定了具体度量指标（例如，实际花费与预算、按时完成的里程碑和总开发周期等）？是否将这些度量指标作为学习和持续改进的基础？

（4）管理权限和个人责任之间是否有适当的平衡？

（5）决策规则和流程是否能够确保有效和及时地做出决策？有没有任何重大和不必要的导致失败和延误的"障碍"存在？

（6）是否按照组织各部门的投入、产出和流程度量指标，定期评审产品创新流程？

（7）是否有具体流程和实例来解决团队成员之间的潜在分歧，尤其是在跨职能团队参与同一项目时？

4.5.2　董事会和高级管理层的角色

McNaughton（2023）阐述了支持式和稳健的治理在促进创新方面的重要性。他也强调了董事会和高级管理层在"设定期望和制定政策，组织领导公司，授权决策以及招募合适的人来支持创新"等方面的重要性。在表 4.10 中，McNaughton 总结了董事会及高级管理层是如何影响创新的。

表 4.10   董事会及高级管理层是如何影响创新的

董 事 会	高级管理层
• 接收企业主关于投资目标的指示	• 树立创新愿景
• 设置风险容忍度并监控风险	• 定义公司将如何从创新中获取价值
• 参与战略制定，包括创新组合	• 选择组织创新的方法
• 和管理层一起选择组织创新的方法	• 选择创新流程或方法
• 监督和审查绩效	• 定义角色并分配责任
• 监督合规性	• 培育创新文化
• 任命首席执行官并监督绩效	• 创新行为的倡导者和楷模
• 授予决策权	• 制定政策和激励措施，支持创新管理实践
• 提名董事会成员	• 配置资源并安排预算
• 设立子委员会或咨询委员会（例如，创新或数字化转型）	• 识别并清除创新中的障碍和阻力
	• 定义度量创新、设定目标和监控绩效的方法

4.6   本章小结

- 本章介绍了几种产品创新流程模型。不同的流程模型各有优点，通常适用于整个产品创新流程的某些阶段。门径流程囊括了从创意到上市的整个流程，而其他大多数流程侧重于整个流程中的某些阶段。

- 与其他公司的成功率（51%）相比，采用产品创新流程的最佳公司的产品成功率（76%）要高出很多。

- 产品创新本质上是一个风险与回报的过程。应用规范的流程和实践旨在降低不确定性程度并提高产品成功率。

- 在产品创新流程中，随着产品创新的推进，成本会急剧增加，尤其在最终设计、制作原型及从规模化到商业化阶段。最重要的一点是，在产品创新早期阶段（"创新前端"）投入的精力越多，做出的决策就更明智，项目成功率也会更高。

- 应用在特定组织和产品时，门径流程、集成产品开发、瀑布模型、敏捷产品创新方法、精益产品创新方法、并行工程、系统工程、待办任务和设计思维各有千秋。深入理解每种流程模型的原理非常重要。只有这样，才能根据公司具体情境选用最合适的流程模型。通常会综合应用两种或更多的流程模型。

- 所有流程模型都遵循以下共同原则：

—— 注重战略一致性。

—— 基于知识制定决策，以降低产品失败风险。

—— 强调在做设计决策时要考虑利益相关方反馈。

—— 采用跨职能团队。

—— 整个组织采用结构化流程框架并达成共识。

- 在产品创新上真正成功的组织理解新产品成功的基本原则，即向他人学习，持续努力，不断改进。

- 产品创新成功的根基是围绕创新战略和具体产品创新项目，清晰地定义目标和目的，并将其纳入产品创新章程。

- 在每个产品创新项目中都要制定可持续战略和原则，包括减少浪费、再循环及材料再利用。此外，经营中也应考虑利润、人类和地球三重约束。

本章试题

1. 玛丽在一家汽车零部件公司担任产品开发工程师。她的上司一直抱怨产品从开发到上市耗时太长。他希望能够通过定期迭代的方法，更高效地开发新产品。为了缩短上市时间，玛丽应该向她的上司推荐什么类型的产品创新流程？

    A. 瀑布模型　　　　　　　　　　B. 集成产品开发

    C. 敏捷产品创新方法　　　　　　D. 门径流程

2. 在新产品开发早期，会存在很多不确定性。该阶段通常被称为____。

    A. 概念生成　　B. 创新前端　　C. 商业论证　　D. 概念评估

3. 组织中产品创新流程成熟的标志是组织具备什么样的能力？

    A. 在整个创新流程中邀请并整合利益相关方和高级管理层的参与

    B. 使用迭代和风险管理步骤促进有效和高效地进行产品创新

C. 不断向产品管道中投放新产品

D. 从各种模式和经验中总结出适合自己的最佳实践

4. 在经典瀑布模型中，第一步是需求，最后一步是____。

A. 开发   B. 维护   C. 验证   D. 实施

5. 敏捷产品创新方法中的关键要素包括 Scrum 流程、敏捷教练、敏捷团队、冲刺、产品待办列表及____。

A. 利益相关方   B. 项目经理   C. 产品负责人   D. 产品倡导者

6. 一家公司正在开发一款相对简单的产品，该产品是现有产品线的延伸。市场很明确，产品失败风险也很低。在这种情况下，应该用几个阶段的门径流程？

A. 五阶段流程，重点放在初始商业分析上

B. 五阶段流程，在决策流程中安排更多市场调研

C. 相对较短的三阶段流程，重点放在加快上市速度上

D. 三阶段流程，重点放在上市前的试销上

7. 在待办任务框架中，有两种待办任务，分别是主要待办任务和相关待办任务。这两种待办任务都包含多个要素，但不包含哪个要素？

A. 情感   B. 财务   C. 功能   D. 社会

8. 关口被定义为"基于可交付成果、标准和输出的决策点"，关口的输出包括以下哪个？

A. 财务报表   B. "是或否"的决策

C. 概率和影响的高低   D. "通过、否决、搁置、重做"的决策

9. 精益产品创新方法侧重于以下哪个方面？

A.　在流程中强调纪律　　　　　　B.　使得流程更具灵活性

C.　消除浪费　　　　　　　　　　D.　鼓励跨职能协同

10.　指导项目、项目集和项目组合管理活动并提供指导、决策和监督的框架、功能和过程称为____。

A.　治理　　　　　B.　项目管理　　　　C.　团队领导　　　　D.　通用管理

本章试题参考答案

1.　C　　　2.　B　　　3.　D　　　4.　B　　　5.　C

6.　C　　　7.　B　　　8.　D　　　9.　C　　　10.　A

本章参考文献

- Agile Manifesto. (2001). *Agile manifesto for software development*.
- Blank, S. (2010). *Not all those who wander are lost*. Cafepress.
- Blank, S. (2016). *SyncDev methodology*. Sync.Dev.
- Blank, S. and Dorf, B. (2012). *The startup owner's manual: The step-by-step guide for building a great company*. K&S Ranch.
- Booz, Allen, and Hamilton (1982). *New products management for the 1980s*. Indiana University.
- Brown, T. (2008). *Change by design: How design thinking transforms organizations and inspires innovation*. Harper Collins.
- Cagan, M. (2017). *Inspired*, 2e. Silicon Valley Product Group.
- Christensen, C.M. and Raynor, M.E. (2003). *The innovator's solution*. Harvard Business School Press.
- Cooper, R.G. and Kleinschmidt, E. (1986). An investigation into the new product process: Steps, deficiencies, and impact. *Journal of Product Innovation Management 3* (2): 71–85.
- Cooper, R.G. (2001). *Winning at new products*. 3e. Basic Books.
- Cooper, R.G. (2014). What's next after stage-Gate®. *Research-Technology Management 57* (1):

20–31.

- Cooper, R. G. (2015). *Stage-Gate® and agile development: Debunking the* myths.
- Cooper, R.G. and Sommer, A.F. (2016). Agile-stage-gate: New idea-to-launch method for manufactured new products is faster, more responsive. *Industrial Marketing Management 59*: 167–180.
- Cooper, R.G. (2017). *Winning at new products*, 5e. Basic Books.
- Cooper, R.G. and Sommer, A.F. (2018). Agile-stage-gate for manufacturers. *Research-Technology Management 61* (2): 17–26.
- Cross, N. (1982). Designerly ways of knowing. *Design Studies 3*: 221–227.
- Espinoza-Orias, N., Cooper, K., and Lariani, S. (2018). Integrated product innovation at Nestlé. In: *Designing sustainable technologies, products and policies* (ed. E. Benetto, K. Gericke, and M. Guiton), 89–103.
- Fricke, E., & Schulz, A. P. (2005). Design for changeability (DfC): Principles to enable changes in systems throughout their entire life cycle. *Systems Engineering, 8*(9).
- Grecis, Z. (2015). *8 things to use in "jobs-to-be-done" framework for product development.*
- Gurtner, S., Spanjol, J., and Griffin, A. (2018). *Leveraging constraints for innovation.*
- Knapp, J., Zeratsky, J., and Kowitz, B. (2016). *Sprint: How to solve big problems and test new ideas in just five days.* Bantam Press (GB).
- Knudsen, M.P., von Zedtwitz, M., Griffin, A., and Barczak, G. (2023). Best practices in new product development and innovation: Results from PDMA's 2021 global survey. *Journal of Product Innovation Management 40* (3): 257–275.
- Haberfellner, R., De Weck, O., Fricke, E., & Vösner, S. (1986). *Systems engineering: Fundamentals and applications.* Birkhäser.
- Kahn, K.B., Evans Kay, S., and Slotegraaf, R.J. (2013). & Uban. In: *The PDMA handbook of new product development*, 3e (ed. S.).
- Liedtka, J. (2020). Putting technology in its place: Design thinking's social technology at work. *California Management Review 62* (2): 53–83.
- Liedtka, J. and Ogilvie, T. (2011). *Designing for growth: A design thinking tool kit for managers.* Columbia Business School Publishing.
- Mascitelli, R. (2011). *Mastering lean product innovation: A practical, event-driven process for maximizing speed, profits and quality.* Technology Perspectives. McKim, R.H. (1972). *Experiences in visual thinking.* Brooks/Cole Publishing Co.
- McNaughton. (2023). Innovation governance. In: *The PDMA handbook of innovation and new product development*, 4e (ed. L. Bsteiler and C.H. Noble), 121–136. John Wiley and Sons.
- Morgan, J.M. and Liker, J.K. (2006). *The Toyota product innovation system, integrating people, process and technology.* Productivity Press.

- Naveh, E. (2004). The effect of integrated product innovation on efficiency and innovation. *International Journal of Production Research* 43 (13): 2789–2808.
- *New York Times.* (1985, December 2). Demise of the Sgt. York: Model turns to dud.
- Ojomo, E. (2021). *The power and simplicity of jobs to be done theory.*
- Osterwalder, A., Pigneur, Y., and Smith, A. (2010). *Business model generation: A handbook for visionaries, game changers, and challengers.* Wiley.
- Pahl, G., Beitz, W., Feldhusen, J., and Grote, K.H. (2007). *Engineering design: A systematic approach*, 3e.
- Phillips, R., Neailey, K., and Broughton, T. (1999). A comparative study of six Stage-Gate approaches to product innovation. *Integrated Manufacturing Systems 10* (5): 289–297.
- Pichler, R. (2013). *Agile product innovation with scrum: Creating products that customers love.* Addison-Wesley Signature Series (Cohn).
- Ries, E. (2011). *The lean startup: How today's entrepreneurs use continuous innovation to create radically successful businesses.* Crown Business.
- Rittel, H. and Webber, M. (1973). *Dilemmas in general theory of planning. Policy Sciences* 4 (2): 155–169.
- Royce, W.W. (1970). Managing the development of large software systems. In: *Proceedings of IEEE WESCON*, vol. 26, 328–388. IEEE.
- Sutherland, J. (2014). *Scrum: The art of doing twice the work in half the time.* Currency.
- Ulwick, A.W. (2016). *Jobs to be done: Theory to practice.* Ideation Press.
- Winner, R. I., Pennell, J. P., Bertrand, H. E., & Slusarczuk, M. M. G. (1991). *The role of concurrent engineering in weapons system acquisition.* Institute for Defense snalyses Report R-338.

第 5 章

产品创新设计与开发

提供产品从创意、开发、制造到上市所需的
有效和高效方法。

↘ 本章学习重点

在产品创新中，会用到各种各样的概念、技术和方法，我们将其统称为工具。在产品创新流程中，不同阶段会用到不同的工具。运用这些工具，可以将创意转变为产品概念，然后进行详细设计与开发，最终将产品推向市场。一些工具适用于产品创新流程中的某个阶段，而有些工具适用于多个阶段。

本章重点介绍用于产品创新流程中的设计与开发工具。在产品设计与开发中，我们运用工具来减少不确定性和模糊性，并确保设计满足客户需求和技术规格要求。本章介绍最常用的工具及其优点，以及这些工具适用于产品设计与开发中的哪些阶段。

PDMA 于 2021 年开展的最佳实践研究表明，"最佳公司"比"其他公司"更多地运用设计与开发工具（Knudsen 等，2023）。

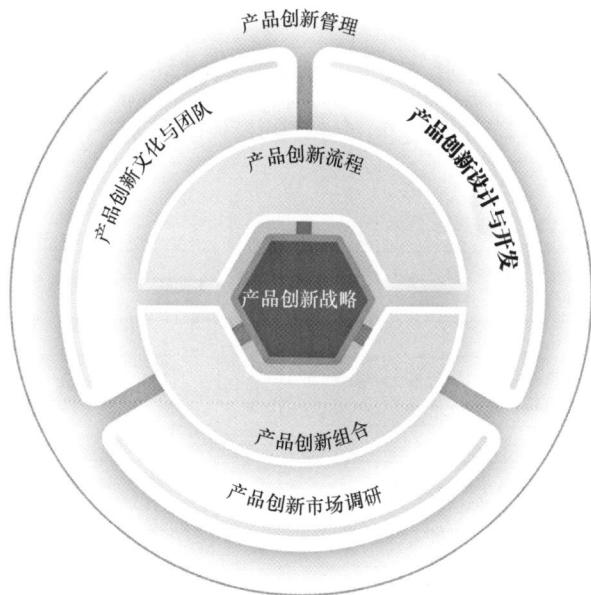

↘ 本章内容一览图

本章分为两个部分，第 1 部分为设计，第 2 部分为开发。

第 1 部分介绍了用于构建和完善产品概念的设计工具。这些工具适用于将初始创意或创新洞察转变为经明确和验证过的产品概念。设计工具分为创意生成工具、概念设计工具和实体化设计工具。在从创意生成到实体化设计过程中，客户需求得到越来越清晰的理解，为客户创造价值的产品要素也得以确认，最终形成产品概念和早期原型的详细说明。

第 2 部分介绍了开发工具，按照初始设计与规格、详细设计与规格以及制造与装配的顺序展开。从初始设计与规格到制造与装配过程，产品概念会变得更为详细和具体，开发、实施或制造产品才成为可能。此外，还介绍了可用性测试、性能测试、质量保证、制造与可持续性等相关工具。

设计与开发流程中所需信息的详细程度取决于几个因素，如行业、产品形式（如软件、实物产品或服务）、产品复杂性和新颖性等。对具体产品的设计与开发而言，有些工具适用，有些工具却不适用。此外，在划分哪些活动属于设计活动或开发活动时，不同的组织也有所差异。设计与开发之间的界线并不是绝对的。本章分门别类地介绍了一些设计与开发工具。

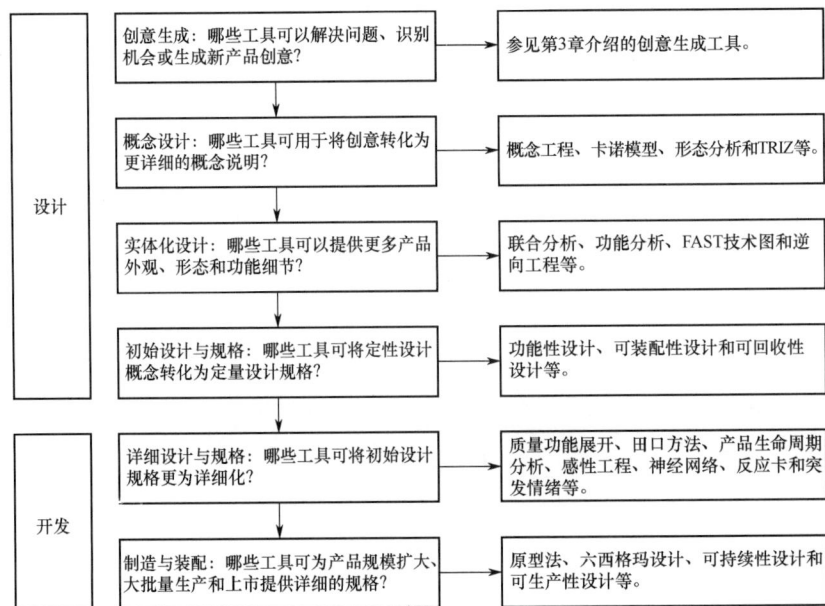

设计	创意生成：哪些工具可以解决问题、识别机会或生成新产品创意？	→	参见第3章介绍的创意生成工具。
	概念设计：哪些工具可用于将创意转化为更详细的概念说明？	→	概念工程、卡诺模型、形态分析和ITRIZ等。
	实体化设计：哪些工具可以提供更多产品外观、形态和功能细节？	→	联合分析、功能分析、FAST技术图和逆向工程等。
	初始设计与规格：哪些工具可将定性设计概念转化为定量设计规格？	→	功能性设计、可装配性设计和可回收性设计等。
开发	详细设计与规格：哪些工具可将初始设计规格更为详细化？	→	质量功能展开、田口方法、产品生命周期分析、感性工程、神经网络、反应卡和突发情绪等。
	制造与装配：哪些工具可为产品规模扩大、大批量生产和上市提供详细的规格？	→	原型法、六西格玛设计、可持续性设计和可生产性设计等。

5.1　设计与开发流程

以下是大多数产品设计与开发流程中的活动。

1．创意生成

如第 3 章所述，创意生成是将新产品纳入产品组合的基础。选择创意时要依据一系列明确的标准，如战略一致性、竞争优势、资源可用性、可持续性和投资回报率。对组织而言，这些创意可以是全新产品，也可以是对现有产品的改进。

2．概念设计

要创建产品概念说明，就要对创意进行细化，也就是要提供与目标市场及关键组件要求相关的更多细节，包括外观、功能和质量属性。

3．实体化设计

使用实体化设计工具进一步细化产品概念，并添加细节，包括用草图、线框图、模型和原型等方式来展现产品概念的外观和功能。

4．质量保证

质量保证是一套有计划和系统化的工作，为客户提供足够的信心，确保产品以最佳方式满足客户的期望。应同时制订质量保证计划与设计规格。

5．可制造性设计

对将要制造的产品而言，制造设计包括优化产品的制造与装配过程设计，将产品的设计要求与其生产方法进行结合。

6. 设计规格

之前的活动从创意进入详细的产品概念。产品概念通常是描述性的，大部分是定性的。这对开发产品而言虽然必要，但仍不够。设计规格使用定量指标增加了具体化。需要注意的是，并非所有组织或行业都使用"设计规格"一词。本书将该术语用于基于产品概念说明，并确保产品能够进行开发的活动。

7. 可用性测试

用户持续反馈是产品设计流程中的一个重要元素，可为设计特性的改进提供反馈和建议。采用可视化和实物化的产品概念可以显著提高用户反馈的质量和价值。用户测试正是为了获得这种反馈。

8. 性能和可靠性测试

性能和可靠性测试是一种确定产品性能的测试，如耐用性、速度、可扩展性、操控性和稳定性。测试过程包括手动和自动测试，旨在发现故障并确保产品符合市场要求。

第 1 部分　设计

5.2　设计概论

本书将设计流程定义为产品创新的早期活动，这些活动包括从生成初始洞察或创意到定义明确且易于理解的产品概念。通过设计输出产品概念，从而为开发团队的开发工作提供足够多的细节（在第 2 部分开发中会深入介绍）。

在持续推进的设计流程中，需要考虑一系列因素，包括：

- 消费者的需要和需求。
- 外观。

- 功能。
- 材料和零部件的可得性。

- 成本与消费者愿意或能够支付的价格。
- 资金支出和投资回报。
- 竞争情况。
- 可制造性。
- 环境影响。

在设计流程中，不仅要考虑上述因素中的详细信息，而且要运用相应的设计工具。在第 3.2.1 节中介绍的创意生成工具是对设计工具的补充。此外，在第 5 章市场调研中介绍的消费者和市场调研工具也有助于产品设计与开发工作。

5.2.1　创意生成

成功的产品源自良好的创意。创意池的质量越高，开发出成功产品的概率就越大。尽管这些创意可能是偶然生成的，但是采用合适的创意生成工具以及结构化流程就能持续生成良好的创意。

在第 3.2.1 节中，介绍了创意生成工具，它们是产品组合的基础。以下几种场景都要用到创意生成工具，如现有产品改进、产品线延伸、公司级新产品，乃至世界级新产品。大多数创意生成工具都可用于以上任何一种场景，有些工具则更适合特定场景。下面举几个例子。

下述创意生成工具可用于现有产品改进和产品线延伸。

（1）**SCAMPER 法**：运用一些行为动词从不同角度进行产品创新，避免局限在以往的固有思维中。SCAMPER 由 7 个动词的首字母组合而成，分别是：S（Substitute）——替代；C（Combine）——合并；A（Adapt）——改造；M（Modify）——调整；P（Put to another use）——改变用途；E（Eliminate）——去除；R（Reverse）——逆向操作。

（2）**思维导图（Mind-mapping）**：参与者以产品外观、功能和质量属性为起点，用图形化的方法勾勒出产品创意。鼓励参与者从这些起点出发，进行思维发散，从而生成更多创意。

（3）故事板（Story boarding）：要求参与者编写一个关于客户使用产品的故事，以便更好地了解产品所需改进之处。

（4）众包（Crowdsourcing）：利用社交媒体的力量与现有用户和潜在用户进行交互，从而获得有关产品改进和产品线延伸的创意。

下述创意生成工具可用于公司级新产品。

（1）头脑风暴（Brainstorming）：产生大量创意，然后按照组合选择标准对这些创意进行评估和筛选，如第 3 章所述。

（2）头脑书写法（Brainwriting）：参与者写下创意，然后与小组中的其他人分享，以进一步讨论和拓展这些创意。

（3）众包：该方法很有用，可以用来生成组织尚未想到的产品创意。

下述创意生成工具能够更好地了解趋势和客户潜在需求，可用于世界级新产品。

（1）场景构建（Scenario building）：构建面向未来的场景，然后在这些场景中，询问新产品能给客户创造什么样的价值。

（2）德尔菲技术（Delphi）：通过专家来预测市场、技术或产品的未来趋势。

（3）人种学（Ethnography）：旨在更好地了解身处日常环境中的现有用户或潜在用户，通过直接观察用户不愿意或无法表达的内容来识别他们的需求。这些需求为生成新产品创意奠定了基础。

（4）大数据（Big data）：如第 3.2.1 节所述，大数据正越来越普遍地用于了解当前的产品使用情况和潜在的未来趋势。该工具的挑战在于如何从大量的可用数据中"挖掘出真正具有价值的信息"。

在创意生成阶段，通常只对产品概念进行简单说明，而对产品形式、功能、优点和特性等方面几乎不进行详细说明。

丹麦设计师 Jens Martin Skibsted 曾说："谁都可以想出很棒的创意，但是不能成为网站、产品、应用程序或用户界面的创意都是空谈。"

5.2.2　概念设计

创意生成通常只对新产品机会进行一个非常简单的说明。为了使参与产品进一步开发的人员能够更加聚焦和明确方向，就需要获得更多的细节，并得到客户的确认。

产品设计流程的下一阶段就要创建详细的概念说明。通过提供新产品概念的更多细节，从而实现以下几点：

- 为所有产品团队成员以及利益相关方提供说明并促成各方达成一致。
- 在投入更多开发费用之前，向潜在客户说明产品方案。这么做既可以征求客户对产品利益和特性的意见，又可以让客户提出更新或改进产品的建议。
- 为详细可行性分析提供依据。

在第 2.7.1 节中，介绍了产品的三个层次，分别是核心利益、有形特性和增强特性（见图 5.1）。

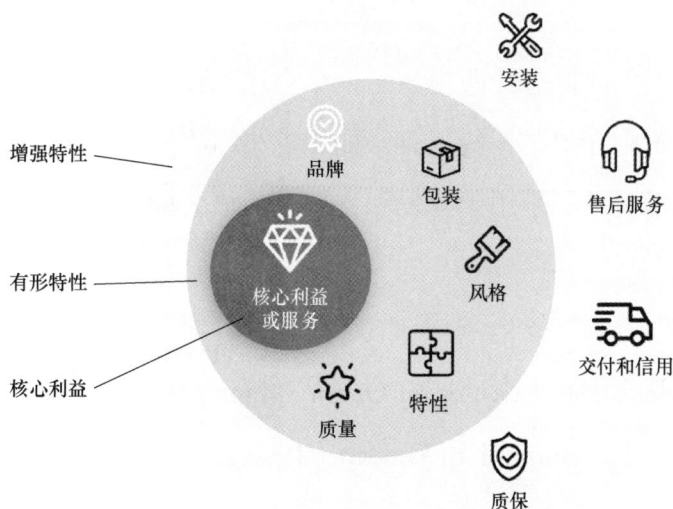

图 5.1　产品的三个层次

- 核心利益（Core Benefits）：目标市场从产品中获得的收益。
- 有形特性（Tangible Features）：产品的外观美学特性和物理功能特性。
- 增强特性（Augmented Features）：额外提供的收益，可以是免费的，也可以让产品价格更高。

概念说明示例

IDEO 公司是一家国际化的设计公司，凭借"以人为本"的产品设计理念获得了业界认可。下面是 IDEO 公司提供的新型购物车的概念说明，该说明考虑了机动灵活性、购物行为、儿童安全和维护成本等问题。

"新型购物车采用嵌套式钢结构框架，取消了底部和侧面钢网以防止被盗（小偷会将有钢网的购物车偷走并改装成烧烤架。——译者注）。车架中可放置移动塑料篮，以方便购物者。该设计一方面有助于保护物品，另一方面提供了一种提高品牌知名度的方法。双座儿童座椅中采用了上翻式的托盘作为玩耍台。另外，增设了一处凹槽，购物者可将一杯咖啡或一束康乃馨花放入其中。

该购物车有一个独特的、可申请专利的特性，即可转向后轮。为了确保购物车的稳定性，普通购物车的后轮只能直行。但在该设计中，后轮可以轻松地转向，从而使得购物车能够向左转或向右转。当客户推车前行时，车轮又能回到直行方向。"

产品的三个层次为创建概念说明提供了一个有用的框架。可运用多种工具来创建概念。在第 6 章市场调研中介绍了一些工具，如焦点小组、人种学方法、客户现场访问、社交媒体和多变量技术。以下是用于开发和完善产品概念的常用工具。

↘ 概念工程

概念工程由质量管理中心（Center for Quality Management，CQM）、CQM 会员企业和麻省理工学院合作开发。Burchill 和 Walden（1994）指出，概念工程为开发产品概念提供了一个循序渐进并以客户为中心的过程。该方法识别设计中应关注的客户关键需求，并提出多个能够满足这些需求的产品概念。概念工程包含五个阶段。

1．第一阶段：了解客户环境

了解项目范围，制定路线图来指导探索活动，收集客户之声并形成客户环境和产品应用的共同画像。通过客户访问和环境调查深度了解客户使用场景。将收集到的客户之声转化为需求，并纳入产品设计涵盖的预期特性中。该阶段要求设计团队用三角互证法（Triangulation of Perspectives）对客户环境达成共识。

2．第二阶段：将对客户的了解转化为需求

该阶段要将客户之声转换为需求说明。应用优先级排序方法明确关键需求。例如，将收集到的 24 个客户需求中的 8 个列为下一阶段的关键需求。然后，围绕相关主题对所有需求进行归集，用于指导开创性的探索。

3．第三阶段：用专业方法进行落实

为第二阶段中选出的客户需求制定质量图和操作定义。质量图是客户和技术需求（度量指标）之间的关系矩阵。可以使用以下任何一种方法对需求进行优先级排序，如卡诺问卷、重要度自评问卷或关键需求问卷。

此阶段还包括为需求设定通用度量指标。应尽可能地减少需求度量指标的数量，通常给每个需求设定两个度量指标。如果一个度量指标与许多需求（如 4 个需求）相关，则表明该度量指标过于笼统，难以应用。有效性和易用性是评估度量指标好坏的两个主要标准。质量图将客户需求与需求度量指标联系起来。该图与典型质量屋中的关系矩阵类似。本章后面将介绍卡诺模型和质量屋。

4．第四阶段：生成概念

该阶段为需求到解决方案之间的过渡阶段。应生成尽可能多的不同概念。为此，必须将总体问题分解为子问题，这样做有助于为产品或系统的具体部件提供解决方案。有几种分析方法，如功能分析、FAST 技术图、流程图和度量指标树形图。该阶段结束时，应产生清晰并可实施的概念说明。

5. 第五阶段：选择最终概念

该阶段使用量化分析，并对最可行概念进行评分来选择最终概念。系统地审查概念，使用评分过程来筛选概念。根据客户需求以及组织和业务约束对其进行评估。最终选出为客户和组织创造最大价值的最佳概念。

与敏捷方法中的回顾类似，概念工程的最后一步是对整个流程进行回顾，识别改进机会，进行学习。

用户体验与用户界面设计

> "产品不是一个孤岛。产品不仅仅是产品，而且是一系列连贯、综合的体验。综合考虑产品或服务的全过程——从初始创意到最终反思，从首次使用到帮助、服务和维护，并将它们无缝衔接起来。"
>
> ——唐纳德·诺曼（Don Norman），"用户体验"一词的提出者

用户体验（User Experience，UX）是指用户与产品或服务之间的交互。用户体验设计考虑了构成该体验的每一个要素。它考虑用户的感受，以及用户使用产品或服务来完成任务的难易程度。用户体验设计师的主要目标是让每个用户与产品或服务进行积极交互。无论交互是解决问题、提供娱乐还是帮助用户找到关键信息，都应该确保用户能够获得良好的体验。

另外，用户界面（User Interface，UI）是指用户使用产品或服务时的界面。用户界面设计内容可以包括按钮、小部件、文字、图像、滑块和其他交互元素。用户界面设计师认为，产品或服务中包含的每个视觉元素、过渡和动画都应为顺畅、良好的体验提供价值。应用于软件和电子产品的用户体验与用户界面设计比较如表 5.1 所示。

考虑用户体验和用户界面及用于生成对它们的理解的工具，在产品创新的所有阶段都是必不可少的。随着对期望的用户体验和用户界面的了解不断增加，详细的设计特征也应随之演变。

表 5.1　软件和电子产品的用户体验与用户界面设计比较

用户体验设计	用户界面设计
感受 对产品的整体体验和感受。	**外观** 产品界面的外观和功能。
原型制作 制作线框图和可体验原型，这些都是网站或服务用户体验的基础。	**设计** 通过实际用户的参与，最终确定产品和设计。
宏观总体 对产品总体进行体验，确保产品满足大多数用户的体验要求。	**微观细节** 具体设计页面、按钮和交互元素，确保美观大方，功能齐全。

以下是常用工具的选集，这些工具用于协助产品概念的开发，进而推动产品整体用户体验设计的形成。

↘ 卡诺模型

卡诺模型（Kano Method）被广泛应用于工业领域。卡诺模型被证明在以下几个方面是很有效的，如识别客户需求和潜在需求，明确功能需求，开发概念作为进一步产品定义的备选方案以及分析同类竞品或服务等。

卡诺模型将产品需求分为三大类，即基本需求、期望需求和兴奋需求。基本需求是对产品能够实现基本功能的要求，也就是说，没有这些功能，用户就会不满意。期望需求是对产品实现真正收益和用处的要求。它们反映在功能、性能和属性上，体现了差异化。兴奋需求通常是能够给客户带来惊喜的。它们能让客户开心，因而客户满意度非常高。有了它们就会让客户的整体体验更好，但是没有它们也不会引起客户不满。

通过卡诺模型，就可以识别用户在产品或服务中想要满足的一系列用户需求（也称客户需求）。除上述分类外，卡诺模型还包括四个关键质量属性。

A：魅力属性。具备该属性时，客户就会满意；不具备该属性时，客户也不会不满意。

O：期望属性。该属性为功能和满意度之间的比例关系，更多的功能就会带来更高的满意度。

M：必备属性。该属性是用户期望的最低限度。具备该属性时，客户会认为是理所应当的；而不具备该属性时，客户就会不满意。

I：无差异属性。该属性既不会带来满足感，也不会导致不满意，即有没有该属性均可。

简而言之，卡诺模型将产品聚焦在同类产品中具有竞争力的需求上。应用该方法时会涉及客户调查和结果分析，并将客户需求分为魅力需求、期望需求、必备需求和无差异需求。在进行深入分析时，要优先考虑产品发布要求，如开发时间和成本、产品愿景和技术可行性等。

概念场景（Concept Scenarios）

概念场景是通过生成一些具体场景，了解产品概念在现实生活中是如何发挥作用的一种技术。产品设计团队收集草图、插图、照片和活动描述，然后设计客户体验场景。场景详细描述了实际参与者、环境、参与者的目标及参与者实现目标的方法。该技术旨在探索产品概念如何满足客户期望。

概念场景包括以下步骤：

（1）运用一些方法（如卡诺模型或形态分析）开发出概念。

（2）围绕每个概念创建并确定一个场景，包括参与者、环境和实现目标的过程。

（3）在整个场景中，对概念进行评估并优化。

（4）将概念在现实生活中的应用，包括用户、其他参与者和所有活动，用场景的方式体现出来。

（5）在相应的场景和用户环境中，针对"概念能够实现哪些价值"展开讨论。

该技术通过减少在下述活动上所耗费的时间来简化产品设计，这些活动包括：识别关键客户需求，介绍用户体验中的产品功能，交流新产品特性和指导概念测试。

万豪（Marriott）酒店旗下的万怡（Courtyard）酒店

概念场景的一个应用示例是万豪酒店旗下万怡酒店的设计。这家中档酒店是专为商务旅客而设计的。概念场景包括特定的办公桌空间、沙发和小型商务会谈场所、商务中心、舒适的床以及能从卧室窗户看到室外的绿色景观。在通过评估目标市场的感受来测试该概念之后，设计者提出了改善建议（如增加壁橱），随后又应用了联合分析技术来评估酒店各部分要素占潜在客户满意度的权重。

↘ 形态分析

当设计者希望应用前期探索阶段收集到的信息来形成可行的概念时，运用形态分析（Morphological Analysis）就非常奏效。用该方法可以生成满足潜在用户需求和期望的系统解决方案，其目的是识别若干解决方案或设计参数中的共同要素。

典型的形态分析包括以下步骤：

（1）以用户为中心，明确对产品设计而言至关重要的产品要素或维度。

（2）将这些要素转化为概念或创意，创意可来源于每个要素的分支。

（3）创建形态图，水平方向为要素或维度，在每个要素下有一系列的概念或创意（见图 5.2）。

（4）将每个要素下的创意组合起来，形成解决方案，然后进入产品设计阶段。

（5）制定具体标准，用其对解决方案进行优选。

（6）新产品开发团队讨论可行的解决方案，并进行最终评估。

图 5.2 是一个形态分析示例。在开发酒店概念时，开发者从五个关键设计维度对酒店进行设计，分别为适应性（适应不断变化条件的能力）、社区（提供共享感）、技术（当前可用的技术）、参与度（理解和满足客户需求）和幸福感（舒适、快乐和安全

的环境）。每个灯泡代表设计维度（如适应性、社区等）中的一个创意。灯泡间的链接代表了概念之间的联系，将这些创意（灯泡）组合起来就形成了四种可行的解决方案或概念。

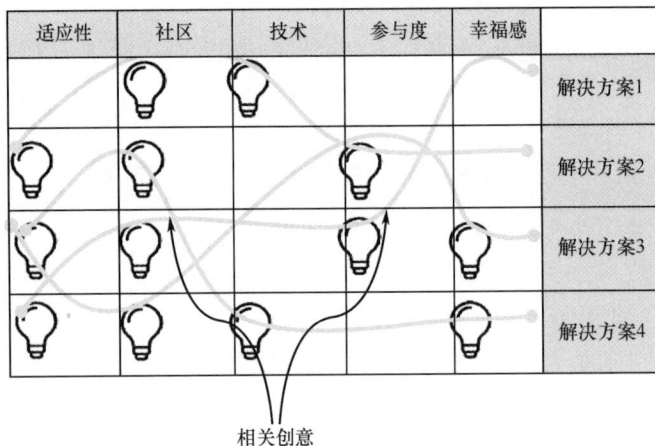

适应性	社区	技术	参与度	幸福感	
	💡	💡			解决方案1
💡	💡		💡		解决方案2
💡	💡		💡	💡	解决方案3
💡	💡	💡		💡	解决方案4

相关创意

图 5.2　形态分析示例

TRIZ

TRIZ 是基于逻辑、数据而非直觉的问题解决方法。该方法能够快速提升项目团队创造性解决问题的能力。TRIZ 的结构和算法特点使其成为一种可重复、可预测，也很可靠的方法。TRIZ 是一组俄文单词的首字母缩写，含义是"发明问题解决理论"。它的英文缩写是 TIPS（Theory of Inventive Problem Solving）。1946—1985 年，苏联的阿奇舒勒（G.S. Altshuller）和他的同事们通过审查专利创建了该方法。他们的结论是：

- 95%以上的专利只使用了七种创新工具。

- 不到 5%的专利来自科学突破和全新创意。

- 许多特殊专利通过解决相互矛盾的要求来提高性能。

- 如果是按功能而不是按行业来划分专利的话，那么只用少量相同的技术便可以解决大量不同行业的问题。

奠定 TRIZ 基础的研究包括：

- 在各行各业和不同学科中，一些问题和解决方案是相同的。通过将每个问题的"矛盾"进行分类，就能得到解决该问题的创新方案。

- 各行各业和不同学科的技术进化模式是相同的。
- 某一领域常常借用其他领域的研究成果进行创新。

TRIZ 包含以下四种基本思想，既可用于右脑的创造性思维，也可用于左脑的分析性思维，从而开发一个新系统。

- **功能**：每个系统要有一个主要功能（Main Useful Function，MUF），对主要功能没有贡献的任何组件都是无益的。
- **资源**：识别系统中未发挥最大潜力的任何方面。
- **理想度**：最终理想解，在不造成伤害或不带来问题的情况下实现所有功能。
- **矛盾**：认识并消除设计矛盾，而不是进行权衡。

1．TRIZ 应用

应用 TRIZ 的重点在于学习解决问题的通用模式，并运用 TRIZ 通用模式来解决具体问题。图 5.3 为 TRIZ 问题解决矩阵。

2．TRIZ 工具

阿奇舒勒（1984）将创造性问题定义为需求之间互相冲突的问题，也称为矛盾。此外，

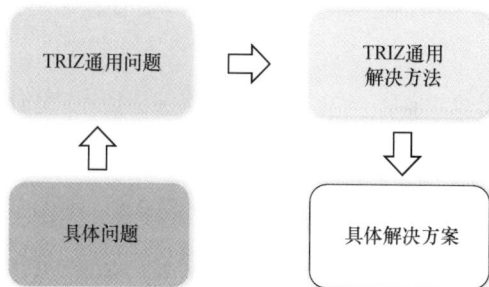

图 5.3　TRIZ 问题解决矩阵

他发现相同的基本解决方案被反复使用，往往相隔多年。他推断，如果后来的发明者知道早期的解决方案，他们的任务会变得更简单。因此，他着手提炼、总结和归纳这些知识。他定义了 39 个工程参数（见表 5.2），并提出了 40 个发明原理（见表 5.3），用于解决 39 个工程参数中任何两个参数产生矛盾的情景。他用 39×39 矛盾矩阵表的形式给出了解决方案，即在每个单元格中列出了最多四个发明原理（以及提供专利库中的示例），用来解决矛盾。

表 5.2　TRIZ 中的 39 个工程参数

1. 运动物体的重量	14. 强度	27. 可靠性
2. 静止物体的重量	15. 运动物体的作用时间	28. 测量精度
3. 运动物体的尺寸	16. 静止物体的作用时间	29. 制造精度
4. 静止物体的尺寸	17. 温度	30. 作用于物体的有害因素
5. 运动物体的面积	18. 照度	31. 物质产生的有害因素
6. 静止物体的面积	19. 运动物体的能量消耗	32. 可制造性
7. 运动物体的体积	20. 静止物体的能量消耗	33. 操作流程的方便性
8. 静止物体的体积	21. 功率	34. 可维修性
9. 速度	22. 能量损失	35. 适应性或通用性
10. 力	23. 物质损失	36. 系统的复杂性
11. 应力或压强	24. 信息损失	37. 控制与测量的复杂性
12. 形状	25. 时间损失	38. 自动化程度
13. 稳定性	26. 物质的量	39. 生产率

表 5.3　阿奇舒勒的 40 个发明原理

1. 分割	11. 事先防范	21. 快速通过	31. 多孔材料
2. 抽取	12. 等势	22. 变害为利	32. 改变颜色
3. 局部质量	13. 反向作用	23. 反馈	33. 同质性
4. 非对称	14. 曲面化	24. 中介物	34. 抛弃或再生
5. 组合	15. 动态特性	25. 自服务	35. 物理或化学状态变化
6. 多用性	16. 不足或过度动作	26. 复制	36. 相变
7. 嵌套	17. 空间维度变化	27. 廉价替代品	37. 热膨胀
8. 重量补偿	18. 机械振动	28. 机械系统替代	38. 强氧化剂
9. 预先反作用	19. 周期性作用	29. 气压或液压结构	39. 惰性环境
10. 预先作用	20. 有效作用的持续性	30. 柔性壳体或薄膜	40. 复合材料

　　TRIZ 现在已经发展成一门国际性的科学，广泛应用于多个领域和行业。因其内容庞大，本书无法详细介绍。Ladewig（2007）以及 Haines-Gadd（2016）和 Gadd（2011）的著作很好地论述了 TRIZ 及其应用示例。

3．TRIZ 在产品创新中的应用

　　尽管许多人发现 TRIZ 在细节上过于复杂，但在创意生成和早期概念开发阶段使用阿奇舒勒的 40 个发明原理还是非常有用的，无论是对于新产品还是产品改进都是如此（见表 5.4）。

表 5.4 40 个发明原理在产品创新中的应用

发 明 原 理	解 决 方 案
分割（将一个物体分成多个独立部分）	独立包装的奶酪片
局部质量（为不同用途提供不同包装）	《哈利·波特》成人版书
多用性（一个物体具有多种功能）	用带盖子的玻璃杯装巧克力。吃完巧克力后，可用玻璃杯盛水
嵌套	店中店（在书店里出售咖啡）
空间维度变化（倾斜或者重新定位）	将番茄酱瓶倒放后，用瓶盖立稳瓶身

5.2.3 实体化设计

实体化设计建立在基本概念说明的基础上，基本概念说明则基于更多的用户输入、制造标准和经济性要求。实体化设计通常以一种或多种形式的原型对设计进行扩展，为利益相关方提供更多信息，同时为进一步的设计改进提供更有价值的反馈。以下是几个示例。

草图（Sketch）是一种徒手画。它既经济又省时，通常在头脑风暴会议期间就能完成。其主要目的是说明产品或产品各组成部分。

模型（Mock-up）是最终产品的外观模型。常用产品模型展示真实场景中的最终产品。

线框图（Wireframe）是产品的详细黑白布局图，提供了有关产品布局或构造的详细信息。线框图常用于软件产品和网站。在此阶段，对各元素（图像、按钮和文本）进行布局。图 5.4 中是一个简单的线框图示例。

↘ 原型法（Prototype）

原型法是将产品概念转为实物模型的一种设计方法，其主要目的是评估产品特性是如何满足用户期望的。因此，原型法是一种解决问题的设计方法。原型近似于设计创意的最初形态。产品开发团队用原型来验证产品的运行、部件、布局、功能、外观和体验。从概念草图到全功能产品都可以是原型。

原型保真度是指设计阶段使用的原型与最终产品一致的程度。在不同阶段，设计团队对原型保真度的要求也会有所不同，例如，在产品概念阶段可以采用低保真原型，但在后期阶段就要采用高保真原型。此外，采用中保真原型对产品设计与消费者体验结果进行评估，就可以在产品发布前暴露可能存在的问题。

图 5.4   旅游应用程序线框图示例

按照完整度、学习水平与产品创新流程中的阶段，原型可分为几种不同类别（见图 5.5）。

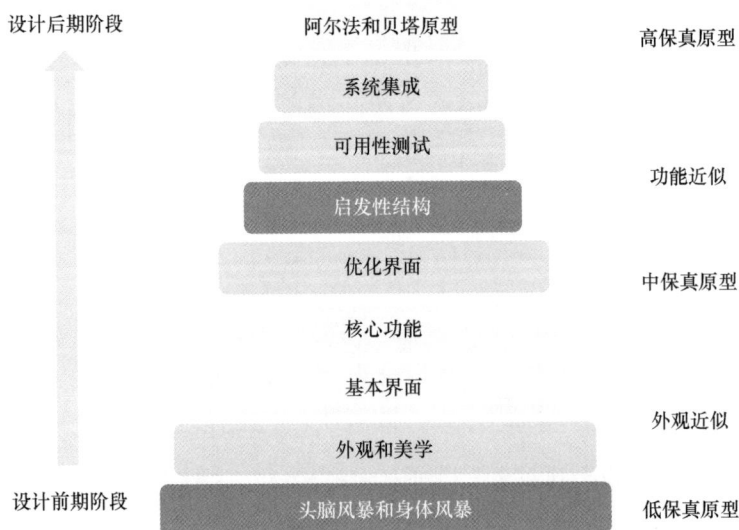

图 5.5   按设计流程展开的测试目标和原型类别

可用两个维度对原型进行分类，即实物原型和分析原型，以及单一原型和综合原型。黏土模型是实物原型，而模拟模型本质上是分析原型。单一原型（如纸质原型）可用于对少量属性进行评估，综合原型（如汽车原型）则可用于对多个变量进行更严格的评审和分析。

原型在整个设计流程中都很有价值，因为原型会演变成最终产品形态。原型的具体类型和用途如下所述。

1．纸质原型法（Paper Prototyping）

纸质原型法是用来体现概念和创意的最常见形式。纸质原型尚不具备设计的技术特征。在创意生成过程中，通过头脑风暴生成解决方案，然后用草图将创意描绘出来。故事板也是一种纸质原型，可以通过一系列故事板框架来展示用户界面。

2．功能原型法（Functional Prototyping）

功能原型法用于测试产品如何工作并交付预期功能。在所有功能尚未完善的早期阶段，通过可用性测试识别出可能出现的设计错误。该方法有利于帮助用户识别具体任务、已完成的任务及需要改进之处，并根据需要修改原型。总之，通过功能原型实验来评估以用户为中心的设计需求，包括人机工程、认知方面的考虑及用户体验。

3．可体验原型法（Experience Prototyping）

可体验原型法适用于产品或服务体验设计。该方法要求用结构化的方式来描述不同交付阶段的产品或服务，以及产品和用户之间的交互。针对服务而言，通过创建服务地图（Service Maps）或蓝图（Blueprints）来识别"关键时刻"（Critical Moments）或导致价值交付不足或遗漏的时刻。针对产品而言，该方法研究用户与产生功能、情绪的产品使用设置之间的交互关系。该方法可以让用户、设计者和其他参与创造、创新和设计流程的人在体验环境和社会环境中成为积极的参与者，发现并生成丰富的产品解读。

4．阿尔法原型（Alpha Prototype）

阿尔法原型是用于测试目的的非完整功能版本产品。通常，组织在受控环境中采用阿尔法原型进行内部测试。在测试过程中，测试人员会仔细检查所有特性、功能和子系统，并检验产品的性能。此外，也会验证系统集成及技术实现方式。通常采用较为简单的加工工艺制作该原型（如采用机械加工而非模压成型的方式），该原型接近量产版本产品。

5．贝塔原型（Beta Prototype）

贝塔原型是完整功能版本产品，用于在试生产阶段之前对产品进行评估。该原型用于在实际使用环境中与客户、装配商、零件制造商和组件供应商一起测试产品，主要目的是评估产品可靠性。贝塔原型是用实际生产设备加工出来的。采用该原型可以分析实际生产过程中的需求和所需的改善。

6．试生产原型（Preproduction Prototype）

试生产原型是最终版产品。在进入设计流程的制造阶段之前，除用试生产原型确定零件和部件规格外，还可以确定所有设计要素，尤其是设计技术要求和规格。在该阶段，采用试生产原型来确认装配和制造设计，并确认详细的生产工艺、装配时间、零部件外购与集成、产线平衡和生产改善。

7．虚拟原型法（Virtual Prototyping）

虚拟原型法将虚拟环境与工程设计相结合，确保设计者能够评估设计敏感性和优化过程。在生产最终产品之前，可以运用虚拟原型来进行"如果……那么"情景测试。因此，它缩短了开发和上市时间。

虚拟原型法要采用计算机辅助设计（Computer Aided Design，CAD）来生成三维模型。采用虚拟原型可以进行形态和形状分析、零件和部件配合关系、渲染和装配分析。此外，该方法要求输入装置能感知用户交互和运动，输出装置用计算机生成的输入代替用户的感官输入，并用软件进行实时处理、渲染和仿真测试。工业设计师较多使用虚拟原型法，因其目标是将概念可视化。

8．快速原型法（Rapid Prototyping）

对实物产品而言，采用快速原型法能够缩短产品开发周期和上市时间且不影响质量。快速原型法采用设备技术进行实物建模，然后通过增材和/或减材制造工艺制作原型。3D 打印就是一种增材制造工艺，它通过逐层堆叠材料制作原型。在增材制造工艺中，可以采用各种材料（如 ABS 长丝、液态塑料、树脂和金属等）。铣削则是一种减材制造工艺，它使用高速旋转的刀具对工件进行切削加工。计算机数控机床（Computer Numerical Control，CNC）是一种减材制造设备。无论采用增材制造工艺还是减材制造工艺，都要先用 CAD 软件构建虚拟原型，然后采用相应制造工艺做出实物原型。

图 5.6 描述了在为 8～10 岁儿童开发模型车的过程中，采用了多个种类的原型。随着过程推进，通过这些原型，逐渐将更多的细节融入最终的产品设计中。

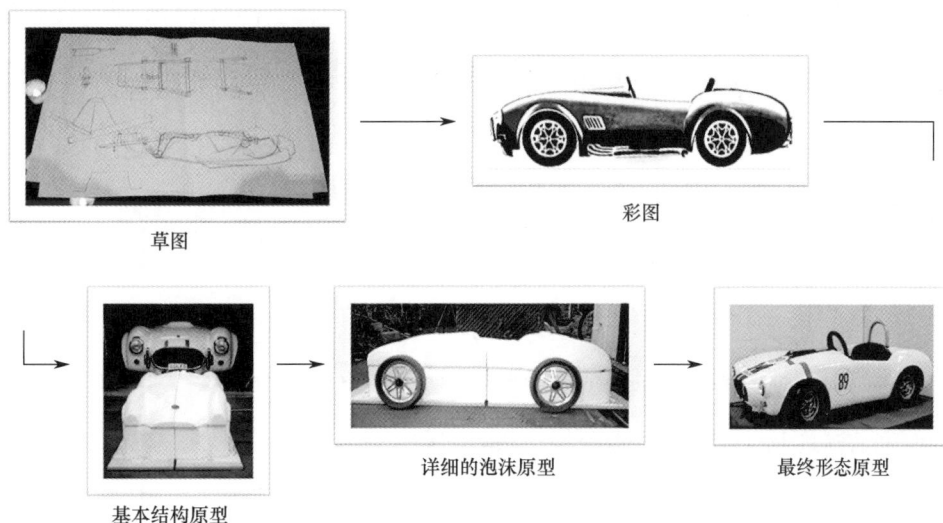

图 5.6　在设计流程中的实体化技术

5.2.4　实体化设计辅助工具

实体化设计阶段是不断迭代和进化的，可以使用各种工具为产品概念及其设计添加更多细节。以下是一些对实体化设计有所帮助的工具。

消费者调研工具

在第 6 章市场调研中，总结了用于产品概念开发和细化的消费者调研工具。它们为创建、改进和优化初始产品概念提供了洞察。这些工具包括：

- 焦点小组。
- 消费者测评组。
- 感官测评组。
- 问卷调查。
- 多变量技术——多维尺度分析、因子分析和联合分析等。

功能分析

功能分析是价值分析的基础。价值分析的核心目标是以最低的成本实现功能。功能分析用相对抽象的语言代替具体的产品运行和应用描述，这样做更有利于提升创造力和设计水平。功能分析认为产品是由几个逻辑相关的功能所组成的系统。功能分析将系统划分为较小的功能要素。它用来创建和检验产品概念的功能。有一些不同的方法用于记录和显示构成系统设计的功能。功能流程结构图（Functional Flow Block Diagram）是一种常用的图形化方法。它使用一个矩形框来表示每个功能（见图 5.7）。"箭头"表示进出功能的流程（Flows）或状态。通过流程连接其他功能或系统外部。按照惯例，"输入"位于左侧，"输出"位于右侧。"功能"框将输入转化为输出。"机制"由底部的箭头表示，是实施功能但自身未被转换的实体，通常指设备。"控制"由顶部的箭头表示，是命令、限制或指挥功能操作的输入。

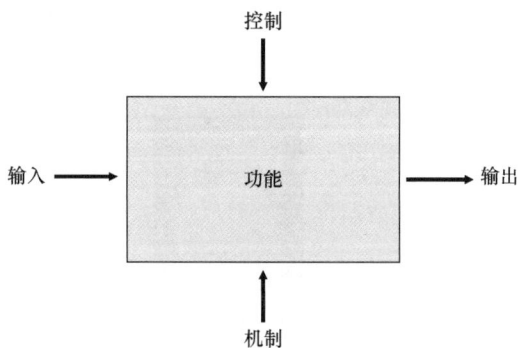

图 5.7   功能流程结构图

功能的定义由动词加名词构成，如"叠板"。动词"叠"在名词"板"上有一个"动作"。进行功能分析时，假设客户购买产品是因为客户看重产品功能。

在功能分析中，按照不同的划分标准，可将功能分为基本功能和次要功能、外部功能和内部功能、使用功能和美学功能。

问自己一个问题：如果不具备一个功能，其他功能会正常吗？如果答案为"否"，那么该功能就是基本功能。确定了基本功能后，其他功能即次要功能。次要功能并不意味着可有可无。相反，次要功能支持基本功能，共同实现产品功能。

内部功能是产品本身的功能，而外部功能是指用户与产品交互时产生的功能，例如：

- 外部功能：用户按下电视频道切换按钮。
- 内部功能：电视机切换频道。

另一种分类方法是将功能分为使用功能和美学功能。使用功能是产品需要实现的功能，而美学功能要通过五种感觉——视觉、嗅觉、味觉、触觉和听觉中的一种来实现。例如：

- 环绕声。
- 色彩对比度高。

↘ FAST 技术图

FAST 技术图是建立在功能分析结果基础上的一种技术。它有助于客观地思考问题，并通过显示功能之间的逻辑关系来确定项目或产品的范围。FAST 技术图将功能组织成功能逻辑，使参与者能够识别所有所需的功能。FAST 技术图可用于验证所提出的解决方案是否满足项目或产品的需求，并说明如何实现这些需求，同时识别不必要、重复或缺失的功能。开发 FAST 技术图是一个支持团队成员之间沟通的创造性思维过程。

FAST 技术图的开发有助于团队：

- 形成对项目的共同理解。
- 识别缺失的功能。

- 定义、简化和澄清问题。
- 组织和理解职能之间的关系。
- 确定项目、过程或产品的基本功能。
- 改善沟通和共识。

如图 5.8 所示，FAST 技术图按照"如何—为什么"（How-Why）的逻辑构建，将功能从左到右进行排列。当从左到右进行分析时，要回答一个问题：该功能是如何实现的。对该问题的回答通常会引出几个功能。当从右到左进行分析时，则要回答另一个问题：为什么需要该功能。该方法采用双向分析，即从左到右（如何）和从右到左（为什么）进行稳健设计和功能配置，并通过强化后验分析来重新设计和改进产品。

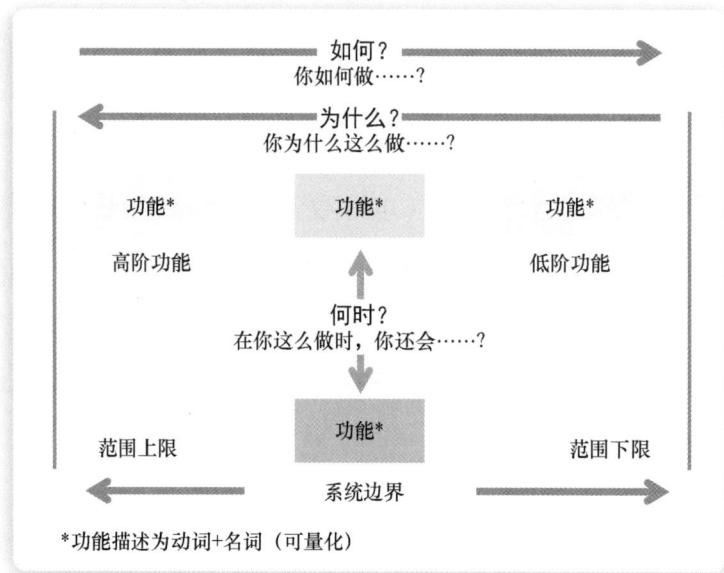

图 5.8　FAST 技术图的"如何—为什么"逻辑

图 5.9 是一个捕鼠器的示例。功能从左到右排序，从左侧开始。最高阶的功能从左侧开始，这是客户所需产品的主要功能，即捕鼠器的功能是"灭鼠"。然后问：这个功能是如何（How）实现的？通过环环相扣的问答，就知道了功能是如何一步一步实现的。当从右到左进行分析时，问：为什么（Why）我们需要这个功能？通过从左到右（How）和从右到左（Why）的方法，对产品功能进行严谨的检验和彻底的分析，从而增加产品改进的机会。

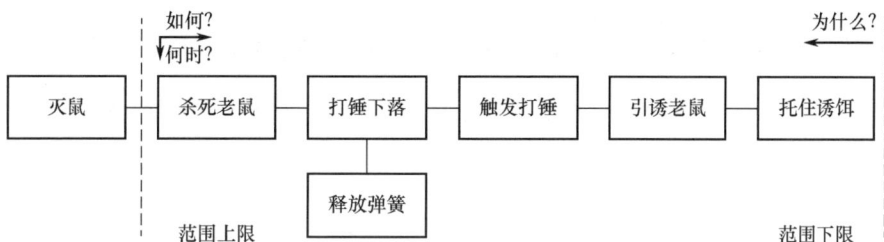

图 5.9　捕鼠器的 FAST 技术图示例

↘ 逆向工程

逆向工程是价值分析中的拆解（tear-down）过程，可为产品改进提供思路。该方法的目的是通过对产品、系统、部件和数据进行拆解，来识别其中的功能，从而与竞争对手的产品和生产工艺进行比较。

在产品概念细化的场景下，逆向工程通过识别系统的组成部分，对其进行深层次的剖析，着重识别功能，从而激发创新。通过逆向工程来开发新概念是完全可能的。模仿型逆向工程不做任何改变，只通过复制零部件实现预期性能。研究型逆向工程则是通过收集实体化设计中的信息来对设计语言进行解码，同时发挥创造力，将这些信息进行重组，从而开发出新的部件或概念。

↘ 情感化设计（Emotional Design）

消费者刚开始使用产品时，会产生一些心理感受。消费者会通过感官获得的信息来感知和识别产品功能，这些功能又会在消费者的脑海中产生意义以及与设计之间的情感联系。设计者用情感化设计方法来激发消费者的情绪和感受，创造出美好的情感联系，让消费者对产品产生信任感，从而提高产品的可用性。

例如，想象一下你第一次收到苹果手机。苹果公司知道，你与苹果手机的情感联系从打开产品包装的那一刻就开始了。为了让你产生像收到备受期待礼物一样的感受，设计师们精心设计包装，营造良好的拆箱体验。通过对包装进行精准的力学设计，从而让你在打开包装盒盖的一瞬间，便会产生一种愉悦的感官体验。在该例中，情感联系在与实际产品互动之前就已经开始了。

根据用户产生情感的程度对其进行分类。信息处理分为本能（Visceral）、行为（Behavioral）与反思（Reflective）三种水平。本能水平最低，是与用户感觉相关的基本生理反应，如美观和色彩。行为水平居中，是与产品使用相关的记忆和学习，如功能和可用性。反思水平最高，包括感觉、情感和认知，它们决定了用户的理解、解释和推理。在该水平上，产品与自我意识及认同感相联系。

有很多种方法帮助设计师评估情感设计对用户偏好和购买意向的影响。下面简要介绍几种常用方法。

1．感性工学（也称感性工程）（Kansei Engineering）

该方法用于识别产品中的相关设计要素（如颜色、尺寸和形状等），这些要素决定了用户偏好。它旨在通过将客户的心理感受和需求转化为产品设计来开发或改进产品和服务。该方法需要识别感性词汇，常用形容词来表达用户的情绪和感受。比如，开发"运动型"汽车、"奢华"智能手表和"异国情调"旅行等产品或服务概念等。

2．情感分析（Sentiment Analysis）

该方法用于了解人们在博客或社交网络中对产品的评论和观点，并对这些评论进行分类。可以运用自动化技术来识别评论者在产品特性上表达的意见（正面、中性或负面）。过去通常使用朴素贝叶斯概率分类器，当今普遍使用人工智能方法来推断情绪。

3．神经网络法（Neural Networks）

该方法通过创建非线性模型来检查输入变量（产品特征）和输出变量（用户感知）之间的复杂关系。它们使用深度学习算法进行构建，并使用已知的偏好组合进行训练。例如，如果一家公司之前的研究显示了用户对不同尺寸瓶子的偏好、用户对不同颜色瓶子的偏好以及其他因素，那么可以构建一个神经网络来显示最高偏好因素的最佳组合。

4．微软反应卡（Microsoft Reaction Card）

该方法用于评估设计或产品的情感反应和期望（视觉吸引力）。参与者从 118 张写有产品词汇的卡片中选出与该产品或设计相关的卡片，并解释为什么所选卡片中的词汇要体现在该产品或设计上，最后得出结论。该方法采用聚类分析、频度分析和词汇云处理技术。

5. 突发情绪法（Emergent Emotions）

该方法认为情绪是动态、突发和递归的过程。用户对设计的反应模式是由评估结果驱动的。情绪反应和对产品特性的期望会受到情绪影响，也会由差异化要求而引发。该方法利用人工智能环境下的神经网络和非线性动态建模来解释消费者的情绪过程，日内瓦情绪专家系统（Geneva Expert System on Emotions，GENESE）中描述了该情绪过程。

第 2 部分　开发

5.3　开发概论

设计结束与开发开始之间的边界划分并不严格，也因组织而异。本章之所以分为设计与开发两部分是为了强调在投资高昂的开发活动开始之前，最佳公司会设计易于理解和足够准确的产品概念。一些公司认为，从设计到开发就是从客户域转到了工程与开发人员域。

- **客户域**：产品概念是基于对客户问题或期望目标的理解而创建和阐述的。产品概念的设计在很大程度上是以客户理解和欣赏的方式进行表达的。它采用客户需求的语言描述了问题的解决方案或如何实现他们想要的东西。

- **工程与开发人员域**：为了使有形产品或无形服务成为现实，必须创建规格和要求，设计和制造组件，编写软件并进行组装等。工程师与开发人员需要知道必须做什么才能使产品概念成为实物产品，然后提供给客户。

以下第 2 部分开发中所介绍的是工程师与开发人员用来将之前设计的产品概念转化为规格、图纸和要求等，并将产品从开发一直推进到商业化所采用的工具和概念。

设计产品概念与开发产品之间的区别因组织而异，对工具和流程也会进行不同的分类。以下介绍的开发工具通常都有"设计"二字，我们会保留而不是改变这些惯用名称。比如，仍然称为"功能设计"，而不是"功能开发"。

要记住，在投入更多、更昂贵的工程与开发人力资源之前，应该首先设计产品概念。

5.3.1   初始规格

概念说明是对产品概念利益和特性的定性化说明，产品设计规格则是定量化说明。例如，概念说明可将产品的大小描述为"能够放入上衣口袋中"，产品设计规格则要确定产品的具体物理尺寸。

产品设计规格使得产品设计更为清晰和具体，也更为量化和客观。通过产品设计规格可以将产品设计需求传达给设计团队中的其他成员，产品开发也得以从设计阶段进入制造阶段。以下介绍一些与产品设计规格相关的重要工具。

↘ 功能性设计（Design for Functionality，DFF）

功能性设计决定产品的最终性能。产品是否实现预期功能，或者更重要的是，用户希望用它做什么？功能设计是对产品使用者的需求或愿望做出响应的过程。通过功能设计来满足这些需求或愿望。

↘ 可装配性和可制造性设计（Design for Manufacturing and Assembly，DFMA）

可装配性和可制造性设计侧重通过优先考虑产品易于制造和零部件装配简化来缩短上市时间和生产成本。值得一提的是，应在设计与开发过程的早期进行该设计，并要求有一个具备制造和装配知识的跨职能团队。在第 5.3.7 节中，会进一步介绍该方法。

↘ 可维护性设计（Design for Maintenance，DFM）

产品维护就是通过监控产品实际使用状况，对其进行维护，当产品遇到变化（如磨损、腐蚀、老化及在产品生命周期内的其他变化）时将其复原。维护不足会影响产品的功能、经济性和安全性。总之，可维护性设计专注于产品安全性、人机工程和装配等方面。

产品设计应考虑维护、修理和零部件更换等方面。对材料、零件、部件、组件和装置的选择决定了产品达到预期使用寿命或发生故障时，系统的可维护性或检查、维修和复原能力。

↘ 可回收性设计（Design for Recycling，DFR）

可回收性设计是可持续性设计的一部分。可回收性设计是指采用可回收再利用或可再加工的材料、零部件和产品。可回收性设计方法主要集中在产品再利用和再加工上。在可回收性设计流程中，应遵循一些指导原则，如易拆卸、材料兼容性好、材料易分离及零部件可回收再加工等。因此，应综合应用可回收性设计、可维护性设计、可装配性和可制造性设计。

↘ 可用性设计（Design for Usability，DFU）

可用性是衡量特定用户在特定环境中如何有效、高效和令人满意地使用产品来实现既定目标的指标。设计的可用性取决于其功能在多大程度上适应了用户的需求和环境。

可用性设计包括功能性、可服务性、可维护性、易用性、可靠性、安全性、美观性、使用场景和环境以及可定制性。

↘ 可服务性设计（Design for Serviceability，DFS）

可服务性设计的重点是提升在维修和排除故障时诊断、拆卸或更换产品的零件、部件、子组件或组件的能力。可服务性设计有助于产品在工作和运行中，迅速进入正常状态，达到规格要求，且不会出现故障。

当今，很多产品都有仪表显示功能。在系统出现故障之前或需要维修时，仪表就会发出警报。智能化装置可以提示系统可能出现的故障，甚至具备自我纠错的功能。这些功能都可以确保系统顺利运行，也可以让用户得到及时服务。

5.3.2   质量功能展开

质量功能展开（Quality Function Deployment，QFD）是一种从客户需求中获得产品规格的技术。它往往用于复杂产品的设计，如汽车设计。

然而，无论在什么样的产品环境下，也无论是否正式使用质量功能展开，你都会发现了解质量功能展开的原理非常有用。所有产品项目都必须以某种方式将客户的需求和愿望转化为设计、工程或开发人员开发产品所需的信息。这是开发产品的一个重要方面，但也是容易混淆优先级和产生误解之处。质量功能展开搭建了从客户到开发之间的桥梁，使得项目团队之间的沟通变得更加清晰和有效。

质量功能展开是一种结构化方法，通过运用矩阵分析的方式将"市场需求"与"如何通过开发满足需求"两者联系起来。当多功能团队希望将客户需求转化为满足这些需求的产品规格和功能，并期望达成一致时，该方法最为有效。在质量功能展开中，最常见的工具是质量屋（见图 5.10）。

按照以下几个基本步骤来构建质量屋。

（1）识别客户需求和期望，并在规定的范围内对这些需求和期望进行评分。

（2）识别产品设计属性，并明确设计属性的改进方向。

（3）连接客户需求和设计属性。

（4）确定每个产品设计属性的重要度。

（5）分析产品设计属性之间的相关性。

（6）评估竞品。

（7）确定需优化的客户属性，并设定目标值。

下面，以手机设计为例来介绍质量屋的应用。图 5.10 中的示例是假设的而非真实的产品，主要用它来介绍质量屋的基本应用。根据不同的应用重点，可以相应增加复杂度。

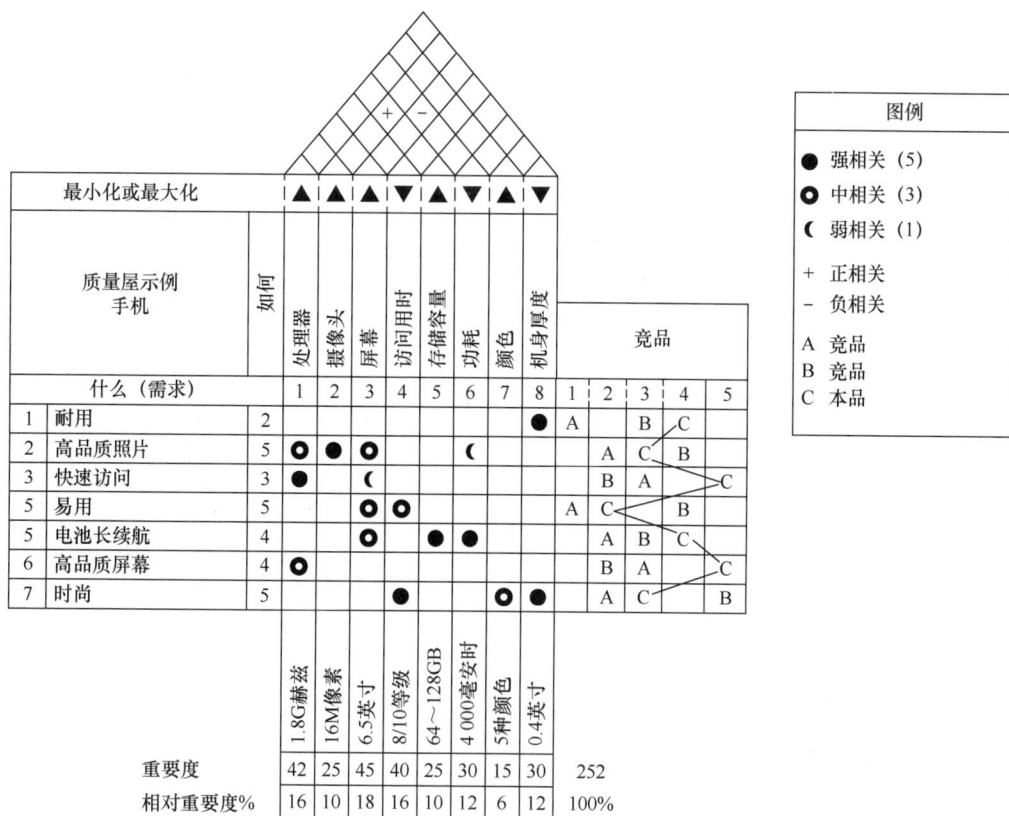

图例：
- ● 强相关（5）
- ◐ 中相关（3）
- ☾ 弱相关（1）
- ＋ 正相关
- － 负相关
- A 竞品
- B 竞品
- C 本品

质量屋示例 手机

什么（需求）	如何（重要度）	处理器 1	摄像头 2	屏幕 3	访问用时 4	存储容量 5	功耗 6	颜色 7	机身厚度 8	竞品 1	竞品 2	竞品 3	竞品 4	竞品 5
最小化或最大化		▲	▲	▲	▼	▲	▼	▲	▼					
1 耐用	2								●	A		B	C	
2 高品质照片	5	◐	●	◐			☾				A	C	B	
3 快速访问	3	●		☾						B	A			C
5 易用	5			◐	◐					A	C		B	
5 电池长续航	4			◐			●	●			A	B	C	
6 高品质屏幕	4	◐								B	A			C
7 时尚	5			●				◐	●	A	C			B
		1.8G赫兹	16M像素	6.5英寸	8/10等级	64～128GB	4 000毫安时	5种颜色	0.4英寸					
重要度		42	25	45	40	25	30	15	30	252				
相对重要度%		16	10	18	16	10	12	6	12	100%				

图 5.10　质量屋示例

1. 第 1 步：识别客户需求和期望

- 客户需求被称为"什么"（What）。采用市场调研、问卷调查或焦点小组等方法获得客户对产品或服务的需求和期望，获得以下问题的答案：
  - ◆ "客户期望从产品中获得什么？"
  - ◆ "为什么客户会购买该产品？"
- 要回答以上两个问题及产品失效和返修问题，销售人员和技术人员提供的信息最为关键。
- 通常，需求会被分解到第二层甚至第三层。
- 在识别需求后，要对客户需求的优先级或重要度进行排序。

在本手机示例中，识别了以下客户关键需求和愿望：

- 耐用：在各种情况下的抗损坏能力如何？

- 高品质照片：在各种条件下都能拍出高质量的照片吗？

- 快速访问：访问各种功能时速度有多快？

- 易用：各种功能的易用程度如何？

- 电池长续航：在正常工作条件下，电池能续航多久？

- 高品质屏幕：在各种条件下，屏幕清晰度如何？

- 时尚：在外观、感觉和功能方面是否"符合时尚潮流"？

在图 5.10 所示的质量屋中，客户需求及对应的重要度等级位于左侧。其中，耐用的重要度等级为 2，高品质照片的重要度等级为 5，以此类推。重要度等级越高说明越受客户重视。

2. 第 2 步：识别设计属性和优化方向

设计属性被称为"如何"（Hows），用设计师或工程师的语言来描述设计属性。作为技术特征（属性）的体现，设计属性在整个设计、制造和服务过程中得以展开。设计属性应予以量化，输出的结果也应可控并能与目标进行对比。

在本手机示例中，设计属性或"如何"（How）位于质量屋的中心，包括处理器、摄像头、屏幕、访问用时、存储容量、功耗、颜色和机身厚度等。每列上方的实线箭头表示设计属性的优化方向。例如，"处理器"对应的向上箭头表示希望增加该属性，而"机身厚度"对应的向下箭头表示希望减少该属性。

质量屋的屋顶表示设计属性之间的相关性，用于反映不同设计属性的目标之间是否存在冲突，如有冲突就要进行权衡。例如，在图 5.10 中，摄像头和存储容量之间存在正相关关系，表明随着相机质量的提高，存储容量需求也会增加。屏幕和功耗之间则存在负相关关系。

3. 第 3 步：连接客户需求和设计属性

- 判定每个客户需求和每个设计属性之间的相关性，是不相关、弱相关、中相关还是强相关。

- 明确最终的设计属性是否充分考虑了客户需求。
- 如果一个客户需求与任何一个设计属性都不是强相关的，则说明该客户需求没有得到应有的重视，或者说明最终产品会难以满足该客户需求。
- 同样，如果一个设计属性与任何一个客户需求都不相关，那么该设计属性就是多余的或者设计师可能遗漏了某些重要的客户需求。
- 因此，通过相关性分析可以防止产品被过度设计（超过客户需求）或者设计不足（不满足客户需求）。

例如，在图 5.10 中可以看到，高品质照片与处理器是中相关，与摄像头是强相关，与屏幕是中相关，而与功耗是弱相关。

4．第 4 步：确定每个产品设计属性的重要度

每个设计属性（如何）的重要度是将设计属性的相关性分值与其对应的每个需求的等级分值的乘积进行累计而得出的。比如，在图 5.10 中，"处理器"的重要度为 $(5×3)+(3×5)+(4×3)=42$。每个设计属性的相对重要度则按该设计属性重要度与重要度总分的占比来计算。比如，"处理器"的相对重要度为 42/252=16%。

5．第 5 步：分析产品设计属性之间的相关性

如图 5.10 所示，"处理器"和"快速访问"之间是强相关；"屏幕"和"易用"之间是中相关；"访问用时"和"耐用"之间是不相关。

6．第 6 步：评估竞品

- 该步骤确定每个客户属性的重要度，并评估每个属性的已有产品或服务。
- 客户重要度评级代表了客户的最大兴趣点和期望最高的领域。
- 竞争评估有助于突出竞品的绝对优势和劣势。

在图 5.10 中的右侧显示了两款竞品与本品的比较。虽然本品在"快速访问"、"高品

质屏幕"、"耐用"和"电池长续航"等方面相对较强，但在"易用"、"高品质照片"和"时尚"等方面相对较弱。这就说明，要重点关注摄像头，并要对相应的设计属性进行优化。

7. 第 7 步：确定需优化的设计属性，并设定目标值

- 通常通过内部测试完成，然后转化成可测量的指标。
- 将该评估与竞争性评估进行比较，以明确客户评估和技术评估之间的不一致性。
- 例如，如果发现竞品更能满足客户需求，但对相关设计属性的评估表明并非如此，则说明要么所采用的指标有问题，要么产品存在影响客户感知的问题。
- 根据客户重要性评级及与竞品的比较，为每个设计属性设定目标和方向。

如图 5.10 中的手机示例，当前的设计在"易用"方面较弱。参考质量屋，我们看到"屏幕"和"访问用时"是影响"易用"的关键设计属性。这两个设计属性的相对重要度都较高，分别为 18% 和 16%。这样一来，就可以根据以上分析，设定关键设计属性的具体目标，即"屏幕"为 6.5 英寸，"访问用时"至少为 8/10 等级。

↘ 质量功能展开的优点与缺点

1. 优点

- 采用团队协作的方法达成一致，以便更好地进行跨职能交流。
- 随着组织发展，产品设计师、工程师和开发人员常常不关注客户。质量功能展开可以确保产品创新团队聚焦于客户需求。
- 提供了从客户需求出发，逐级定义产品设计规格和工程设计需求的结构化基础。
- 随着开发工作不断推进，通过市场测试的反馈，有助于优化设计，并能够避免忽视最初的概念设计、客户需求和优先级。

2. 缺点

- 较为烦琐（要分析大量需求和设计属性，创建大型表格），并且需要很长时间来

完成整个质量功能展开过程。

- 较为冗长，会让人迷失产品设计所追求的目标。
- 随着消费者需求的不断变化，需要聚焦在定义正确的设计规格上。当产品竞争激烈，需要新技术支持时，要做到这一点并非易事。

5.3.3　实验设计

实验设计（Design of Experiments，DOE）用于寻找因果关系。它是一种系统方法，用于确定影响过程的因素与该过程的输出之间的关系。实验设计可以应用于产品及其制造工艺过程。它为充分理解产品或工艺过程提供了基础。

- 哪些变量的影响最大？
- 如果其中一个输入变量发生了变化，产品或工艺过程会发生什么变化？
- 变量之间是否存在相互关系？
- 变量的最佳条件是什么？

实验设计是一种非常复杂的方法，需要扎实的统计学知识才能完全掌握。图 5.11 描述了几种常见的实验设计。

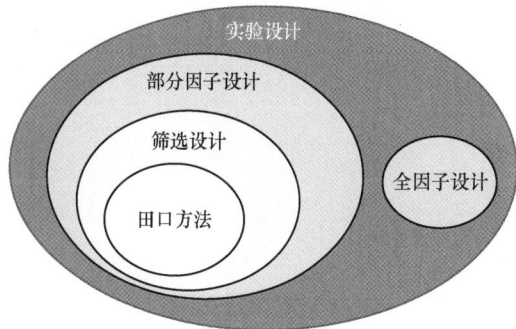

田口方法用于在客户期望的质量水平上设计高效且可靠的产品。与其他方法相比，田口方法的优点是只需相对基本的统计数据就可以应用实验设计。

图 5.11　常见的实验设计

下面通过介绍制作面包的简单过程来了解实验设计的基础知识。在制作面包过程中，烘烤前要将面团发酵。在发酵过程中，发酵时间、发酵温度和酵母重量这三个变量会影响面包体积。

如何确定每个变量对面包体积的影响？一种传统又直接的方法是一次改变一个变

量的水平，然后观察其对面包体积的影响。这么做肯定会提供一些有价值的信息，但忽略了另一个影响因素，即变量之间的相互作用。例如，发酵时间和发酵温度都会影响酵母活性，它们之间是相互作用的。应用实验设计就可以解决该问题。

表 5.5 显示了如何将全因子设计应用于面包发酵过程。在进行该设计时，采用以下步骤：

（1）设定三个输入变量——发酵时间、发酵温度和酵母重量。

（2）为每个输入变量设定低和高两个水平。

（3）设计要做的实验（三个变量、两个水平的所有组合），共计八次实验。

（4）完成所有八次实验。也就是说，得到了八个不同的面包。测出每个面包的体积，对结果进行分析。

表 5.5　发酵时间、发酵温度、酵母重量对面包体积影响的因子设计

实验次数	发酵时间/分钟	发酵温度/摄氏度	酵母重量/克
1	60	30	1
2	120	30	1
3	60	50	1
4	120	50	1
5	60	30	2
6	120	30	2
7	60	50	2
8	120	50	2

虽然做八次实验尚不是问题，但随着变量数量的增加，全因子实验数量就会很多，达到 2 的 n 次方之多（其中 n 是变量的数量）。也就是说，如有 4 个变量就要做 16 次实验，如有 5 个变量就要做 32 次实验，以此类推。

如果使用部分因子设计就可以减少变量数量及变量之间的相互关系，从而减少实验次数。田口方法是一种筛选设计，也是部分因子设计中的一种方法。田口方法的优点是非统计学专业的人也能应用该方法。

有关实验设计的更多细节，请参阅 Schmidt 和 Laundy（2005）以及 Roy（2001）的专著。

5.3.4　可用性测试

可用性测试（Usability Testing）是一种非常重要的方法，它从最终用户的角度为设计过程提供信息。以下是一些常用的可用性测试技术。在选用相关技术之前，要回答以下问题，其中的大部分问题在早期概念开发阶段就已经被解决了。

- 目标人群是谁？
- 需要哪些具体信息来帮助后续设计？
- 获得最有价值的信息有多重要？"足够接近""足够好"吗？
- 需要花多少钱？
- 需要花多少时间才能得到结果？

↘ 游击测试（Guerrilla Testing）

游击测试是最简单的可用性测试方法。在开展游击测试时，测试人员通常会进入超市或公园等公共场所，邀请受访者使用产品原型，进行快速的可用性测试。它是一种低成本且相对简单的测试，可以获得真实的用户反馈。

何时使用： 在产品开发流程的早期阶段，当获得一个有形的设计方案（线框图或基础原型），并想知道该设计方案的方向是否正确时，使用游击测试效果最佳。游击测试也有利于收集针对创意和概念的个人意见和感性印象。游击测试中的参与者可能并不代表产品的目标人群。因此，它不太适用于测试小众产品（niche products）。

↘ 实验室可用性测试（Laboratory Usability Testing）

顾名思义，实验室可用性测试是在特殊环境（如实验室）中进行并由主持人监督的测试。主持人是希望从现场用户处获得反馈的专业人员。在开展测试期间，主持人通过任务帮助测试参与者，回答他们的问题，并实时回复他们的反馈。

何时使用：当需要深入了解真实用户如何与产品交互以及他们面临的问题时，使用实验室可用性测试最有效。它可以帮助你调查用户行为的深层次原因。

该测试是否需要主持人，取决于是否希望收集更多的定性信息。此外，组织和实施该测试的成本会很高，因为需要提供相应环境，吸引和雇用测试参与者和训练有素的主持人，主持人也要擅长引导（而不是领导），同时能够观察、解读和报告参与者的反应。

↘ 无主持人远程可用性测试（Unmoderated Remote Usability Testing）

无主持人远程可用性测试在没有主持人的情况下远程进行。它提供快速、稳健且经济的用户测试结果，以便用于进一步分析。测试参与者被要求在自身环境中使用产品来完成任务。因为无主持人在场，所以参与者在使用产品时较为自然。虽然无主持人测试成本较低，但是提供的测试结果不太详细。

何时使用：当需要获取大量样本来证明最初研究得出的关键发现时，换句话说，当有一个特定的假设，希望通过大部分用户进行验证时，使用无主持人远程可用性测试效果最好。无主持人远程可用性测试有助于测试特定问题或观察用户行为模式。

↘ 场景调查（Contextual Inquiry）

场景调查是用于研究一般客户的访谈和观察方法，它可以深入了解他们的需要、需求以及可用性洞察。在场景调查中，会首先询问测试参与者（真实用户）一组关于他们对产品体验的问题，然后让他们在自身环境中使用产品，调查者进行观察和提问，从而为设计团队提供真实的用户体验信息。

何时使用：场景调查在获取有关用户工作场所、个人偏好和个人习惯的丰富信息时非常有价值。在设计流程起始阶段、概念说明的发展和完善阶段，该方法特别有用。它有助于产品团队设计定制化的体验或对现有产品体验进行优化。

↘ 在线测试（Online Testing）

在线测试是评估产品概念并提供设计特征反馈的过程，包括通过问卷调查和在线社区进行定量和定性研究。在线概念调查是一种主要的定量研究技术。通过在线调查触达成千上万名有针对性和参与度较高的受访者，为分析提供丰富且可靠的数据。在调查中，测试者邀请参与者对概念的文字说明或视觉呈现进行评价。然后，引导参与者回答问题或讨论对创意的印象。定性技术包括使用在线社区，即设置一个精心策划的空间，让受访者身处小组环境，并完成一对一的任务，或者通过视频聊天的方法进行深入访谈，并在屏幕上分享概念。

何时使用：在线测试是一种从分散在全球不同地区的测试参与者中收集反馈的方法，与其他可用性测试相比，其成本更低。它可以触达成千上万名用户，获得他们对创意或概念的总体反馈，或与特定的用户社区进行互动，从目标用户中获得丰富的信息。随着产品概念的进一步完善和后续版本的不断推出，这些用户社区可以源源不断地提供信息。

阿尔法测试、贝塔测试与伽马测试（Alpha，Beta，and Gamma Testing）

（1）**阿尔法测试**：阿尔法测试是由开发团队或质量保证（Quality Assurance，QA）团队进行的内部检查。在外部用户对软件产品开展贝塔测试之前，进行阿尔法测试。通过阿尔法测试发现软件产品中的缺陷。在受控条件下对软件产品进行评估和验证，通常使用自动和手动测试。

（2）**贝塔测试**：贝塔测试也称为预发布测试或现场测试。在产品正式交付之前，邀请一定数量的外部用户（称为贝塔测试用户）进行测试。贝塔测试的主要目的是验证软件与实际用户环境（如不同的软件和硬件配置、网络连接类型等）的兼容性，并获得用户对软件可用性和功能的反馈。通过在不受控环境中的测试，来了解产品在真实用户现场中的表现。

（3）**伽马测试**：伽马测试是在软件发布之前进行的最终测试。它确保产品满足所有发布要求。伽马测试侧重于软件安全和功能。在伽马测试期间，除非检测到的缺陷重大和严重，否则不会对软件进行任何修改。只有少数外部用户受邀参与伽马测试。检查包括验证某些规格，而不是整个产品。伽马测试后获得的反馈被视为即将发布的软件版本的更新。一些组织不采用伽马测试，而是采用在贝塔测试后再次进行阿尔法测试，然后发布产品。

5.3.5 性能和可靠性测试

性能和可靠性测试（Performance and Endurance Testing）是一种确定产品性能的测试，如耐用性、速度、可扩展性、操控性和稳定性。测试过程包括手动和自动测试，旨在发现故障并确保产品符合市场要求。在跨职能团队的参与下，在整个设计过程中持续进行性能和可靠性测试，这么做对最大限度地降低产品上市时的失效成本而言至关重要。

↘ 失效模式与影响分析（Failure Mode and Effects Analysis，FMEA）

失效模式与影响分析是一种逐步识别设计、制造或装配过程或产品中可能出现的故障的方法。失效是指任何错误或缺陷，尤其是那些对客户造成影响的潜在或实际错误或缺陷。失效模式是指某物可能发生故障的方式或模式。影响分析是指研究失效的后果。

失效模式与影响分析可应用于一系列产品和服务中，包括汽车、制药、医疗保健和银行等：

- 当以新方式应用现有流程或产品时。
- 在为新的或修改后的流程制订控制计划之前。
- 为现有流程或产品制定改善目标时。
- 分析现有流程或产品失效时。

开展失效模式与影响分析的基本步骤如下：

（1）列出在流程每个步骤中可能发生故障的清单。

（2）通过以下问题来测量每次失效的影响：当该失效出现时会发生什么？

（3）用十分制来对失效严重度（Severity）进行评级。"1"表示客户甚至未注意到的瑕疵；"10"表示灾难。

（4）使用十分制对失效发生度（Occurrence）进行评级。"1"表示发生度为 0；"10"表示发生度为 100%。

（5）使用十分制对失效可探测度（Detection）进行评级。"1"表示失效极易被探测；"10"表示失效无法被探测。

尽管在标准的失效模式与影响分析中包含了关键性这一定义，但是仍然会有人将其延展为失效模式、影响与关键性分析（Failure Mode，Effects，and Criticality Analysis，FMECA）。

可靠性测试（Endurance Testing）

1. 结构可靠性测试

电子产品、汽车零部件和其他一些被频繁使用的产品在被反复和长时间使用时，每天都会遭受极端的压力。当产品受到这种反复的压力影响时，即使从未触及其静态应力极限，也很容易发生故障。例如，通过结构可靠性测试车门开闭多少次后才会失效。尽管计算静态应力极限是有价值的，但它无法完全评估产品在预期生命内的性能，因为它无法解释在不同环境条件下长期使用导致的失效。因此，需要通过结构可靠性测试来测量产品生命周期内的失效。

根据行业标准和产品的独特需求，可以进行多种类型的结构可靠性测试来模拟整个产品生命周期。一些最常见的测试类型包括疲劳测试、推拉压力测试和开闭测试：

- **疲劳测试**：专家认为疲劳会造成 50%～90% 的机械故障。虽然百分比有所不同，但工程材料疲劳分析对于确保成品的生命而言至关重要。在疲劳测试中，工程师可以确定材料经历循环载荷时造成的局部和渐进性结构损伤。通过疲劳测试，可以测出产品在几个载荷水平上对循环载荷的抵抗能力。
- **推拉压力测试**：也称为拉伸、压缩和冲击测试。推拉压力测试计算材料对拉伸或压缩所产生冲击的抵抗能力。通过测试，可以测出将物体拉、推或压到断裂为止所需的力，这就可以知道材料在失效前可以承受的最大拉伸应力。这些测试在机械和结构工程等行业中特别有用。

- **开闭测试**：门、窗、手机翻盖、车库开门装置和其他一些产品中的铰链都需要进行该测试，以确保产品历经多年后仍然耐用。自动化开闭测试机可以快速模拟出产品的使用年限。

2. 软件可靠性测试

有时也称为耐久或浸泡测试，用于确定系统是否能够承受持续的预期负载。可靠性测试可以持续几小时或几周，具体取决于应用程序的使用模式。以下是软件可靠性测试的一些示例：

- **内存泄露测试**：检查并验证应用程序中是否存在内存泄露，是否会随着时间的推移而导致软件或操作系统崩溃。
- **系统层间连接关闭测试**：如果系统层间连接无法成功关闭，则会导致系统中的部分或所有模块停止运行。
- **数据库连接关闭测试**：如果数据库连接无法成功关闭，则会导致系统崩溃。
- **响应时间测试**：应用程序会因长时间使用系统而导致效率降低，对系统的响应时间进行测试。

5.3.6　质量保证

质量保证是通过系统监测和评估项目、服务或设施各个方面，确保达到质量标准。质量保证为每个人设定了明确的期望。质量保证过程从项目开始就设定了明确的期望和标准。当人们在项目早期就知道期望和标准是什么时，错误或误解的空间就小了。

↘ 六西格玛（Six Sigma）

六西格玛方法旨在通过对各种流程的专项改进，来减少业务流程和制造流程中的变异。该方法需要团队所有成员的持续承诺。六西格玛设计是将六西格玛方法应用于产品、服务及其支持流程的设计或再设计中，以满足客户的需求和期望。六西格玛设计的阶段或步骤尚未得到统一，各个公司或六西格玛培训机构对六西格玛设计的定义各有不同。在大多数时候，企业会通过实施六西格玛设计来改善其经营、行业地位和企业文化。有些时候，一些企业会在六西格玛咨询公司的帮助下，采用咨询公司推荐的六西格玛设计方法，并在公司内进行部署实施。因此，六西格玛设计更多的是一种方法，而不是一种定义完善的方法论。

1. 六西格玛设计方法

有几种六西格玛设计方法，下面简要介绍其中的四种方法（见表 5.6）。很难用一两句话说清这些方法之间的差异。如需更多有价值的信息，可以访问美国质量协会官网。

表 5.6　六西格玛设计方法

六西格玛设计方法			
DMAIC	DMADV	DMEDI	IDOV
定义（Define）	定义（Define）	定义（Define）	识别（Identify）
测量（Measure）	测量（Measure）	测量（Measure）	设计（Design）
分析（Analyze）	分析（Analyze）	探索（Explore）	优化（Optimize）
改进（Improve）	设计（Design）	开发（Develop）	验证（Verify）
控制（Control）	验证（Verify）	实施（Implement）	

2. DMAIC

DMAIC 是数据驱动的质量战略，用于流程改进。DMAIC 是六西格玛中的重要组成部分，也可以作为独立的质量流程改进方法或其他流程改进方法（如精益方法）中的一部分。当公司现有产品或工艺不符合客户需求或性能不佳时，应使用 DMAIC 方法。DMAIC 是构成该过程五个阶段单词的首字母缩写：

- 定义（Define）：定义问题、改进活动、改进机会、项目目标和客户（内部和外部）需求。
- 测量（Measure）：测量流程绩效。
- 分析（Analyze）：分析流程，确定导致变异和绩效不良（缺陷）的根本原因。
- 改进（Improve）：改进流程绩效，识别根本原因并解决问题。

- 控制（Control）：控制改进后的流程和未来流程的绩效。

3．DMADV

DAMDV 用于设计新产品、服务或流程的过程。

DMADV 的五个阶段包括：

- 定义（Define）：定义项目目标和内外部客户需求。
- 测量（Measure）：测量和确定客户需求与规格；树立竞争对手和行业标杆。
- 分析（Analyze）：分析流程备选方法以满足客户需求。
- 设计（Design）：设计详细的流程以满足客户需求。
- 验证（Verify）：验证设计绩效和满足客户需求的能力。

4．IDOV

IDOV 是一种设计新产品和服务以满足六西格玛标准的具体方法。它与 DMADV 的主要区别在于 IDOV 侧重于实现组织的财务目标。IDOV 的四个阶段包括：

- 识别（Identify）：识别客户需求和战略意图。
- 设计（Design）：评估各种设计方案，生成详细的设计方案。
- 优化（Optimize）：从生产率（业务需求）和质量（客户需求）角度优化设计并实施。
- 验证（Validate）：对设计进行试验，根据需要进行优化，准备发布。

5．DMEDI

DMEDI 是一种设计新的稳健流程、产品和服务的创新性方法。它侧重于获得显著的竞争优势，或在当前环境下实现质的飞跃。通常，DMEDI 需要更多的时间和资源来完成。DMEDI 的五个阶段包括：

- 定义（Define）：定义并理解问题、改进活动、改进机会、项目目标和内外部客户需求。

- 测量（Measure）：DMEDI 中的测量阶段比 DMAIC 需要更多的检查，因为对现有过程的定义很少。为了满足明确定义的客户需求，可在多个迭代和阶段中使用质量功能部署（Quality Function Deployment，QFD）或质量屋，以正确定义客户真正想要的产品或服务。

- 探索（Explore）：侧重于为新流程提供概念设计。相比之下，DMAIC 流程的分析阶段旨在通过分析现有流程数据来识别缺陷的根本原因。DMEDI 的阶段是概念性的；DMAIC 的阶段是有形的。

- 开发（Develop）：主要基于满足客户需求进行最佳设计。相比之下，DMAIC 是基于统计或数学证明来提供合理的未来设计。

- 实施（Implement）：验证流程达到或超过项目目标并发现问题的能力。通过永久、大规模试点部署来实现，DMAIC 更多的是临时试点和小规模部署。

5.3.7 可制造性和可装配性设计

下面是可制造性和可装配性设计的关键内容。可参看 Ulrich 和 Eppinger（2016）的著作获得更多的信息。

可制造性和可装配性设计是两种设计方法，即可制造性设计和可装配性设计的混合体。可制造性设计旨在降低制造过程的复杂性和整体生产成本，包括原材料成本。可装配性设计旨在促进或减少产品零部件的装配过程。

可制造性和可装配性设计是产品开发周期中的关键组成部分，包括优化产品制造和装配过程的设计，并将产品设计要求与其生产方法相结合。采用可制造性和可装配性设计降低了生产产品的成本和难度，同时确保了产品质量。

↘ 可制造性和可装配性设计流程概述

Ulrich 和 Eppinger（2016）提出了五个步骤：

（1）估算制造成本。

（2）降低零部件成本。

（3）降低装配成本。

（4）降低生产支持成本。

（5）可制造性设计决策对其他因素的影响。

↘ 可制造性和可装配性设计基础知识

（1）标准化：通过减少库存和规模化来降低成本。以下是一些将零部件进行标准化的方法：

- 设计可以在产品中重复使用或在产品线之间共用的零部件。
- 对产品内和产品间的硬件进行标准化，以减少库存需求。
- 设计模块化，以减少产品更改或重新设计。
- 尽可能使用标准件而不是定制件。
- 考虑市场上产品预期寿命内的零部件可用性。

（2）设计简化：简化设计可以减少制造产品的时间、库存和成本：

- 通过制造多功能零部件，最大限度地减少装配步骤和库存。
- 使用设计一致性或快速固定方法，如卡扣连接。螺栓连接或胶黏合等紧固技术需要更长的时间来固定，也需要更多的库存。
- 使用原型来验证设计，例如 3D 打印原型。

（3）一致性和合规性：发生一致性错误会损坏零部件或设备，降低产量，甚至导致生产线停产：

- 通过分析公差对装配的影响来解决装配问题。
- 设计集成零部件特性，以帮助在装配过程中对齐。

- 在零部件之间插入环节中，通过设计锥度或倒角，便于导入零部件。

（4）设置时间减少：通过减少每个零部件所需的操作次数来减少设置时间：

- 减少每个零部件所需的设置或旋转次数。
- 评估在哪里可以采用改进的工具或工作站对生产线进行升级。

⬂ 将可制造性和可装配性设计贯穿产品创新流程

可制造性和可装配性设计应成为产品创新流程中不可或缺的一部分。本书始终强调跨职能部门参与产品创新的重要性。一些企业经常在产品创新流程后期才考虑可制造性，这么做为时已晚。有效的可制造性和可装配性设计要求在早期阶段乃至整个流程中始终考虑对可制造性设计的投入。

- 概念开发阶段，确保制造能力和产能可得性。
- 在财务可行性分析方面，为估算制造成本提供依据。
- 在详细设计规格阶段，针对设计细节提出建议，以确保最佳的产品质量和最低的制造成本。
- 通过对产品设计的深入了解和对成功的承诺，从而顺利进行规模化生产。

5.3.8　可持续性设计

可持续性设计要求在设计与开发流程乃至产品生命周期中，综合考虑环境、社会、经济和其他因素。可持续性设计在产品概念设计与开发流程中发挥重要作用，也在产品创新流程后续阶段发挥重要作用。可持续性设计旨在实现产品或服务的可持续产出，要求设计者具备整体观和系统观。可持续性有三大支柱，也被称为"三重底线"（Triple Bottom Line，TBL），即利润（经济）、人类（社会）和地球（环境）（见第 2.9 节）。当企业的产品设计反映出健康的经济有赖于健康的社会这一理念时，就体现了可持续性，这两者都是在健康的环境中得以持续发展的。

↘ 可持续产品设计原则

- 使用无毒、可持续生产或对环境影响较小的可回收材料。

- 使用节能的生产流程来生产产品。

- 生产更耐用、功能更好的产品。

- 设计可重复使用、易拆卸和可回收的产品。

- 使用生命周期分析工具帮助设计更具可持续性的产品。

- 将消费模式从个人拥有产品转变为提供具备类似功能的服务。比如，Interface Carpets 模式（在铺设地毯时无须裁剪，因而浪费更少）、施乐模式（出租而不是出售复印机）和 Zipcar 模式（共享汽车）。

- 材料应选用可再生资源，在其功用耗尽时，可将其制成肥料。

↘ 可持续性指导原则

可持续性指导原则是在创新流程中要考虑的具体问题的具体清单。将这些需要考虑的方面列出清单，让利益相关方认识到创新流程中的可持续性。下面介绍一些指导原则。

1. SPSD 框架

SPSD（Sustainable Product and Service Development）意为可持续产品和服务开发。该方法旨在通过在产品生命周期中实现产品和服务的可持续开发，将提供产品转化为提供服务，以减少产品制造。

2. ARPI 框架

ARPI（Analysis，Report，Prioritize，Improve）意为分析、报告、排序和改进。该方法确保开展生态设计，包括对环境进行评估、分析和报告，对相关因素进行排序并提出改进措施。Simon 等（2000）提供了在电气和电子行业应用 ARPI 的示例。

3. MDE 框架

MDE（Material，Design，Ecology）是关于材料、设计和生态的指导原则。它强调材料选择及其对产品方法、功能设计、市场需求、价格和环境的影响。

4. 产品可持续性指数（Product Sustainability Index，ProdSI）

产品可持续性指数体现了产品创新中的可持续性水平，包含"三重底线"指标。每个指标类别中都包含若干个因子，如表 5.7 所示。指标类别有相应的权重（从 0～100），每个因子的分数从 1～10，越接近 10 就表示符合标准的水平越高。

表 5.7　产品可持续性指标类别与因子

类　别	因　子
产品对环境的影响	• 生命周期（使用寿命） • 环境影响（毒性、排放） • 残留物 • 生态平衡和效率 • 区域和全球影响（二氧化碳、臭氧排放）
产品对社会的影响	• 使用安全 • 健康和养生影响 • 道德责任 • 社会福利（生活质量、心态、生活满意度） • 员工安全与健康 • 教育
产品功能	• 使用寿命和耐久性 • 模块化 • 易用性 • 可维护性或可用性 • 可升级性 • 人体工程学 • 可靠性 • 安全性 • 功能有效性
资源利用率	• 能效和功耗 • 可再生能源的使用 • 材料利用率和效率（成分和有害材料） • 水资源利用和效率 • 安装和培训费用 • 运营成本（劳动力成本、能源和资金等）
产品的可制造性	• 制造方法 • 装配 • 包装 • 运输 • 储存

（续表）

类　别	因　子
产品的可回收性或再制造性	• 可拆解 • 可回收和可复原 • 可处置 • 再制造或再利用

↘ 可持续性分析工具

1. 生命周期评估（Life Cycle Assessment，LCA）

该方法用于生态设计，已经在行业中应用了 30 多年。生命周期评估提供产品从摇篮（材料提取）到坟墓（退市）的整个阶段对环境影响的定量数据。该方法分为四个阶段：

（1）明确生命周期评估的目标与范围。

（2）对产品生命周期所有阶段的能源和材料投入进行检查。

（3）对生命周期中与输入和输出相关的环境影响进行评估。

（4）对结果进行说明并采取纠正措施。

生命周期评估流程如图 5.12 所示。

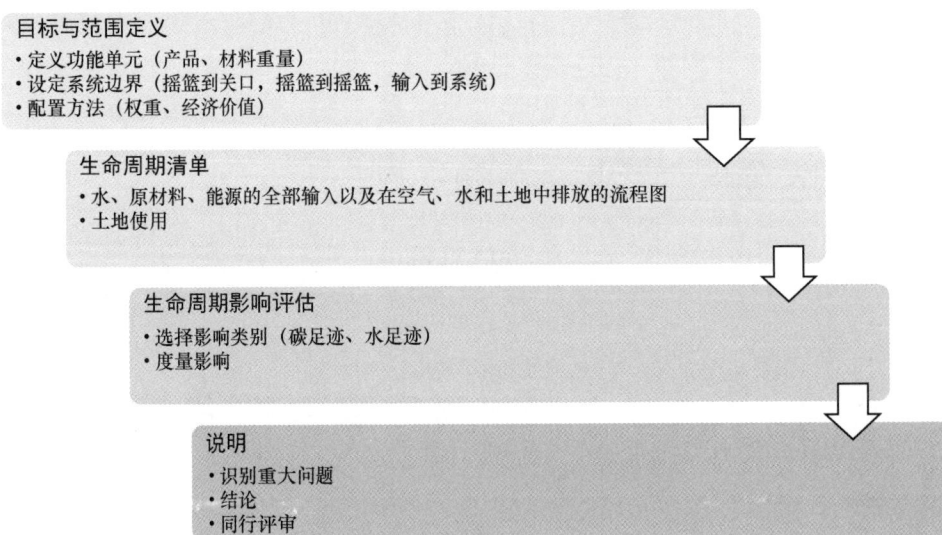

目标与范围定义
·定义功能单元（产品、材料重量）
·设定系统边界（摇篮到关口，摇篮到摇篮，输入到系统）
·配置方法（权重、经济价值）

生命周期清单
·水、原材料、能源的全部输入以及在空气、水和土地中排放的流程图
·土地使用

生命周期影响评估
·选择影响类别（碳足迹、水足迹）
·度量影响

说明
·识别重大问题
·结论
·同行评审

图 5.12　生命周期评估流程

2．简化的生命周期评估（Simplified Life Cycle Assessment，SLCA）

一种简化的生命周期评估方法。该方法不对环境影响评估阶段的具体信息和参数（如存货数）进行评审，对数据量要求较少。

3．生命周期成本分析

该方法是指对产品生产过程中所有相关成本的分析，包括产品生命周期内所有参与者（供应商、制造商和消费者）所创造的活动所产生的成本。在传统的生命周期成本分析方法中，外部成本和产品生命周期结束时的成本通常被忽略。因此，这种方法是一种从摇篮到坟墓的成本分析。所有成本都用于通过折现现金流来估算净现值（Net Present Value，NPV）。此外，还会计算资产在其整个生命周期内的拥有、运营和维护成本的年度等值，这被称为等效年度成本（Equivalent Annual Cost，EAC）。

4．环境质量功能展开（Quality Function Deployment for Environment，QFDE）

该方法综合了质量功能展开、对标和生命周期评估，研究产品及其组成部分对环境产生的影响。环境质量功能展开遵循公理化设计逻辑，要求每项设计都应考虑四个方面：

- 客户方面。
- 功能方面。
- 实物方面。
- 流程方面。

环境质量功能展开方法首先将质量功能展开中的客户需求与可持续性关联起来，以识别功能需求。这些功能需求有助于识别关键设计参数。该方法通常分为四步：

（1）将客户需求与工程指标进行关联，即技术或功能需求。

（2）将环境管理系统与产品部件进行关联。

（3）进行对标，然后对部件或子系统进行设计。

（4）评估工程指标变化对环境质量要求的影响。

图 5.13 描述了运用环境质量功能展开进行可持续设计的框架。

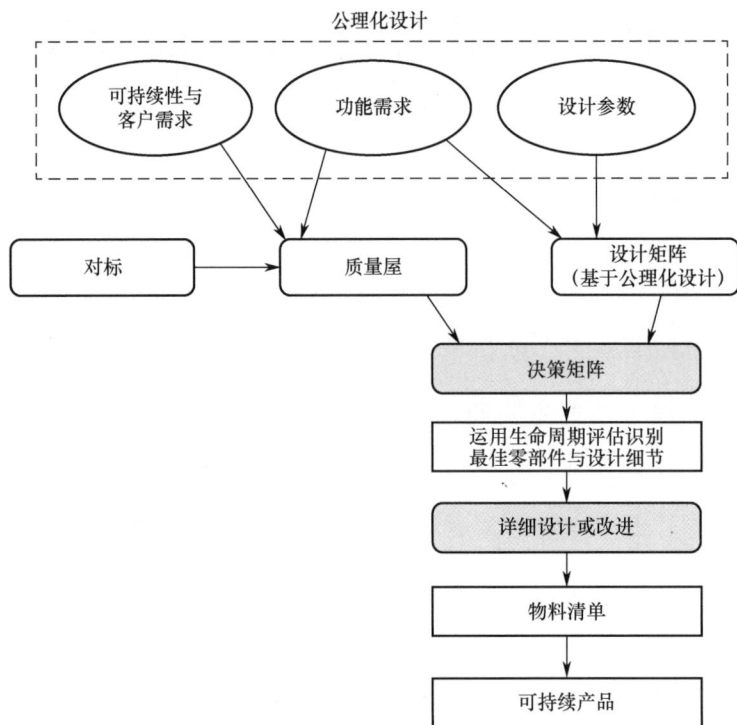

公理化设计

```
┌─────────────────────────────────────────────────────────┐
│   ╭─────────╮      ╭─────────╮      ╭─────────╮           │
│   │ 可持续性与 │      │ 功能需求  │      │ 设计参数  │           │
│   │ 客户需求  │      ╰─────────╯      ╰─────────╯           │
│   ╰─────────╯                                             │
└─────────────────────────────────────────────────────────┘

┌────────┐      ┌────────┐      ┌──────────────┐
│  对标   │ ───→ │ 质量屋  │      │   设计矩阵      │
└────────┘      └────────┘      │ (基于公理化设计)  │
                                └──────────────┘

              ┌──────────────────┐
              │      决策矩阵       │
              └──────────────────┘

              ┌──────────────────┐
              │ 运用生命周期评估识别  │
              │ 最佳零部件与设计细节  │
              └──────────────────┘

              ┌──────────────────┐
              │   详细设计或改进     │
              └──────────────────┘

              ┌──────────────────┐
              │      物料清单       │
              └──────────────────┘

              ┌──────────────────┐
              │     可持续产品      │
              └──────────────────┘
```

图 5.13   运用环境质量功能展开进行可持续设计的框架

5.4   本章小结

- 使用适当的设计、开发方法及工具是产品创新成功的关键。本章重点介绍了产品创新设计与开发阶段中用到的工具。设计与开发阶段是产品从最初创意到最终设计规格，以及为生产和上市做好准备的阶段。第 6 章介绍了市场调研工具，这些工具也有助于开发产品概念。

- 创意生成为新产品成功奠定了基础。本章介绍了一些方法，从思维导图、故事板、人种学到大数据。所有这些方法都能让你深入消费者的体验中。第 3 章介绍了更多的创意生成工具，作为新产品组合的基础。

- 一些产品设计工具（如功能分析、逆向工程、计算机辅助设计、原型、仿真、建模和实验设计）是产品开发者工具箱中必不可少的工具。

- 从最初的产品理念和概念出发，制定完善和明确的产品设计规格，对于确保新产品在整个创新流程（包括制造和最终上市）中都能始终符合目标而言至关重要。可以运用质量屋和田口方法制定设计规格。

- 在设计流程中必须考虑多个因素。可生产性设计、功能性设计及可服务性设计、可装配性设计和可维护性设计等为产品设计者提供了成本最小化、产品稳健性、可靠性和达到质量目标的关键方法。

- 在产品设计中越来越强调可持续性，因此必须应用相应的工具和方法，包括生命周期评估、环境质量功能展开和生命周期成本分析。

本章试题

1. 产品设计规格的主要目的是以下哪项？

   A. 将定性设计特性转化为定量参数　　B. 识别产品核心优势

   C. 识别客户需求　　　　　　　　　　D. 列出产品有形特性

2. 质量屋将客户之声与以下哪项联系起来？

   A. 营销　　　　B. 广告　　　　C. 工程　　　　D. 制造

3. 在新产品创新中，使用以下哪种创意生成工具可将各种信息、想法和创意联系起来并生成一个图形化的输出？

   A. 思维导图　　B. 头脑风暴　　C. 头脑书写法　　D. 德尔菲技术

4. 以下哪个图是采用如何—为什么的逻辑构建的？

   A. FAST 技术图　　B. 功能分析　　C. 联合分析　　D. 气泡图

5. 产品设计目标规格必须使用一整套度量指标，以确保设计工作满足这些标准。

假如你在设计一辆新车，下列哪项是可接受的产品设计指标？

    A. 座位很舒适

    B. 汽车从 0 英里/小时加速到 60 英里/小时的用时不到 6 秒

    C. 具有拖船功能

    D. 有多种颜色和面料的内饰可供选择

6. 功能性设计、可生产性设计、可装配性设计、可维护性设计和可用性设计等工具用于以下哪个阶段？

    A. 概念定义   B. 产品设计规格 C. 制造   D. 实体化设计

7. 产品概念说明应包括哪三个要素？

    A. 客户需求、环境因素和客户使用报告

    B. 定性描述、定量参数和技术成果

    C. 核心利益、有形特性和增强特性

    D. 竞争标杆、概念说明和定性度量

8. TRIZ 问题解决矩阵的模式是以下哪项？

    A. 先识别具体问题，再识别通用问题，在得到具体解决方案之前先获得通用解决方案

    B. 先明确具体问题与目标客户群测试解决方案，生成更多原型，然后选择具体解决方案

    C. 先识别通用问题的通用解决方案，然后选择要解决的具体问题

    D. 组成跨职能团队，与客户一起测试各种产品解决方案，最终选择评分最高的解决方案

9. 杰克是一家制造公司的顾问。他要评估产品的零部件、整体设计（系统）和装配方法（包括手动、自动、固定自动化和机器人装配）。杰克应该使用哪个具体设计工具？

A.　可制造性设计　　　　　　　　B.　可装配性设计

C.　功能性设计　　　　　　　　　D.　为生活而设计

10.　哪个工具涉及如下方法：有声思维梯度法、数量化理论 I、偏最小二乘分析、遗传算法和模糊逻辑？

A.　田口方法　　　B.　六西格玛　　　C.　感性工学　　　D.　TRIZ

本章试题参考答案

1. A　　2. C　　3. A　　4. A　　5. B

6. B　　7. C　　8. A　　9. B　　10. C

本章参考文献

- Altshuller, G. (1984). *Creativity as an exact science*. Gordon & Breach.
- Burchill, G. and Walden, D. (1994). Mutual learning: Industry/academia collaboration for improved product development. *Center for Quality Management Journal 3* (2): 23–39.
- Gadd, K. (2011). *TRIZ for engineers: Enabling inventive problem solving*. John Wiley and Sons, Ltd.
- Haines-Gadd, L. (2016). *TRIZ for dummies*. Amazon.
- Hauser, J.R. and Clausing, D. (1988). The house of quality. *Harvard Business Review 66* (3): 63–73.
- Hosseinpour, A., Peng, Q., and Gu, P. (2015). A benchmark-based method for sustainable product design. *Benchmarking: An International Journal 22* (4): 643–664.
- Jawahir, I.S., Wanigarathne, P.C., and Wang, X. (2015). Product design and manufacturing processes for sustainability. In: *Mechanical engineers' handbook* (ed. M. Kutz), 414–443. John Wiley & Sons.
- Knudsen, M.P., von Zedtwitz, M., Griffin, A., and Barczak, G. (2023). Best practices in new product development and innovation: Results from PDMA's 2021 global survey. *Journal of*

Product Innovation Management 40 (3): 257–275.

- Ladewig, G.R. (2007). TRIZ: The theory of inventive problem solving. In: *The PDMA toolbook 3 for new product innovation* (ed. A. Griffin and S. Somermeyer), 3–40. John Wiley and Sons.
- Rodriguez, C.M. (2017). *Product design and innovation: Analytics for decision making.* Createspace Publishers.
- Roy, R.K. (2001). *Design of experiments using the Taguchi approach: 16 steps to product and process improvement.* John Wiley & Sons Inc.
- Schmidt, S.R. and Launsby, R.G. (2005). *Understanding industrial designed experiments*, 4e. Air Academy Press.
- Simon, M., Pool, S., Sweatman, A. et al. (2000). Environmental priorities in strategic product development. *Business Strategy and the Environment 9* (6): 367–377.
- Ulrich, K.T. and Eppinger, S.D. (2016). *Product design and development*, 6e. McGraw-Hill Education.

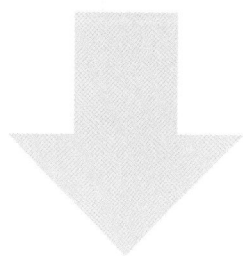

第6章

产品创新市场调研

为战略制定、组合管理、产品创新与生命周期管理等方面的决策提供市场数据和信息。

↘ 本章学习重点

产品创新管理各个层级的决策都需要信息支撑，市场调研至关重要。本章介绍了一系列市场调研工具，以支撑产品创新各个阶段的决策。此外，也讨论了这些工具的优点和缺点，以及如何运用这些工具支持具体的创新管理决策。

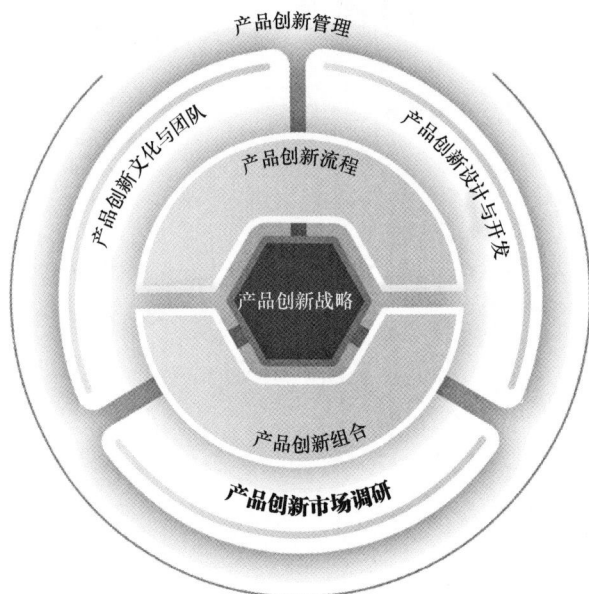

↘ **本章内容一览图**

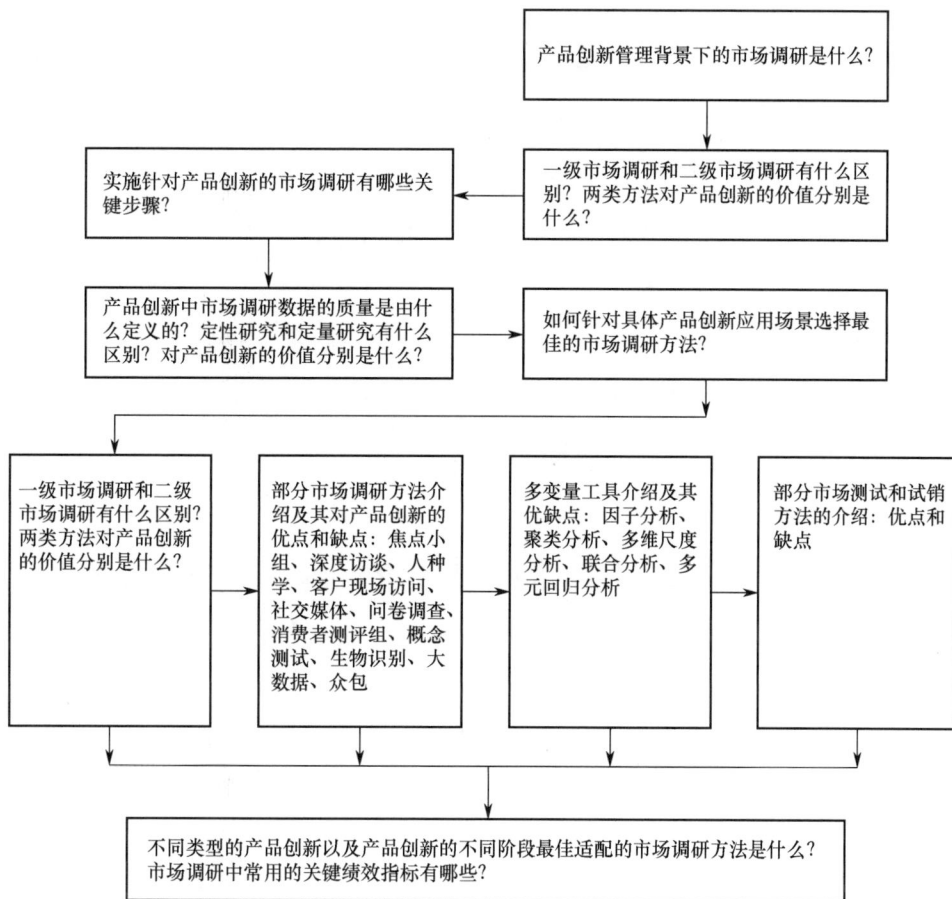

```
                                              ┌─────────────────────────────┐
                                              │ 产品创新管理背景下的市场调研是什么? │
                                              └──────────────┬──────────────┘
                                                             │
                                                             ▼
  ┌─────────────────────────────┐          ┌─────────────────────────────┐
  │ 实施针对产品创新的市场调研有哪些关 │◀─────────│ 一级市场调研和二级市场调研有什么区 │
  │ 键步骤?                      │          │ 别? 两类方法对产品创新的价值分别是 │
  └──────────────┬──────────────┘          │ 什么?                        │
                 │                          └─────────────────────────────┘
                 ▼
  ┌─────────────────────────────┐          ┌─────────────────────────────┐
  │ 产品创新中市场调研数据的质量是由什 │          │ 如何针对具体产品创新应用场景选择最 │
  │ 么定义的? 定性研究和定量研究有什么 │─────────▶│ 佳的市场调研方法?             │
  │ 区别? 对产品创新的价值分别是什么? │          └─────────────────────────────┘
  └──────────────┬──────────────┘                        │
                 │                                        │
                 ▼                                        ▼
┌──────────┐  ┌──────────┐  ┌──────────┐  ┌──────────┐
│一级市场调研│  │部分市场调研方法介│ │多变量工具介绍及其│ │部分市场测试和试销│
│和二级市场 │  │绍及其对产品创新的│ │优缺点: 因子分析、│ │方法的介绍: 优点和│
│调研有什么区别?│ │优点和缺点: 焦点小│ │聚类分析、多维尺度│ │缺点            │
│两类方法对产品创新│ │组、深度访谈、人种│ │分析、联合分析、多│ │              │
│的价值分别是什么? │ │学、客户现场访问、│ │元回归分析       │ │              │
│          │  │社交媒体、问卷调查、│ │              │ │              │
│          │  │消费者测评组、概念│ │              │ │              │
│          │  │测试、生物识别、大│ │              │ │              │
│          │  │数据、众包       │ │              │ │              │
└────┬─────┘  └────┬─────┘  └────┬─────┘  └────┬─────┘
     │             │             │             │
     └─────────────┴──────┬──────┴─────────────┘
                          ▼
  ┌───────────────────────────────────────────────────┐
  │ 不同类型的产品创新以及产品创新的不同阶段最佳适配的市场调研方法是什么? │
  │ 市场调研中常用的关键绩效指标有哪些?                      │
  └───────────────────────────────────────────────────┘
```

6.1 市场调研对产品创新有什么价值

理解并满足利益相关方尤其是客户的需求，对新产品和改进产品实现成功至关重要。有众多的市场调研方法可以为产品创新流程中的决策提供信息支撑。本书强调产品创新是建立在充分的信息、数据和知识基础上的风险—回报决策过程。市场调研为做出正确决策提供信息，进而减少了不确定性，将风险最小化。具体价值为：

- 现在和未来有哪些机会？

- 客户的需求是什么，有哪些表达出来的需求和未表达出来的需求？

- 客户购买和再次购买产品的驱动力是什么？

- 创造竞争优势需要什么样的价值主张？

- 产品应在哪些方面进行改进才能成为更易接受和更理想的解决方案？

- 客户是否会购买产品？客户购买产品的频度、地点和价格如何？

- 市场上是否有其他产品解决方案？

- 我们的产品解决方案有什么优势？

- 能否通过知识产权来保护产品解决方案并确保优势？

- 产品解决方案是否具有可持续性？

6.1.1 客户之声

客户之声（Voice of Customer，VOC）是产品创新领域的一个重要方法，是指获取（内部或外部）客户需求和反馈的一系列市场调研方法。客户之声的定义是：为了找出所调查的一系列问题的解决方案，引导受访者经历一系列情境，并通过结构化深度访谈，从消费者那里提炼出需求的过程。在这一过程中，通过间接性提问来理解消费者如何找到满足其需求的方法，特别是为什么选择某个解决方案。它是一个启发客户需求的过程。

本章描述的许多方法都可以归类为 VOC 方法。有关 VOC 方法作为新产品创意来源的综述可参见 Cooper 和 Dreher 的论述（2015）。开发新产品和新服务时，不仅要研究最终客户或最终消费者，还要考虑最终购买决策中其他关键利益相关方的意见。例如，大多数食品传统上通过超市销售，虽然超市不是产品的最终消费者，但在决定向消费者提供什么产品方面发挥着极其重要的作用。超市的意见和最终消费者的意见一样重要。再如，个人使用的医疗设备，通常是由医疗专业人员向最终用户推荐使用的，他们是购买决策的关键利益相关方，在整个产品创新流程都应该包括他们的意见。

VOC 不仅用于产品创新流程的开发阶段，还常用于进行客户细分或市场细分，通过采集人口统计、心理、行为和生活方式等数据来创建用户画像，用于上市和营销沟通。此外，在产品开发的任何阶段都可能重新进行 VOC 调研，以寻求额外的洞察或确认先前的洞察。

6.1.2　市场调研的六个关键步骤

VOC 和市场调研是一个过程。Naresh（2009）列出了支撑大多数市场调研过程的六个步骤（见图 6.1）。

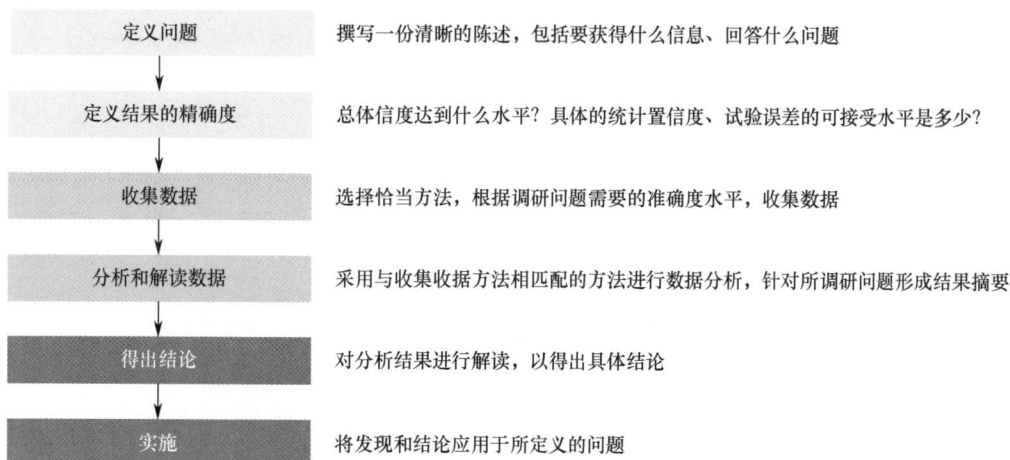

图 6.1　支撑大多数市场调研过程的六个步骤

6.2   选择正确的市场调研方法

选择正确的市场调研方法，要回答三个关键问题：

（1）需要提供什么信息，或者需要回答什么具体问题？

（2）目标市场或重要利益相关方是谁？

（3）所需数据的准确度要多高？这与所涉及的风险相关。

选择市场调研方法还总是受以下条件的限制：

- 预算：我们能为市场调研花多少钱？
- 时间：我们需要多快拿出调研结果？
- 资源：需要哪些资源，这些资源在预算和时间约束范围内可获得吗？

表 6.1 提供了这些问题的示例。

表 6.1   针对各种产品创新的市场调研示例

需要什么信息？	目标市场是谁？	什么准确度水平？
什么是体育场新网站的最佳设计？	体育场的当前用户和潜在客户	低风险。合理性反馈很充足
一款新的酸奶产品进入一个已有众多品牌的市场，潜在市场在哪里？	家庭购买者和酸奶消费者	尽管根据已有的对生产和市场的了解，风险较低，但因为要大批量上市、库存成本大增，所以精确度水平要高
新设计的开罐器能否满足关节炎患者的要求？	手部有关节炎或者其他限制手部力量和灵活性的人	作为公司级新产品，由于缺乏对该产品和市场的经验，存在重大风险。精确度水平要高
新款泳池清洗机器人需要做哪些改进？	家庭和商业泳池的业主	因为已经有了产品经验，开发早期阶段的风险较低。精确度水平为低或中等
家用电视的一个全新的突破性的 3D 界面，是否有市场？	电视用户。主要是技术能力强、倾向尝试新产品的用户	在概念开发和测试的早期阶段风险较低。但可以肯定的是风险在开发阶段会增加。因此初始精确度水平为低，随着投资的增加，要提高精确度水平
减少睡眠呼吸暂停的新型医疗设备原型，是否匹配市场需求？	睡眠呼吸障碍的患者，医生	由于需要政府监管部门批准，风险很高。所有关键利益相关方的精确度水平都要很高

图 6.2 展示了一个选择恰当市场调研方法的高阶流程。

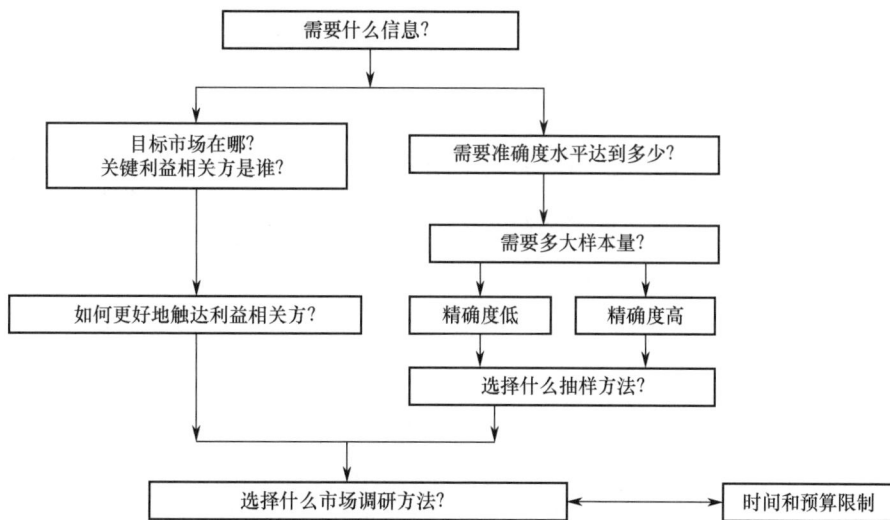

图 6.2　市场调研方法选择高阶流程

本章的其余部分从以下方面描述了具体的市场调研方法及其在产品创新流程不同阶段的适用性：

- 它们能提供的信息。
- 它们更适合哪个利益相关方群体。
- 数据准确性和统计信度。
- 使用该方法所需的时间。
- 使用该方法所需的资源和总成本。

6.3　一级市场调研与二级市场调研

市场调研方法总体上被分为一级市场调研和二级市场调研。

6.3.1　一级市场调研

一级市场调研（Primary Research）是为了满足组织自身的需要，直接从目标细分市场收集信息，会用到焦点小组、问卷调查、个人访谈、观察等方法。直接收集信息很耗时也很昂贵，但会产生更有针对性和更有价值的数据，也会回报给你更好的产出。

根据基础数据的性质，一级市场调研方法可分为定性方法和定量方法两大类。我们将在第 6.4.1 节进一步讨论。在很大程度上，统计置信度水平决定了在产品创新流程的具体阶段采用哪种市场调研方法。随着产品创新流程的推进，累积成本和产品失败风险急剧上升。可靠的决策对信息支撑的要求越来越高。第 6.10 节将讨论具体市场调研工具的适用性，并总结在表 6.18 中。

6.3.2　二级市场调研

二级市场调研（Secondary Research）是在其他个人、团体或机构已经开展的研究和公布的信息基础上进行的市场调研。这种方法的成本明显更低、执行起来更快、研究来源更容易获得。寻找适当的研究数据是二级市场调研最耗时的部分。

二级市场调研是搜索以前由其他人收集的已有数据，包括：

- 政府发布的统计数据。
- 辛迪加综合性数据。
- 行业或协会出版物。
- 交易会或展会。
- 报纸和杂志。
- 组织的年度报告。

- 研究性的出版物。
- 学科期刊。
- 学术文章。
- 专利和商标（知识产权）数据库。
- 开源数据库和维基百科。
- 互联网网站、白皮书、博客和论坛。

二级市场调研和一级市场调研的比较如表 6.2 所示。

表 6.2　二级市场调研和一级市场调研的比较

比　　较	二级市场调研	一级市场调研
成本	通常成本很低，常常是免费的。但有时要为某个特定信息付费	成本可以很低也可以很高，取决于调研的范围和采用的方法
信息聚焦性和信息质量	主要是一般性信息。能为具有针对性的一级市场调研提供总体概况和趋势	聚焦于所关注的特定信息，强调信息准确性
信息时效性	如果是公共来源会注明日期。更多实时信息可以从特定信息商处付费获得	与一级市场调研和分析实践的完成保持同步

（续表）

比　较	二级市场调研	一级市场调研
时间范围	相对较快，尤其是在聚焦某个特定主题的在线数据库时代	根据所需信息的范围和质量以及所采用的方法而有所不同
所需资源	任何接受过一定程度在线搜索培训并熟悉信息领域的人	需要公司内部或外聘的专家，尤其当采用复杂方法时
风险	总体而言，用作高风险决策的依据是不可靠的	取决于所采用的市场调研方法，为决策特别是产品创新后期的决策，提供了具有置信水平的信息

6.4　市场调研数据的质量

市场调研可以根据所收集数据的类型、数据代表目标市场的程度分为定性市场调研和定量市场调研。

6.4.1　定性市场调研与定量市场调研

定性市场调研和定量市场调研的定义如下：

定性市场调研：对少数受访者（无论是小组还是个人）进行调研，以获得对他们的信念、动机、感知和观点的印象。常用于收集消费者的初始需求，获得其对创意和概念的初始反馈。调研结果不能代表整体市场，也无法预测该市场。

定量市场调研：在消费者调研时通过对足够大的消费者样本进行问卷调查，可以得出具有统计信度的结果。定量调研可用于预测整体消费者的结果，也可用于确定不同客户需求的重要度水平，以及对当前产品的性能评级、满意度、试用率、复购率和产品偏好。定量市场调研可用于减少产品创新多个方面的不确定性。

Ottum（2004）总结了定性市场调研和定量市场调研之间的差异，如表 6.3 所示。

表 6.3　定性市场调研和定量市场调研的比较

定性市场调研	定量市场调研
文字和图像	数字
"软"数据	"硬"数据

（续表）

定性市场调研	定量市场调研
主要用于探索	主要用于确认
主要用于理解未满足的需求	主要用于优化新产品的吸引力
通过寻找主题和深层次意义来进行分析	使用统计方法进行分析

6.4.2　定性和定量调研在产品创新流程不同阶段的运用

定性和定量方法都对整个产品创新流程的决策有价值。注意，定量方法特别是使用统计抽样的定量方法，在要做出高风险决策时更有价值。

定性方法在以下方面非常有价值：

- 在成本和风险较低的流程开始阶段，提供背景和方向——定性研究可以提供对客户问题的洞察，而定量研究无法提供。
- 为定量研究提供背景或假设。
- 在定量方法之后来帮助确定结果，随着项目成本和风险的增加，应尽可能应用定量方法。

6.4.3　目标市场代表

当市场调查数据要用来得出代表总体或目标市场的具有统计可靠性的结论时，就必须进行适当的样本选择。抽样方法主要分为两类：概率抽样和非概率抽样。在概率抽样情况下，每个成员都有一个固定的、已知的机会属于样本；在非概率抽样情况下，没有具体的概率，个体是样本中的一部分。两种抽样方法的比较如表 6.4 所示。

表 6.4　概率抽样与非概率抽样的比较

比 较 项	概 率 抽 样	非概率抽样
定义	总体中的个体具有同等机会被选入代表性样本的一种抽样方法	总体中的个体不具有同等机会被选入样本的一种抽样方法
也被称为	随机抽样	非随机抽样
选择依据	严格随机	随意、便捷或有目的性
结果	无偏差	有偏差

（续表）

比　　较	概 率 抽 样	非概率抽样
方法	客观	主观
推论	统计性	分析性
假设	测试性	生成性

6.4.4　抽样方法

（1）**随机抽样**：定量市场调研中最简单的抽样方法是随机抽样。一个随机样本被定义为总体的一个子集，每个子集被抽中的概率都是相等的。一个简单的随机样本是一个群体的无偏代表。然而，因为简单，所以往往不实用。

优点：能代表目标群体，并消除抽样偏差。

缺点：在实践中很难实现，存在成本和时间问题。

为克服纯粹随机抽样的缺点，可以应用其他的抽样方法，在确保高水平精度的同时大大降低时间和成本。这些抽样方法包括系统抽样、分层抽样和整群抽样。

（2）**系统抽样**：根据总体规模和所需样本量大小，设定一个间隔，然后选取样本，应确保总体中不存在导致偏差产生的模式。

（3）**分层抽样**：将总体按照某个变量分成若干层，然后从每层中抽取一个样本。这样做是为了减少抽样误差，如果这些特征与所调研的目标变量相关，那么每层的构成就会更均匀，目标变量的方差也会更小。

（4）**整群抽样**：将总体划分为若干群，再以群为单位进行抽样。如果群是相似的，往往会增加抽样误差；如果群是相同的，那么在群内进行多个观察就没有意义了，因为它们都是相同的。精确度与群内的多样性有关，这只有在抽样之后才知道。在单阶段整群抽样中，整群为一个样本。在多阶段整群抽样中，要在一个或多个阶段进行随机抽样。

6.4.5　样本量和概率抽样的统计基础

使用统计公式、表格或易于使用的在线计算器，来确定足够的样本量，以满足对研究结果统计可靠性的要求。

样本量计算需要的信息如下：

- 误差范围（置信区间）：能容忍的计算结果的误差范围有多大，例如，调查结果误差范围为±5%。
- 置信度：真实结果落入置信区间内的概率水平是多少？
- 方差：预期的结果的方差是多少？通常基于总体统计数据或过去的研究来估算。

一般而言，样本量的关系是：

- 所需的置信区间（误差范围）越小，所需的样本量越大。
- 所需的置信度水平越高，所需的样本量越大。
- 调研中总体方差越大，所需的样本量越大。
- 选择太小的样本量，会导致结果准确度和置信度都低。

6.5　市场调研方法

6.5.1　焦点小组

焦点小组（Focus Groups）是一种定性市场调研方法。在一位训练有素的主持人的引导下，8～12 名参与者集中在一个房间里进行讨论。讨论的重点是消费者的问题、产品、问题的潜在解决方案。

焦点小组的典型做法：

- 通过筛选性问题筛选出 8～12 名参与者。

- 由训练有素的主持人在专业房间内进行。
- 专业设施有桌子、椅子、单向镜子，对小组讨论进行录音和录像的设备。
- 观察者在隔壁房间通过单向镜子观看讨论过程。

运用焦点小组的注意事项：

- 避免只进行一场焦点小组。三场或三场以上最好；虽然在统计上仍不可靠，但多场小组会增加调查结果的可信度。
- 确保主持人有必要的背景，受过专业训练，能够驾驭主题。
- 进行周密的计划和准备——避免将随机的一群人聚在一起进行非结构化聊天。
- 筛除焦点小组的常客——那些经常参加焦点小组的人。
- 焦点小组不是定量方法——不能得出统计结论。

表 6.5 总结了焦点小组的优缺点。

表 6.5　焦点小组的优缺点

焦点小组的优点	焦点小组的缺点
• 参与者之间的互动有助于激发讨论，产生最新的洞察以及深度理解 • 产品评价直接来自市场代表，而不是经过了问卷或分析的过滤 • 可以响应参与者的评论，迅速调整讨论问题 • 可以观察参与者的行为，尤其是在做产品用途研究时	• 群体动力学导致某些参与者主导会场，另一些参与者的活跃度受到抑制 • 参与者的观点具有开放性，会产生各种理解 • 结论不可直接用于焦点小组之外的人，结论不代表更大的市场群体 • 主持人的技能对结果的质量有重大影响 • 焦点小组的实施受参与者时间和地点可得性的制约

焦点小组对于产品创新决策的价值在于，如果运用得当，可以在整个产品创新流程提供深刻洞察：

- 市场有什么机会？客户对市场空缺有什么看法？
- 客户的需求是什么：焦点小组不擅长识别客户自己未意识到或无法表达的需求。焦点小组的调研结果在当前产品或市场的范式边界内。
- 新产品应构建什么样的价值主张：焦点小组能帮助更好地理解哪些特性能够创造价值并且应当建构到产品中。

- 产品应做哪些改进以更容易被接受：焦点小组能帮助持续地为产品改进提供方向。由对产品品类有兴趣的客户、引领市场购买的客户组成的领先用户小组或消费者测评组，特别有用（Thomke 和 Von Hippel，2002）。

6.5.2　深度访谈

深度访谈（In-Depth Interviews）是一种定性调研方法，是指一对一地与受访者进行长时间的深度访谈，以调查和探索某个特定的主题。该调研方法收集对有关问题、创意、方案、情境等的详细洞察、观点、态度、想法、行为和观点。

表 6.6 总结了深度访谈的优缺点。

表 6.6　深度访谈的优缺点

深度访谈的优点	深度访谈的缺点
• 可以为探讨的每个主题提供更多细节、背景、语言、情感和关系 • 可以设计得更为开放，从而提供信息和洞察，揭示隐藏的关系、联系和复杂性，并帮助解释定量分析的结果 • 更轻松、更个人化、更私密和更安全，通过个人对话可以提供更为丰富和深入的洞察 • 在定量研究之前进行，可以为定量研究的目的和问题提供有价值的初步框架，为定量研究提供更丰富、更真实的语言 • 在问卷调查或定量研究之后进行，可以探索研究结果背后的原因	• 既费时又费钱 • 取决于受访者在指定的时间和地点的可用性 • 必须由受过访谈技术和主题内容专业训练的专业人士进行 • 存在偏见和主观解读 • 调查结果可能不代表更大的细分市场 • 与其他调研方法相比，参与者人数较少，投入的时间、成本和人力较高

深度访谈对产品创新的价值在于，可以在整个新产品创新流程提供深刻洞察：

- 市场有什么机会？客户对市场空缺有什么看法？深度访谈能够提供一个支持探索问题的更轻松的环境，从而深度挖掘受访者的想法。
- 客户的需求是什么？无法表达出来的需求是什么？深度访谈通过更轻松的环境，有机会与受访者建立更紧密的关系，能够帮助更好地理解无法表达出来的需求。
- 新产品应构建什么样的价值主张？深度访谈提供了构建新创意和进一步深化价值主张的机会。
- 产品应做哪些改进以更容易被接受？深度访谈通过与相同受访者或不同受访者的访谈，为持续产品改进提供方向。

- 深度访谈对于需要专业知识或专家的 B2B 市场调研效果好，还可以用在场景敏感或私人的 B2C 市场调研中。在研究设计阶段，采用电话或视频会议进行访谈，更灵活、成本更低。

6.5.3　人种学

人种学（Ethnography）是一种描述性的、定性的市场调研方法，用于研究客户与其环境之间的关系。人种学市场调研代表了一类研究方法，这类方法帮助组织研究文化趋势、生活方式因素、态度以及社会背景如何影响客户的产品选择和使用。调研人员在现场观察客户及其环境，深入了解他们的生活方式和文化，从而更好地理解他们的需求和问题。

人种学方法与焦点小组方法的不同点是，人种学利用各种方法和形式来展示消费者的完整画像，以及产品和服务如何融入他们的日常生活。进一步的理解可以参考米勒（Miller，2004）和卡茨（Katz，2010）等关于人种学市场调研在产品创新应用中的研究。

人种学市场调研可以在现场或在家中进行。

现场人种学市场调研发生在消费者使用产品或服务的任何地方，例如餐厅、商店、办公室甚至汽车中。现场调研帮助调研人员在行为发生时进行访谈和观察，并有机会根据需要进行问题追问。现场调研可以对市场进行沉浸式考察，以研究市场整体与消费者个体之间的互动。这在企业进行市场扩张时尤其有用。

家中人种学市场调研与现场调研类似，是在参与者的家庭环境中进行的；可以调研一个或多个家庭成员，可能持续数小时或更长时间。调研人员沉浸在家庭环境中，进行观察、提问和倾听，以获得消费者趋势、反应和问题的洞察，以发现消费者是如何解决那些产品或服务问题的。家中调研能够洞察客户未满足的需求、如何改进产品、需要哪些新产品、不断变化的需求如何影响产品使用等。

表 6.7 总结了人种学的优点和缺点。

表 6.7　人种学的优点和缺点

人种学的优点	人种学的缺点
• 提供了一个独特的机会来识别客户真正重视的属性、情境和状态，并揭示出未被识别的客户不满意以及隐藏的问题 • 对于识别在传统的访谈、焦点小组或问卷调查中参与者不愿意或无法明确表达的需求，非常有用。特别是如果新产品不熟悉、情境比较私密、比较敏感的话 • 可以发现无法明确表达的需求，为开发全新产品奠定基础	• 调研可能需要很长时间，特别是当调研人员正在寻求目标市场的广泛代表性时 • 相比其他方法，常常需要更多资源 • 依赖调研人员对所观察内容的解释 • 不具有统计可靠性

人种学市场调研对产品创新决策的价值在于，对理解客户需求和产品使用很有用：

- 市场有什么机会，特别是新产品机会？人种学方法力求让研究人员"穿上顾客的鞋子"，真正理解新产品满足的需求背后的主题和问题。这是一个具有高度同理心的研究方法。

- 客户的需求是什么？人种学是一种出色的方法，帮助你理解消费者，深入了解他们内心的需求，那些他们不愿意或者无法明确表达的需求。

- 产品应做哪些改进以更容易被接受？人种学研究可以用来进行产品原型测试，观察客户对产品的反应，观察原型的使用情况。例如，观察产品是否按照预想的方式在被使用，发现客户使用产品时遇到了什么问题。人种学也可用于已上市产品推出新版本或改进版本，以及产品线延伸类产品。

6.5.4　客户现场访问

客户现场访问（Customer Site Visits）是一种发现客户需求的定性市场调研方法。该方法要前往客户的工作现场，观察个体如何操作该功能，该功能与公司要解决的客户问题有关，然后与该个体交流做了什么，为什么这么做，操作这个功能时遇到了什么问题，如何做得更好。（Kahn 等，2004）

客户现场访问与深度访谈有相似之处，都是 B2B 组织最常用的市场调研方法。来自供应商的一人或多人，在产品使用现场与一个或多个客户（或潜在客户）直接进行访谈、观察和交流。

表 6.8 总结了客户现场访问的优缺点。

表 6.8　客户现场访问的优缺点

客户现场访问的优点	客户现场访问的缺点
• 在客户现场进行面对面沟通，能获得大量背景性信息 • 有机会现场观察产品正在使用的状态——直接观察产品的优缺点，并与用户直接讨论产品可以做出哪些改进 • 对于参与新产品开发的技术人员尤其有用，帮助他们更好地理解客户需求，以及这些需求如何被最准确地翻译为设计规格 • 由产品创新团队成员组成的访问小组，可以更好地沟通和理解需求，形成更大的合力 • 有助于建立更牢固的客户关系	• 既费时又费钱，如果需要出差尤甚 • 组织有很多客户时，从一两个客户处得到的意见和建议，不一定能代表大多数客户的看法。样本量对于获得更可靠的观点非常关键 • 收集信息的质量取决于能否"向正确的人问正确的问题"。比如，如果访问对象是客户公司的销售代表，可能只能获得一些有限的、不可靠的、技术类的信息 • 如果企业派不了解产品、缺乏访谈训练的人进行客户现场访问，不利于建立客户关系，获得的信息也会不可靠

运用客户现场访问方法时的注意事项：

• 访问工作要提前通知公司的销售代表，获得他们的支持。

• 确保客户方面接受访问的代表是决策者或影响者，应具备必要的产品知识。

• 尽可能远离会议室，亲自观察产品在哪儿被使用、如何被使用。

• 向客户提问以澄清问题。如果客户给出了解决方案，要倾听、认同并接受他们的建议。

• 携带样品、视觉辅助工具以及任何能让人更清晰理解的东西。

客户现场访问对产品创新决策的价值在于，能够收集深度的市场和技术信息：

• 市场有什么机会：尤其对于 B2B 公司，涉及客户企业的购买者、使用者、影响者，而且他们处于各个层级，他们对新技术或竞争对手产品有很多洞察。

• 客户的需求是什么：现场访问通常聚焦于当前的需求、问题以及需要哪些改进。这些都是客户最能表达清楚的具体问题。访问还可以揭示客户无法或不愿表达的尚不明确的需求，这需要通过提问和观察来识别客户在当前产品以外的需求。

• 产品应做哪些改进：访问的结论可以使产品更容易被接受，特别是结合详细概念或原型进行讨论时尤其有用。

6.5.5　社交媒体

社交媒体（Social Media）已经日益成熟，并开辟了与市场互动和获取信息的新途径。一些社交媒体，如 Facebook、Twitter、YouTube、Pinterest、Instagram、WhatsApp、LinkedIn、SnapChat、Reddit、博客和各种论坛提供了与客户接触和倾听客户声音的媒介。2022 年，仅 Facebook 就在全球拥有近 30 亿个用户。美国公司的社交媒体营销使用率已经从 2013 年的 86%上升到 2022 年的 92%（Statista，2022）。除了这些全球化的社交媒体平台，还有许多国家或地区平台。例如，俄罗斯的 Vkontakte、法国的 Viadeo、日本的 Line、韩国的 Kaokao Talk，以及中国的一系列"本土成长起来"的平台和网络，如微信和微博。在使用社交媒体进行营销传播和市场调研时，选择最适合目标市场的平台至关重要。

社交媒体在产品创新的创意和设计阶段经常被用来做共创，在商业化和上市阶段被用来做推广和扩大知名度。社交倾听（Social listening）是 VOC 方法的一种，该方法通过监测网络对话，分析客户对某一主题的看法。社交倾听对于产品创新流程的支持，有一个广为人知的案例：麦当劳在分析了社交媒体的对话后，开始在一些主要市场推出了包含早餐在内的全天菜单。

高乐氏公司的品牌布里塔（Brita）通过社交倾听得知，千禧一代经常抱怨室友或伴侣在喝光 Brita 水壶中的水后，却不愿给水壶续水。于是，他们推出了一款针对千禧一代的新产品——Brita Stream。该产品可以在出水的同时自动续水，用户想喝水时再也不会发现水壶是空的了。

世界各地的公司除了进行社交倾听，还通过整合型社交媒体项目进行营销和产品管理。比如，耐克公司在使用 Twitter、Facebook、Instagram 和 Pinterest 等社交媒体的同时，也推出了自己的平台 Nike+，并将 Nike+建成了一个虚拟的训练俱乐部。2022 年，耐克的主要平台是 SNKRS App，该平台的定位是"你的终极运动鞋来源"。

社交媒体方法的优缺点如表 6.9 所示。

表 6.9　社交媒体方法的优缺点

社交媒体方法的优点	社交媒体方法的缺点
• 可以与现有及潜在市场进行直接、即时的联系 • 通过仔细选择，有的社交媒体可精准瞄准非常狭窄的受众 • 有机会与忠诚的支持者或领先用户进行互动，他们是持续生成创意的生力军，也是产品设计流程的信息来源（参见本章后面的"众包"）	• 使用和参与某一特定社交媒体的人可能持有主观偏见 • 很难让参与者聚焦在问题上，也难以控制 • 虽然通过社交媒体可以收到针对调查的大量回复，但由于样本无法准确反映总体情况，无法保证结果具有真实的统计置信度 • 社交媒体中跟风做法（在朋友和追随者的网络中自动点赞和分享）会造成参与者关注度快速变化，就像病毒传播效应一样，会导致结果有很大偏差

社交媒体方法对产品创新决策的价值在于，能够方便、快捷地接触到大量目标客户，是产品创新中非常出色的市场调研工具：

- 市场有什么机会：社交媒体提供了很好的信息来源，可以实时了解个人和组织的想法和行为，也可以直接或通过推断发掘新机会。

- 客户的需求是什么：社交媒体为产品开发者提供了与整体市场相关的广泛信息。某些情况下也可提供具体细分市场的信息。需要注意的是，社交媒体通常是非结构化的，在解读信息时要非常谨慎。

- 产品进行哪些改进以便更易于接受：特定的、有针对性的社交媒体有助于发现在线领先用户，可以为产品设计和使用持续提供信息并进行测试。

使用社交媒体分析可以带来很多创新机会。社交媒体作为顾客洞察的来源，是传统市场调研方法的补充。此外，社交媒体可以快速地生成和分析数据，这为调研者积极利用数据提供了机会（Moe 和 Schweidel，2017）。

↘ 社交媒体应用于产品创新的例子

非营利性的国际慈善组织寻求捐赠者来履行其照顾贫困儿童的使命。它使用社交媒体指标来识别获得最多关注和最多慈善捐赠的社会事业。发现排在第一位的是可持续供水项目。该慈善组织持续为只有脏水供应的村庄共同开发滤水器。这使得更多的新捐赠者加入该慈善组织的使命践行中。

OBO 是一家总部位于新西兰的曲棍球设备制造商，该公司使用了一套社交媒体工具来为其新产品和改进产品的设计流程提供信息。它聚焦的用户群体既有国际级别的高水平领先用户，也有俱乐部级别的一般用户。

6.5.6　问卷调查

问卷调查（Surveys）在广义上的定义是，对客户或利益相关者进行轮询，以确定他们对现有产品的满意度水平，或发现对新产品或服务的需求。问卷调查是产品创新中市场调研的基础。问卷调查无处不在，可以与几乎所有其他市场调研方法结合使用。

问卷调查包括：

- 向受访者提出一系列设定的问题。
- 选取对研究目的来说足够大的样本，并选取包含某些特征的样本。

1．问卷调查是一种定性方法还是定量方法？

这取决于样本选择和问卷设计。

2．样本量选择

如第 6.4.3 节所述，概率抽样为统计分析提供了基础，调查结果具有一定程度的置信度。非概率抽样使得问卷调查更便宜和更快速，但调查结果没有统计置信度。

3．问卷设计

问卷调查中使用的问题多种多样，问题分类方法也有很多种。例如：

- **开放式问题**：问题不能用简单的是或否回答，也不能从多项选择答案列表中选择一个来回答，而是要求回答者详细说明他们的回答。
- **封闭式问题**：一个问题有多个可选答案，选择是或否或排序，例如，"从非常喜欢到非常不喜欢"。
- **名义类问题**：根据定义好的问题类别回答。例如，宗教信仰、性别、居住的城市等。

- **李克特（Likert）量表类问题：** 向受访者提供一份陈述，要求受访者在规定的量表上表明对陈述的态度，通常有 5、7、9 分几个等级。例如：

— 非常满意。

— 中度满意。

— 既没有满意也没有不满意。

— 中度不满意。

— 非常不满意。

- **排序量表类问题：** 受访者对项目进行排序或从一个排序的集合中进行选择。例如，向受访者展示五种产品的好处，要求受访者按重要性从 1～5 进行排序，其中 1 表示最重要。

注意，问题风格显著影响其适合哪一类统计分析。关键因素是量表的性质，也就是量表上各个点的间距是不是等距的、数据是否呈正态分布。如果这两项标准的回答是"是"，那么就可以应用参数统计分析。这仅涉及基本的描述性统计，如样本的均值、众数和标准差，可以扩展到更大的总体。如果这两项标准的回答是"否"，那么就不能用于参数分析，而是用于非参数统计分析，例如秩阶相关或卡方检验。重要的是，要意识到使用不适当的数据进行调查数据的统计分析，会有缺陷。遇到问题要咨询合格的统计专家。

问卷调查的优缺点如表 6.10 所示。

表 6.10　问卷调查的优缺点

问卷调查的优点	问卷调查的缺点
• 相对容易管理，取决于调查范围 • 有性价比，成本取决于调查方式 • 可以通过在线、移动设备、邮寄、电子邮件、信息亭或电话进行远程操作 • 远程操作可以降低或消除地理空间的障碍 • 能够从大量受访者中收集数据 • 可以就一个主题提出很多个问题，为数据分析提供了广泛的灵活性 • 可以使用调查软件、高级统计方法来分析调查数据，以确定有效性、可靠性和统计显著性，并具有多变量分析能力	• 需要激励受访者参与调查 • 受访者可能不愿意提供准确、诚实的答案 • 受访者可能不愿意给出会陷自己于不利的答案 • 受访者会因为对主题的遗忘甚至厌倦，从而并不理解那些给定答案背后的原因 • 封闭式问题的调查可能比其他类型问题的有效性更低 • 可能存在因未回答问题而导致的数据错误。选择回答调查问题的受访者可能与选择不回答的受访者不同，从而产生偏见 • 调查问题的答案选项可能会导致数据不清晰，因为有的答案选项会被受访者以不同方式解读。例如，答案选项"有点同意"对不同的受访者有不同的含义，每个受访者都会有自己的理解

问卷调查是进行产品创新决策的重要市场调研工具，还经常被用于为其他调研方法（如联合分析或卡诺分析）收集数据。问卷调查可直接或间接获得以下洞察：

- 客户的需求是什么？
- 产品做哪些改进才能更易接受？
- 客户购买和再次购买产品的驱动力是什么？
- 新产品的价值主张是什么？
- 客户是否会购买产品？购买的频度、地点和价格如何？

6.5.7　消费者测评组

消费者测评组（Consumer Panels）的定义是专业市场调研公司或机构招募的特定行业或细分市场的消费者群体，该消费者群体回答产品测试、感官（味觉）测试、概念测试、概念分类以及其他的问题。该消费者群体通常是一个专业群体，参与过许多项目。消费者测评组方法特别适用于简短、快速的调查，这种调查的重点是那些具有专门知识或选择标准的样本，而不是代表一般人口的样本。

消费者测评组分为两类：

- **未经训练的测评组**。代表目标市场的态度、信念、认知和行为。虽然在统计上不一定代表目标市场，但该测评组至少能为评估和设计新产品的特性和功能提供有价值的信息。
- **训练有素的测评组**。由接受过培训的个人组成，他们通常对产品的具体属性进行定量评估。下一节还将讨论训练有素的测评组在感官检验中的应用。

表 6.11 总结了消费者测评组的优缺点。

表 6.11　消费者测评组的优缺点

消费者测评组的优点	消费者测评组的缺点
• 未经训练的测评组可以给出消费者偏好和建议，从而为产品改进提供有价值的洞察。但不应被视为代表了整个市场	• 未经训练的测评组虽然能就消费者偏好和态度给出有价值的信息，但统计上未必能代表目标市场

（续表）

消费者测评组的优点	消费者测评组的缺点
• 训练有素的测评组非常宝贵。因为在食品和化妆品等行业，仪器测量要么无法用，要么无法提供所需信息	• 应避免让训练有素的测评组提供偏好信息，因为其所受过的训练使得他们无法成为目标市场的代表
• 在专门市场调查机构的帮助下，消费者测评组可以很快组建起来	

6.5.8　感官检验

感官检验（Sensory Testing）被广泛应用于各类消费品。它可用于整个产品创新流程，用来探索早期阶段的概念，用于测试原型或在发布前验证产品性能。

感官检验方法分为两大类：偏好法和分析法。偏好法使用如上一节讨论的消费者测评组。

最常用的感官检验分析方法有辨别（或差别）法和描述法。辨别法可用于判别产品是否不同，或者在选定特性上一种产品是否比另一种产品更多。描述法通过要求消费者测评组成员识别并量化产品的特性，从而提供更全面的产品概貌。描述法必须使用训练有素的测评组成员。训练有素的测评组既可用于描述法也可用于辨别法。

常用的分析测试方法包括：

- **三点检验（Triangle Tests）**：使用三个样本来确定两个产品之间是否存在总体差异。三个样本中有两个是相同的，要求消费者测评组找出不同的那一个。

- **二三点检验（Duo-Trio Test）**：向消费者测评组成员提供一个对照样本和两个其他样本。要求消费者测评组成员找出与对照样本相同的样本。

- **成对比较检验（Paired Comparison Test）**：给出两个不同样本，询问这两个样本中哪一个最能吸引感官，例如，两种产品中哪一种味道最甜。

最常用的描述法是定量描述分析（Quantitative Descriptive Analysis，QDA）。QDA需要训练有素的测评组成员根据事先定义的感官描述标尺来评估产品，并采用统计分析来确定产品的差异，分析结果可以采用"蛛网图"的形式可视化地展示出来，如图 6.3 对两种葡萄酒的比较。

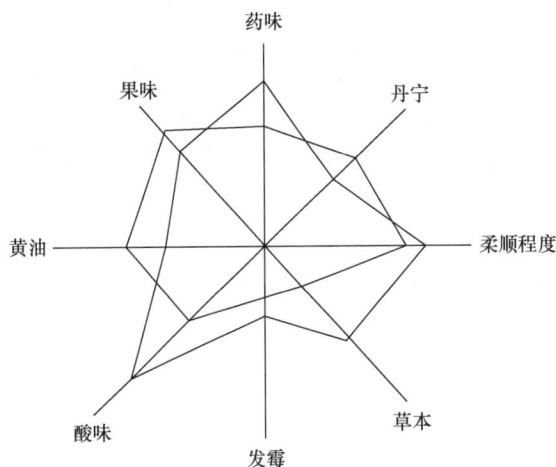

图 6.3　两种葡萄酒的蛛网图

6.5.9　训练有素的测评组

正如感官检验方法中讨论的，训练有素的测评组（Trained Panels）可以提供定量和统计上可靠的数据。训练有素的测评组特别适合食品和化妆品等配方产品，因为采用仪器对这些产品感官特性进行测量很困难或不可测。在这种情况下，训练有素的测评组对于客观评估配方变化或工艺变化导致产品特性（例如，味道或质地）变化，非常宝贵。训练测评小组成员是一项重要工作，需要培训师投入大量时间和专门知识。训练能够提高测评组成员的感官敏锐度，并掌握感官评估流程的基本知识。训练还能提高测评组成员检测、识别和描述感官刺激的能力。训练过程包括：

- 根据其识别感官特性或其他被调查特性的能力，选择测评组成员。
- 训练选定的测评组成员时，要使用一致的描述模板。
- 训练选定的测评组成员时，要使用带有级别定义的对照样本，以量化该项特性的级别。

美国测试和材料协会（1981）提供了选择和训练感官小组成员的详细指导方针。

6.5.10　概念测试与概念排序

概念测试与概念排序（Concept Tests and Concept Sorts）属于定量调研方法，用来评估客户对新产品或新服务的创意（概念）的接受程度。这类测试方法用于产品创新流程的开发阶段之前的早期阶段。概念排序用于在存在多个开发方案时识别哪个产品概念最优并进行排序。有一些让参与者更容易、更方便地参与测试的方法，比如，通过灵活的时间安排，参与者可以在线在全球任何地方完成概念测试。在开发阶段之前进行概念测试与排序，对于降低风险和成本更具有成本效益性，因为随着流程推进，开发成本越来越高。经批准的概念是概念测试的结果。

6.5.11　生物识别和眼动追踪，虚拟现实和增强现实

生物识别是一种新兴的市场调研方法。它通过采用专业工具、生物识别技术和应用程序，而不是通过提问或干扰体验过程，研究消费者对各种产品和服务的生物、认知和情绪反应。收集生物测量数据的方法有很多种，包括眼动追踪、虚拟现实和增强现实。某些专业工具，如用来测量大脑中血流变化的功能性磁共振成像仪，可用于测试各种产品和服务的各种媒体呈现形式。生物识别的基本过程如下：

- 招募一个样本，将其带到一个焦点小组或市场调研的专门房间内。
- 要求每一位参与者佩戴皮肤电反应传感器。
- 随后，要求参与者观察产品的表现、产品本身或产品的某个方面，例如，SaaS产品的导入过程。
- 根据采用的技术，参与者将安装面部传感器以了解其反应，或通过视频设备捕捉参与者的眼动追踪。
- 设备跟踪和报告参与者第一眼、第二眼、第三眼看了什么，并生成参与者眼睛停留在被测试产品上的痕迹图。该图反映了消费者对各种刺激、在线产品、服务、网站、应用程序、产品图像、包装、信息表达等的反应。该方法广泛应用于软件、零售产品包装、营销和广告等领域。

眼动追踪和生物识别技术主要用于高保真原型机或真实网站，重点研究用户的注意力以及对特定功能设计的参与度。产生的数据为更广泛理解用户的产品体验增加了新的内容。

使用生物识别技术进行市场调研的案例包括，Expedia 公司用其了解潜在客户在线

制订度假计划时，什么会引起他们的兴奋点。沃尔玛 2018 年提交了一项生物特征反馈购物车手柄系统和方法的专利申请，该系统从购物车手柄上的传感器收集消费者的生物特征反馈，如脉搏、体温、血压等，并将实际值与基准值进行比较。

虚拟现实（Virtual Reality，VR）测试在市场调研领域获得越来越多的运用。VR 测试使用专门的设备，比如带有跟踪传感器的耳机和/或手套，创建三维（3D）模拟，使参与者能够在现实环境中交互。VR 可以与市场调研的其他工具一起使用，如眼动追踪、消费者行为分析、市场环境模拟等。VR 允许在不开发真实原型的情况下进行产品使用测试，替代方法是使用 VR 模拟，从而最大限度地降低财务风险。VR 能够帮助研究人员观察和检查消费者的行为，而无须进行昂贵的市场测试。

增强现实（Augmented Reality，AR）与 VR 类似。VR 是用一个完全独立的现实取代参与者的现实世界，AR 则是将一个新的现实元素叠加到参与者的当前环境中。AR 有时被称为混合现实，其额外的便利性在于，可以在电脑、显示器、平板电脑、手机和手表等设备屏幕上查看和交互。

可口可乐、喜力和耐克等公司将虚拟现实和增强现实平台用于社交渠道和网络，以及大型商业体育和娱乐活动的广播中，以促进沉浸式体验。这些平台有助于研究和开发人员通过沉浸式的高水平互动体验来获得深入的洞察，解决了市场调研的关键问题。

6.5.12 大数据

大数据是"从采集、存储、共享到分析和可视化各个阶段的大量的和复杂的数据的集合"（Pisano 等，2015）。"人们对大数据感兴趣的主要驱动力是它对于营销决策的潜在价值，特别是跨消费者领域的决策，比如，问题识别、消费者搜索、购买行为、消费、购买后评估和购买后参与度等。"（Hofacker 等，2016）。

大数据和大数据分析行业已经很成熟。人们在广泛地进行收集和存储海量信息以供分析，这种做法随着存储技术的改进还在不断增长。大数据概念在 21 世纪初的快速发展得益于行业分析师 Doug Laney 将大数据定义为三个 V（Laney，2001）：

（1）**海量（Volume）**：组织从各种来源收集数据，包括商业交易、社交媒体，以及来自传感器或机器之间的数据。过去，存储这些数据很困难，现在分布式计算等新技术已经解决了这个问题。

（2）**高速（Velocity）**：数据以前所未有的速度涌入，必须实时处理。RFID、传感器和智能计量要求必须实时处理海量数据。

（3）**多类型（Variety）**：各种数据来源带来了各种数据格式，既有传统数据库的结构化数字数据，也有非结构化文本文档、电子邮件、视频、音频、股票交易数据和金融交易数据等。

Zikopoulos 等（2015）用开采金矿来类比大数据的意义和潜力：

"过去，淘金者很容易发现金块或矿脉（每字节数据价值高），因为是肉眼可见的。但还有很多散在的黄金不易被发现，找到这些黄金需要动员数百万人。如今，淘金者的工作方式不同了。淘金者利用新一代设备来处理数百万吨的污泥（每字节数据价值低），可以找到'肉眼几乎看不见'的黄金粒。利用现代化设备从大量污泥中将小金粒提取出来，加工成金条（高价值数据）。今天，大量的数据以不同的形式存在于不同的地方。挑战是定位这些数据并将其处理成某种有用的形式。"

大数据的优缺点如表 6.12 所示。

表 6.12　大数据的优缺点

大数据的优点	大数据的缺点
• 大数据具有成本效益性，这在许多已经开展大数据分析的企业中得到证实 • 大数据提高了客户的间接参与度 • 大数据帮助管理者捕捉客户的显性和隐性需求 • 大数据可以应用于产品创新的任何阶段 • 数据采集是实时的，生成速度比传统研究快得多 • 大数据可将创新焦点从内部以产品为中心转移到以客户体验为中心上 • 大数据是真实的客户行为，而不是消费者在访谈或问卷调查中说的	• 大数据在产品创新流程的作用直接受组织整体数据驱动程度的影响 • 组织为了组织和管理大数据，需要建立创新生态系统，并与利益相关者（包括合作伙伴、供应商和其他具有共同利益的实体）建立数据联盟 • 数据科学家要加入产品项目团队 • 通过公共软件平台进行客户互动会产生数据，但这些数据也能被竞争对手挖掘到

6.5.13 众包

众包是一种从庞大且相对开放的人群中收集信息、商品、服务、想法、资金或特定信息或项目的调研方法，可以是付费的，也可以是无偿的，主要通过技术平台、社交媒体或互联网来实现。许多公司和组织使用自己的网站作为新产品或产品改进创意的众包渠道。

乐高建立了一个专门的网站和在线社区，方便粉丝和客户提供产品创意。乐高利用该平台与客户共同开发产品。该平台的名字是"乐高创意"，发展十分迅速，已经拥有超过 150 万个用户。平台激励用户参与的方式是，用户向乐高提交创意，并投票选出他们最喜欢的创意，写明他们会为这个创意的产品付多少钱，说明为什么如此喜欢这个创意。如果有超过 1 万人支持这个创意，那么该创意将被提交给乐高的官方评审委员会，由该委员会决定是否投入生产。如果这个创意实现了商业化，创作者会在产品包装上获得署名，并在全球销售额中获得 1%的版税。

百威于 2012 年启动了一个创造新啤酒的众包项目。它与典型的消费者主导的众包项目略有不同。最初的配方由百威 12 家啤酒厂的一场比赛提出，随后，邀请超过 25 000 名消费者参与口味测试，以决定哪一个配方获胜，因此该公司是在产品开发阶段运用了众人的智慧。获奖配方啤酒"黑冠"于 2013 年开始销售。

众包的优缺点如表 6.13 所示。

表 6.13　众包的优缺点

众包的优点	众包的缺点
• 众包围绕一个共同的项目或缘由聚集成一个社区 • 众包是解决时间密集型问题的有效方法 • 众包可以深层次参与社区,这些社区对产品或解决方案产生共鸣并建立忠诚度 • 更广阔的视野会带来不同的视角 • 参与者近乎完全代表市场,结果具有一定程度的统计置信度(但应该谨慎,防止过度依赖众包数据。除众包之外,重要的是使用其他信息来验证众包信息并整合进新产品流程)	• 结果很容易因参与人群不同而产生偏差 • 对创意缺乏保密性或所有权,很容易被抄袭(一些组织使用保密协议来预防这种情况) • 可能会错过最好的创意、人才或方向,达不到目标或目的 • 会发生互惠投票情况,从而扭曲结果

6.6 多变量研究方法

产品创新和管理运用多变量研究、测试和分析来探索影响新产品成功的众多变量之间的关系。

在该类研究中，一个因变量与一个或多个预测变量或自变量相关。当调研产品和市场的属性与特征的各种可能时，多变量方法可以对多个变量之间的交互作用、相关性和权衡关系做出更准确的判断。该方法可以指出哪些变量、属性和特征具有高度相关性，并在需要做出决策时，识别出产品价值主张存在的潜在问题和风险。

产品创新中用到了多种多变量方法。其中大多数方法都要求使用者对统计有良好的理解并获得专家的支持。这些方法虽然涉及复杂的设计和分析，但可以提供更深入和更有价值的客户洞察。

下面简要介绍产品创新管理中常用的几种多变量研究方法。

6.6.1 主成分分析及因子分析

↘ 从数据中导出信息

数据是我们生活中不可或缺的一个变量。火车时刻表、你今天收到的短信和超市商品的价格都是数据。如果没有附加与数据相关的上下文，这些数据本身没有任何意义。这些上下文将数据转换为信息。换句话说，信息是结构化的数据，通过逻辑推理使其连贯起来，并能够驱动决策。

今天，我们进行决策时离不开这些结构化数据，但潜在危险是信息过多，而一些重要信息却可能丢掉了。信息过多这个现象常被称为维度诅咒。解决这个问题我们称之为降维，有两个工具——主成分分析（Principal Components Analysis，PCA）和因子分析。这两个工具在帮助我们克服维度诅咒的同时最大限度地减少信息损失。

主成分分析和因子分析的要点是，将大量的变量信息减少为少量的因子。

主成分分析识别出最小数量的因子或成分，来尽可能地解释最大量（或全部）的方差。它通过创建或派生新的维度（也称为成分）来减少数据中的不必要特征。这些成分是原始变量的线性组合。从而将大量的相关变量（比如，数据的分解）转换为一组较少的不相关变量。

因子分析用于将较多的属性减少为较少的因子。在使用预测工具分析数据时，特性彼此之间可能存在一个共同的主题。具有潜在相似含义的特性会影响分析目标。因此，一个因子是与其他几个变量相关的一个共同的或潜在的元素。此外，这些潜在变量不能被直接观察到，不能用单个变量单独测量。

因子分析有两种类型——探索性因子分析和验证性因子分析：

- **探索性因子分析**用于在研究者没有假设的情况下，从一组变量中识别出潜在因子。
- **验证性因子分析**用于检验变量间关系的预先假设，以确认一组变量之间的影响和相关性。

↘ 因子分析的简单例子

在调查患者在医生诊所的体验时，因子分析显示，"花时间陪我"、"回答我的问题"和"看着我的眼睛"这三个问题具有高度相关性，可以用因子或关键主题"关心我"来总结。这个主题可以用于诊所推广，因为它抓住了患者重视的关键因素。

↘ 主成分分析与因子分析的区别

尽管两种方法有很多相似之处，但两者提取因子的方法是不一样的。因子分析分析变量间的协方差以产生相关或不相关的因子，主成分分析分析变量间的方差以便仅产生不相关的成分。主成分分析提取的成分是原始数据的线性组合，因子分析提取的因子是对原始数据及其内部关系的解释。

6.6.2　多维尺度分析

多维尺度分析（Multidimensional Scaling，MDS）是一种分析数据集里个案之间相似度的可视化的或映射的方法。其价值在于，直观地呈现消费者认为相似的产品。MDS通过产品在多维空间的分布推断出消费者认为重要的产品维度，并指出当前产品供给还存在哪些空缺。

多维尺度分析的基本流程如下：

（1）选取调研对象，例如，某个产品品类市场上已有多款产品，拟开发和推出一款新产品。

（2）制作一个表单，将这些现有产品的所有两两配对列出来。如果表单太长，可以使用一些工具减少组合的数量。

（3）从目标市场进行消费者抽样（通常为 30～50 人），让他们对每一个两两配对进行相似度或替代性打分。

（4）用 MDS 软件对两两配对的比较得分进行分析，从而生成一张表示产品之间关系的可视化图。

可视化图中的维度，代表了消费者在判断相似度或替代性时所看重的关键属性。为了便于交流，通常选择 2 个或 3 个维度，如图 6.4 所示。

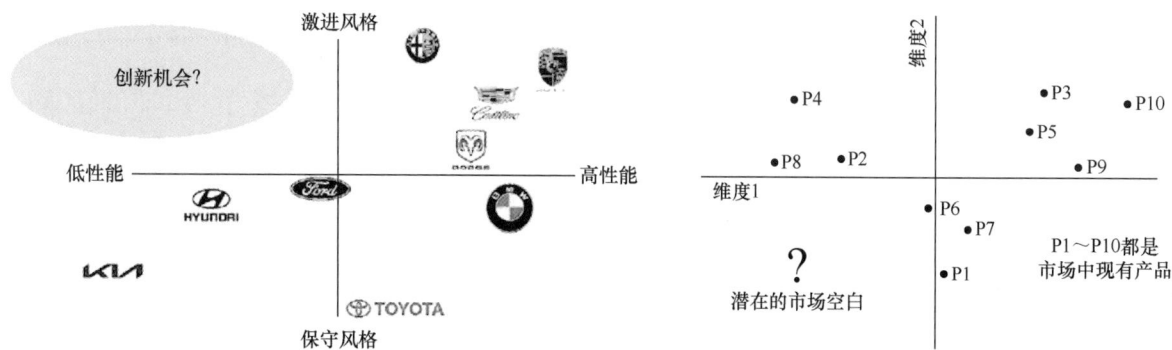

图 6.4　多维尺度分析示例

6.6.3　联合分析

联合分析（Conjoint Analysis）是一种用于产品创新的多元统计方法，用于识别人们对某个产品或服务各个属性（特性、功能、利益）的重视程度。联合分析用于捕捉产品不同属性之间的关系，以及人们在对这些属性组合进行对比时的偏好程度。

联合分析的主要目的之一是获得战略洞察，从而在产品定价、产品功能开发、品牌、包装设计和营销消息验证等方面做出更好的业务决策。

联合分析不让受访者说一切都很重要。它系统地改变产品属性级别，以创建竞争性的、现实的产品配置文件，然后记录人们的选择。联合分析的目的是确定哪种有限的属性组合对受访者的选择或决策影响最大。

联合分析的基本流程如下：

（1）定义新产品的潜在属性，设定属性或特性的水平（例如，电池待机时间为 1 天、5 天或 10 天）。

（2）将不同水平的属性进行随机组合。

（3）进行消费者抽样（通常为 30～50 人），对这些属性组合进行评分。

（4）分析评分结果，找出消费者决策最看重的属性。

↘ 联合分析示例

表 6.14 给出了一个简单例子。该案例评估车辆属性的"正确"组合，以辅助新车设计。消费者寻找"正确"的车辆时通常会考虑许多变量：车型、年份、里程、价格、颜色、配件包、燃料类型、燃料消耗等。由于存在大量变量而且每个变量还有多个潜在选项，消费者面临着一个复杂的决策。理想的变量和选项的完美选择几乎是不可能的，必须做出权衡。联合分析不会让受访者说一切都很重要。它系统地改变产品属性水平，创建竞争性的、现实的产品文件，然后记录人们的选择。

表 6.14　联合分析示例

花　费	<30 000 美元	30 000~40 000 美元	>60 000 美元
颜色	红色	黑色	白色
燃料	汽油	柴油	电动
座位数	2	4	6
车型	SUV	三厢轿车	两厢车
发动机	21	31	41
配置	顶配	中配	低配

即使这个简单的示例，车辆也有 6 种不同属性，每个属性有三个选项，组合数量非常大。可以通过统计分析减少组合的数量，使受访者更容易进行判断。联合分析提供的可能的组合样本，称为选择集，供被调查者评价，如表 6.14 所示。根据分析结果，可以计算出一个数值，衡量每个属性和水平对受访者选择的影响程度。每个数值都被视为偏好得分或效用得分。

偏好得分可用于开发模拟模型，帮助识别具体的特性和定价，平衡客户价值和组织成本，并预测竞争市场情况中的潜在需求。

6.6.4　多元回归分析

产品创新采用多元回归分析（Multiple Regression Analysis）对调查所得数据进行分析。当存在影响感知产品价值主张的因素、关键驱动因素和产品属性时，应用该方法可以获得新产品、产品或服务改进所需的深入洞察。由于影响新产品成功的因素很多，因此在产品创新中，它比简单的线性回归更为常用。多元回归分析可用于识别哪些变量会对研究主题产生影响，并根据两个或多个变量的已知值（通过预测方法）来预测变量值。

多元回归分析通常将结果绘制在显示数据关系的坐标轴上。多元回归分析被广泛应用于预测、优化、支持或验证决策，以及避免风险或预防错误，并为所研究的产品变量中的隐性关系提供新的洞察。

6.6.5　多变量分析的优缺点

表 6.15 总结了多变量分析的优缺点。

表 6.15　多变量分析的优缺点

多变量分析的优点	多变量分析的缺点
• 提供变量之间相互关系的洞察，这是单变量分析无法获得的 • 多维尺度分析和因子分析等方法的强大之处在于，能够识别未表达出的需求，并发现当前产品供给存在的缺口	• 设计和分析都很复杂，需要对统计理解很深 • 需要特定的程序，需要专家进行分析 • 需要较大样本以使数据更有意义

6.7　产品使用测试

产品使用测试通过模拟产品真实的消耗、运转、操作或处理情况，来衡量产品的性能，也称为现场测试或用户测试。产品使用测试的重点是在产品进入市场之前测试产品是否满足了消费者的需求。

产品使用测试不应与第 6.8 节中讨论的试销或市场测试相混淆。

6.7.1　家庭使用测试与中心位置测试

家庭使用测试（In-Home Use Test，IHUT）是指对消费者在家庭环境中使用或消费产品进行测试。家庭使用测试对以下产品尤其有效：产品使用频率较高，比如每周使用两次或两次以上；产品是食品、饮料或美容产品并可以在多个场合消费；产品在较敏感或较私密的情境下使用。将产品发送给参与者使用，参与者将他们的使用体验和反馈填写到在线软件中。在家庭或其他预期使用环境下使用真实产品对调研结果的可靠性至关重要。

中心位置测试（Central Location Test，CLT）是在专门设计的测试地点进行测试。个人参与者或一组参与者集中在一个中心地点，在模拟使用条件下对产品进行测试。

表 6.16 总结了如何在 IHUT 与 CLT 之间进行选择。

表 6.16　在 IHUT 与 CLT 之间进行选择

因　　素	IHUT 与 CLT 比较
时间	CLT 出结果更快
市场代表性	IHUT 对实际产品使用能提供更深入的洞察
环境条件	IHUT 相比 CLT 具有明显优势，因为它是在真实环境中进行的
受众广泛性	如果想从更广泛的受众那里获得反馈，比如一种全家都可以食用的食品，IHUT 比 CLT 方法好
将参与者吸引到一个中心位置	一些目标消费者可能会很难到达中心位置，例如老年人、照顾小孩的人、低收入者等。在这种情况下，IHUT 会更有效
对产品使用的控制	如果产品使用和测试需要大量的指导和监督，CLT 方法更好
保密性	CLT 通过使用不披露协议，有更强的保密性

6.7.2　阿尔法测试、贝塔测试与伽马测试

阿尔法测试、贝塔测试和伽马测试是软件行业采用的主流市场调研方法，用于在开发流程中和上市前测试新产品。由于缺乏基于统计的样本选择，因此该市场调研方法无法提供具体的统计置信度，也就是说，该方法不是严格意义上的定量调研方法，但它确实能够提供客户在使用产品后的详细反馈，因为客户使用的是非常接近最终形态和功能的产品。

↘ 阿尔法测试

阿尔法测试是最初的可用性测试，通常由内部人员完成，比如质量控制小组。在极少数情况下，阿尔法测试由客户或外部人员完成。阿尔法测试后发布的版本被称为阿尔法版本。

↘ 贝塔测试

贝塔测试（Beta Testing）在产品交付前面由最终用户完成。若用户给出了反馈或报告了缺陷，开发者就会在产品全面发布之前对其进行修复和更新。贝塔测试后发布的版本称为贝塔版本。贝塔测试可以被认为是"预发布测试"。贝塔测试版本在网络上面对广大用户发布，给程序一个"真实使用情境"的测试，以便为下一版本产品更新提供参考。贝塔

测试的目的是获得来自不同客户群体的反馈，并检查产品在不同网络和硬件上的兼容性。

↘ 伽马测试

伽马测试（或伽马检查）在应用程序处于最终状态或准备向客户发布时进行。伽马测试是识别产品中关键错误的最后机会。安全性、性能和可用性通常是伽马测试的重点。该项测试不对软件进行任何特性开发或增强，唯一可能修改的是限定范围内的 bug 修复。由于上市速度带来的巨大压力和自动化测试工具的改进，伽马测试如今并不常见了。

6.8 市场测试与试销

6.8.1 市场测试和试销的区别

这些术语可能会令人困惑。两个测试的目的都是在产品开发的后期阶段向客户提供来自特定目标市场的反馈。不同之处在于，市场测试聚焦于已有产品在新市场或细分市场的测试，试销聚焦于市场中的新产品。

↘ 市场测试

该测试是为了确定已有产品在之前未进入市场区域的市场潜力，包括测试新的细分市场，考虑目标用户、地理位置、人口统计数据或任何在最初产品发布时不是目标的新市场属性。该测试用于确定产品在新的市场是否成功，并分析其销售潜力。

↘ 试销

试销是由计划推出新产品的公司进行的。该测试在小范围内进行，以确定客户对新产品的反应，收集市场营销组合所有四个方面（产品、价格、促销、渠道）的数据。该测试在产品发布之前进行。它就产品改进领域以及整体销售潜力提供了宝贵的客户反馈。

市场测试和试销的优缺点如表 6.17 所示。

表 6.17　市场测试和试销的优缺点

市场测试和试销的优点	市场测试和试销的缺点
<ul><li>提供的信息能够显著提高正确决策的可能性</li><li>极大地减少了在不成功市场上市或扩张对资本和其他支出的浪费</li><li>分销和营销计划的所有要素都能得到测试和验证</li><li>获得的数据可以用来改进产品全面上市时的销售预测</li></ul>	<ul><li>耗时且昂贵</li><li>可能会拖延全面上市的启动</li><li>使得竞争对手很早就发现公司的潜在市场计划，使他们有更多时间来发起竞争性行动</li></ul>

6.8.2　市场测试和试销的具体方法

↘ 模拟测试

选择消费者并调查他们对某个产品品类的品牌熟悉度和偏好。这些客户在一个分阶段的或人为设计的市场中，接触到产品相关促销材料和其他营销组合变量。研究人员让客户接触广告和其他营销组合变量，衡量他们的购买意图。

↘ 受控测试

选择一些商店，在商店真实环境中摆放新产品。控制产品陈列架位置和产品摆放数量，记录该产品在商店内的销量。随后，访谈消费者并获得他们对该产品的反馈。

↘ 销售波研究

用于在全面规模化之前测试消费者对新产品的反应；新产品被放置在消费者的家中，以查看消费者的反应，并跟踪产品复购的频率。

6.9　市场调研与客户之声：产品创新不可或缺的部分

库珀（Cooper，2023）认为，"一般来说，营销活动是整个新产品流程中执行最差的活动，远远低于相应的技术（工程、设计、研发）活动。此外，用于市场营销活动的资源相对较少（除了发布），占项目总资源的比重不到 20%。市场焦点应贯穿整个新产品项目流程"，如图 6.5 所示。

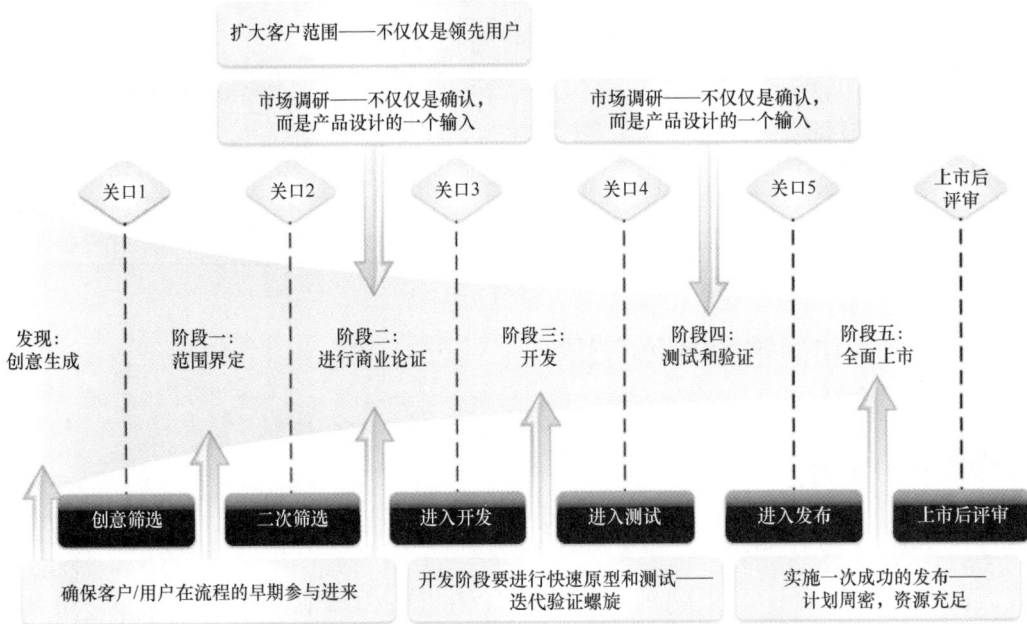

**图 6.5　对客户的高度关注涉及创新流程自始至终的关键行动。
这是成功者和失败者的区别，也是成功的驱动力**

库珀（2023）进一步指出，在原型开发阶段，客户的高度参与（包括反馈、测试、意见和评论）更有可能导致市场成功。他认为，"聪明的项目团队会通过一系列深思熟虑的迭代步骤，向客户展示产品的连续版本以寻求反馈和验证，如图 6.6 中弯曲的箭头所示。迭代不仅可以减少市场的不确定性，还可以通过以一种实验性的迭代方式寻求技术解决方案来减少技术的不确定性"。

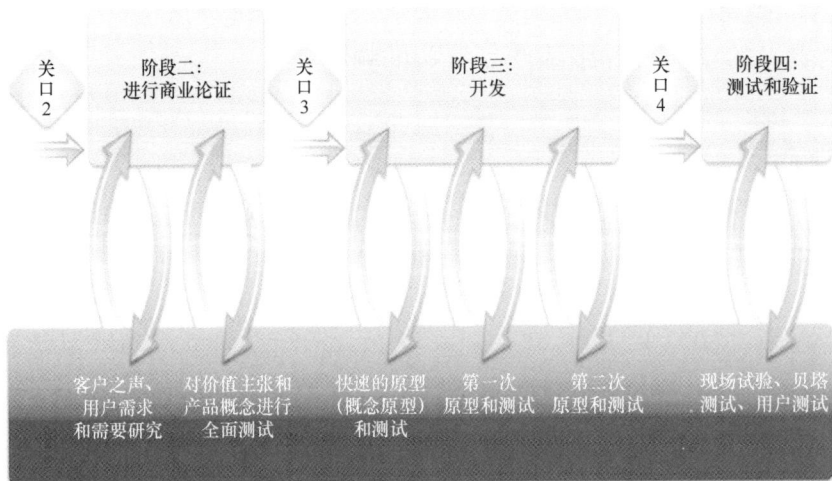

**图 6.6　迭代或螺旋开发——与客户进行一系列"构建—测试—反馈—修改"迭代，
从而得到正确的产品。这是成功者与失败者的区别，也是成功驱动因素**

6.10　产品创新各个阶段的市场调研

市场调研在产品创新各个阶段都是决策的重要支撑。本章中讨论的每种方法对于特定阶段和特定决策都有各自的优势。没有任何一种工具或方法能够回答所有问题。重要的是，理解哪些方法适合探索和发现洞察，哪些方法适合确认和验证或缩小可能性并排除其他选项。

我们全书都强调了一个一般性原则，即随着产品创新流程的推进，与产品失败相关的风险和成本也会增加。这意味着，随着产品创新流程的推进，支撑关键决策的信息质量和信度都要提高。虽然这是选择市场调研方法的一个合理的一般性原则，但要因事而异，回答第 6.2 节中提到的三个关键问题十分重要：

（1）需要提供什么信息，或者需要回答什么具体问题？

（2）目标市场或重要利益相关方是谁？

（3）所需数据的准确度要多高？这与所涉及的风险相关。

下面介绍最适用于产品创新各阶段的方法。

6.10.1　产品创新战略制定

该阶段需要进行前瞻性的研究。趋势是什么？新的潜在市场在哪里？哪些市场可能增长，哪些市场可能衰退？我们已经与哪些客户建立了关系？我们对客户的哪些问题理解更深入一些？

战略制定强调一系列的方法运用。各种来源信息的比较和交叉引用是战略阶段进行合理决策的基础。二级调研来源特别是相关趋势分析是非常好的信息来源。SWOT 分析、PESTLE 分析和德尔菲技术（第 2 章）是有针对性的一级调研的最合适方法。

6.10.2　机会识别

该阶段通常被称为创新前端或发现阶段。机会以各种形式呈现，包括全新产品、现有产品调整或改进、现有产品线或平台延伸等。该阶段的重点是识别机会并对其潜力进行早期评估。此阶段各种形式的一级和二级定性市场调研方法都非常适合。

二级市场调研方法是新创意的好来源。这些方法有互联网搜索、交易会、贸易期刊、专利、供应商、社交媒体、政府和贸易统计等。

一级定性调研方法对于识别机会特别有用，特别是竞争对手没有看清楚的洞察。方法包括：

- 各种创意生成方法、众包和大数据分析。
- 焦点小组方法，涉及客户、其他利益相关方、分销渠道成员、销售团队代表和组织的员工。
- 社交媒体网站，包括社交媒体网站、论坛和博客。
- 客户现场访问，尤其适用于 B2B 产品创新。
- 人种学，用于识别能够引发产品创意的未明确表达的需求。
- 多变量分析，用于识别当前市场产品或客户重视的潜在属性中的缺口，这些缺口可以形成新产品概念。

6.10.3　创意评估与早期商业分析

第 3 章讨论了产品组合中的机会选择。该阶段重点收集和分析的关键市场信息有：市场规模和销售潜力、竞争对手和竞争对手的产品、目标市场特征以及客户可能支付的价格。这些信息是早期财务分析和持续改进财务分析的基础。

二级市场调研可以提供关于目标市场、销售潜力和竞争格局等方面的一般信息。

一级市场调研方法包括：

- 访谈。
- 焦点小组。
- 问卷调查。
- 概念排序。

6.10.4　概念开发与测试

该阶段需要更详细的概念说明，从而形成产品设计规格（参见第 5.3 节）。该阶段需要客户和其他利益相关方的信息输入，以识别产品所需的核心利益、属性和功能。

该阶段的一级市场调研方法包括：焦点小组、领先用户小组、在线论坛、客户现场访问、问卷调查、概念测试和概念排序、感官检验、配方形成和测试，以及联合分析等多变量方法。

用于获得竞争性解决方案的二级市场调研方法包括：各种线上信息搜索，以及包含专利及商标在内的知识产权数据库。围绕市场潜力和商业论证进行更详细、更有力的二级调研，可以为论证下一阶段增加开发投入的合理性提供决策依据。

6.10.5　原型与产品使用测试

在该阶段，概念被转化为具备可能功能的有形产品。项目成本开始大幅上升，在产品利益、形式和功能等方面做出正确的决策尤为重要。与前一阶段产品概念说明（文字和图像）相比，外观、功能化样品或可用原型更有助于获得客户反馈。在调研中展示原型会大大提升客户对产品的理解，进而产生更有价值和更可靠的反馈。

在该阶段，信息的准确性和可靠性变得更加重要。因此需考虑采用一级定量调研方法，包括问卷调查、阿尔法测试，并使用定性方法（访谈、焦点小组和客户现场访问）来帮助解释定量结果。如果构建迭代性实物原型成本过高，则可以采用虚拟现实、3D 原型、视觉、图像或视频等方法。

6.10.6　上市前产品与试销

在该阶段，产品被开发和制造成最终的商业形式和功能。接下来要决定产品是否继续全面上市。虽然获得最可靠的信息以避免产品失败非常重要，但还要考虑上市速度和测试成本，并做好平衡。如果优先考虑上市速度或者产品失败风险相对较低，那么采用贝塔测试或全面上市是合适的。如果存在品牌受损或财务损失的重大风险，那么采用试销方法是合理的。

6.10.7　上市后产品测试与市场调研

产品一经上市推出，就进入了后续的整个生命周期，市场调研在决定产品绩效和产品成功方面发挥着重要作用。市场调研为产品线延伸、市场拓展和应对竞争提供了决策信息。比如，采用消费者测评组或领先用户小组方法为特定的时间敏感问题提供答案，或者进行产品生命周期的纵向研究、竞争对标、拆解分析、B2B 客户满意度调查等。许多公司购买联合行业数据、扫描跟踪数据或参与行业研究，以随着时间的推移更多地了解他们的客户、市场和市场份额。

表 6.18 总结了产品创新流程各个阶段适合的市场调研方法，目的是根据每一阶段决策所需要的信息和所涉及的风险，选择最适当的方法。市场调研方法的最终选择取决于以下因素：

- 该产品对公司来说是新产品、产品线延伸还是产品改进？
- 公司对产品和市场的熟悉程度如何？组织中存在何种程度的先验知识？
- 工厂和设备需要新增多少资本支出？
- 新的人力资源承诺需要做到什么水平？
- 新产品的成功或失败给现有品牌价值带来哪些影响？
- 竞争的可能性和时间框架是什么？

表 6.18　产品创新不同阶段的市场调研

产品创新阶段	所 需 信 息	风 险 等 级	适合的调研方法
产品创新战略制定	产品和市场的未来趋势	相对较高。战略决策将引发在研发、设备和人力资源方面的重大投资	虽然大量方法都是定性的，但可以通过交叉比较各种来源的信息，以进行客观分析，包括二级市场调研、问卷调查 SWOT 分析、德尔菲技术、PESTLE 分析

（续表）

产品创新阶段	所需信息	风险等级	适合的调研方法
机会识别	关于新产品或产品改进的创意。目标市场的信息——客户是谁，人口统计数据和心理统计数据，他们的需求和期望的利益是什么？	相对较低。项目初始成本一般较低，而且本阶段无须做出资金承诺。在资源和项目延续承诺有限的情况下，进入下一阶段的概念评估不应付出高昂代价	主要是定性方法：二级市场调研、社交媒体、焦点小组、客户现场访问、领先用户小组、人种学、多变量研究方法
创意评估与早期商业分析	目标市场是谁，目标市场有多大？经济潜力如何？产品组合与市场的匹配度如何？	相对较低，但在本阶段，正在走向成本和风险迅速上升期，需要更多项目承诺	定性方法以及部分定量方法：二级市场调研、焦点小组、社交媒体、领先用户小组、客户现场访问、问卷调查
概念开发与测试	客户想要或需要产品的什么特性、功能和美感？这些信息是概念开发和产品设计的基础，从而产生了产品设计规格	低到中等，但本阶段的承诺导致在昂贵的设计和原型方面的更高的资金投入	主要是定性方法：焦点小组、社交媒体、领先用户小组、在线论坛、客户现场访问
原型与产品使用测试	产品的设计方向正确吗？现在，客户可以看到有形产品，这个产品是否满足了他们的期望？需要做出什么改变？本阶段的客户反馈可以为商业化的财务分析和商业论证提供更多的信心	很大程度上取决于项目自身。如果此阶段的承诺导致很高的潜在资本投资和高成本的商业化，则风险为高。可以开展进一步的业务分析来确认早期的评估结果	定性为主，但对于商业化风险很高的问题，则需用定量方法：二级市场调研、焦点小组、客户现场访问、问卷调查、联合分析
上市前产品与试销	需要从目标市场获得的信息有产品接受度（相对于竞争对手）、销售潜力、定价信息等。所有这些信息都用于对商业化的商业论证中	取决于项目。如果商业化需要大量支出，则为高风险。必须在产品失败的不确定性和加速上市的压力之间进行权衡。如果商业化成本低、产品/市场知识高，则为低风险	定性方法：贝塔测试、市场测试、试销，采用抽样方法进行试销以提高数据的统计可靠性，从而为商业论证提供信心
上市后产品测试与市场调研	信息决定了产品成功。需要对分销、销售、市场份额、需求、竞争反应、客户和用户满意度进行度量。需要产品线延伸、改进或增强、市场或分销渠道拓展潜力方面的数据，研究方法与机会识别步骤方法类似	在市场上推出和维护产品需要持续的人力和运营资源承诺。如果企业忽视了不断变化的消费者需要、需求和竞争格局，就会危及财务可持续性	定量方法：主要的销售和分销数据、辛迪加综合数据。定性方法：纵贯研究和满意度调查、二级市场调研、行业数据、经济和消费者趋势、竞争分析、社交媒体分析

　　例如，一家公司计划进入电动汽车市场，目前公司自己的相关先验知识有限。而研发需要大量的资金投入，产品创新的早期阶段需要专业的人力资源。原型制作和最终制造需要大量的资本支出。与品牌资产相关的重大风险也肯定会有。此外，相对于目前的

产品范围，上市、市场支持和售后服务等相关成本将会很高。所有这些，使得整个产品创新流程充满了巨大的风险，因此要求高质量和可靠的市场信息来支撑。这表明，需要定量研究方法从特定目标市场获得统计上可靠的信息。

另一个案例是，一家专门生产发酵乳制品的食品制造公司，计划对其现有酸奶系列产品进行产品线延伸。该公司对酸奶市场有着丰富的知识和经验。可能只需要很少的新资本设备支出。产品的市场投放和售后维护都可以利用现有资源处理，而且不太可能有影响品牌的负面反应。所有这些都表明，可以进行定性市场研究，为新产品的感官特征和功能提供信息输入。虽然统计上可靠的市场数据会有所帮助，但考虑到风险较低，定量研究成本可能是不合理的。

6.11 市场调研中的度量指标与关键绩效指标

一级市场调研主要回答产品创新和管理决策中遇到的独特的和具体的问题。在产品创新、开发和生命周期管理的市场调研中，还会用到一些通用的度量指标来测量、监控和分析，并用可比且有效的方式将结果呈现出来，以追踪产品成功。这些通用的度量指标在各行各业普遍存在，提供了一套跨业务、可迁移的核心衡量标准。

下面是这些产品创新和管理指标及其所度量的内容。

获客投入（**Acquisition Effort**）：产品或服务可触达客户的程度。

知晓度（**Awareness**）：客户对产品或品牌的了解程度。

品牌发展指数（**Brand Development Index**）：某品牌的销售额和市场所有品牌的平均销售额之比。

品牌形象（**Brand Image**）：客户对产品和品牌的看法及感受。

便利性（**Convenience**）：产品或服务让客户生活更轻松、省时和省力的程度。

客户态度（Customer Attitudes）：客户喜欢或不喜欢产品或服务的程度。

分销（Distribution）：某产品在市场上可以获得的程度。

易用性（Ease of Use）：对产品或服务进行使用、消费、参与或交互的简易程度。

参与度（Engagement）：客户与公司、品牌、产品或服务互动的程度。

安装基数（Installed Base）：在一定时间段内，售出的产品得到实际使用的数量。

市场渗透率（Market Penetration）：在特定时间段内，产品至少有一次进入目标市场的百分比。

市场份额（Market Share）：公司、品牌、产品等在总体市场中所占的百分比。

市场规模（Market Size）：公司、产品或服务的总市场潜力（包括销售额、利润、潜在买家数量、售出数量或销量等）。

净推荐值（Net Promoter Score）：人们将产品或服务向朋友推荐的可能性。

零售占比（Percent of All Commodity Volume）：从所有产品零售商处汇总的年度销售额占总销售额之比。

自豪感（拥有、服务）（Pride）：产品或服务为客户带来积极的自我认知的程度。

满意度（Satisfaction）：产品或服务满足客户需求的程度。

使用和购买意向（Usage and Purchase Intent）：使用或购买产品或服务的意愿程度。

付费意愿（Willingness to Pay）：客户购买产品或服务时愿意支付的最高价格。

下面是市场研究指标应用的一个具体案例。表 6.19 给出了 SaaS（软件即服务）行业最重要的四个指标（Bernazzani，2022）。

表 6.19　SaaS 行业最重要的四个指标

指　　标	说　　明
客户流失率	衡量在一段时间内失去了多少生意。它是跟踪企业日常活力的最重要指标之一，可以帮助你更好地了解特定日期或时间段的客户留存率
收入流失	揭示给定时期内损失了多少收入。对于基于订阅的公司，选择一个特定的时间段——一年、一个月、任何时间段都可以，等等。之后就持续输入指标，以确保准确性
客户终身价值 （Customer Lifetime Value，CLV）	客户在与贵公司合作期间支付的平均金额。用数字 1 除以客户流失率，得到你的客户终身率。例如，如果月流失率是 1%，客户终身率就是 100（1/0.01 = 100）
获客成本 （Customer Acquisition Cost，CAC）	获得新客户的成本以及他们为企业带来的价值。计算 CAC，将总销售和营销支出（包括人员）除以给定时间内增加的新客户总数

6.12　本章小结

- 市场调研包括一系列对产品创新至关重要的方法，以便在整个新产品创新流程和产品生命周期管理中做出明智决策。

- 市场调研有两个基本类别：一级市场调研是一个组织为实现其目标而专门进行的原始研究；二级市场调研依靠收集来自其他个人、团体或机构先前实施和发布的研究信息。

- 市场调研方法可以进一步分类为定性方法或定量方法。一般来说，定量方法为研究提供了更高水平的统计置信度。定性方法为客户的问题和未满足的需求提供背景和更深入的洞察。

- 选择使用哪种市场调研方法时，重要的是认识到与特定决策相关的成本和风险。定性方法在整个产品创新流程都很有价值，尤其是在创意生成和概念开发的早期阶段特别有帮助。在产品创新的后期阶段，成本和风险通常会增加，市场调研要提供更大的信心，为定量研究支付更多的成本是合理的。

- 在整个新产品创新流程不断应用市场调研，可以大大增加产品成功的机会。特定方法适合流程的特定阶段。没有一种方法是完美的，使用一系列方法并交叉引用结果是最好的方法。

- 众包和大数据已经成为产品创新市场调研的关键来源。它们提供了大量数据，往往可以弥补统计可靠性的不足，但应注意，不要过度依赖它们的统计准确性。

本章试题

1. 产品经理准备为潜在客户开发产品。在项目启动之前，他查阅了技术出版物、电子数据库和网站。查阅已公开发表的资料是以下哪种方法的例子？

    A. 市场测试　　　B. 客户之声　　　C. 组合管理　　　D. 二级市场调研

2. 在产品创新流程中，公司会用以下哪种方法度量最终用户对产品的满意度，并确认公司是否能够按照承诺交付符合质量要求的产品？

    A. 领先用户研究　　　　　　　　B. 产品使用测试

    C. 二级市场调研　　　　　　　　D. 质量功能展开

3. 公司准备在当前产品线中增加一些新功能，现在由你来负责提出价值主张。有一种方法可用于分析增加的新特性（一个或多个）与用户感知价值之间的联系，该方法是以下哪一种？

    A. 用颜色对各种功能进行编码，以方便用户识别功能

    B. 放入一些假功能来测试受访者是否识别了产品的实际功能

    C. 用产品原型进行销量研究，从而预测销量

    D. 对不同的特性和价格进行联合分析，然后对特性和价格进行优化

4. 因子分析、聚类分析、多维尺度分析、联合分析和多元回归分析都属于以下哪类方法？

    A. 定性调研方法　　　　　　　　B. 多变量研究方法

    C. 客户之声　　　　　　　　　　D. 人种学

5. 何时应该考虑定性市场调研方法？

   A. 需要背景和方向信息　　　　B. 寻求深刻的客户洞察

   C. 客户未被满足的需求尚未被发现　　D. 以上都是

6. 一家软件公司正在开发并升级线上购物应用程序。该公司拥有现有产品在目标市场上的丰富经验，即使应用程序有小故障，也可以被快速修复，不会引起客户的严重负面反应。此时，上市速度至关重要。该公司正寻求客户对应用程序的功能改进及对新功能的反馈。你推荐使用何种市场调研方法？

   A. 焦点小组

   B. 先在内部进行阿尔法测试，然后进行贝塔测试

   C. 试销

   D. 因子分析

7. 收集需定制化信息的市场调研方法（如焦点小组或问卷调查）被称为____。

   A. 一级市场调研　　　　　　　B. 二级市场调研

   C. 定性调研　　　　　　　　　D. 定量调研

8. 作为市场调研方法的一种，焦点小组的一个缺点是____。

   A. 实施成本很高

   B. 招募参与者、进行焦点小组和提供分析需要一个漫长的过程

   C. 执行焦点小组的复杂性

   D. 不善于识别顾客尚未认识到的需求

9. 一家玩具制造公司正在为 10～12 岁的儿童开发一款电动汽车玩具。该项目的潜在风险是：虽然公司在玩具市场有丰富的经验，但现有产品的主要对象都是 5 岁左右的孩子。与该项目相关的主要风险为缺乏与 10～12 岁用户组的合作及满足其具体需求的经验。把产品做正确比快速上市更重要。当前所需的市场信息是目标市场概念开发和设

计规格。你推荐使用何种市场调研方法？

    A. 从目标年龄组中选出消费者测评组　　　B. 阿尔法测试

    C. 领先用户小组　　　D. 众包

10. 社交媒体尤其适合与以下哪类人进行沟通？

    A. 潜在新客户　　　B. 领先用户小组

    C. 国外市场客户　　　D. 需要服务的客户

本章试题参考答案

1. D　　2. B　　3. D　　4. B　　5. D

6. B　　7. A　　8. D　　9. A　　10. B

本章参考文献

- American Society for Testing and Material (1981). *Guidelines for the selection and training of sensory panel members (ASTMSTP758)*. ASTM.
- Belliveau, P., Griffin, A., and Somermeyer, S. (ed.) (2002). *The PDMA toolbook 1 for new product development, Vol. 2*. John Wiley & Sons.
- Bernazzani, S. (2022). *15 metrics every SAAS company should care about*.
- Cooper, R.G. (2023). What separates the winners from the losers and what drives success. In: *The PDMA handbook of innovation and new product development*, 4e (ed. K.B. Kahn), 3–44. John Wiley and Sons.
- Cooper, R.G. and Dreher, A. (2015). *Voice of the customer methods: What is the best source of new product ideas?* Stage-Gate International.
- Hofacker, C., Malthouse, E.C., and Sultan, F. (2016). Big data and consumer behavior: Imminent opportunities. *Journal of Consumer Marketing 33* (2): 89–97.
- Kahn, K.B., Castellion, G., and Griffin, A. (ed.) (2004). *The PDMA handbook of new product*

development, 2e. John Wiley and Sons.

- Katz, G. (2010). *Rethinking the product development funnel*. Massey University.

- Laney, D. (2001). *3D data management: controlling data, velocity, volume and variety*. Gartner.

- Miller, C., Perry, B., and Woodland, C.L. (2004). Ethnographic market research. In: *The PDMA toolbook 2 for new product innovation* (ed. P. Belliveau, A. Griffin, and S. Somermeyer), 297–330. John Wiley and Sons.

- Moe, W. and Schweidel, D. (2017). Opportunities for innovation in social media analytics. *Journal of Innovation Management 34* (5): 697–702.

- Naresh, K.M. (2009). *Marketing research: An applied orientation*. Prentice Hall.

- Ottum, B. (2004). Quantitative market research. In: *The PDMA handbook of innovation and new product development*, 2e (ed.K.B. Kahn, G. Castellion, and A. Griffin), 279–301. John Wiley and Sons.

- Pisano, G., Verganti, R., and Deschamps, E. (2015). A study on the impacts of business model design and innovation on firm performance. *Entrepreneurship Research Journal 5* (3): 181–199.

- Statista. (2022). *Social media marketing usage rate in the United States from 2013 to 2022*.

- Thomke, S. and Von Hippel, E. (2002). Customers as innovators: A new way to create value. *Harvard Business Review 80* (4): 74–81.

- Zikopoulos, P., Eaton, C., DeRoos, D. et al. (2015). *Big data beyond the hype: A guide to conversations for today's data center*. Paul McGraw-Hill.

第7章
产品创新文化与团队

创建和维护创新环境，支持、鼓励和表彰
产品创新流程与实践。

↘ **本章学习重点**

虽然战略、流程和工具对产品创新成功而言至关重要，但归根结底，最重要的因素还是人，包括文化、团队和领导者。本章主要内容包括：打造良好创新文化的重要性；管理角色和职责；高绩效团队、团队发展和团队领导力的实现方法，以及在不同情境下应采用何种团队结构。

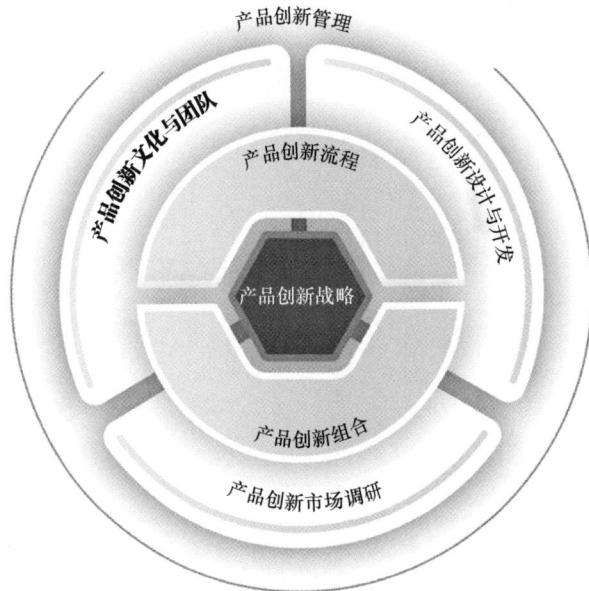

↘ 本章内容一览图

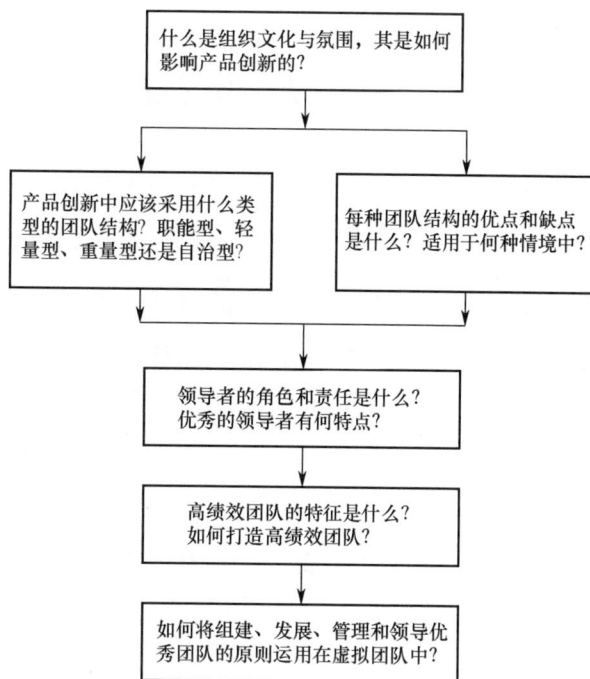

```
        ┌─────────────────────┐
        │ 什么是组织文化与氛围，其是如何 │
        │ 影响产品创新的？         │
        └─────────────────────┘
              │
      ┌───────┴───────┐
      ▼               ▼
┌──────────────┐  ┌──────────────┐
│ 产品创新中应该采用什么类 │  │ 每种团队结构的优点和缺点 │
│ 型的团队结构？职能型、轻 │  │ 是什么？适用于何种情境中？ │
│ 量型、重量型还是自治型？ │  │              │
└──────────────┘  └──────────────┘
      │               │
      └───────┬───────┘
              ▼
        ┌─────────────────────┐
        │ 领导者的角色和责任是什么？  │
        │ 优秀的领导者有何特点？     │
        └─────────────────────┘
              │
              ▼
        ┌─────────────────────┐
        │ 高绩效团队的特征是什么？    │
        │ 如何打造高绩效团队？      │
        └─────────────────────┘
              │
              ▼
        ┌─────────────────────┐
        │ 如何将组建、发展、管理和领导优 │
        │ 秀团队的原则运用在虚拟团队中？ │
        └─────────────────────┘
```

7.1 产品创新文化与氛围

2006 年，管理大师彼得·德鲁克说了一句名言："文化能把战略当早餐吃掉。" 后来成为福特汽车公司首席执行官的马克·菲尔兹使这句话广为人知。

简单说，这句话的含义是：如果组织缺乏一个得到全员拥护和共有的良好文化，那么无论战略多么强大，其实施也会遭遇严重阻碍。虽然战略和流程对产品开发及管理而言至关重要，但仅凭这些要素并不能确保组织持续成功。人是组织成功的终极要素。此外，文化和氛围奠定了基础。有了该基础，战略和流程才得以积极和有效地发挥作用。

7.1.1 什么是组织文化与氛围

文化是组织中人们拥有的共同信念、核心价值观、行为和期望的集合。文化：

- 反映了组织的价值观。
- 通过习俗、礼仪和仪式体现出来。
- 能够推断出工作方式。
- 展现出生命力：为了生存自然而然去做的事情。

氛围是员工直接或间接感受到的工作环境的一系列属性，这些属性对员工行为有重大影响：

- 领导力水平。
- 沟通。
- 责任。
- 信任。

- 公平的认可与奖励。
- 机会。
- 员工参与。

7.1.2 创新文化和氛围的重要性

大多数先进组织都强烈倡导创新文化的重要性。以下是一些产品创新先进组织高级管理者的名言：

博思公司："战略目标明确，文化又完全支持这些目标的组织具有巨大优势。"（2011）

苹果公司首席执行官蒂姆·库克："创新深深植根于苹果的文化中。无畏、雄心壮志、无限可能的信念，以及制造世界上最好产品的渴望。这是有史以来最强大的文化，也是公司的 DNA。"

亚马逊创始人杰夫·贝索斯："我鼓励员工对看似行不通的方法进行尝试。我们开发出一些工具来降低试验成本，这样就可以做更多的试验。如果能把试验数量从 100 个提高到 1 000 个，就可以大大增加创新数量。"

爱彼迎（Airbnb）凯蒂·迪尔："如何形成创新影响力？始于出色的招聘工作……确保文化契合至关重要……分享爱彼迎的核心价值观，无惧风险，享受冒险。支持创新文化的环境因素包括：

- 协作办公的场所，鼓励跨学科合作的有趣场所。
- 全球化思考，本地化行动。
- 鼓励冒险的扁平化组织。请求谅解而不是请求允许。"

IBM 前首席执行官路易斯·郭士纳："在任职 IBM 期间，我逐渐意识到，文化不仅仅是竞赛的一个方面，它本身也是竞赛。归根结底，组织只不过是员工创造价值的一个集体。事实上，愿景、战略、营销、财务等任何一个管理要素都可以帮助你走上正确的道路，并在一段时间内引领你走下去。但如果这些要素不是其 DNA 的一部分，任何企业——无论是身处商业、政府、教育、医疗还是其他行业——都不可能长期成功。"

尽管丰田公司的成功在很大程度上归功于丰田生产系统，但丰田公司认为员工不只是一双双劳动的手，而且是在一线积累经验和智慧的知识工作者。因此，丰田公司在人员和组织能力提升方面进行了大量投资，同时从每个人和每处地方收集创意。

风险投资家本·霍洛维茨在《你所做即你所是》一书中写道，仅靠伟大的文化并不能成就一家伟大的公司（Horowitz，2019）。他认为，如果市场不想要你卖的东西，哪怕文化再好也不能确保你成功。也就是说，文化之于商业，正如营养之于运动员。如果你是一名有天赋的运动员，即使营养不良，也可能取得成功。然而，如果有一个合理的营养方案，你就更有可能成为一名世界级运动员。

比霍洛维茨的比方更为贴切的是，强烈的文化认同孕育了强烈的智力和情感契合。当人们在使命、愿景和价值观上保持一致时，就能创造更多可能性。屡获文化殊荣的组织，如谷歌、Adobe、HubSpot、Zoom 和其他组织（Peart，2020）证明了这一点。

2012 年，产品开发与管理协会开展的比较绩效评价研究的调查结果有力地支持了文化对产品创新成功的重要性一说（Markham 和 Lee，2013）。尽管人们普遍认为文化在产品创新成功中起着非常重要的作用，但创新文化并没有"灵丹妙药"。对组织而言，"正确的"文化是非常个性化的。在一个组织中发挥良好作用的文化对另一个组织来说可能是完全无效的。

造成该情况的一个因素是员工敬业度。几十年来，盖洛普一直在研究工作场所参与度的各个方面（Harter，2022）。他们将员工敬业度定义为员工在工作及工作场所中的参与度和参与热情。自 2001 年以来，美国员工的敬业度为 28%～36%，即只有约 1/3 的员工在工作中是敬业的。要知道，创新文化需要敬业的员工来支持。

例如，对 150 家美国公司进行的一项研究表明，员工对其工作环境的看法与敬业、富有创造力、创新的团队氛围之间相距甚远（Denning，2015）。

- 只有 5% 的受访者具备较高的创新积极性。
- 75% 以上的受访者反映他们的创意没有得到较好评估和分析。
- 大约 1/7（约 16%）的受访者并不认为知识产权是一项重要的经营职能。
- 近一半（49%）的受访者认为他们提交的成功创意得不到认可，更别说通过提交创意获得收益了。

成功的创新文化与氛围包含以下因素和举措：

- 明确重视产品创新的组织价值观。

- 明确强调产品创新作用和重要性的经营战略。

- 在经营战略中，有清晰的目标和方向，并在整个组织中得到沟通、理解和共享。

- 尝试后失败总比根本不尝试要好。"请求谅解而不是请求允许。"

- 个人绩效目标与组织总体创新目标显著相关，会用适当的方式认可绩效。

- 与创新文化的契合度是招聘的关键标准。

- 鼓励内部和外部的有效沟通。

- 鼓励建设性冲突。激烈的辩论胜过被动的同意。

- 尽可能让工作变得既有趣又有回报——不仅要有经济回报，而且要考虑个性化要求。

- 工作吸引人，领导者鼓励个人成长和专业发展。

- 鼓励建设性冲突，以支持创意生成和问题解决。

7.2　管理职责

本节介绍在成功的产品创新中几个关键领域中的管理角色，包括：

- 战略。
- 产品创新流程。
- 组织与团队。
- 产品。

当研究公司文化和团队结构时，你会发现角色、职责和职务千差万别。例如，项目经理、组合经理和高级产品经理可能在不同的公司履行相同的职责。创新团队结构和职务往往在很大程度上受到领导团队自身传承的影响。如果团队以销售为主，那么创新总监这个职务就更倾向于市场。如果领导者需要管理更多执行层面的事宜，那么项目经理或组合经理这类职务就更具战术性。

7.2.1　产品创新战略中的角色

如第 2 章所述，公司战略建立在愿景、使命和价值观的基础上。此外，包括创新战略在内的所有其他战略都源自公司战略，如图 7.1 所示。公司高级管理者负责制定公司战略。典型的高级管理者包括公司核心职能部门的负责人，如财务、营销、制造、开发和技术等部门。公司董事会可以直接或间接地与高级管理者联系，首席执行官将董事会和高级管理者联系起来。

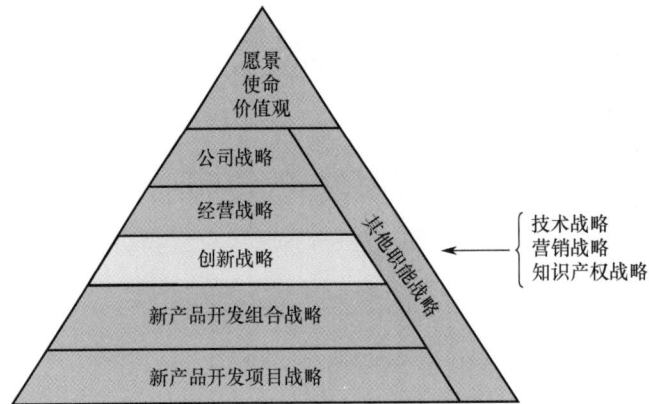

图 7.1 战略层级

受组织规模、所处行业和地理位置等因素影响，不同组织的角色、职责和职务会有很大差异。

通常，由高级领导团队制定经营战略。在拥有多个事业部的公司中，由各自事业部的领导者制定经营战略。经营战略制定者的职务包括但不限于：

- 总裁。
- 执行副总裁、高级副总裁或副总裁。
- 总监。

通常，由跨职能团队制定创新战略。创新战略延伸了经营战略中要回答的问题。与所有战略制定一样，关键是要保持一致性。通常，由高级领导团队确保创新战略与经营战略保持一致，并将创新融入组织目标中。

由职能领导者和具体职能领域高级管理者组成的团队制定职能战略，包括开发/工程、营销、销售、制造、采购和财务等。通常，由这些职能领导者负责实现目标，一方面确保更高层级的战略落地，另一方面确保实现战术目标。

通常，由高级产品管理者（如产品副总裁）领导的产品团队制定产品战略。产品副总裁与高级领导团队协调以确保一致性。虽然年度经营战略和创新战略变化不大，但是产品战略要反映不断变化的趋势和市场机会。产品战略包含产品和平台的生命周期管理及产品或品牌管理。在第 1 章中介绍了这些概念。

7.2.2　在产品创新流程中的角色

通常，成功推出可重复创新的组织会设置若干特定的管理岗位。在某些情况下，这些创新领导者也会有特定的职务，而在其他组织中则会由经营或职能领导者兼任。具体职务和名称因管理方法而异，如第 4 章介绍的门径流程、瀑布模型、敏捷方法和混合型方法。

流程倡导者是负责建立产品创新流程的高级管理者。流程倡导者致力于确保产品创新流程的实施质量和一致性。培训新员工和培养创新人才以支持创新也属于流程倡导者的职责范围。注意，可将产品创新流程的促进和培训工作授权给流程负责人或其他职能经理负责。

流程负责人通常是负责组织创新战略结果的高级管理者，其职责包括与创新战略保持一致、产品创新流程的产出量、流程输出的质量及组织内各级人员的积极参与。

流程经理与产品创新流程的成功实施息息相关。通常，流程经理是负责确保产品组合决策有序实施的职能领导者。除确保经批准的进度、预算和资源得到落实之外，流程经理还经常促进创新培训、头脑风暴、创意生成和上市后评审等工作。流程经理还要收集和分析数据，为组织创新系统的度量工作提供依据。

项目经理负责管理具体产品创新项目。他们采用公认的项目管理方法（例如门径流程或 Scrum），确保准时实现项目里程碑，并在预算内交付成果。根据产品创新项目的规模和范围，项目经理承担监督职责，也可以承担技术或营销工作。

7.3　产品创新团队结构

7.3.1　团队组成

每个团队成员都要对创新项目中的工作负责。团队成员要接受两方面的培训，一方面是产品创新流程的实施，另一方面是运用职能知识和专业技能完成项目工作。成功的创新公司会在产品创新生命周期中采用跨职能团队。

↘ 团队多样性

对多样性影响财务绩效的研究可以追溯到几十年前或更久。发表在《哈佛商业评论》中的一篇题为《多样性如何及从哪里助推财务绩效》的文章中称，多样性（以移民、行业、职业道路、性别、教育和年龄六个维度的平均值衡量）高于平均水平的公司，创新收入高出 19%，息税前利润高出 9%（Lorenzo 和 Reeves，2018）。

Abbie Griffin 为创新学科发展做出了许多贡献，她研究了很多组织中的创新团队。她的一些研究成果发表在她与人合著的《连续创新者：个人如何在成熟公司中开展和实现突破性创新》一书中（Griffin 等，2012）。她提出了八种对创新团队有益的思维方式：线性、空间、联系、整体、批判、具体、发散和收敛。由此可见，思维方式的多样性也会提高创新绩效。

虽然更具多样性的团队会产生更好的财务结果，但是仅凭多样性本身还是不足够的，没有健全的组织和管理流程的多样性也是不完整的。在领导力实践中，增加多样性可以带来额外收益。

↘ 多学科和跨职能团队

高绩效、多学科团队能够提高产品质量，缩短项目开发用时。跨职能沟通也能更快地发现问题并促进协作。通常，职能团队会在项目里程碑处进行交接，这么做会导致知识转移变少，因此要尽量减少该做法。在开发项目中，产品创新团队只有整合研发、技术、运营和营销技能，才能确保创新成功。理想的跨职能团队具有以下特征：

- 包含全部应有的职能代表者。
- 在项目启动到产品上市全流程中，确保团队成员任务的连贯性。
- 提供适当的沟通工具。
- 树立清晰的项目和团队目标及预期绩效结果。
- 体现职能工作、项目工作与职业发展的一致性。

7.3.2　项目团队结构

在创新中采用的典型项目团队结构包括从高度专业化的职能型团队到设计开发世界级新产品的自治型团队。Wheelwright 和 Clark（1992）首先提出了四种常见的产品创新团队结构：

- 职能型团队。
- 轻量型团队。
- 重量型团队。
- 自治型团队。

↘ 职能型团队

通常，职能型团队建立在组织层级结构之中。如图 7.2 所示，产品创新团队成员来自各个职能部门，如工程、制造和营销部门。在产品创新项目中，每个团队成员都对与其职能专长相对应的工作内容负责。由一个或多个职能经理对团队成员的工作进行松散式协调，工作也经常涉及职能之间的交接。

职能型团队适用于下述产品创新情境：

- 开展基础研究，以便在一系列产品线中进行部署，其中职能专长和知识对开发而言至关重要。
- 在资源较少的创业型企业和小型企业中，同时开展的项目较少。
- 在采用防御者战略进行产品增量改进的组织中，对职能能力的要求多过对多学科活动的要求。

在职能型团队中，通常由职能经理来管理团队成员的任务和绩效。职能型团队也适用于风险非常低的产品改进，尤其是在发展缓慢的行业。强调生产效率而非创新的组织更有可能采用职能型团队。

↘ 轻量型团队

如图 7.3 所示，在产品创新项目中，与职能型团队相比，轻量型团队中的协调工作有所增加。轻量型团队中有职能联络员，也任命了项目经理。项目经理是轻量型团队中项目工作的重要独立贡献者。团队成员承担创新项目的责任，并向自己的职能经理汇报工作。项目经理没有权力管理团队成员，主要充当项目信息的沟通联络人。

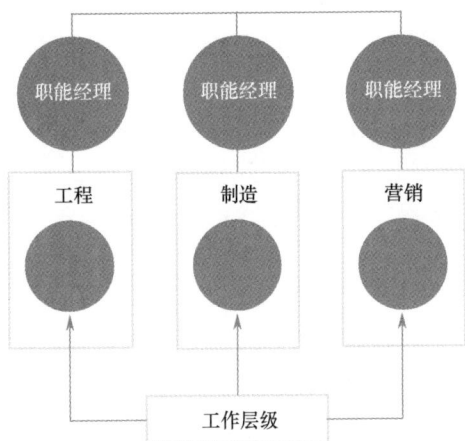

图 7.2　职能型团队

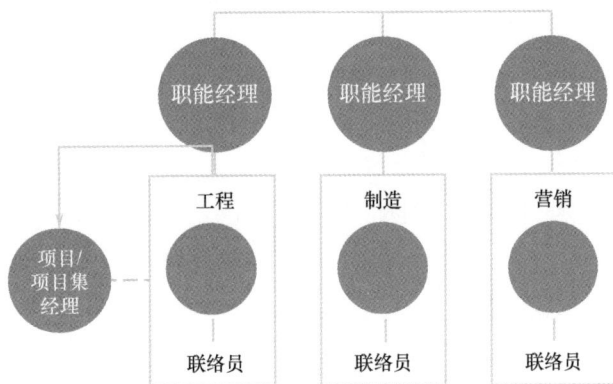

图 7.3　轻量型团队

通常，轻量型团队用于小型产品改进项目中，且项目需要职能部门之间的配合。职能型团队成员在产品和特性方面拥有深厚的专业知识，但无法在整个设计与开发生命周期中都参与项目。

↘ 重量型团队

与轻量型团队有所不同，重量型团队更专注于项目工作而非职能工作。当产品创新团队将概念转化为商业上可行的产品或服务时，市场就成为驱动项目工作的关键因素。如图 7.4 所示，跨职能核心团队由完成产品创新工作所需的各专业成员组成。与轻量级团队相比，项目经理或团队领导者拥有权力进行内、外部协调和沟通。项目经理往往是组织中级别更高的领导者。

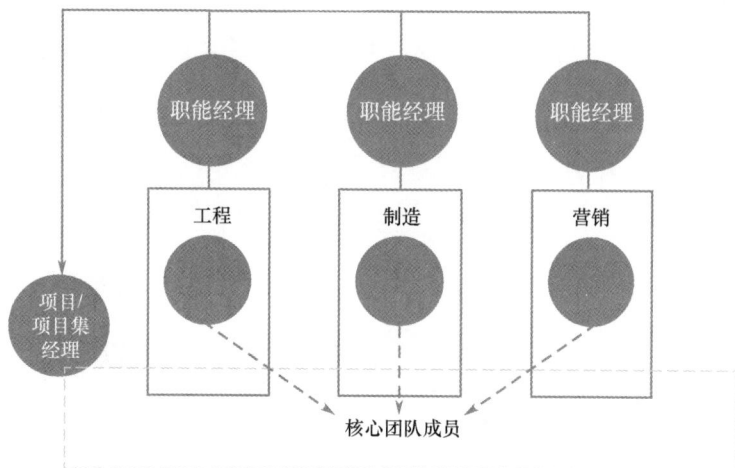

图 7.4　重量型团队

由于项目经理的角色清晰，加之创新工作更为复杂，因此由项目经理来正式指导各个团队成员的工作。在重量型团队中，项目经理对团队成员的工作负责，而职能经理保留对团队成员职业发展及绩效考核的最终权力。

虽然在重量型团队中，沟通、协调和合作都紧紧围绕产品创新项目展开，但这种团队结构并不适合每个项目。当技术或市场开发较为复杂，涉及新的应用、客户和市场时，就可以采用重量型团队。重量型团队规模可以很大，每个核心团队成员可以管理一个职能小组。与职能型团队和轻量型团队相比，重量型团队的资源集中度更高，需要具备娴熟的领导力才能够凝聚资源，也才能激励团队成员进行跨职能和跨学科合作。在多数情况下，重量型团队成员会分散在不同的地理位置工作，团队领导者会采用其他一些工具和技术来管理虚拟团队（见第 7.6 节）。

自治型团队

"自治"的含义是"独立和自我治理"。因此，自治型团队适用于重大、长期的产品创新项目。这种团队也被称为"老虎团队"（Tiger Teams）或"臭鼬工厂项目"（Skunk works projects），来源于洛克希德飞机公司，该公司开创了企业内部创业团队结构的先河。克里斯坦森推崇用自治型团队来实现颠覆性创新（Christensen 和 Raynor，2003）。

如图 7.5 所示，自治型团队由一名高级管理者担任项目经理，将团队成员从其所属的职能部门中调离，组成独立的项目团队。项目领导者对团队和产品创新的成功负有完全权力和责任。团队通常被安排在一个单独的地方，远离组织总部或经营场所，目的是为团队赋予更高的独立性和自主权。

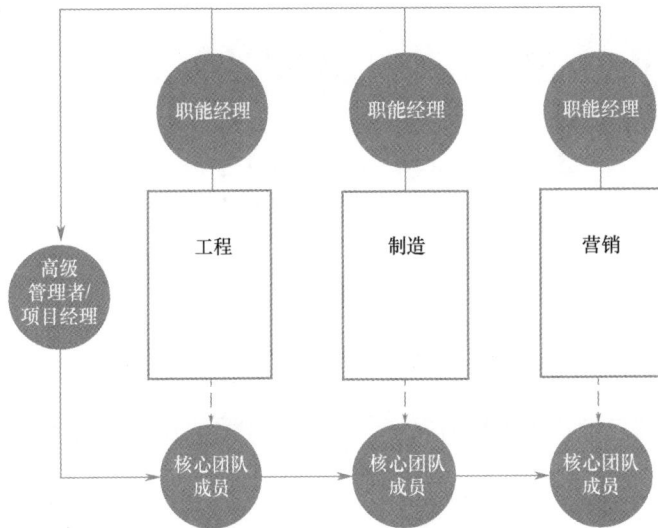

图 7.5　自治型团队

自治型团队的一个核心优势就是能够像激光一样聚焦在项目目标和任务上。通常，这些团队使用颠覆性技术开发世界级新产品，这些技术将打开（或开创）全新的市场。通常来说，这样的团队结构和工作会给团队成员带来活力。此外，团队也要对新产品线的后续生命周期进行维护和拓展，包括开发下一代产品或服务。

团队结构比较

应用于产品创新项目中的每种团队结构都有各自的优点和缺点（见图 7.6）。应根据创新项目的需求选择正确的团队结构。然则，这种情况并不像本应出现的那样常见，因为许多组织对各种不同类型的项目都使用相同的团队结构。高级管理者应与组合管理团队、流程负责人和流程经理合作，为每个创新项目选择合适的团队结构。

团队结构类型		优点	缺点
	职能型团队	• 资源最大化利用，专业度高，有深度，具有规模经济 • 责任清晰 • 职业发展路径明晰	• 广度不够 • 僵化与官僚 • 非项目导向的任务 • 速度慢且难以形成合力 • 经验驱动
	轻量型团队	• 改进了沟通和协同 • 减少了任务间的闲置时间	• 项目领导力和项目聚焦度不足 • 团队成员会有沮丧感
	重量型团队	• 更高的项目聚焦度、承诺与责任 • 集成化的解决方案	• 对员工而言有难度 • 要求深度合作 • 必须打破部门壁垒
	自治型团队	• 聚焦结果 • 对目标负责 • 有开创性	• 独立，不与组织其他部门整合 • 自治是核心价值观

图 7.6 团队结构比较

一般来说，需要深厚知识和专长且很少需要与客户互动的项目更适合采用职能型团队或轻量型团队。随着技术和经营复杂度的增加，重量型团队和自治型团队则更具价值。

某种团队结构的优点可能是其他团队结构的缺点。例如，对单一产品技术有深入了解是职能型团队的优点，而重量型团队或自治型团队具备开放、以客户为中心的理念，才能开发出应用面广且富有创造性的解决方案。对轻量型团队来说，团队成员的职业发展路径非常明晰，但对在创业型企业中从事复杂产品创新项目的成员来说，职业发展路径就不那么明晰了。

7.4 团队发展

7.4.1 什么是高绩效团队

团队是一群技能互补且彼此负责的人，他们做出承诺，一起实现共同的目的和目标（Katzenbach 和 Smith，1993）。高绩效团队的成长和发展通常会经历一些众所周知的阶段和过程。团队领导者与产品创新流程倡导者及产品创新流程负责人共同合作，确保创新团队成员拥有正确的技能，选择符合项目规模和范围的团队结构。只有当团队氛围符合战略一致性、参与和授权等关键方面的要求时，创新团队才能走向成功。

- **战略一致性**：团队成员要了解项目是如何与经营目标相联系并由经营目标所驱动

的。项目目标只有与组织总体目标保持一致时，才能有助于实现总体目标。

- **参与**：积极的团队成员对自身工作及与同事之间的友谊感到自豪。对个人和团队贡献进行奖励和认可能够改善绩效。
- **授权**：获得授权的团队成员更具创造力，能做出更好的决策，也会有更好的产品设计。应鼓励公开对话，在创新项目决策中考虑团队成员的意见。团队有权自行采用最佳方式完成工作。

如图 7.7 所示，战略一致性、参与和授权等团队成功因素离不开其他要素的支持。例如，创新团队创建氛围需要强大的**领导力**。**互动参与**也是如此，所有团队成员在团队决策中都有平等的发言权。**自尊**位于马斯洛需求层次中的较高层级，可以通过对团队成员共享管理权力和领导力或者认可和奖励的方式提升团队成员的自尊意识。对创新团队来说，**开放式沟通**非常重要，团队成员可以通过开放式沟通分享创意和概念。

<table>
<tr><td colspan="5" style="text-align:center">战略一致性、参与和授权</td></tr>
<tr>
<td>**领导力**
团队领导者鼓励人们高度参与，协调团队，具有很好的沟通技能，鼓励共享领导力</td>
<td>**互动参与**
全员参与</td>
<td>**自尊**
尊重和认可所有贡献</td>
<td>**开放式沟通**
团队成员能够自由发言，并获得相应反馈，能够建立有效的关系</td>
<td>**授权**
团队成员有做出决策的权力，并参与获得授权的工作</td>
</tr>
<tr>
<td>**高效流程**
高效的团队流程与工作计划，清晰定义角色与职责</td>
<td>**互信**
团队成员相互尊重，以诚相待</td>
<td>**多元化**
尊重团队成员的差异性，团队成员可以表达个人意见</td>
<td>**冲突管理**
允许建设性和表达方式健康的冲突</td>
<td>**共同目标**
清晰定义共同目标，聚焦一个目的</td>
</tr>
</table>

图 7.7　高绩效团队框架

除了团队**授权**（见图 7.7 的核心部分所示），个人**授权**意味着每个人都会得到平等对待，团队氛围促进团队成员之间的相互支持。**高效流程**对成功的创新团队而言也很重要。这些流程包括知识共享和会议管理规范，如在第 7.6 节中介绍的虚拟团队。**互信和多元化**也是敬业且高效团队的关键特征，当团队成员互相信任，用不同的经验为独特的解决方案献计献策时，创造力就会喷涌而出。建设性的**冲突管理**（见第 7.4.4 节）是高绩效创新团队的另一个特征。健康的冲突可以激发创造力，但不健康的冲突会影响团队绩效。最后，正如战略一致性所要求的，成功的创新团队需要清晰明了的项目目标。**共同目标**则让团队成员凝聚在一起，这一点在与职能部门中的团队成员或分散在虚拟团队中的团队成员一起工作时尤为重要。

7.4.2　团队发展阶段

20 世纪 60 年代，心理学家布鲁斯·塔克曼（Bruce Tuckman，2001）构建了一个高绩效团队成长阶段的模型。他通过研究发现，团队必须通过一系列工作和情绪上的顺序发展，才能达到最高的协作水平。由于成员关系变化而被打乱时，团队又会回到最初阶段，即重新从形成阶段开始向前发展。团队发展阶段依次是形成阶段、震荡阶段、规范阶段、成熟阶段和解散阶段（见图 7.8）。需要注意的是，如果团队还需要负责制造或销售工作时，就用"改进"（Reforming）阶段代替解散阶段。不过产品创新团队通常是项目导向型的，所以通常在项目结束后就会解散团队。然而，正如该模型所示，与重新组建的团队相比，保持固定的团队具有显著的绩效优势。

形成阶段

- 合适的团队成员加入团队
- 当人们找到各自的角色时，可能会出现混乱状态
- 团队成员表现积极，彬彬有礼。有人焦虑，有人兴奋
- 团队领导起主导作用

震荡阶段

- 发生冲突。团队成员对开发进展感到失望，或对角色不清感到困惑
- 团队领导者采用稳妥的方式管理这些冲突

规范阶段

- 团队形成自己的合作方式，就标准做法达成一致，解决分歧，欣赏同事的长处
- 尊重领导者的权威

成熟阶段

- 团队结构和流程稳定且运作良好，团队成员彼此互相满意，工作效率高
- 领导者将工作授权给团队成员，同时培养团队成员，提升他们的技能

解散阶段

- 团队成员被安排到其他项目上，也可以回到自己原来的部门中

图 7.8　塔克曼团队发展阶段模型

形成阶段（Forming）：在该阶段，大多数团队成员都表现得较为积极和谦恭。但有些人会有些焦虑，因为他们还不完全了解团队将要做什么。还有些人对将要完成的任务感到兴奋。此时，团队成员的角色和职责还不清晰，因此领导者应起主导作用。通常，

该阶段不会太长。在此期间，团队成员开始一起工作，尝试着去了解自己的新同事。在大多数情况下，会根据各自的技能或专业知识来安排团队成员工作，并期望他们担负好各自责任，这会在一定程度上导致团队进入震荡阶段。

震荡阶段（Storming）：该阶段的特点就是冲突。团队领导者的主要责任是用稳妥的方式管理这些冲突。团队成员可能对团队的开发进展感到失望，或者被交叠的角色搞糊涂。通常，此时尚未对问题进行明确的定义，所以震荡阶段以明确团队目的和目标为主。许多团队，尤其是监管不力或缺乏经验的团队在该阶段会陷入僵局中。

规范阶段（Norming）：当团队成员开始解决分歧，欣赏同事的长处，尊重领导权威时，团队就进入了规范阶段。在该阶段，团队成员建立各自的合作方式，并就标准实践达成一致。团队达成一致的一种方式是在团队章程中制定项目目标和流程。

成熟阶段（Performing）：当团队进入成熟阶段时，大家努力工作，没有人际摩擦。团队结构和流程运行良好，大家合力实现团队目标。领导者将更多的工作授权给团队成员，并集中精力提高每个团队成员及整个团队的能力。团队成员彼此相处融洽，并乐于成为团队中的一员。项目工作完成很快，团队成员学习水平也很高。

解散阶段（Adjourning）：在所有临时团队中，解散阶段会随着项目工作的完成而到来。在产品创新项目中，产品上市后就会移交给运营部门进行管理。团队成员可能被安排到其他项目中，也可能回到自己原来的部门中。在某些情况下，一些团队成员会被安排到运营部门，继续支持新产品的后期工作。

7.4.3 工作风格

随着团队的形成和发展，个性和工作风格偏好也会影响团队的有效性。在跨职能或多学科的团队中，对于理解和尊重团队成员而言，工作风格尤为重要（Gallup，2023）。如果团队成员未能认识或者忽视团队内部多元化的话，个人偏见就会阻碍信任关系的建立并导致更多的冲突。例如，典型的冲突发生在创新团队中的工程人员和营销人员之间。工程人员和营销人员通常会使用各自的语言，也会从完全不同的角度来处理问题。工程人员会认为营销人员只会做定性决策，而营销人员会认为工程人员分析得太慢、太烦琐。基于个性假设，其他角色也会面临类似的问题。

在项目团队形成阶段使用工作风格评估可以帮助团队成员克服偏见。DISC 是一种工作风格评估方法，它为团队成员提供了工具和共同语言，可用于改进沟通和协作。DISC可成为团队原则和指南，帮助团队成员就问题、激励因素和压力因素等进行探讨，并指导团队成员进行建设性对话（Scullard 和 Baum，2015）。

DISC 工作风格评估工具可以用于评估每个人的工作方式偏好。它比个性评估（如迈尔斯–布里格斯或五大人格特质）更优，因为团队成员在职业环境中的行为不仅仅是单个人个性的反映。DISC 中的四种主要工作风格如图 7.9 所示。

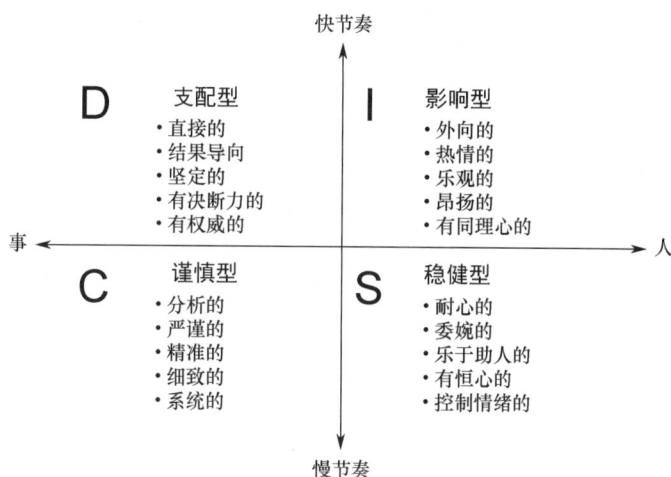

图 7.9 DISC 工作风格评估

- 支配型（Dominance，D）：具有"D"型工作风格的团队成员喜欢快节奏的工作。他们做决策很快，也会被认为要求过高。该类团队成员以行动为导向。

- 影响型（Influence，I）：具有"I"型工作风格的团队成员精力充沛且非常健谈。他们很容易建立社会关系，并喜欢接触新人。有些团队成员会把"I"型的人看成"只说不做"的人。然而，这些团队成员会给工作增添激情。

- 稳健型（Steady，S）：当产品创新工作处于混乱或无组织状态时，"S"型工作风格的创新团队成员就站了出来，他们具有平和、冷静、有价值的特质。这些团队成员比其他许多人更容易适应环境，也更容易表现出对他人的理解。虽然其他团队成员会认为他们不温不火，但这些人在不确定的项目活动中能起到稳定军心的作用。

- 谨慎型（Conscientious，C）：DISC 工作风格中的最后一种类型是分析型或谨慎型。这些团队成员要在评估完整数据的基础上才会做出理性决策。他们通常被认为是非感性的，只热衷于精确和细致的工作。一些人认为他们对细节的过度关注会给项目工作带来障碍。

无论使用何种工具，重要的是要了解团队所展现的技能，以及这些技能最有可能通过个性和行为视角来使用。通常，只有对团队成员的工作风格进行平衡，才能更好地开展产品创新项目工作。产品体验的多样性和工作风格的多元化都可以提高创造力，从而产生更多新颖的产品解决方案。

7.4.4　冲突管理

虽然对话和解决问题通常被认为是"健康的冲突"，但冲突会对团队合作和团队成员的协作能力产生干扰，进而阻碍项目成果的交付。对冲突不重视或处理不好会导致问题恶化，最终破坏团队关系和生产力。导致创新团队冲突的潜在原因包括（Kerzner，2013）：

- 人力资源和资金。
- 设备和设施。
- 资金投入。
- 预算和费用。
- 技术观点。
- 职能部门优先级。
- 组织程序和政策。
- 监管限制。
- 进度安排。
- 项目和职能的职责。
- 项目制约因素和边界。
- 工作风格差异。

关键一点，要认识到冲突是高绩效团队的一个特征。在高绩效团队中，冲突与任务以及实现任务或目标最佳方式的分歧有关。在制定了相互问责制和强调交付预期成果的团队中，这种分歧会带来更好的决策和结果。

托马斯-基尔曼模型（Thomas-Kilmann Model）是一种传统的冲突管理方法（Kilmann 和 Thomas，1978）。图 7.10 中的两个维度是合作和自信。合作是"关注他人"，即接受其他团队成员的观点。自信是"关注自我"，即让其他团队成员接受自己的观点。通过将不同程度的合作和自信（低、高）进行组合，就可以得到五种冲突管理方法。

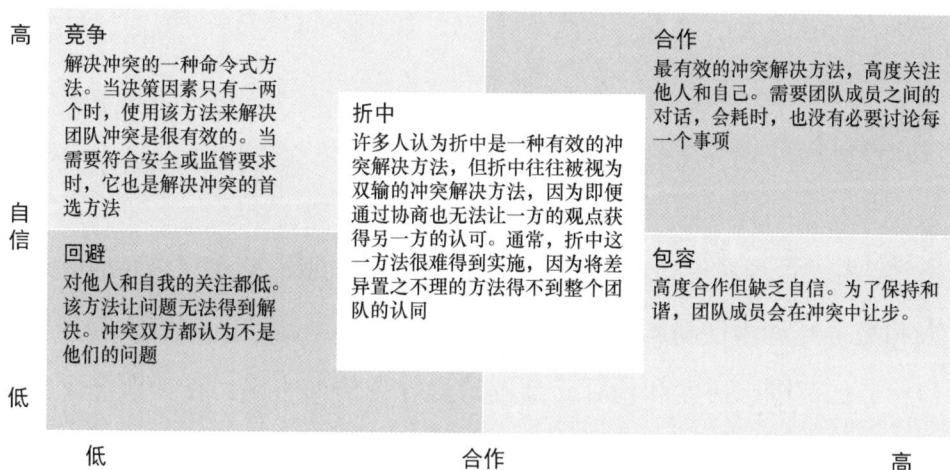

图 7.10　托马斯-基尔曼模型

- 回避（Avoiding）：合作水平和自信水平都低。通常，回避无法解决问题。有时，一些人会认为自己不是解决问题的人，而将冲突推给其他人（更适合解决问题的人）去解决。

- 包容（Accommodating）：合作水平高，自信水平低。在该情景中，为了保持团队和谐，团队成员会在冲突中让步。

- 折中（Compromising）：合作水平和自信水平都居中。在典型的互动中，许多人认为折中是一种有效的冲突解决方法，但折中往往被视为双输的冲突解决方法，因为即便通过协商也无法让一方的观点获得另一方的认可。通常，折中这一方法很难得到实施，因为将差异置之不理的方法得不到整个团队的认同。

- 竞争（Competing）：合作水平低，自信水平高。竞争往往被视为解决冲突的一种命令式方法。当决策因素只有一两个时，使用竞争这一方法来解决团队冲突是很有效的。当需要符合安全或监管要求时，它也是解决冲突的首选方法。

- 合作（Collaborating）：合作水平和自信水平都高。许多人认为合作是解决冲突的最有效方法，因为该方法对他人的关注度高，同时对自我的关注度也高。合作需要所有团队成员进行对话，以便让每个成员都能表达自己的意见。通过合作解决冲突的缺点是耗时长，也没有必要讨论每一个事项。

管理项目团队中的冲突需要有效的沟通和协商。可以用团队章程来记录冲突升级过程，尤其是关系到资源和资金方面的决策时。

7.5   领导力

如前所述，高级管理者通过战略和组合决策来制定创新方向。产品创新流程倡导者、流程负责人和流程经理为创新团队赋予直接的领导力。创新团队领导者管理项目人力资源和项目目标，如范围、进度和预算。高效的领导者情商很高，作为服务型而非独裁型领导者，他们为团队提供支持。

7.5.1   角色与责任

团队领导者为朝着特定目标努力的一群人提供方向、指导和支持。高效的领导者了解团队成员的优缺点和动机。团队领导者的角色包括：

- 提出目标（团队应实现的目标）。
- 打造一个明星团队，而不是将一群明星拼凑成一个团队。
- 承担共同交付成果的责任。
- 充分发挥团队成员的潜能。
- 把工作变得有趣和引人入胜。
- 鼓励和激励团队成员。
- 领导和促进建设性沟通。
- 监控工作进展情况，但不进行微观管理。

7.5.2　沟通

团队选择、团队发展和持续管理会受到一系列内部和外部因素的显著影响。有效沟通在团队绩效及与团队领导者之间的互动中起着重要作用。

团队绩效受到下述沟通因素的影响：

（1）组织的文化和环境，鼓励高绩效的价值观和行为。

（2）组织结构，包括各职能间的角色和关系。

（3）制定了促进和提高团队绩效的流程，例如在团队章程中明确了对团队成员的期望。

（4）团队的技能和能力，以及如何协同这些技能和能力以实现预期的项目成果。

（5）适当的奖励和认可，既激励个人，也激励团队。

（6）各级领导者，包括高级管理层在内，都参与并提供指导和支持。

（7）如图 7.11 所示，核心团队内部的协同和合作至关重要，必要时应扩展到其他职能部门和子团队。

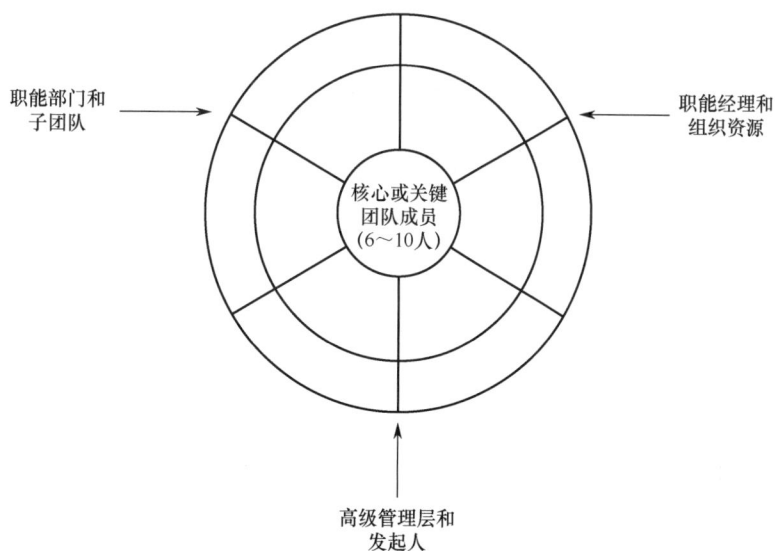

图 7.11　团队沟通网络结构

7.5.3　情商

高情商领导者的情商是低情商领导者的两倍。正如 Goleman（1988）指出，领导者要有技术能力和智商，但对优秀的领导者而言，光有这些能力还不够。情商由自我管理和管理人际关系等要素构成（见图 7.12）。

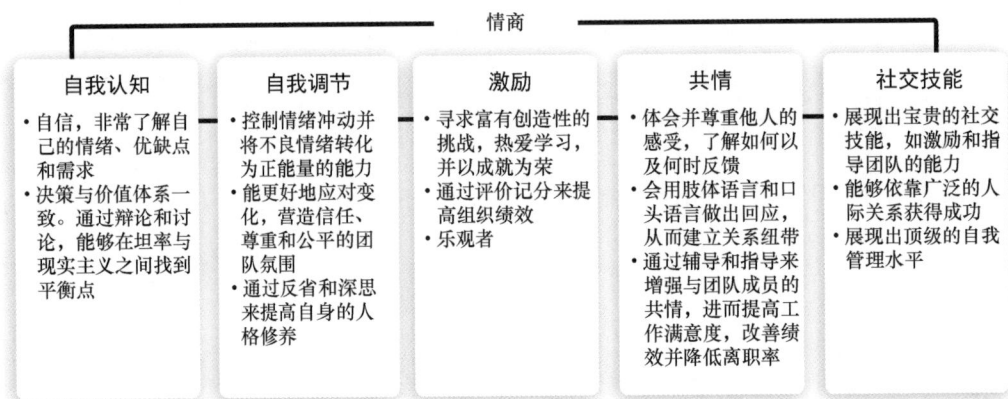

图 7.12　创新领导者的情商要素

自我认知是情商中位列第一的自我管理要素。具备高度自我认知的领导者通常很自信，非常了解自己的情绪、优点、缺点和需求。他们的决策与价值体系保持一致。通过辩论和讨论，能够在坦率与现实主义之间找到平衡点。

自我调节是高情商领导者的另一个特征。自我调节是控制情绪冲动并将不良情绪转化为正能量的能力。有良好自我调节能力的领导者能够更好地应对变化，营造信任、尊重和公平的团队氛围。这样的领导者通过反省和深思来提高自身的人格修养。

激励是情商中另一个自我管理要素。有激励能力的领导者寻求富有创造性的挑战，热爱学习并以成就为荣。具备良好自我激励能力的领导者也会为了提高组织的绩效而持续努力，他们通常都是乐观者。

共情和社交技能是情商的另两个要素，它们建立在自我管理的基础之上，并体现在有效的人际关系中。具有移情能力的领导者体会并尊重他人的感受，理解如何及何时提供反馈。一个能够移情的领导者会用肢体语言和口头语言做出回应，从而建立关系纽带。

创新领导者会通过辅导和指导来增加与团队成员的共情，进而提高工作满意度，改善绩效并降低离职率。

虽然从传统意义上说，社交技能不属于领导力。然而，情商高的领导者展现出宝贵的社交技能，如激励和领导团队的能力。在与各个职能部门、团队成员、供应商、分销商和客户建立融洽关系时，具有高超社交技能的领导者能够依靠广泛的人际交往获得成功。通常，表现出较高自我管理水平的人也擅长社交。

7.6　虚拟团队

至此，介绍了文化、领导力和团队结构，这些理论的基本前提都是团队所处的地理位置很近。换言之，传统的团队理论都是基于集中办公的。在本节中，将探讨虚拟团队（也称为远程或分布式团队）对以上理论的影响。

多年来，美国的远程办公一直呈稳步增长趋势。如图 7.13 所示，即使在 2020 年全球新冠疫情之前，远程办公也在快速增长（Strap，2020）。预计到 2025 年，与疫情前的水平相比，远程办公将增长 417%（Ryan，2023）。

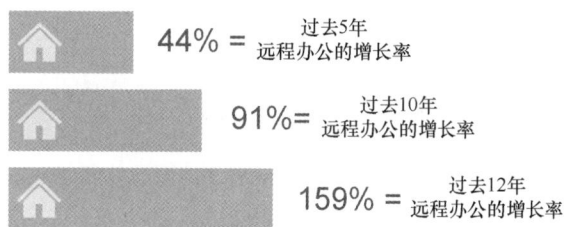

44% = 过去5年远程办公的增长率

91% = 过去10年远程办公的增长率

159% = 过去12年远程办公的增长率

图 7.13　新冠疫情前远程办公的发展趋势（2017）

虽然产品创新团队集中办公是大有裨益的，但是团队同处一室工作往往是不切实际和/或不可行的。正如我们所知，远程办公方式正在兴起，新冠疫情加速了高效在线协作工具的开发，甚至一度被认为是需要面对面工作的产品创新活动，现在也越来越多地以远程或虚拟的方式开展。

关于虚拟团队与集中办公团队的主题文章已经很多了。最重要的是要关注团队领导力的各个方面，这些方面与团队所处的背景有关。简单地说，所有团队都面临着几乎相同的挑战，而在虚拟环境中一些团队尤甚。具体来说，在虚拟团队中，需要更多地关注沟通和团队凝聚力。

虚拟团队的缺点之一是在沟通中会出现文化、种族或语言障碍（Hardenbrook 和 Jurgens-Kowal，2018）。可以通过虚拟团队模式（Virtual Team Model，VTM）中的 5 个要素和 16 个实践活动，来克服虚拟团队所固有的沟通劣势（见图 7.14）。

虚拟团队

启动与组建团队	沟通	会议	知识管理	领导力
1. 招聘合适的人 2. 个人领导力 3. 团队形成阶段 4. 共同目标	5. 使用合适的沟通方法 6. 语言和习俗 7. 鼓励多元化	8. 会议形式 9. 严格的计划 10. 质量标准	11. 系统工程 12. 协作工具 13. 经验教训	14. 任务导向 15. 现场访问 16. 80/20倾听

图 7.14　虚拟团队模式

7.6.1　启动与组建团队

虚拟团队与传统集中办公团队一样，也会经历在第 7.4.2 节中介绍的团队发展阶段。有所不同的是，虚拟团队更重视团队凝聚力和对共同愿景的承诺。如今，大多数领导者都有领导和激励团队的经验，也擅长领导和激励面对面工作的团队。面对面工作的团队需要具备专业能力，成就导向，并拥有共同愿景。最常见的做法是开展团队建设活动，要求团队成员进行现场互动、会面和一起体验。不过，虚拟团队很难采用这些做法。在虚拟团队模式中，团队建设中的启动与组建团队活动略有不同，其主要包括以下四个实践活动。

- **招聘合适的人**：对虚拟团队而言，甄选出认同项目说明书中的愿景和使命的团队成员非常重要。因为这些人通常都是独立工作的，所以招聘合适的人就可以确保他们与战略目标保持一致，其决策也就自然会与项目和组织目标保持一致了。

- **个人领导力**：虚拟团队成员不会每天都与领导者互动，因此团队成员需要通过自我激励来安排和完成项目任务。虚拟团队成员在当地市场作为当地项目代表时，需要其既是通才又是专才。这些团队成员既需要在其专业领域内深入解决问题，也需要具备广博的知识和经验，以便在当地管理项目、产品和品牌。

- **团队形成阶段**：如在第 7.4.2 节中所述，团队通常会历经形成、震荡、规范、成熟和解散阶段。如果缺乏面对面沟通，在震荡和规范阶段，团队就会遭遇困难。对较大型项目或复杂的创新工作而言，召开面对面启动会议可以促进必要的对话，以建立团队成员之间的信任。如果无法召开面对面启动会议，则可以经常性地召开视频会议并开展一些团队建设活动。建立信任是团队形成阶段的重要任务。

- **共同目标**：在同一办公室或实验室工作的团队成员经常会报告其工作进展。然而，分散式团队成员通常在各自的办公地点独立工作。虚拟团队通过聚焦于共同目标而获得成功，而不是依赖集中办公团队中的对话和互动方式。可以用 Slack 等视频和聊天工具替代走廊交谈。在异步沟通模式下，习惯于虚拟工作的人往往有更好的表现。无论是领导面对面团队还是虚拟团队，团队领导者都应抓住每个机会重申共同目标。

7.6.2　沟通

通常来说，面对面交流是信息最为丰富的讨论形式，因为肢体语言、面部表情和手势等占交流信息的 80%。现今有了高质量的视频会议，分散式团队成员可以通过视频会议进行交流，即便如此，和现场面对面交流比起来，视频会议仍然缺失了许多要素。以下五种虚拟团队沟通实践可以提升虚拟团队的沟通效果。

- **视频**：在 2020 年新冠疫情之前，分散式团队几乎完全依赖语音和异步沟通解决方案。疫情导致全球 50%以上的劳动者远程办公。Zoom、谷歌和微软等公司迅速满足了用户需要具备高清视频功能的远程会议工具的需求。如今，将摄像头打开成为线上会议用户的常规操作，非语言交流内容也唾手可得。通过经验分享，与会者的关系更为紧密了。

- **聊天室**：Slack、微软和 Facebook 等公司的沟通工具为走廊交谈提供了一种线上替代方案，这些沟通工具还具备记录日志等额外益处。一些沟通工具，例如 Slack 已经形成了完整的沟通生态系统，深度集成到了流程平台、开发生命周期管理和客户参与解决方案的实践中。

- **电子邮件**：电子邮件是一种事实上的异步沟通工具，无论是技术还是文化都由来已久。电子邮件常用于传达大量信息、差别细微的概念或作为记录正式沟通信息的工具。有些人认为电子邮件不会被淘汰，但它正迅速被其他轻量级沟通工具所取代，如 WhatsApp 和微信。

- **语言和习俗**：虚拟团队常将英语作为首选语言，团队成员的个人技能、语言熟练程度和能力会有所不同。在团队会议中，如果约定的语言不是一些团队成员的母语，那么他们说起话来就会感到别扭。如果团队成员的措辞或语法运用不当，团队领导者应接受该事实并保持耐心。通常。通过聊天方式进行交流可以缓解社交和情感压力，这些压力是由于苦思冥想"正确的词语"或口音问题而引起的。

- **鼓励多元化**：团队内部需要信任才能成功。集中办公团队成员通过展示其教育背景和经验足以获得对其认知能力的信任（Rosenfeld 等，2011）。然而，当创新更具挑战性和面临更多风险时，情感信任则成为衡量成功的一项指标，甚至会超过认知能力。虚拟团队通过建立共同目标和鼓励多元化来建立情感信任。虚拟团队可以通过融入当地文化，例如，参加当地节日或体育赛事，来获得彼此更深的尊重和信任。良好的个人关系会增强信任和团队凝聚力。同时，技术也在不断满足人们的需求。例如，谷歌的日历工具可以帮助用户安排活动，只需点击鼠标，就可将文化、宗教、体育等活动添加到个人或团队日历中。

7.6.3　会议

在许多项目中，会议只用来进行单向沟通，即向项目负责人报告状态。虚拟团队中的会议则是创意、概念和规划未来工作的主要沟通手段，可以通过以下四个实践活动显著提升全球虚拟团队的绩效。

- **会议形式**：为了保持团队成员对会议的兴趣和参与度，要采用不同的会议形式。对于跨越多个时区的团队，应考虑轮换会议时间。该轮换应有计划性，也可以事先设定会议开始时间。例如，针对每周会议开始时间，可以设定每月的第一个星期一为西五区下午 3 点，第二个星期一则是西八区下午 3 点。

- **视频**：在某些时候，大多数虚拟会议参与者都想知道其他参与者是否在关注会议并积极参与讨论和做出决策。会议的目的是确保团队成员积极参与和有效沟通。在虚拟会议期间，要求团队成员启用和常开网络摄像头有几个好处。当使用网络摄像头时，参与者往往会更加关注会议，也更容易判断团队成员是在参与还是在分神。一个适时的提问可以帮助分神的成员回到会议主题上来。此外，研究表明，当要求在新组建的虚拟团队中使用网络摄像头时，就能更快地形成信任、融洽和凝聚力高的氛围（Olson 等，2014）。

- **严格的计划**：在传统集中办公团队中，面对面会议通常是随叫随开的。然而，虚拟团队需要提前对会议形式和议程进行严格规划。大约提前一周发出月度会议议程。每次会议都会讨论项目共同目标，以加强团队凝聚力。将后续行动和责任人纳入会议纪要，并在会议后几天内分发会议纪要。如需要录制视频会议，则要在会议记录中提供会议视频链接。目前可用的大多数协作工具都能提供预设软件容器来形成和存储会议文档，包括会议议程、会议纪要和其他与项目会议相关的事项。

- **质量标准**：由于虚拟团队通常异步开展工作，因此个人的工作质量尤为重要。通常，面对面团队可以通过临时会议或紧密协调的工作进行补位。虚拟团队也可以使用这些工具，但有时实现难度很大。因此，一开始就重视质量，详细说明和搞清工作或可交付成果是虚拟团队持续成功的关键。

如果组织不当，效率不高，虚拟会议就会变得无聊且毫无价值。

以下是一些让虚拟会议开得更有成效的简单技巧：

- 带着计划和要实现的关键目标参加会议。
- 保持会议简短。
- 在说和听之间取得平衡。

- 促进与会者参与。
- 使用视觉辅助工具。
- 腾出时间进行社交。
- 新团队成员加入时，开展虚拟破冰活动。

7.6.4　知识管理

创新工作的一个重要内容是将经验教训传授给运营部门和下一代产品研发团队。知识管理是虚拟团队模式中的要素之一，虚拟团队获取的创新经验、内容和方法都可以成为知识。对知识管理的有效应用可以加速下一代产品的创新。同时通过创建数据库来推动产品组合分析中的产品创新流程。虚拟团队模式中的知识管理有以下三个实践活动。

- **系统工程**：系统工程要求对项目工作进行严格记录，以尽量减少移交中的错误，并确保将客户需求完全纳入设计。系统工程对虚拟团队特别有用，因为版本控制是跨项目工作进行的，所以可以在世界上任何地方完成这些工作。
- **协作工具**：当团队成员之间的相互协作、与客户的协作、与供应商的协作都高效时，创新才会成功。众包是一种与客户沟通时使用的协同方法。云沟通和项目管理工具帮助虚拟团队转移知识和更新项目进展，包括项目范围、进度和预算。软件和协同工具会不断升级。在项目中，有些变更是强制性的。与所有工具和流程一样，变更管理需要得到一致使用和高效执行。
- **经验教训**：敏捷项目团队在每次冲刺结束后都要进行回顾，以改进工作，然后再进行下一次冲刺。该做法不仅在敏捷方法中得到应用，也成了其他方法中的最佳实践。在开展一次简要的经验教训总结或回顾时，要询问团队应该继续做什么，应该停止做什么，应该增加做什么。

7.6.5　领导力

虽然领导力是通用方法，但对管理虚拟团队而言，有必要应用一些独特方法。个人领导力和激励是团队成员必备的技能，也是虚拟团队模式中启动与组建团队的一部分。

领导力包括以下三个实践活动。

- **任务导向**：面对面团队中的领导力包括激励和监督。在集中办公团队环境中进行管理通常是间接的，而且较易建立个人关系。虚拟团队成员通常受到工作本身的挑战，因此更需要自我激励。他们习惯于自主工作，所以领导者在虚拟团队中的角色更多的是工作协调者。绩效测量的重点是任务完成情况、时间、成果及与项目总体目标的一致性。领导者在虚拟团队中的主要职责是确保并强调项目的共同目标和愿景。

- **现场访问**：在某些情况下，现场访问是可行的。但从另一个角度来看，现场访问又是不经济的。例如，虽然大多数团队成员的居所都相距不远，但他们都倾向于在家办公，这种做法在美国越来越普遍。许多初创公司在每个国家只有一名成员，在这种情况下，现场访问的可行性就较低。当然，只要领导者和团队成员能够亲身会面，就会改善人际关系，团队合作的效率和效果也会相应提高。

- **80/20 倾听**：只有当领导者花时间听而不是说时，才最具领导力。尤其对虚拟团队而言，团队成员技术熟练，自我激励，自主工作，需要项目负责人通过深入倾听的方法为团队提供最好的服务。帕累托法则告诉我们，解决 20% 的问题可以获得 80% 的收益，这也是 80/20 倾听的核心。团队领导者需要清楚地了解虚拟团队成员面临的挑战，并尽快提供帮助。领导者可以通过电子邮件、聊天工具或讨论板等方式对团队成员进行指导，从而留出更多时间来积极倾听和解决问题。

7.7　产品创新中的激励

7.7.1　个人和团队绩效指标

在第 1.10 节中，重点介绍了产品创新的组织指标及其在持续改进中的应用。组织指标可为参与产品创新的个人和团队提供基础。在产品创新中，组织指标需要针对能够产生产品创新成功和持续改善的做法进行定制。个人和团队绩效指标不应只关注结果。对失败进行惩罚会抑制冒险行为，但这并不是说应该容忍持续的失败。对个人、团队和组织而言，分析失败的原因并采取补救措施更具价值。在开发新产品和服务时，失败是正常的。在漫长的开发生命周期中，市场和技术也在不断变化。在开发过程中，客户和潜在最终用户的反馈也会引起产品设计的重大变化。因此，试验失败是正常的。产品创新流程（见第 4 章）旨在将公司文化与创新系统方法联系起来，从而降低早期探索成本，同时对试验进行商业论证，从而降低总体财务风险。除了产品创新流程，领导者还应鼓励创新团队为开发承担一定的风险。这意味着不仅容许错误和失误，而且为从错误中学习而设计的试验也成为整个创新流程中的一部分。

作为绩效评估的一部分，明确的团队和个人指标对于打造和维护积极的文化而言至关重要。

团队指标包括：

- 财务贡献。
- 按时完成项目里程碑。
- 项目预算。

- 团队内部沟通。
- 团队外部沟通。
- 个人对团队绩效的反馈。

个人指标包括：

- 参加团队会议的百分比。
- 与其他团队成员的沟通。
- 管理者、团队成员和其他利益相关方对个人绩效的 360 度反馈。

- 在预算内按时完成任务。
- 对团队氛围和文化的贡献。

7.7.2   创新激励措施

激励措施用于激励员工提高绩效和生产力。典型的按绩效取酬制度倾向于考核短期财务结果，采取了一些对失败的惩罚措施，如降薪或解雇。有研究表明，按绩效取酬制度可以提高日常工作的生产力。也有研究表明，需要采用不同的激励制度（Manso，2017）来针对开放式或有创造性的任务。因此，要鼓励员工探索和挖掘新颖独特的机会，容忍甚至拥抱早期失败。与此对应，应选用对团队或个人有效的激励措施。

对团队的激励措施包括：

- 奖金。
- 外出庆祝聚会、晚餐。
- 荣誉委员会表彰。
- 高绩效团队奖等。

对团队成员的激励措施包括：

- 奖金。
- 股票期权。
- 升职。
- 航班升舱。
- 家庭晚餐。
- 带薪假期等。

7.8　本章小结

- 虽然战略和流程和对产品创新而言至关重要，但仅凭这些并不能实现组织的持续成功。人是组织成功的终极要素。文化和氛围为积极和成功地实施战略与流程提供了基础。
- 每个组织都有自己独特的文化。以下是大多数成功组织创新文化的关键因素：
  - 清晰的目标和方向，并在整个组织内进行沟通、理解和分享。
  - 鼓励和容忍试验。
  - 创新团队的绩效指标与战略目标相关，度量团队绩效比度量个人绩效更重要。
  - 是否符合组织的创新文化被纳入招聘标准。
  - 鼓励建设性冲突和思想辩论。
  - 在设计创新激励制度时，激励要体现团队、个人、专业和成就。
  - 通过持续培训来打造和支持创新流程中的团队和领导力。
- 跨职能团队是产品开发的最有效模式。要根据项目的不同范围、规模和复杂度选择不同的团队结构，包括：
  - 职能型团队。
  - 轻量型团队。

- 重量型团队。

- 自治型团队。

- 团队的成长和发展要经历不同的阶段。了解不同的工作方式并尊重每个人喜欢的工作方式可以提高团队沟通的有效性。工作风格评估用于启动会议和整个创新项目工作中，用于建立团队沟通的共同语言。

- 典型的创新项目生命周期包括创意生成、概念批准、新产品开发规划和实施等阶段。不同的团队成员的优点和能力将在生命周期各阶段得到加强。当团队缺乏适合创新生命周期特定阶段的特定技能时，其他团队成员必须把自己喜欢的工作风格放到一边，来弥补团队缺失的技能以便完成项目工作。

- 由于新产品的技术或营销方法有所不同，以及会在范围、进度和预算等方面面临挑战，因此在所有项目中都会发生冲突。健康的冲突有利于产生新创意和解决问题。托马斯−基尔曼模型根据合作和自信程度提供了五种冲突管理方法。应根据具体情况选择理想的冲突管理解决方案，尤其要考虑由不同原因导致的冲突所产生的决策风险。

- 领导者、团队成员应与团队内部、外部利益相关方，包括职能部门（如法律、物流等）及为项目提供资金的客户和高级管理者进行沟通。在任何情况下，核心团队都应该提供关于产品创新项目的一致信息。

- 优秀的领导者情商较高，情商包括自我认知、自我调节、激励、移情和社交技能等要素。

- 当今，许多组织采用虚拟或分散式团队开展创新工作。虚拟团队的优点包括能够获得技能娴熟的团队成员、不同的文化视角及对当地市场的洞察。

- 虚拟团队模式通过 5 个要素和 16 个实践活动来克服沟通中的固有障碍。这 5 个要素为：

  - 启动与组建团队。

  - 沟通。

  - 会议。

  - 知识管理。

■ 领导力。

- 个人和团队绩效指标以及适当的认可和奖励对高绩效团队的发展和保持而言至关重要。

本章试题

1. 制定正确的团队规则以确保实现高绩效工作是管理角色中的哪项？

    A. 团队激励　　　　B. 团队发展　　　　C. 项目管理　　　　D. 领导力

2. 负责建立产品创新流程，确保质量和一致性，并在应用流程中进行持续培训是谁的职责？

    A. 流程经理　　　　B. 流程倡导者　　　　C. 流程负责人　　　　D. 流程开发者

3. 你被一家老牌公司聘为产品创新顾问，该公司的产品创新计划面临挑战。在考察整个公司的工作实践时，你注意到公司强调个人单独工作，很少在工作内、外进行社交活动，对员工绩效的认可不足，失败会受到批评。你会建议将以下哪个具体领域作为公司改进产品创新的首要重点？

    A. 将更好的工具应用到产品创新的各个方面

    B. 改进产品创新流程，供全体员工使用

    C. 建立创新文化

    D. 鼓励高级管理者更多地参与产品创新

4. 员工直接或间接地认为对其行为有重大影响的工作环境特征，是指以下哪项？

    A. 文化　　　　B. 环境　　　　C. 氛围　　　　D. 组织结构

5. 通过持续监控和调整营销组合的要素，确保产品（或产品线）或服务满足客户需求，通常是谁的工作？

A. 产品经理   B. 项目经理   C. 总经理   D. 营销经理

6. 以下哪项是对团队的准确描述？

A. 定期见面的一群人

B. 喜欢做同样事情的人

C. 一群有共同目标并且互相负责的人

D. 被指派去完成一项具体任务的一群人

7. 塔克曼定义了团队发展的五个阶段，其中的形成阶段包括____。

A. 决定团队方向   B. 团队成员聚在一起并互相了解

C. 任命团队领导者   D. 解决团队成员之间的分歧

8. 职能型团队最适合哪种类型的项目？

A. 高度复杂并需要高效的跨学科协作项目

B. 对公司来说是全新的产品开发项目

C. 需要团队成员全力以赴的项目

D. 相对简单的产品线延伸或改进项目

9. 在专业环境中，哪种类型的评估有助于团队在项目工作期间加强沟通？

A. 个性评估，如迈尔斯–布里格斯类型指标

B. 工作风格评估，如 DISC

C. 用于制定项目预算的职能资源评估

D. 项目组合管理评估

10. 一家公司已决定启动一个高风险项目，该项目的重点是在公司传统经营范围之外开发一种新产品。什么样的团队结构最适合这类项目？

A. 自治型团队   B. 轻量型团队   C. 职能型团队   D. 重量型团队

本章试题参考答案

1. B　　2. B　　3. C　　4. C　　5. A

6. C　　7. B　　8. D　　9. B　　10. A

本章参考文献

- Booz & Company. (2011). *The global innovation 1000: Why culture is key.*
- Christensen, C.M. and Raynor, M.E. (2003). *The innovator's solution: Creating and sustaining successful growth.* Harvard Business School Press.
- Denning, S. (2015). *Why U.S. firms are dying: Failure to innovate.* Forbes.
- Gallup. (2023). *The 34 Clifton strengths themes explain your talent DNA.*
- Goleman, D. (1998). *Working with emotional intelligence.* Bloomsbury.
- Griffin, A., Price, R., and Vojak, B. (2012). *Serial innovators: How individuals create and deliver breakthrough innovations in mature firms.* Stanford Business Books.
- Hardenbrook, D. and Jurgens-Kowal, T. (2018). Bridging communication gaps in virtual teams. In: *Leveraging constraints for innovation*, vol. 3 (ed. S. Gurtner, J. Spanjol, and A. Griffin), 95–117.
- Harter, J. (2022). *U.S. employee engagement slump continues.*
- Horowitz, B. (2019). *What you do is who you are: How to create your business culture.* HarperCollins.
- Katzenbach, J.R. and Smith, D.K. (1993). The discipline of teams. *Harvard Business Review 71* (2): 111–120.
- Kerzner, H.R. (2013). *Project management: A systems approach to planning, scheduling, and controlling*, 11e. Wiley.
- Kilmann, R.H. and Thomas, K.W. (1978). Four perspectives on conflict management: An attributional framework for organizing descriptive and normative theory. *The Academy of Management Review 3* (1): 59–68.
- Lorenzo, R. and Reeves, M. (2018). *How and where diversity drives financial performance.* Harvard Business Review.
- Manso, G. (2017). Creating incentives for innovation. *California Management Review 60* (1):

18–32.

- Markham, S.K. and Lee, H. (2013). Product development and management association's 2012 comparative performance assessment study. *Journal of Product Innovation Management 30* (3): 408–429.

- Olson, J.D., Appunn, F.D., McAllister, C.A. et al. (2014). Webcams and virtual teams: An impact model. *Team Performance Management 20* (3/4): 148–177.

- Peart, N. (2020). *Meet the best company workplace culture awards 2020.*

- Rosenfeld, R.B., Wilhelmi, G.J., and Harrison, A. (2011). *The invisible element.* Idea Connection Systems.

- Ryan, R. (2023). *Here's what's happening to remote work in 2023.*

- Scullard, M. and Baum, D. (2015). *Everything DiSC manual.* Wiley.

- Tuckman, B.W. (2001). Developmental sequence in small groups (reprint). *Group Facilitation: A Research and Applications Journal 3*: 66–81.

- Wheelwright, S.C. and Clark, K.B. (1992). Revolutionizing product development: Quantum leaps in speed, efficiency, and quality.

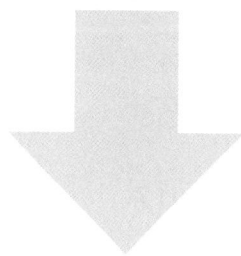

附录 A

知识体系指南实战案例

A.1　案例 1

全球乳制品公司（虚构名称）。

A.1.1　目的

本案例描述了一家大型跨国食品公司的经营目标是如何为产品创新战略和研发资源配置提供方向的，展示出了创新战略与公司之间建立关联的重要性。

A.1.2　公司战略

公司战略对产品创新的作用是，为产品创新组合制定、项目优先级排序以及各个项目的管理提供背景、目标和方向。

A.1.3　公司背景

全球乳制品公司是一家跨国乳制品生产和营销公司，拥有众多的产品组合，涵盖大众商品、原料和消费品三大品类，分布在 120 个国家。该公司有如下特点：

- 拥有的乳制品研发能力在世界上首屈一指，拥有实力雄厚的研究、开发和试验工厂设施。
- 与全球 100 多家研究机构建立了联系。
- 年研发投入超过 1 亿美元。
- 拥有稳定的客户群，以及多家大型婴儿配方奶粉和运动食品制造工厂。

A.1.4　挑战

全球乳制品公司认识到，需要一个更清晰的愿景和战略以夯实其未来增长的基础。公司认为其研发投资回报未能最大化。因为仅有公司整体的方向和目标，而缺乏更为清晰的聚焦点，导致大量资源和投入被用于与公司当前或未来经营目标没有明显关联的项目。

A.1.5　方法

由来自全球的营销、研发、制造和财务等部门的代表组建一个跨职能团队，目标是"为研发定义需要聚焦的关键业务领域，并为研发资源配置和投入提供标准"。

A.1.6　流程

（1）定义关键主题（战略性聚焦点），这些关键主题是公司下一步生存和增长的基础。

首先识别出了 7 个关键战略主题（见图 **A**.1）：

i. 大众商品的最低成本供应商。

ii. 领先的价格和库存管理者。

iii. 乳制品原料合作伙伴关系开发者。

iv. 专业的乳制品配方创新者。

v. 领先的营养牛奶营销商。

vi. 领先的乳制品食品服务营销商。

vii. 整合的区域战略。

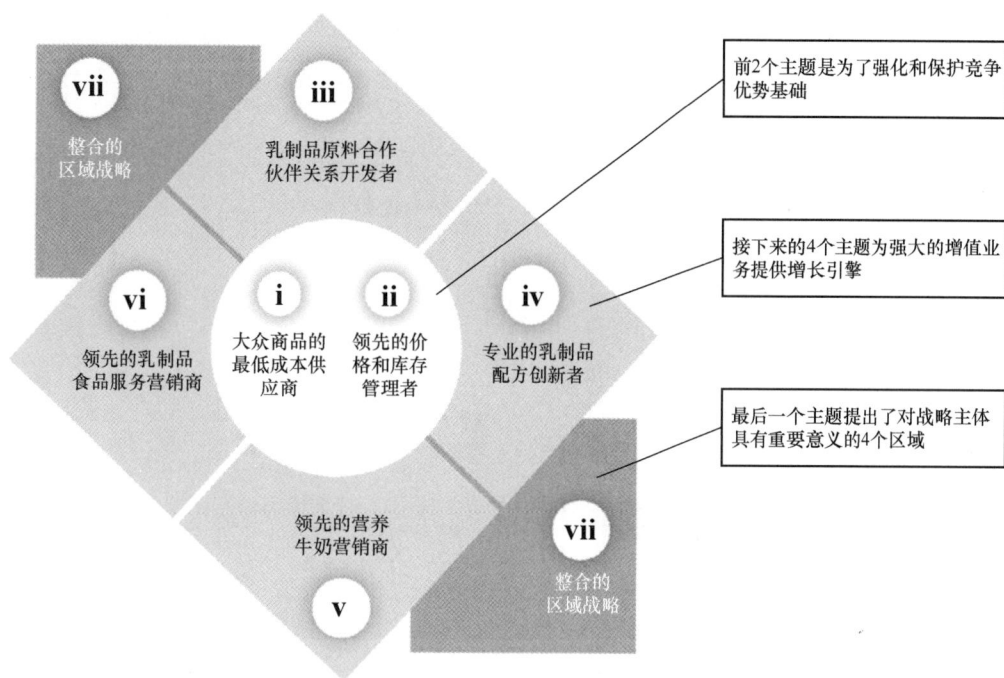

图 A.1　7 个关键战略主题

主题 i 和 ii：目标是保护公司当前的两个竞争优势——维持公司作为大众商品低成本供应商的领先地位，并通过对全球库存的控制为保持强有力的定价权打下基础。

主题 iii、iv、v 和 vi：目标是为具有较高利润率的产品和服务增值业务提供"增长引擎"。

主题 vii：目标是加强公司跨区域合作和整合，通过战略措施优化能力。

（2）从 7 个战略主题中识别出最有助于公司通过研发投资获得增长的主题——研发资金和资源的聚焦点

识别出 4 个高优先级战略主题，能通过研发投资获得巨大增长潜力。针对每个主题提出的具体倡议如下：

i. 乳制品原料合作伙伴关系开发者

全球乳制品公司已经成功与多个全球知名品牌建立了坚实的合作伙伴网络（见图 A.2）。推动未来持续增长的关键在于深入挖掘并利用好这些合作关系的潜力，同时积极构建聚焦研发与产品创新的新型合作伙伴关系。针对本主题的具体行动包括：

- 通过定期的人员和信息交流，改善与所有主要合作伙伴的沟通。

- 识别出关键领先客户并与他们密切合作，根据他们的特定需求开发新产品。具体地说，就是与重点客户建立更紧密关系，理解他们的需求，并与他们合作以满足他们的需求，这需要全球乳制品研发部门与合作伙伴公司在彼此的办公室一起工作。

- 改进知识产权实践，确保通过直接产品销售、许可或知识产权出售等方式获得产品创新的最大回报。

图 A.2　全球合作伙伴网络

ii. 专业的乳制品配方创新者

多年来，全球乳制品公司始终致力于对"牛奶微量成分"（乳生物活性物质）相关的分离技术、制造工艺及其应用进行研究，其中许多成分的市场价值远高于传统乳制品。然而，公司仍面临着专业能力不足的挑战。针对本主题的具体行动包括（见图 A.3）：

- 识别出哪些核心能力在公司内部构建、哪些能力适合外包——无论是外包给个人还是外包给合作伙伴。

- 与在生物医学研究和临床测试方面具有世界领先专业能力的知名大学建立合资企业。该合资企业专注于乳生物活性物质的发现，进而获得知识产权价值。

- 聚焦于能够形成平台的生物活性成分，实现对横跨多种原料和终端消费品的支撑。

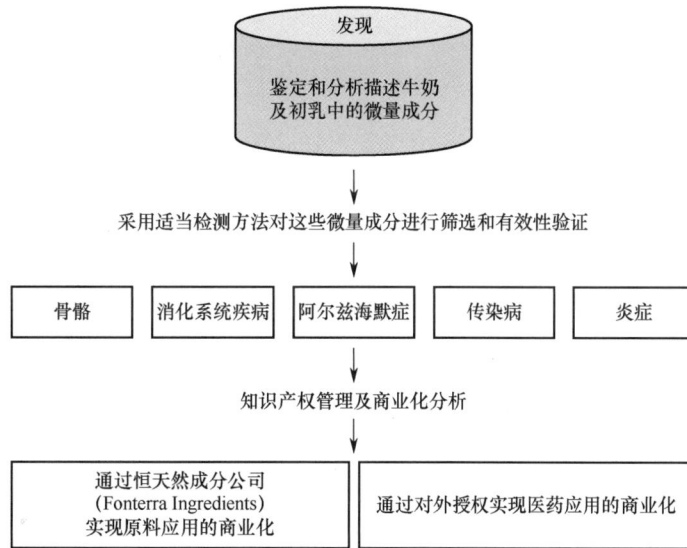

图 A.3　牛奶成分创新

iii. 领先的消费者乳品营销商

全球乳制品公司拥有超过 118 种在售产品，主要集中于亚洲地区。尽管有一定优势，但全球乳制品公司的品牌在其他两家主要国际乳制品消费公司之后，排名第三。针对本主题的具体行动包括：

- 现有产品的振兴、产品线延伸、新产品开发。
- 确保在生物活性研究项目上工作的科学家之间建立亲密无间的协作关系，促进知识交流，加速基于生物活性的新产品的商业化进程。

iv. 领先的乳制品食品服务营销商

全球乳制品公司在其成熟的奶酪技术平台基础上，建立起了强大的食品服务业务。针对本主题的具体行动包括：

- 构建并维护与现有客户的良好声誉。
- 将食品服务延伸到其他产品品类。
- 利用生物活性研究项目和"平台成分"，为食品服务客户提供增值。

A.1.7　结果

在上述流程启动之后的两年内，取得了以下成果：

- 该流程的一个显著的成果是，形成了一个跨职能团队并持续产生影响。公司各职能部门之间的协作得到加强，促进了公司在产品创新和其他公司举措方面的紧密合作。
- 研发中心举办了年度产品创新展，与世界各地的营销同事分享正在进行的研究以及正在开发的新产品。这反过来又促进了研发和营销部门之间更大的合作，以及对彼此角色更好的理解。
- 生物活性研究计划获得了更多的资金支持，清晰定义的研发项目组合构建了一个应用平台，涵盖了目标范围的消费品和原料产品。

- 与全球 100 多个机构建立起了多个层级的研发伙伴关系。
- 成立了小型跨职能团队，专注于服务关键客户——与主要客户密切合作，开发符合客户需求的新产品。
- 来自高附加值消费品和原料产品的回报在不断提升，叠加以对未来显著增长的前瞻性预测，使得研发资金增加了 20%。

案例问题

1. 公司为产品创新提供方向采取的基础性的第一步是什么？
2. 全球乳制品公司确定的 7 个战略主题的重要特征是什么？
3. 你将全球乳制品公司的战略描述为业务战略还是公司战略？
4. 根据波特框架，你如何定义全球乳制品公司的战略？
5. 你认为基于公司战略，产品创新的关键领域是什么？

案例问题参考答案

1. 公司为产品创新提供方向采取的基础性第一步是什么？

第一步是确定公司未来增长需要关注的关键业务领域。尽管案例研究中没有明确说明，但全球乳制品公司已经采取了以下措施：

- 对公司当前业务（包括产品和市场）进行了广泛的研究。
- 对未来趋势和增长机会进行了市场调研。
- 对当前能力进行了分析：内部能力和外部能力、技术能力和营销能力。
- 在一个最小化风险的平衡的业务组合中，找出了增长目标。

2. 全球乳制品公司确定的 7 个战略主题的重要特征是什么？

- 它们基于当前的业务运营和能力。
- 它们是一个平衡的业务组合——有些相当传统但风险较低，其他一些则依赖具有重大风险的高水平研究。

3. 你将全球乳制品公司的战略描述为业务战略还是公司战略？

根据全球乳制品公司战略主题的范围和描述，它更像公司战略，而不是业务战略。事实上，它可以被描述为多个相互关联的业务战略的综合体。例如，"牛奶成分创新者"这一主题的研究潜力为食品服务或消费品提供了发展机遇。事实上，这肯定会为平台战略提供基础。

4. 根据波特框架，你如何定义全球乳制品公司的战略？

- 大众商品的最低成本供应商——成本领先。
- 领先的价格和库存管理者——成本领先。

- 乳制品原料合作伙伴关系开发者——市场细分。

- 专业的乳制品配方创新者——差异化。

- 领先的营养牛奶营销商——潜在的市场细分或差异化。

- 领先的乳制品食品服务营销商——市场细分。

- 整合的区域战略——成本领先。

总体上，我们从这个案例可以看出，公司不必专注于某一具体类型的战略。不同类型的战略可以用于不同的业务或产品。

5. 你认为基于公司战略，产品创新的关键领域是什么？

公司确定的一些关键领域包括：

- 更贴近我们的客户。

- 提高我们研发工作的优先级和导向性。

- 加强研发、制造和营销之间的整合。

- 更好地获取外部知识产权。

- 更高效地从我们的内部知识产权中获取价值。

- 开发和利用科学技术平台，例如，从牛奶和奶酪技术中提取生物活性物质。

A.2　案例 2

LeanMed——一家医疗科技初创公司

A.2.1　目的

本案例描述了 LeanMed 这家医疗科技初创公司是如何将精益创业原则运用到创新流程中的，展示出了在创新战略与创新流程中采用结构化方法的重要性，这对于初创企业尤为重要。本案例研究得到了 LeanMed 创始人 Mark Adkins 先生的授权。

A.2.2　公司背景

LeanMed 是一家成立于 2018 年的医疗科技公司。该公司致力于将基本医疗服务通过创新的方法带给全球那些医疗服务不足的地区。

A.2.3　精益创业方法论

本案例重点介绍如何运用基于以下要素的精益创业方法论：

（1）创业三阶段流程。

（2）商业模式画布。

（3）开发–测量–学习循环。

（4）最小可行产品。

在创立公司和确定其首款产品时，LeanMed 遵循了图 **A.4** 所示的创业三阶段流程。

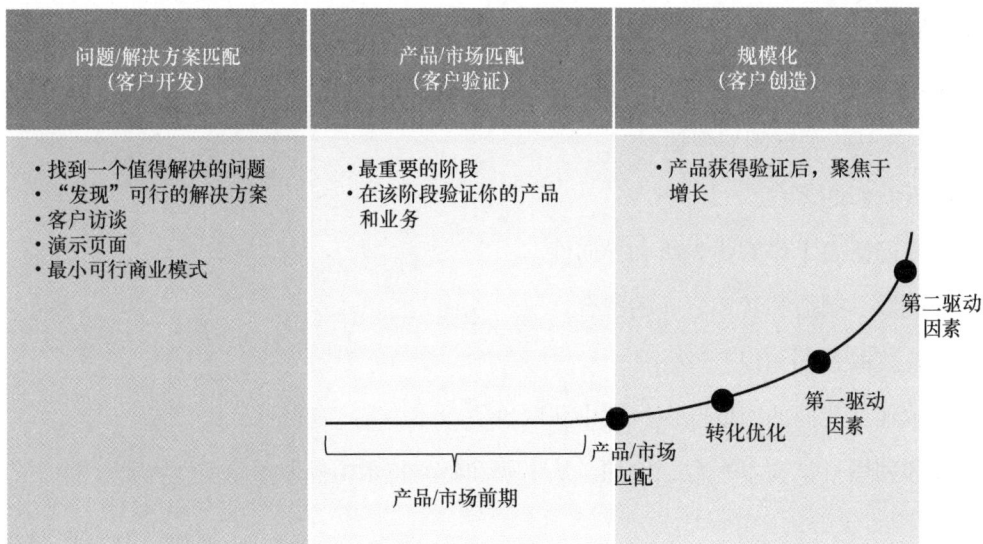

问题/解决方案匹配（客户开发）	产品/市场匹配（客户验证）	规模化（客户创造）
• 找到一个值得解决的问题 • "发现"可行的解决方案 • 客户访谈 • 演示页面 • 最小可行商业模式	• 最重要的阶段 • 在该阶段验证你的产品和业务	• 产品获得验证后，聚焦于增长

图 A.4　LeanMed 的创业三阶段流程

A.2.4　应用创业三阶段流程

（1）问题识别：找到一个值得解决的问题并发现可行的解决方案。

小儿肺炎是全球儿童死亡的头号杀手，导致每年平均 80 万人死亡。其中 99%的死亡发生在发展中国家。

治疗儿童肺炎离不开氧气。但在发展中国家，氧气供应短缺。基础设施落后、环境恶劣、资金匮乏等多重因素使得这些国家在获取挽救生命的氧气方面遇到重重困难。

LeanMed 的解决方案：LeanMed 的第一款产品是氧立方，如图 A.5 所示，它为缺乏电网电力的农村医院和健康诊所的 12 亿名患者提供重要的医用氧气。

（2）产品与市场匹配：验证产品能解决该问题并匹配市场需求。

LeanMed 在概念孵化、原型构建及初步市场调研的早期阶段，积极参与了一系列设计与开发竞赛，如图 A.6 所示。竞赛中取得的佳绩，加上早期市场调研的正向反馈，使团队有信心进一步开发最小可行产品。

发现症状　　　交通　　　诊断　　　转运　　　医疗护理

开始使用氧气

氧立方

医院使用氧气瓶
作为备用

乡村
一旦发现有症状，患者通常是从
家里步行去乡村卫生中心

乡村卫生中心
患者得到诊断，立即开始吸氧。如果
需要进一步治疗，将安排转运

住院中心
患者在吸氧的同时
抵达医院

空氧气瓶随常规供应品
送回乡村卫生中心

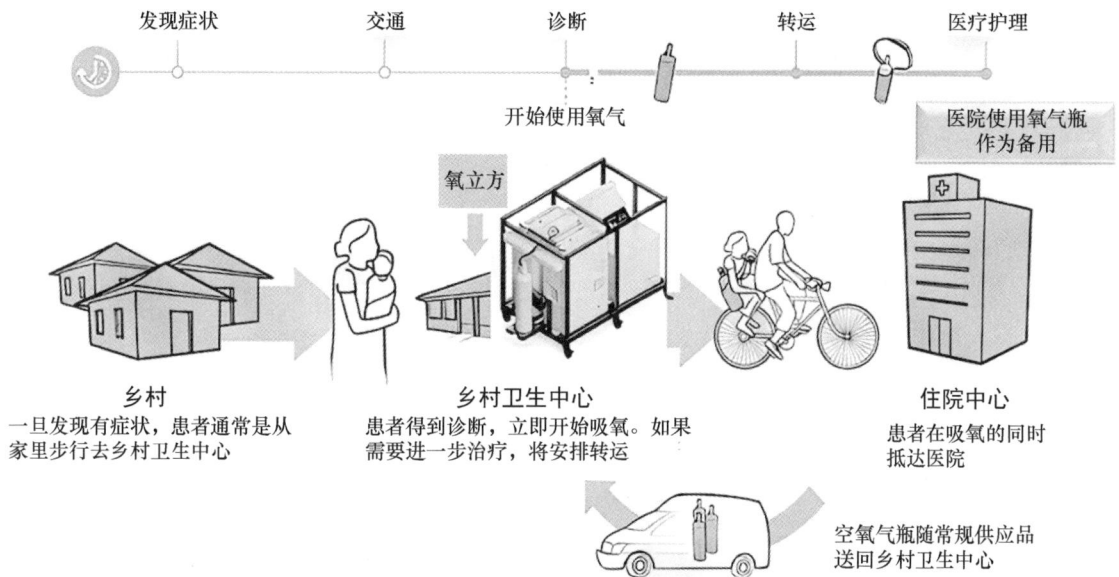

图 A.5　LeanMed 的解决方案

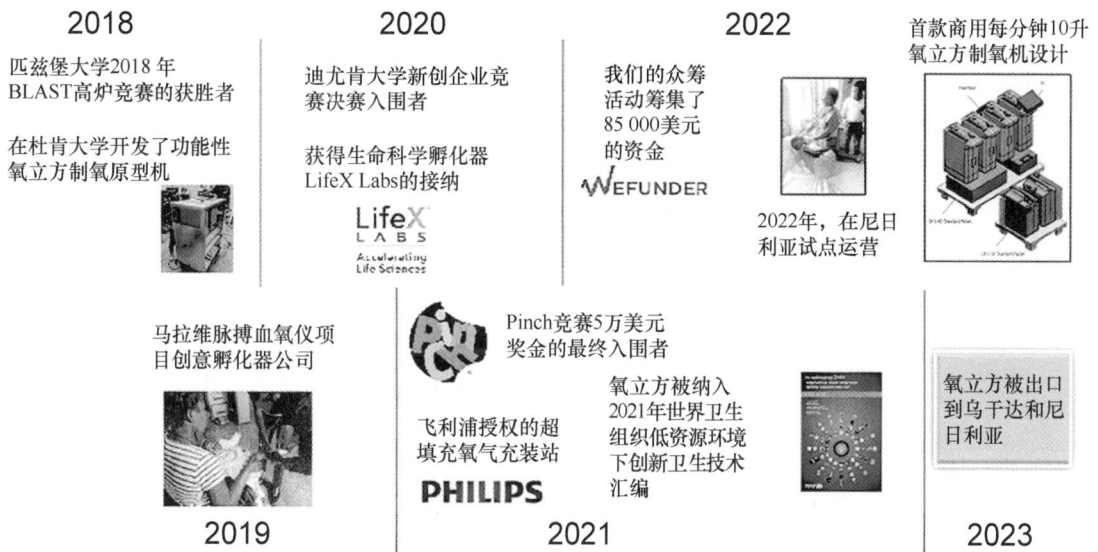

2018

匹兹堡大学2018 年
BLAST高炉竞赛的获胜者

在杜肯大学开发了功能性
氧立方制氧原型机

马拉维脉搏血氧仪项
目创意孵化器公司

2019

2020

迪尤肯大学新创企业竞
赛决赛入围者

获得生命科学孵化器
LifeX Labs的接纳

LifeX
LABS
Accelerating
Life Sciences

Pinch竞赛5万美元
奖金的最终入围者

氧立方被纳入
2021年世界卫
生组织低资源环
境下创新卫生技
术汇编

飞利浦授权的超
填充氧气充装站

PHILIPS

2021

2022

我们的众筹
活动筹集了
85 000美元
的资金

WEFUNDER

2022年，在尼日
利亚试点运营

首款商用每分钟10升
氧立方制氧机设计

氧立方被出口
到乌干达和尼
日利亚

2023

图 A.6　产品/市场匹配的验证过程

商业模式画布：LeanMed 的商业模式画布如图 A.7 所示。商业模式画布的目的是，在商业成功
九个关键因素之间构建协同性。

关键合作伙伴	关键活动	价值主张	客户关系	客户细分
飞利浦公司，Colab、联合国儿童基金会、世界卫生组织以及盖茨基金会等NGO组织	执行CoLab项目 招募医疗设备分销商 筹集资金	可靠的生产使人们能够获得负担得起的医用氧气 为数据运营提供基于云的数据收集服务	O₂aaS——氧气服务提供商（值得信任的技术提供商） 农村医院/MoH'S——被视为值得信任的技术提供商	O₂aaS——氧气服务提供商 电网电力不稳定的农村医院
	关键资源 发明家（Daedalus）与CMC（设计、建造与测试）		**渠道** 医疗设备分销商 O₂aaS——氧气服务提供商	
成本结构 产品利润率50%，轻资产业务结构			**收入来源** O₂ Cube氧气供应设备的销售收入｜基于云的数据收集服务收入	

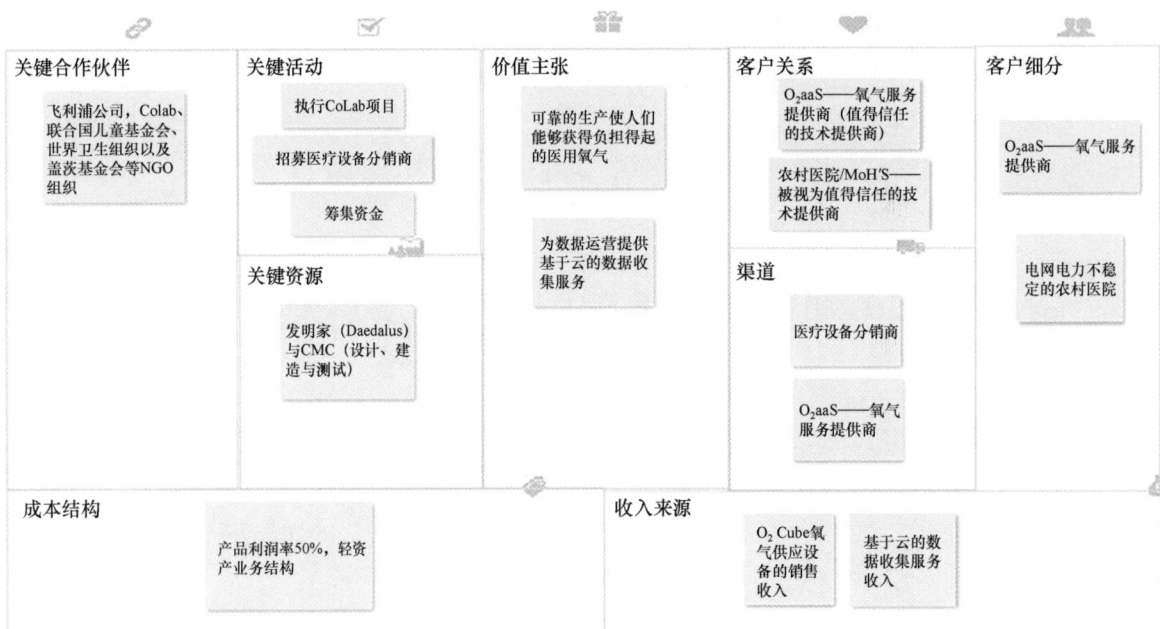

图 A.7　LeanMed 的商业模式画布

关键假设和风险如图 A.8 和图 A.9 所示。

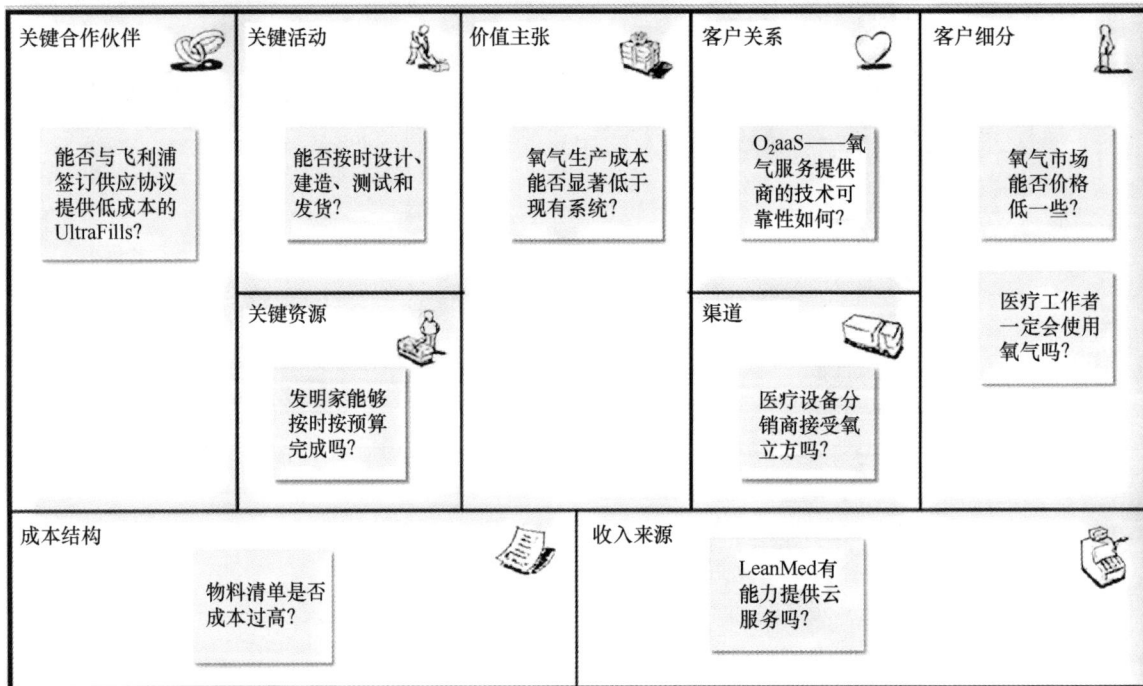

关键合作伙伴	关键活动	价值主张	客户关系	客户细分
能否与飞利浦签订供应协议提供低成本的UltraFills?	能否按时设计、建造、测试和发货?	氧气生产成本能否显著低于现有系统?	O₂aaS——氧气服务提供商的技术可靠性如何?	氧气市场能否价格低一些? 医疗工作者一定会使用氧气吗?
	关键资源 发明家能够按时按预算完成吗?		**渠道** 医疗设备分销商接受氧立方吗?	
成本结构 物料清单是否成本过高?			**收入来源** LeanMed有能力提供云服务吗?	

图 A.8　LeanMed 的关键假设

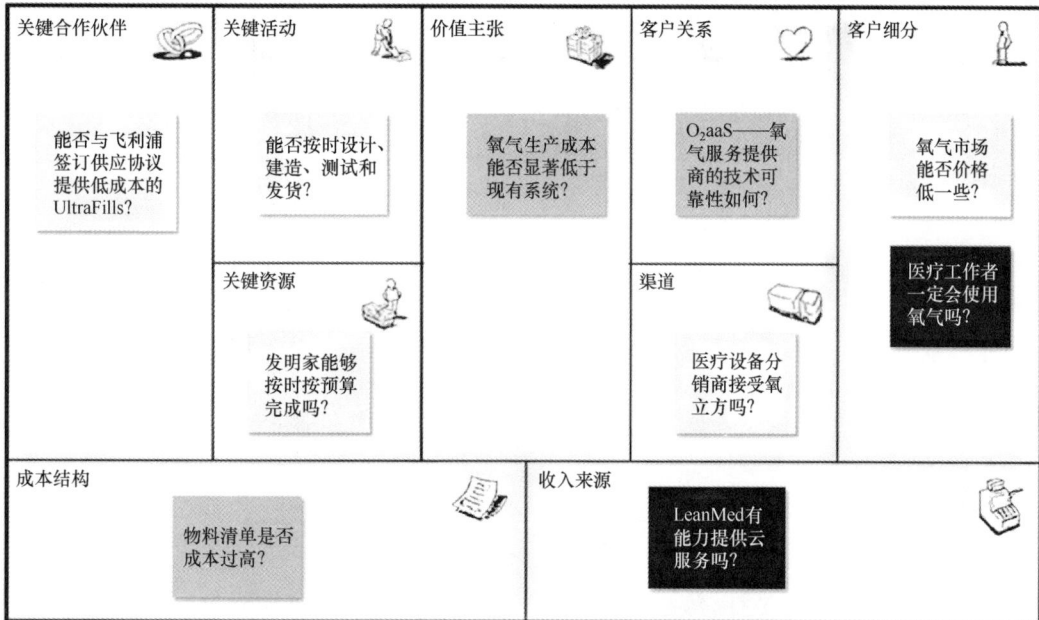

图 A.9　识别并确定风险优先级

最小可行产品：快速通道。最小可行产品是指特性刚好够用、对早期客户有价值的产品版本，这些客户能为未来产品开发提供反馈。

运用最小可行产品。公司启动了一个试点项目，以更好地理解氧气输送的机制，并通过在多个地点实施满足不同需求的产品，来了解氧立方的多功能性。"快速通道氧立方"就是氧立方的最小可行性产品，它集成了来自飞利浦、Goal Zero 及 Masimo 等各种组织捐赠的已经得到 FDA 批准的组件。

该 MVP 在尼日利亚奥贡的一个 26 床儿科病房内进行了测试。获得的反馈有助于了解产品还需要哪些改进，如何提升产品可用性及市场接纳度，如图 A.10 所示。

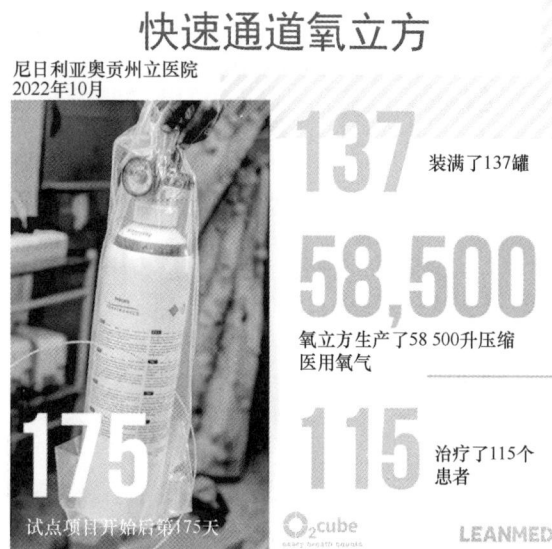

图 A.10　MVP 市场测试结果

（3）规模化以实现商业化和未来业务增长。LeanMed 的商业化和增长战略如图 A.11 所示。

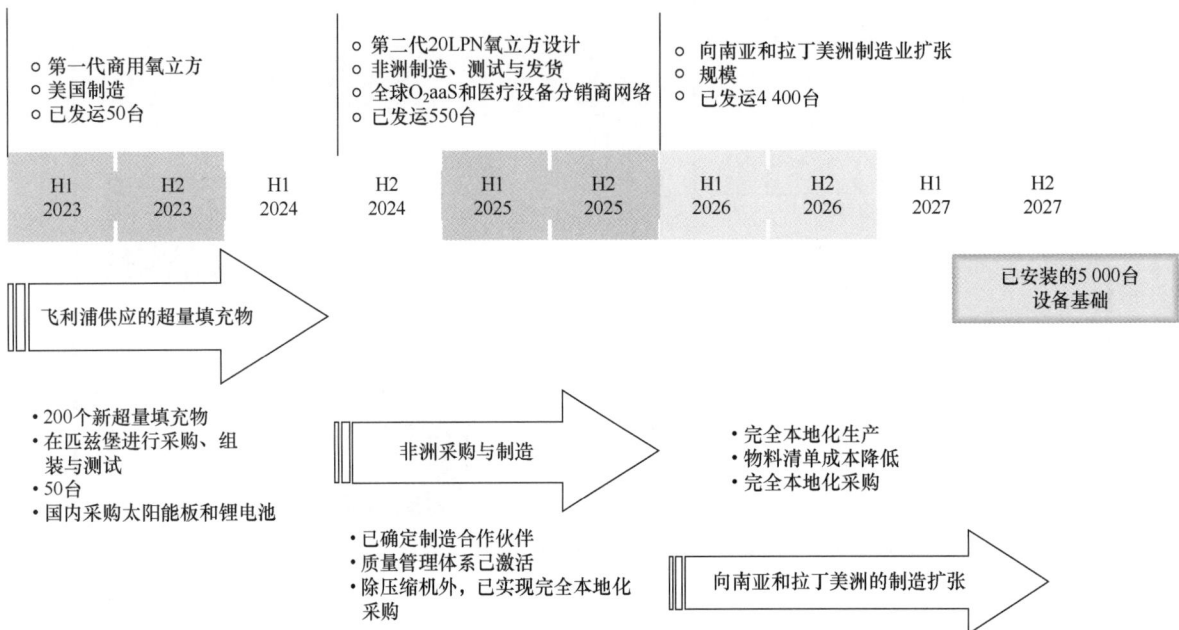

○ 第一代商用氧立方
■ 美国制造
□ 已发运50台

○ 第二代20LPN氧立方设计
■ 非洲制造、测试与发货
■ 全球O$_2$aaS和医疗设备分销商网络
□ 已发运550台

○ 向南亚和拉丁美洲制造业扩张
○ 规模
□ 已发运4 400台

H1 2023	H2 2023	H1 2024	H2 2024	H1 2025	H2 2025	H1 2026	H2 2026	H1 2027	H2 2027

已安装的5 000台
设备基础

飞利浦供应的超量填充物

· 200个新超量填充物
· 在匹兹堡进行采购、组装与测试
· 50台
· 国内采购太阳能板和锂电池

非洲采购与制造

· 完全本地化生产
· 物料清单成本降低
· 完全本地化采购

· 已确定制造合作伙伴
· 质量管理体系已激活
· 除压缩机外，已实现完全本地化采购

向南亚和拉丁美洲的制造扩张

图 A.11　LeanMed 的业务增长计划

案例问题

1. LeanMed 使用的精益创业方法论中，有哪些关键要素？

2. 商业模式画布的基本组成部分是什么？

3. 商业模式画布在战略规划中的作用是什么？

4. 有哪些方法来验证产品概念以进行进一步开发？

5. 为什么产品概念验证如此重要？

6. 什么是最小可行产品？为什么它是产品创新流程的重要组成部分？

案例问题参考答案

1. LeanMed 使用的精益创业方法论中的关键要素是：

　　a. 问题/解决方案匹配（客户开发）。

　　b. 产品/市场匹配（客户验证）。

　　c. 规模化（客户创造）。

2. 商业模式画布的基本组成部分是：

　　a. 关键合作伙伴。

b. 关键活动。

c. 价值主张。

d. 客户关系。

e. 客户细分。

f. 关键资源。

g. 渠道。

h. 成本结构。

i. 收入来源。

3. 商业模式画布为战略规划提供了一个清晰的结构和需要解决的具体问题。它也是一个极好的沟通和讨论工具。

4. 验证产品概念以进行进一步开发的方法有：

a. 目标市场的利益相关方调研，包括最终用户，以及分销渠道中的特定利益相关方，例如，医疗从业者或分销商。

b. 产品和/或市场专家，例如商业化合作伙伴或学者。

c. 对原型进行市场测试，例如，特性刚好够用的最小可行产品版本，可以让最终用户和其他利益相关方很好地理解最终产品可能提供的内容。

5. 我们在整个知识体系中一直强调，随着产品创新的推进，成本和风险会显著增加。继续下一步开发的决策要基于可靠的信息，这十分重要。使用清晰的概念描述或开发完善的原型来验证产品概念，可以为修改产品或"终止"项目提供关键的决策信息。

6. 最小可行产品是最终产品的原型，其功能和特性有助于用户评估最终产品的性能。

A.3　案例 3

Stingray（黄貂鱼）消防员通信设备

本案例由新西兰梅西大学工程学院和高等技术学院的学生杰西卡·布拉登–帕森斯、埃罗尔·克里斯托尔、阿夫南·凯德和雅各布·帕特里克编写。

A.3.1　目的

这是一个关于名为"Stingray"的产品概念和设计规格的产品开发案例。该产品的目的是解决急救人员（特别是消防员）当前面临的一系列问题。该产品包括一个耳机（或可与消防员耳机配合使用的蓝牙接收器）和一个无线接收器，该无线接收器可以夹在制服上，以便调整位置和使用。

A.3.2　核心产品

"Stingray"产品使消防员能够与其他急救人员实现清晰、便捷且可靠的远距离通信。这种通信将是安全、可靠且保密的。不会阻碍用户移动，无线电接收器也不会构成安全风险。

A.3.3　有形产品

"Stingray"产品由两部分组成：无线接收器和耳机。下面描述了每个部分的设计需求，以及增强的产品功能。

↘ 无线接收器

- 无线接收器相比旧型号更小、更紧凑。其弧形设计有助于佩戴者将其紧贴在身上，其更低、更扁平的设计不会妨碍佩戴者扭动髋部。

- 无线接收器的背面配有一个夹子，可将其直接固定在腰带上。这个夹子可以拆下来，可以直接将无线接收器放进制服口袋中。

- 升级为数字网络，提升了音频质量。

- 外壳材料采用了高强度塑料聚合物——聚醚醚酮（PEEK），有助于保护内部部件免受粗暴碰撞、高温或水浸而损坏。此外，接收器的外壳四角还采用了软橡胶包边，防止设备掉落时损坏。

- 内置 GPS 可对人员位置进行实时跟踪。

- 陀螺仪和加速度感应器能够检测到消防员是否跌倒或无法移动。一旦发生这种情况，无线接收器将发出紧急信号，附带消防员的名字、身份以及地理位置。

- 急救人员的背心将嵌入一根铜质天线。对于不穿背心的急救人员，可以将一个小型天线（类似于螺帽天线）插入无线接收器顶部的同轴连接器中。

- 经过加密的蓝牙信号将无线接收器与无线耳机连接起来。位于无线接收器顶部的音量和频道控制旋钮与之前的旧款产品相同，这是按照急救人员的要求设计的，适用于任何情况。不过，新的控制旋钮增加了锁定功能，以防止意外操作，只需按下控制旋钮的顶部就可以激活该功能。

- 一旦出现任何原因导致耳机无法正常工作，就可以启动无线接收器内置的扬声器和麦克风作为应急。当与耳机的蓝牙连接断开时，扬声器会被自动激活。按下无线接收器顶部的大"通话按钮"可以激活麦克风。

- 无线接收器的侧面设有一个紧急求救按钮。按下此按钮，用户的位置、姓名或身份信息将被发送给基站工作人员，并将按照紧急响应流程进行处理。

- 无线接收器需要插入芯片（SD 存储卡）才能工作。这是一个新增的安全特性，用户信息将保留在芯片中，这样就可以与 GPS 位置一起发送，使基站工作人员知道正在使用无线接收器的人是谁。还可以将语音命令存储在芯片中，将激活或禁用命令经由耳机的音频传输。

- 使用可更换的锂离子电池（Li-ion）替代旧的镍氢电池，既减轻了重量又延长了电池寿命。

- 位于无线接收器底部的迷你 USB 端口可用来连接和充电。用 USB 线连接此端口可用于设置接收器参数（比如，设置频道）。

耳机

- 使用无线耳机取代了旧款的有线耳机，有线耳机曾经是消防员难以忍受的一大痛点。
- 使用电源按钮打开或关闭耳机。
- 耳机通过加密的蓝牙信号与无线接收器连接。
- 耳挂是可拆卸的，每个人都可以装配一个合适自己的耳挂。确保每个用户都能获得耳机与耳朵的合适贴合，并防止耳机脱落。
- 耳机的侧面有一个大的"通话按钮"，用于激活麦克风。当用户腾不出双手时，可以使用语音激活。
- 麦克风紧贴用户的脸侧垂下来，延伸到嘴部，这样可以获得最佳的音频质量。
- 将音频源贴近耳朵并使用小型表面传感器来提高音频质量。
- "通话按钮"的边缘有一个电量指示灯，可显示电池的剩余电量。
- 耳机可以通过底部的迷你 USB 接口充电，每个耳机都附有一根 USB 线。该连接还可用于升级耳机的固件。

产品的增强特性

- 包括向用户提供技术培训在内的售后服务。
- 包括 7×24 小时服务台和在线服务网站在内的不间断支持服务。
- 一根 USB 线。
- 一个用于存放 SD 存储卡（可存放在个人储物空间如储物柜中）的口袋。
- 一个 10 端口扩展坞，可为最多 10 个设备充电。

A.3.4　设计规格

表 A.1 和表 A.2 描述了将概念描述翻译为设计规格的过程。

步骤 1：定义用户需求及其相对重要性。通过用户调研，包括焦点小组和观察来获得信息。用户需求清单如表 A.1 所示。

表 A.1　用户需求清单

#	需　　求		重 要 程 度
1	机壳	必须坚固耐用	5
2	机壳	必须防水、防震、耐热	5
3	音量和频道旋钮	要能上锁	2
4	耳机	必须有定制的适合个人的耳挂	4

（续表）

#	需 求		重 要 程 度
5	无线接收器	必须轻便小巧	4
6	无线接收器	要有长续航电池	3
7	无线接收器	要数字化的	5
8	无线接收器	必须能够显示剩余电池电量	3
9	无线接收器	必须个性化以识别使用者	1
10	无线接收器	必须配备 GPS	3
11	无线接收器	必须配备充电器	1
12	无线接收器	要有紧急麦克风和扬声器	4
13	无线接收器	传输距离要大于现有产品	5

步骤 2：将消费者需求转化为有具体单位和目标值的工程设计规格。这些目标值综合考虑了用户研究和竞争产品对标，展示在表 A.2 中。关于设计规格及其开发的更多示例，可参见 Ulrich 和 Eppinger（2016）的书。

表A.2　设计指标、单位和目标值

指 标 序 号	需 求 序 号	度 量 指 标	重 要 度	单　　位	目　标　值
1	1,2,6	高强度聚合物机壳	5	Nm²或 Pa	>1000
2	6	总重量	4	G	<700
3	7,12	电池容量	3	mAh	>2500
4	13	有效传输距离	5	Km	>1.5
5	3,4	按钮的易用性	4	主观评价	>3（1~5级）
6	6	无线接收器大小	4	cm³	<400
7	2	防水性	5	X-bar	>5
8	2,3	设备使用寿命	5	年	>6

案例问题

1. 什么是核心产品？为什么它对定义产品规格如此重要？

2. 什么是有形产品？其定义如何帮助开发设计规格？

3. 定义产品规格的两个基本步骤是什么？

案例问题答案

1. 核心产品定义了目标市场从产品获得的关键利益。这些是设计规格必须包含的关键要素。它们对于产品的成功至关重要，因为它们直接关系到了顾客购买和使用产品的动机和期望。

2. 有形产品是指产品的实体特征和美学设计特性，这些特性赋予了产品外观和功能。清晰定义这些特性为产品设计规格提供了基础，并有助于将这些规格转化为实际的实体产品。

3. 定义产品规格的两个基本步骤：

    a. 定义用户需求及其相对重要性。通过用户调研包括焦点小组和观察实现。

    b. 将消费者需求转化为有具体单位和目标值的工程设计规格。

案例 3 参考文献

Ulrich, K. T. and Eppinger, S. D. (2016). *Product design and development*, 6e. McGraw-Hill Education

A.4 案例 4

OBO 曲棍球场地装备公司

本案例获得新西兰 OBO 曲棍球场地装备公司首席执行官西蒙·巴内特先生的授权。

A.4.1 目的

展示市场调研在产品创新中的应用。本案例描绘了社交媒体作为市场调研工具如何用于新产品创新和产品改进。

A.4.2 公司背景

OBO 是一家总部位于新西兰的设计与制造曲棍球守门员装备的企业。公司占据这一利基市场的全球约 65% 的市场份额，产品出口至 62 个国家。作为一家活跃的产品创新者，OBO 公司不断寻求产品的改进和产品领域的拓展。

曲棍球是一项全球性运动，也是一项奥运会比赛项目。每支曲棍球队由 11 名队员组成，包括 10 名场上队员和一名守门员。比赛中，曲棍球运动使用的硬塑料球速度可达每小时 100 英里，对每一位球员都有很大危险，尤其是守门员。OBO 公司销售一系列曲棍球设备，尤其聚焦于守门员所需的设备。公司设计的装备能使守门员自由移动，助力其发挥出最佳水平，而且外观也很好看；更重要的是，能为守门员的所有关键部位（头部、喉咙、胸部、双手、双腿、双脚）提供最高级别的防护（见图 A.12）。

图 A.12　OBO 的系列产品样本

近年来，OBO 将社交媒体作为与客户沟通和支持产品创新的重要工具。OBO 认识到，需要一个清晰的战略来提升其社交媒体工作的价值，因此，公司制定了社交媒体指南以及四个主要社交媒体工具的具体使用准则：①公司网站；②Facebook；③YouTube；④Instagram。

A.4.3　OBO 社交媒体准则（摘自 OBO 网站）

"时代在变迁，我们都需要跟上时代的步伐。社交媒体在持续进化，所有人都要与它一起成长。随着 OBO 网站的各个页面越来越具有本地化特色，我们制定本指南，是为了更深入地理解我们在新西兰是如何利用社交媒体的，从而使你自己的页面与 OBO 总部的内容保持协同并相互补充。"

"如果执行得当，我们的社交媒体渠道不仅会凸显我们产品的魅力，更会筑起品牌的爱和信任的桥梁。守门员是我们的英雄，更是独一无二的，他们应该有一个他们拥有并完全认同的领地。我们的社交媒体渠道就是要让守门员成为英雄的同时，保持产品/销售的存在感。从而，让我们更接近守门员，也让守门员更接近我们，就产品、训练、新闻和品牌进行双向对话。"

"• 　所有内容均需精心策划，与品牌形象高度契合，并以守门员视角呈现。

- 宁愿做更少的事情，而把每件事情都做到极致。

- 在每个媒体上的每件事情都要有明确的原因和目的。确保我们做的每一件事都出于正确的理由。

我们发现，针对不同媒体有不同的目的与活动，能够激发人们融入我们所有的媒体，而不是只参与其中之一。这也使我们的工作更有计划性和针对性。"

A.4.4　OBO 的四大主要媒体及其目标

（1）网站：产品教育和提升选择体验。70%的选择体验+30%的品牌体验。

（2）Facebook：聚焦于品牌与守门员之间的双向交流。建立社区，目的是让守门员与品牌更贴近。

（3）Instagram：用照片展示 OBO 的世界（产品、守门员和品牌）。70%的品牌+30%的选择体验和产品教育。

（4）YouTube：用视频帮助 OBO 添加无法通过文字传达的更多细节。

重点是产品信息提示、技巧和训练视频。

对 OBO 最重要的事情：

- 守门员。

- 语言——积极、有趣、真诚/真实、幽默、无废话。

- 互动——双向交流。

- 内容——有用且有益。

- 品牌——有感觉和有行动。

- 原创性——信息、内容和执行力。

- 细节很重要。

- 反馈。

OBO 的内容让人感觉：

- 都是有关守门员的。
- 有趣。
- 重要。

- 多彩。
- 反馈、投入。
- 随机、疯狂、出乎意料。

OBO 公司是如何运用各种社交媒体工具的，如图 A.13 所示。

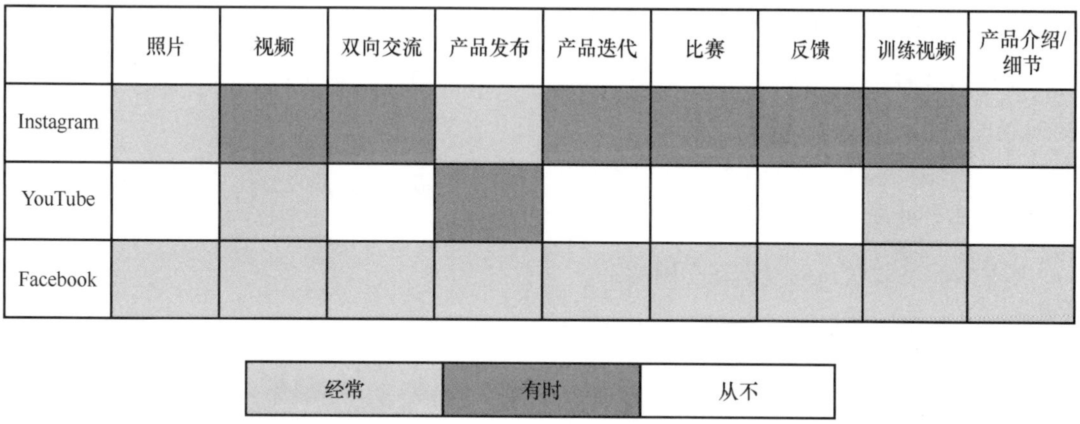

	照片	视频	双向交流	产品发布	产品迭代	比赛	反馈	训练视频	产品介绍/细节
Instagram									
YouTube									
Facebook									

经常	有时	从不

图 A.13 社交媒体工具的应用重点

Facebook 是用来对球员进行产品调研的主要社交媒体平台，其优势在于能够与守门员进行更深入且细致的双向交流。OBO 利用 Facebook 通过提问、讨论和投票等方式了解、识别和量化消费者需求。

A.4.5　产品创新示例：左手护具

曲棍球守门员佩戴左手护具不仅是为了强化手部防护，还为了防守球门并挡开球使之偏离进攻球员。虽然 OBO 为不同技能水平的守门员提供了一系列成功的左手护具，但国际球员的反馈表明，赛事规则的升级为使用左手提供了新机会，需要一款新的产品来实现这一点。当 Facebook 成员被问及他们的需求时，OBO 收到了类似的评论。国际守门员深度参与了新产品的详细开发，而社交媒体则用来验证并量化需求和特性。

新左手护具的设计要包括以下几点：

基本点：

- 舒适度 = 至少保持不变。

- 保护性 = 至少保持不变。

- 反弹力 = 提高。

- 承重性 = 与现有产品不变就很理想了，但略微能承重更好。

差异点：

- 改善/辅助左手侧扑救。

- 通过更有针对性的拇指和小指位置来提高手护具的稳定性和控制性。

- 提高反弹力/清除力的可预测性——更平/更方。

- 前部防护面。

- 侧边缘。

- 与其他 Plus 系列保持风格一致。

- 增加整体扑救区域的大小和实用性。

- 符合国际曲棍球联合会规则。

- 手部位置。

- 在确保舒适性和手腕活动性的同时，提高手部安全性。

图 A.14 展示了从设计到生产的各个阶段，以及在各阶段与守门员的互动。图 A.15 展示了营销推广时在社交媒体描述的最终产品。

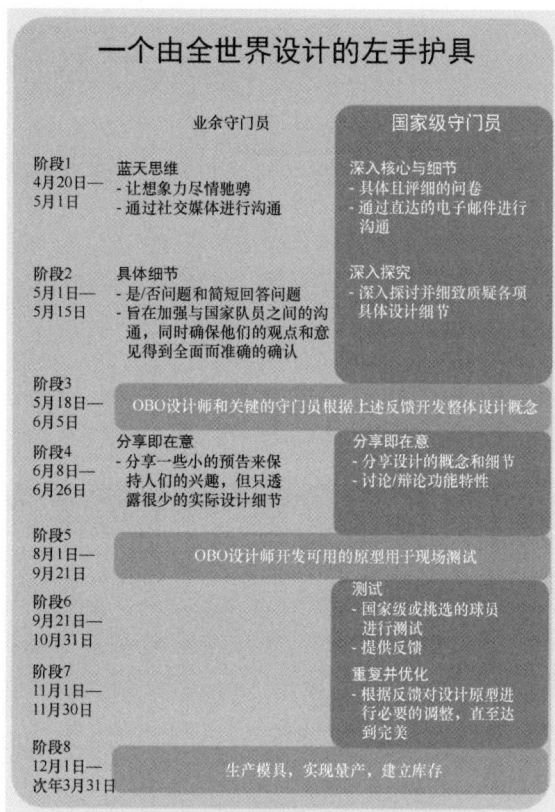

图 A.14　左手护具的各个设计阶段

OBO 公司的高反弹力左手护具非常平整,具有出色的反弹力和控制力。它还配备了柔软的内衬,以增加舒适度和贴合度。

优秀的尺寸设计使得护具能够稳定地贴合在手部,实现更好的球控和更大的力量。

它有一个相当平坦的表面,但设计成可以控制球并引导球向下。

它的边缘略微呈方形,可用于挡开球,而当把它放在地面上时,底部边缘几乎是平的。

符合人体工程学的内衬设计,让手部保持自然姿势并具备良好的抓握感,尤其是拇指区域。

护腕采用完全成型设计,以实现最大范围的覆盖。

厚重的弹性护带确保护套始终稳稳地固定在手上,而且不影响手部运动。

手腕区域下方设有软垫,以增加舒适度和更好的控球效果。

图 A.15　左手护具的最终产品描述

案例问题

1. 社交媒体可以在产品创新的哪些地方发挥作用?

2. 为什么社交媒体在产品创新中是一种很有价值的市场调研工具?

3. 领先用户对于很多类型的产品创新都至关重要。社交媒体如何提高了领先用户群体在产品创新中的价值?

案例问题答案

1. 社交媒体可以在产品创新的各个阶段发挥作用：

    a. 在早期的创意生成阶段——无论是针对新产品还是产品改进。

    b. 在概念开发和产品设计规格阶段，提供具体用户需求，并对设计改进迭代响应。

    c. 为接近市场就绪的原型产品提供在实际使用情况下的反馈。

2. 社交媒体在产品创新中很有价值的原因：

    a. 快速且容易地触达目标市场。

    b. 吸引潜在消费者参与整个创新过程。

    c. 识别和吸引可能成为新产品早期采用者和影响者的个人。例如，曲棍球领域的国际守门员。

3. 领先用户是一类认识到产品挑战并在特定领域或市场具有深厚专业知识和经验的消费者或用户。领先用户往往能预测未来的趋势和需求，创造出不仅满足自己需求，也惠及其他用户和潜在客户的解决方案。在诸如曲棍球这样的目标领域，领先用户组建在线社群来分享他们的想法和经验。这些社群为产品创新提供了宝贵的洞见和方向。

A.5 案例 5

发展创新文化：Adobe 公司的 Kickbox 和 rready 公司

A.5.1 目的

本案例讲述了一家大型跨国软件公司如何制订和实施一项计划来启动其创新文化。该公司开源了这项计划，因此本案例还涉及了其他公司。这些案例还展示了创新文化对组合管理和流程管理的影响。

A.5.2 涉及知识体系的领域

本案例主要涉及文化和团队，其次还涉及流程和组合。

A.5.3 挑战

Adobe 公司以其软件产品闻名于世，这些产品被公司和个人创意者喜爱并用于照片和视频编辑、绘图、股票图像等。Photoshop、Illustrator、Premiere Pro 和 Creative Cloud 是该公司的旗舰产品。Adobe 公司自 1982 年成立以来，创新一直是该公司的特点，直到今天仍然是公司四个核心价值观之一。Adobe 公司拥有近 3 万名员工，这个规模为公司提供了抓住多种机会的资源和能力。但在这样的规模下，创新也会放缓。创新放缓反映在 Adobe 公司的股价上。在 2008 年金融危机后，Adobe 的股票也像许多股票一样损失了一半市值。直到 2012 年，股价开始回升，但速度缓慢。Adobe 的创新方法限制了增长。公司采用自上而下的方法，即每年确定几个项目，通过商业论证流程投资于少数看起来最有前景的项目。这是一种标准方法，但不是一种激发更多员工创新的方法。当只有少数员工能参与进获得投资的创新时，Adobe 会错过一些潜在创意。

　　Adobe 公司的情况并不是唯一的，大多数组织都遇到过很难让创新发生的情况。虽然首席执行官和公司高层领导者都认同创新的重要性，但很少有领导者说他们在组织中推进了有效的创新实践。创新领导力中心认为两者的差距约为 80%，即 94% 的高层领导者表示创新是成功的关键驱动力，但只有 14% 的人对其组织有效推动创新的能力充满信心（Horth 和 Vehar，2015）。有许多挑战来解释为什么存在这个差距，包括：

- **抵制变革**：创新需要打破现状，这可能会遇到员工、管理者甚至组织文化本身的抵制。
- **规避风险**：优先考虑稳定性和可预测性的组织，会不愿意承担新创意或新方法带来的风险。对失败和潜在负面后果的恐惧会扼杀创新。
- **缺乏资源**：创新需要专门的资源，如时间、资金和人员等。而企业经营中的其他优先事项和短期目标往往会被优先考虑，留给创新的资源空间很小。
- **孤立心态**：在部门各自独立的组织，协作和跨职能沟通存在阻碍。如果缺乏协作和信息共享，很难产生和实施创新想法。
- **缺乏激励性文化**：不鼓励冒险、惩罚失败或强调严格遵守规则和流程的文化会扼杀创新。在这种文化中，员工会对提出新想法或承担风险心存犹豫。
- **短期关注**：优先考虑短期成果和即时资金回报的组织，难以投资长期创新项目。短期目标与长期创新之间的平衡很具有挑战性。
- **领导力和管理实践**：一个组织的领导力和管理风格会极大地影响其创新能力。有的领导者抵制变革、未能为创新提供清晰的愿景和支持、通过过度控制扼杀了创造力，这会阻碍组织的创新潜力。

　　克服这些挑战，就要致力于培养创新文化，要为创新提案提供资源和支持，要促进协作和跨职能沟通，要培养能够鼓励和授权员工创造性思维和冒险能力的领导力。做出这些改变是一项艰巨的任务，但这正是组织创新所需要的，也正是创新领导者的责任所在。

A.5.4　方法

　　2012 年，Adobe 公司的创新副总裁马克·兰道尔（Mark Randall）开始应用精益创业方法。他看到通过实验、迭代和少量资金就能实现创意成功。马克·兰道尔的工作引起了 Adobe 公司最大业务部门负责人的注意，他希望扩展兰道尔的创新方法（Dann，2023）。

　　马克·兰道尔进行了一次员工调查，以了解员工不分享创意的原因。回答集中在"说服管理层"方面（Burkus，2015 年）。兰道尔认为，与其说服管理层实施一个创意，不如授权员工不需要批准就可以创新。毕竟，Adobe 公司那些最有创造力的人，对于与官僚主义打交道来推销自己的创意并不感兴趣。兰道尔认为，与其让 Adobe 资助一个 100 万美元的项目，不如去资助 1000 个项目，每个项目 1000 美元。这 1000 个项目中只要有一个能成为新增长引擎，就足已涵盖创新成本。

马克·兰道尔将他收集的创新资源整合成一种培训方法，并结合其他一些项目，开发了一个名为"红盒子"（red box）的实体盒子。兰道尔的创新计划被命名为 Kickbox，目标是激活 Adobe 公司的创新文化。Kickbox 流程是一个有时间约束的围绕回答四个问题构建的简单流程：

（1）问题：这个问题值得解决吗？（2 周）

（2）解决方案：这个解决方案能为客户创造价值吗？（4 周）

（3）概念：我为下一阶段准备好了概念吗？（1 周）

（4）说服：我的创意能说服别人吗？（1 周）

值得庆幸的是，因为 Adobe 公司开源了"红盒子"计划，我们在这里不需要描绘 Kickbox 的细节和"红盒子"引人入胜的内容（包括巧克力和咖啡）。已经有超过 1000 家企业实施了 Kickbox 来培养创新文化。你可以在公司网站上找到开源材料。

此外，瑞士领先的 IT 和电信公司 Swisscom 的一个小团队是基于开源材料实施 Kickbox 计划的公司之一。在 Swisscom 内部对该计划进行了几年的优化和丰富之后，该团队决定剥离该计划，将其提供给任何希望使用 Kickbox 的 360 方法创造自下而上创新文化的组织。衍生出来的公司便是 rready 公司，该公司帮助许多组织成功实施了 Kickbox 并提供了相关的软件解决方案，以从 Kickbox 获得更大的价值。rready 公司正在帮助众多 Kickbox 组织加速学习，并将这些经验教训融入开源材料和对企业的服务改进中。以下几个案例来自 rready 公司（2023）提供的信息，从这些案例能看到如何运用 Kickbox 克服本案例前面提到的挑战。

A.5.5　企业如何使用 Kickbox 创新

Kickbox 被开源后，应用到了 1000 多家公司，包括总部位于美国的科技公司、大型企业，例如 3M、卡特彼勒、万事达卡和宝洁等，以及美国 Peace 公司、盖茨基金会和 DARPA 等组织。以下案例基于 rready 的许可，分享非美国公司采埃孚、瑞士电信、Implenia 和 CSS 如何转变其创新文化（rready™，2023）。

↘ 采埃孚（ZF）

采埃孚是一家拥有 100 多年经验的汽车系统公司。采埃孚的大多数客户都是大型制造商，但公司的创新负责人曼努埃尔·莱希特尔（Manuel Leichtle）预计，客户群在未来将变得更加分散。"我们是一级供应商（tier1），我们非常熟悉从原始设备制造商（OEM）那里接受订单。在我看来，这种情况在不久的将来会发生改变，为我们的产品买单的将不仅是大客户。"曼努埃尔表示，"这也要求工程师们做出改变。过去的惯例是接受一套技术规范，然后在这个技术规范基础上开发产品。这种情况不会再发生了。"

设计流程的转变意味着工程师不得不对产品需求采用更广泛的视角，以确保他们理解并能解决客户的问题。曼努埃尔说："未来，你需要更懂你的客户——是指最终客户，真正使用'产品'的人。

未来，谁把这个管理得最好，谁就能生存下来。Kickbox 是其中的一部分，因为它训练你以不同的眼光看待你的潜在客户。"Kickbox 对采埃孚的重要作用是，在体验式学习环境中让员工学会以客户为中心。使用 Kickbox 方法影响创新文化的另一个优点是，Kickbox 计划简单、游戏化、有趣，让员工在不知不觉中开始运用以人为中心的设计、精益创业和设计思维等方法。

文化变革受到欢迎的同时，Kickbox 项目对采埃孚的积极影响超出了曼努埃尔的预期。特别是，创新生态系统已经成为采埃孚培养创意的宝贵资源，使项目负责人能够轻松找到他们需要的外部支持。此外，采埃孚与跨行业的创新者开展合作，利用这些创新者的经验和知识来提高自身创新项目的成功概率。"我们不想再犯同样的错误，"曼努埃尔说："你正在和一个有同样挑战的人交谈。"

↘ 瑞士电信（Swisscom）

瑞士电信是瑞士第一大电信公司。公司的主要收入来自几年前还不存在的产品。这一趋势预计将加速，这要求瑞士电信在组织的各个层面培养创新文化。因为他们在快速变化和高度动态的市场中竞争。同时，瑞士是领先的创新国家之一，瑞士的大学培养的顶尖人才十分抢手，被谷歌、苹果、微软和脸书等雇主争抢。在这种情况下，瑞士电信如何吸引人才以保持市场领先地位，如何以更快的速度进行创新？

瑞士电信创新实验室经理戴夫·亨加特纳（Dave Hengartner）听了马克·兰道尔关于 Kickbox 创造组织效益的主题演讲后，决定采用 Kickbox。在向几名志愿者推出 Kickbox 后，戴夫充满了动力。他找到了一种建立创新文化、提高创新速度的方法。他分享道："我发现了一种方法，相信这种方法能把创业责任心带入一个大组织。"随着时间的推移，随着 Kickbox 在瑞士电信吸引了更多的员工，戴夫找到了简化 Kickbox 实施和改善参与者体验的方法。瑞士电信创建了一个软件平台和一个服务市场，以配合他们使用 Kickbox。如今，Kickbox 是瑞士电信的头号创业计划，并塑造了公司的创新文化。

↘ 瑞士因普莱尼亚公司（Implenia）

瑞士因普莱尼亚公司是一家领先的跨国综合建筑和房地产服务公司。除了建筑和土木工程，因普莱尼亚公司还是其本土市场基础设施领域的关键参与者，也是一家成功的房地产开发商。

2019 年，因普莱尼亚公司正式将创新作为其业务战略的四大支柱之一。作为其中的一部分，因普莱尼亚公司成立了创新中心，该团队致力于在内部加速创新，并与外部合作伙伴合作，以使因普莱尼亚公司适应未来。

因普莱尼亚公司的创新中心努力寻找一种结构化和集中化的解决方案，以促进全体员工都能参与创新和内部创业。虽然主要目的是鼓励对新商业模式的思考，但创新中心也希望能促进文化变革，从基于解决方案的思维到更加注重合意性。因普莱尼亚公司面临的具体挑战是，如何将所有职能部门和所有工作地点的全体员工动员起来——从会计师到项目经理再到建筑工人。这需要一种所有员工都能参与的促进创新的方法。

因普莱尼亚公司向所有员工推出了 Kickbox，无论他们的职位或工作地点如何。Kickbox 提供了一个标准化的结构，提供了一个员工表达其创意的入口，提供了构建和开发令人兴奋的新概念并转化为可行商业模式的工具。此外，创新中心认识到了消除任何参与障碍（组织或文化）的重要性，为此，他们组织高层管理人员参与了一场大型启动活动，并在现场推广 Kickbox，直接回答相关问题。整个组织的文化已经发展到支持创新，并利用创新来实现因普莱尼亚公司的业务战略。

↘ CSS

CSS 是瑞士领先的健康保险公司之一。创新作为该公司的核心价值，既能使公司在竞争中脱颖而出，又能确保公司为客户提供最方便、最优质的服务。CSS 不断投资于新产品，并利用 Kickbox 在整个公司推动创新。

保险业与许多行业一样，正在经历数字化转型。在线服务和应用程序等自助服务选项允许客户管理他们的健康保险，而无须直接联系他们的保险公司或提供商。数字化转型正在使医疗保险服务变得更加便捷，也有助于控制不断上涨的医疗费用。

CSS 的创新经理丹尼尔·阿尔泽（Daniel Alzer）说：“我们专注于自动化服务的原因之一是遏制成本上升。”尽管这不是一个简单的过程。CSS 有大量的历史遗留系统，仅仅给这些系统添加新功能并不容易。丹尼尔解释道，“这不像在你的个人电脑上更新 Office”，“公司的所有核心流程都基于该系统”。这意味着创造一个新的数字产品是一个长期项目，当其他具有更直接价值的项目优先时，数字化项目很难通过管道。正如丹尼尔所解释的：“你必须让利益相关者相信，这个创意真的值得投资。Kickbox 让你从一开始就通过与市场上的真实人物交谈来验证这个创意。如果你能证明客户对这个创意感兴趣，那么说服他们就容易多了。”

丹尼尔还有一个目标是分散创新。“我们有一个中央创新团队和一个创新委员会，但我们认为让所有员工都参与进来会很棒，因为每个员工都有好主意。”最重要的是，通过使用 Kickbox 分散创新，使得员工从一开始就驾驭自己的项目，从而帮助 CSS 简化了创新流程。“在 Kickbox 之前，你需要创建一个项目批准文件，组建一个团队，并制定预算……现在，个人可以开始自己做项目了。”

虽然丹尼尔相信创新的重要性，但根据他的经验，人们并不一定愿意参与创新项目。他解释说：“创新意味着必须离开自己的舒适区，并不是每个人都能或想这样做。”丹尼尔将 Kickbox 引入 CSS 时的初心是培养一种创新文化，让所有员工都成为创新流程的一部分，并允许他们按照自己的想法工作。丹尼尔的同事们见证了这种变化，Kickbox 影响了 CSS 的文化，帮助员工在个人和职业上成长。丹尼尔回忆说，一位经理在看到 Kickbox 对一名团队成员的影响后，给了他热情洋溢的反馈。这名成员曾经负责过一个在线药房平台的 Kickbox 项目，他非常积极地将自己的想法付诸实现，为此他甚至自学了新的编程技能，为自己和团队开辟了新的机会。

A.5.6　总结

最佳创新公司认识到高层领导者支持创新的重要性（Knudsen 等，2023）。他们经常组成一个创新小组或实验室来负责创新。这种模式虽然有用，但也限制了他们每次可以启动和管理的项目数量，从而导致了创新项目推介和创意选择的官僚体系。当创新发生时，那些拥有最具创造力和最有价值创意的员工并没有参与到创新中。创新需要自下而上的方法让所有员工参与进来；让组织中的创新大众化。以下方法会以多种有意义的方式影响文化并减少对创新的阻碍：

- 培养创新文化。
- 为创新举措提供资源和支持。
- 促进协作和跨职能沟通。
- 培养鼓励和授权员工创造性思考并承担风险的领导力。

Kickbox 是一个免费的开源系统，用于创建自下而上的创新。超过 1000 家组织已经采用了它，并能够看到他们的创新文化发生的转变，变得更加包容。

案例问题

1. 限制组织创新效率的因素有哪些？

2. 什么计划能够缓解限制创新效率因素？

3. 为什么自上而下的创新方法是不够的？

4. Kickbox 如何提供自下而上的创新方法？

案例问题答案

1. 本书整个知识体系都在讨论这些因素。本案例强调的因素是：抵制变革、规避风险、缺乏资源、孤立心态、缺乏激励性文化、短期关注、领导力和管理实践错位。

2. 本知识体系有许多对于那些善于创新的组织来说很常见的实践。本案例涉及：培养创新文化、为创新举措提供资源和支持、促进协作和跨职能沟通、培养鼓励和授权员工创造性思考并承担风险的领导力。

3. 自上而下的创新方法意味着高层领导者每年参与选择和资助一些创新项目。如在组合管理一章中所描绘的，选择创新项目本质上是在投入资源方面下注。自上而下方法倾向于更安全地押注于那些更好理解、未知性更少的机会。这些项目仅由少数员工在整个组织中识别和推广。因此，大多数员工的经验、洞察力和创造力没有被用于创新。

4. Kickbox 为所有员工提供创新支持。他们将获得指导、激励和资源，以实现想法、测试想法的重要性、思考解决方案并与客户一起验证解决方案。他们学习通过快速低成本的实验来探索问题/机会并验证他们的假设。一个传统的自上而下创新项目的成本，可以开展许多自下而上的创新项目。在 Adobe 公司的案例中，投资一个自上而下项目的资金可以资助 1000 个 Kickbox 项目。一个人只有当其打算成为增长领导者时，才会考虑支付运营 Kickbox 自下而上创新计划的成本。

本章参考文献

Burkus, D. (2015). *Inside adobe's innovation kit*. Harvard Business Review.

Dann, J.B. (2023). *"Kickboxing" around the world: An intrapreneurship revolution?* USC-Marshall/Lloyd Greif Center for Entrepreneurial Studies.

Horth, D.M. and Vehar, J. (2015). *Innovation: How leadership makes the difference.* Center for Creative Leadership.

Knudsen, M.P., Zedtwitz, M., Griffin, A., and Barczak, G. (2023). Best practices in new product development and innovation: Results from PDMA's 2021 global survey. *Journal of Product Innovation Management* 40 (3): 257-275.

rready®(2023). *Corporate innovation success stories.* rready® Case Studies.

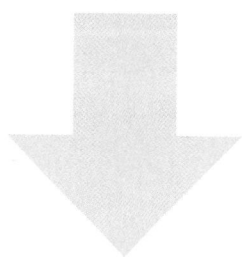

附录 B

产品开发与管理协会杰出创新
企业奖的产品创新最佳
实践案例

B.1 OCI 奖的背景

杰出创新企业奖（OCI）是全球唯一的创新大奖，该奖设立的目的是表彰持续的、可量化的创新成功以及促成创新成功的实践。

OCI 的评选标准有以下几点：

- 有 5 年持续成功推出新产品或新服务的记录。
- 新产品或服务带来重大的、可量化的业务成果。
- 持续使用一套可供他人学习的新产品开发实践。

PDMA 设定了严格的 OCI 评选程序，由具有广泛和多样化创新背景的志愿者负责管理。

自 1987 年以来，获奖者在 PDMA 年会上分享了他们的具体做法，让与会者可以从独特的"内幕"视角理解杰出创新企业的实践和经验教训。OCI 获奖企业体现出了企业规模、所属行业以及所处地域的全球多样性。

B.2 对 OCI 获奖企业的分析和经验总结

PDMA 纵观 OCI 的整个历史，对所有获奖者的实践进行了分析。得出以下几点关键启示：

- 共同实践为处于不同时间阶段的不同行业、不同规模、不同地域的创新成功都做出了贡献。
- 随着时间的推移，促成获奖者获得成功的实践在不断演变。
- 实现创新成功的实践越来越复杂。

图 B.1 总结了近年来大多数获奖者的共同实践。

以下是 PDMA 对这些实践的洞见，以及获奖者的具体实践案例。

公司的承诺：对于近年的获奖企业来说，创新已经成为企业的战略性核心价值，这体现在高层管理者的参与和支持、创建专门的创新职能部门以及持续为重大创新提供所需资源。

公司承诺的一个案例是佛吉亚公司（Faurecia），该公司是一家总部设在法国的全球汽车设备供应商，公司的座椅副总裁在经济衰退期间说过的一句话体现出了公司的承诺——"危机是一种可怕的浪费；我将把你们明年的创新预算增加一倍"。

创新战略：近年的 OCI 获奖企业表明，制定明确的创新战略是成功的关键。该战略清晰定义了组织实现创新成功的关键因素。创新战略明确了创新焦点、内部一致性并驱动着资源分配。

康宁公司（Corning）是全球领先的材料科学创新企业，该公司将其创新战略称为"创新秘方"，如图 B.2 所示。

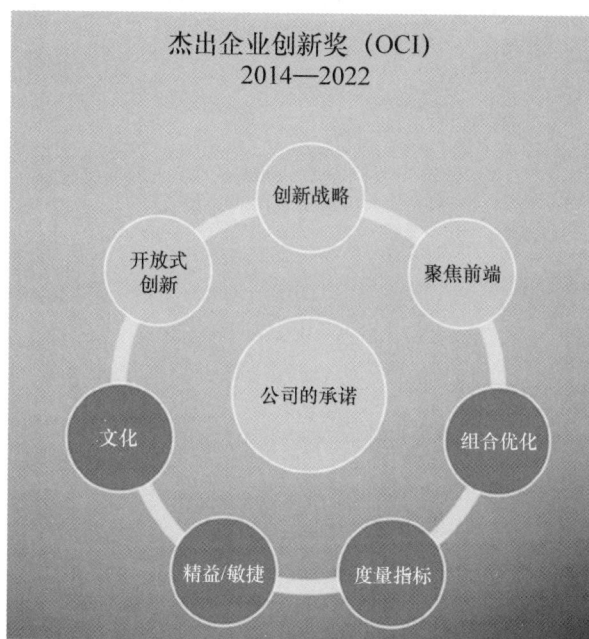

图 B.1 OCI 获奖者经验总结

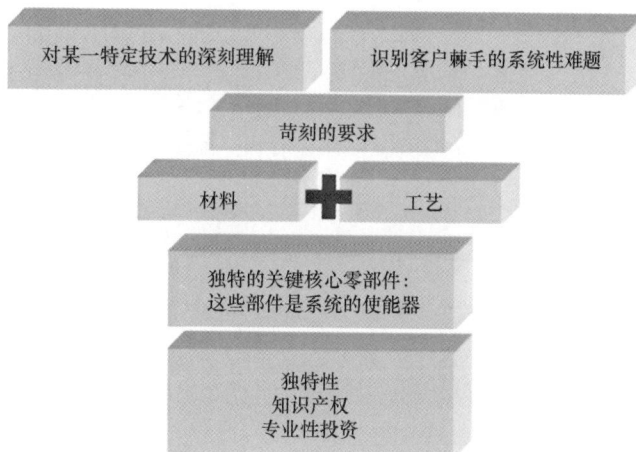

图 B.2 康宁的"创新秘方"

聚焦前端：近年的 OCI 获奖企业都在创新流程的前端进行了广泛的市场和客户洞察，以便在开发流程开始之前识别、筛选和验证潜在的新机会。

图 B.3 的前端流程示例来自丘奇＆德怀特公司（Church & Dwight）。

图 B.4 和图 B.5 展示了联合健康集团将前端流程体系化，以识别客户无法表达的需求并开发出独特的解决方案。

最近的获奖企业还在开发新的方法，以生成面向未来的新产品或新的创意。一个案例是诺维信公司（Novozymes），一家总部位于丹麦的全球生物技术公司，该公司内部开发的众包流程如图 B.6 所示。

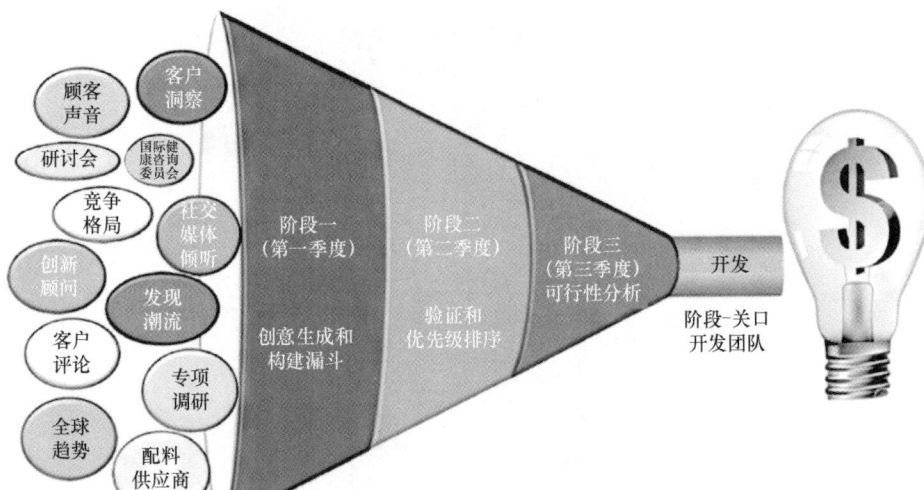

我们博采各领域众家之灵感，为我们的业务领域生成伟大的创意

图 B.3　丘奇＆德怀特公司的创新前端流程

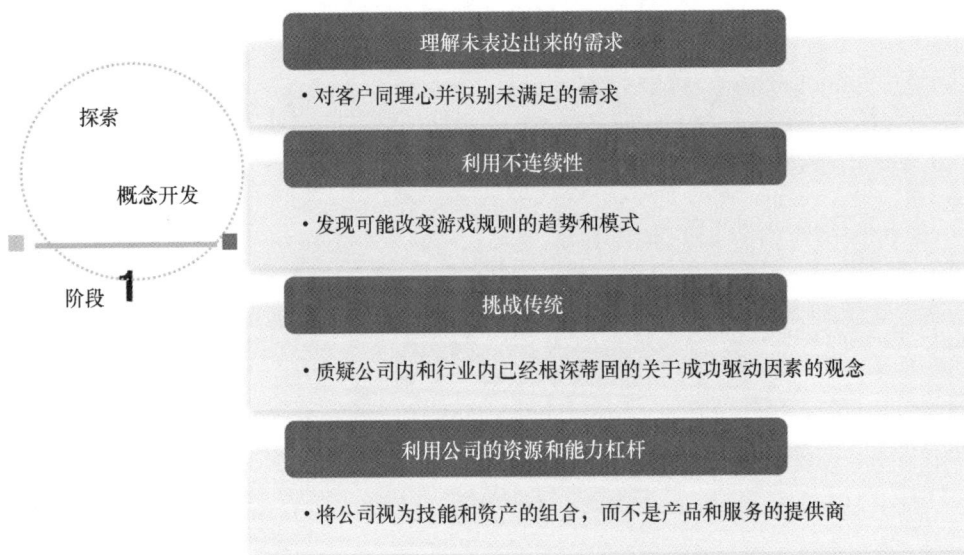

图 B.4　联合健康集团创新体系的前端流程

　　组合优化：最近的 OCI 获奖企业认为，创新取得成功就必须在正确的时间以正确的方式做正确的项目并解决正确的问题。这也意味着要在项目组合中实现渐进式、邻近式和颠覆式机会的平衡。对于一些获奖企业来说，这需要跨业务部门乃至在全球利用技术平台。通常，组合优化涉及寻找公司当前市场之外的市场，乃至寻找新的商业模式。所有这些活动都是使用规范的流程完成的，如图 B.7 是贝克顿-迪金森公司的做法（Becton, Dickinson & Co.）。BD 是一家全球医疗技术公司。

- 理解和解决问题的新方法

　　快速消费品（Consumer Packaged Goods,CPG）共用：健康领域的革命

- 培养以下能力

　　—　同理心能力
　　—　对情境的理解力
　　—　洞察所获信息背后本质的能力

- 用丰富深厚的洞察激发创造力

- 激发有意义的解决方案

　　我的健康顾问

图 B.5　联合健康集团运用设计思维洞察健康领域无法表达出的需求

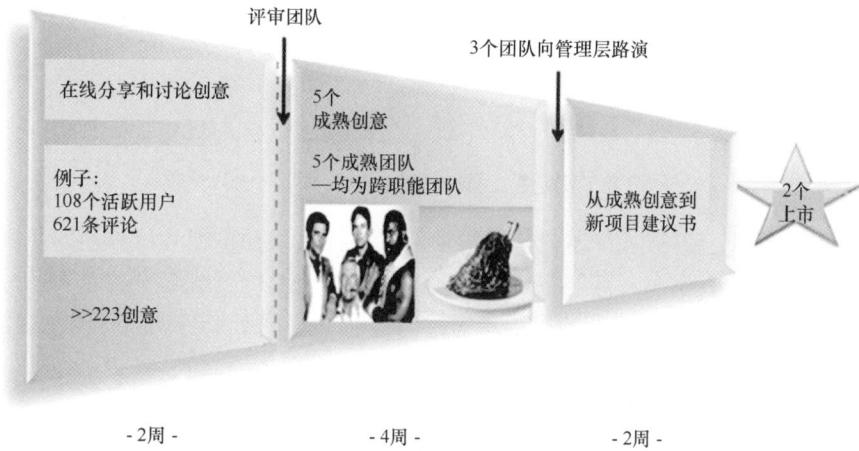

图 B.6　诺维信公司的众包流程
（这项试点在公司引起了高度兴奋和信任）

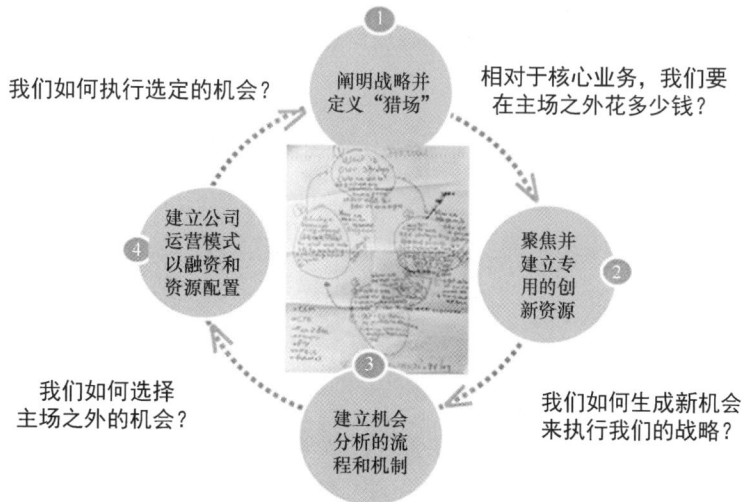

图 B.7　贝克顿–迪金森公司的组合优化流程

开放式创新：对于近年的所有 OCI 获奖企业来说，开放式创新与合作开发已成为一项重要的公司战略。图 B.8 是帝斯曼公司（DSM）的做法。该公司位于荷兰，是全球领先的健康与营养企业。该公司的开放式创新贯穿了整个创新流程。许多创新获奖企业也与帝斯曼公司一样，创建了自己的风险投资基金，投资于大学的研究和初创企业。

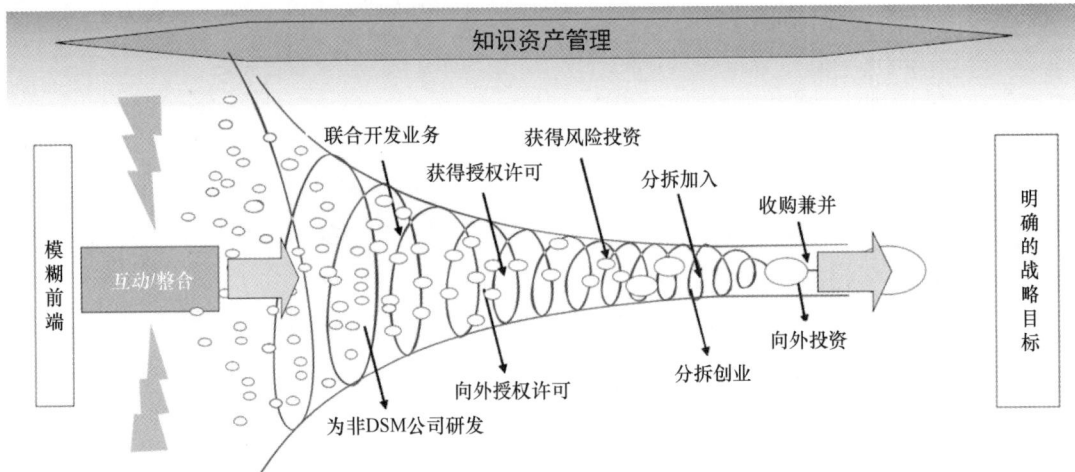

图 B.8　帝斯曼公司的开放式创新（驾驭创新管道）

文化：文化是企业创新成功的基础。高层管理者要创造一种重视和尊重所有员工的多样性文化，营造出员工不怕冒险、大胆思考甚至不怕失败的环境。其他对创新成功至关重要的关键文化要素有：营造一种协作环境，在这种环境下，领导者通过与团队一起创新来实现团队成功。

精益 / 敏捷：近年来，市场动态和客户需求瞬息万变，企业要想成功必须采用精益和敏捷流程。过去的获奖企业一致认为，精益和敏捷实践有助于提高公司内部创新活动的透明度和一致性。敏捷测试和学习方法的好处之一是能够更快地从客户那里获得对新产品和服务的反馈。此外，敏捷实践将最小可行产品（MVP）、支点分析、快速学习周期应用于创新流程，帮助公司更快地适应市场上的颠覆者。

图 B.9 展示了博滤克斯（Porex）公司使用的敏捷流程。该公司是多孔聚合物解决方案的全球领先者。

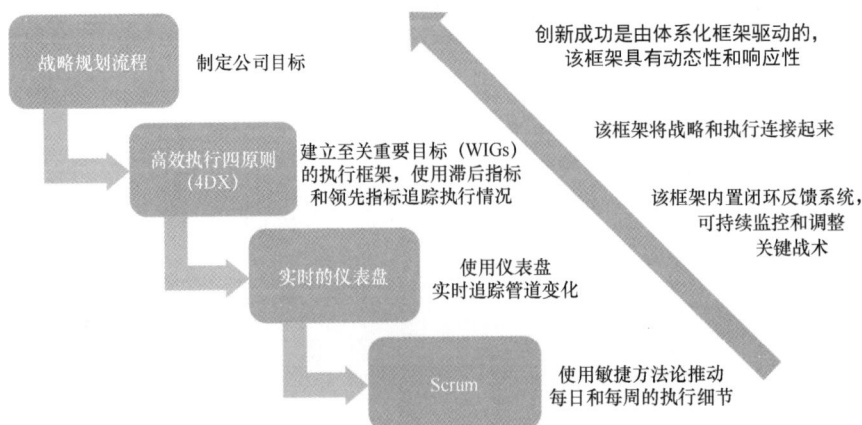

图 B.9　博滤克斯公司的敏捷流程（数据驱动的敏捷执行）

　　度量指标：为了保持创新的成功，OCI 获奖企业不仅关注财务指标，如新产品销售额、活力指数和利润率，还关注创新流程的效率和效果。他们追踪创意生成数和创意评估数、里程碑成就、上市时间等指标，还从每个项目中总结经验教训，并确保这些经验教训体现在流程改进中。

术语表

第 1 部分　按英文排序

A

A/B Testing：A/B 测试。用来对两个样本或变量进行测试和比较的一种多变量调研方法。其他多变量测试方法，比如联合分析，涉及两个或多个变量。

Agile Product Development：敏捷产品开发。自组织团队在协作环境下进行的迭代式产品开发方法。

Agile Stage-Gate：敏捷门径流程。将经典的门径结构（阶段和关口）与敏捷方法中的自组织团队和短周期迭代相结合的方法。

Alliance：联盟。为了产品开发，与其他组织达成交换信息、硬件、知识产权或使能技术的正式协议。联盟（比如，合作开发项目）需要共担风险并共享收益。

Alpha Test：阿尔法测试。目的是发现和消除明显的设计缺陷或不足的生产前的产品测试，通常在实验室环境或开发公司常规运营中进行，某些情况下可能在受控环境中邀请领先客户进行测试。参见"贝塔测试"和"伽马测试"。

Analyzer：分析者。采用模仿式创新战略的公司，不率先推出新产品或新技术，而是待其他公司打开市场后迅速将同等或稍好的产品推向市场，也称"模仿者"或"快速跟随者"。

Applications Development：应用程序开发。为满足用户需求不断设计和编写软件、改进和开发新产品的迭代过程。

Acquisition Effort：获客投入。产品或服务可触达客户的程度。

Adjourning：解散阶段。塔克曼团队发展阶段模型中的第五个阶段，项目团队在该项目的工作全部完成。对于产品创新项目而言，是指产品上市并被移交给业务团队进行运营。

Architectural Innovation：架构型创新。激进型技术创新与颠覆型商业模式创新的结合。一个广为引用的例子是数码摄影，对柯达和宝丽来等公司形成了颠覆。

Architecture：架构。参见"产品架构"。

ATAR（Awareness-Trial-Availability-Repeat）：ATAR（知晓—试用—可购—复购）。一种对创新或新产品的扩散进行数学建模的预测工具。

Attribute Testing：属性测试。一种定量市场调研方法。受访者根据一种或多种尺度类型（如相对重要性、当前性能、对某产品或服务的满意度等），对产品或品类属性的详细列表进行打分排序，目的是明确客户对某些属性的偏好，从而指导产品设计与开发。

Audit：审计。审计在产品创新中是指对新产品开发和进入市场流程的有效性进行评估。

Augmented Product：附加产品。在核心产品上附加更多的利益来源，如服务、保修和形象。

Augmented Reality（AR）：增强现实。与虚拟现实类似。虚拟现实用一个完全独立的现实取代参与者的现实世界，而增强现实则将新的现实元素叠加到参与者的真实环境中。

Autonomous Team：自治型团队。一个完全自主自立的项目团队，与投资方几乎没有任何联系。通常采用这种组织模式会给市场带来突破性创新，也称为"老虎团队"。

Awareness：知晓。度量目标客户中知晓某新产品存在的客户比例。知晓的定义很广泛，包括品牌记忆、品牌认知、关键特征记忆和定位记忆等。

B

Balanced Portfolio：平衡组合。一组项目，具体品类中的项目比例是根据战略优先级选择的。

Balanced Scorecard：平衡计分卡。一种用于识别和改进各种内部业务职能及其外部产出结果的战略管理绩效度量方法。

Bass Model：巴斯模型。用于对某个创新、新技术或新耐用消费品的销售额进行预测的工具。

Benchmarking：对标。从众多组织收集流程绩效数据以帮助组织单独或整体地评估自身绩效的过程。收集过程通常是保密的、不公开的。

Benefit：利益。通过用户从产品中获得了什么、而不是产品物理特征或特性来表达的一种产品属性。利益通常与某个特性有关联，但并非一定有关联。

Best Practice：最佳实践。与改进绩效有关的方法、工具或技术。在产品创新中，没有哪一种工具或技术能确保成功，但是这些工具中的某些工具与高成功概率具有相关性。最佳实践在某种程度上是基于特定情境的，也称"高效实践"。

Best Practice Study：最佳实践研究。对成功组织进行研究并选出最佳行动或流程进行效仿的过程。在产品创新中是指探寻最佳流程实践，经调整后应用于组织中。

Bang for the buck：划算。一个用于财务分析的俚语。意思是某人的金钱或努力有多少回报。Bang 的意思是兴奋，Buck 的意思是金钱。

Beta Test：贝塔测试。比阿尔法测试更广泛的测试，由真实的用户或客户执行。贝塔测试的目的是确定产品在真实用户环境下的性能如何。

Big Data：大数据。来自采集、存储、共享、分析和可视化各个阶段以及不同设备的大量、复杂的数据集。

Biometrics：生物识别。不向研究对象提问或者干扰其体验，而是依靠专门的工具、生物识别技术和应用程序，研究人对各种产品和服务的生理、认知和情感反应。

Bottom-up Portfolio Selection：自下而上式组合选择。首先将各个项目列成清单，然后经过严格的项目评估和筛选过程，最终形成一个由具有战略一致性的项目组成的组合。

Brainstorming：头脑风暴。在产品概念生成阶段常用的一种创造性解决问题的群体方法。头脑风暴有很多种形式，每种形式都有不同的名称。所有这些方法的共同基础是：一群人创造性地生成与特定主题相关的创意列表。在进行任何批判性评估之前，要尽可能多地提出创意。

Brain writing：头脑书写。参与者被要求写下与特定问题或疑问相关的创意，然后每个参与者将他们的创意传递给其他人，然后这个人对创意列表进行添加，持续进行该过程。

Brand：品牌。用于将一个卖方的商品或服务与其他卖方的商品或服务区分开来的名称、术语、设计、符号或任何其他特征。品牌的法律术语是商标。一个品牌可以标识该卖家的一件商品、一系列商品或所有商品。

Brand Development Index：品牌发展指数。品牌销售额与该品牌在所有市场平均销售额的比值。

Break-Even Point：盈亏平衡点。产品生命周期中累计开发成本通过累计销售利润收回时的时间点。

Breakthrough Projects：突破型项目。此类项目力求用新技术将新产品推向市场，与现有的组织实践有很大不同，并且风险很高。

Bubble Diagram：气泡图。产品组合的可视化表达。气泡图将众多项目标识在二维的 X-Y 坐标图中。*X* 和 *Y* 维度是与收益相关的标准，比如风险和回报。

Burndown chart：燃尽图。剩余工作与时间的图形化表达。纵轴通常标注未完成工作（或待办工作），横轴标注时间。燃尽图是未完成工作的运行图，对预测所有工作何时完成非常有用。

Business Analysis：商业分析。对拟定项目的商业环境的分析，通常包括折现现金流、净现值或内部收益率等财务预测。

Business Case：商业论证。市场、技术、财务分析以及其他前期工作的结果。商业论证定义了产品和项目，包括项目的理由、行动或商业计划，商业论证理想情况下应在"进入开发"决策（关口）之前进行。

Business Model Canvas（BMC）：商业模式画布。一种战略管理和精益创业的模板，用于创建新的商业模式或记录现有的商业模式。商业模式画布是一个可视化图表，包含描述公司或产品的价值主张、基础设施、客户、财务等元素。

Business-to-Business（B2B）：企业对企业。企业与非消费类购买者如制造商、销售商（分销商、批发商、中间商和零售商）、机构、专业组织、政府组织之间的交易。过去常被称为产业业务。

Buyer：买方。产品的购买者，无论他们是否为最终用户。尤其是在企业对企业（B2B）的市场中，采购代理可以签订实际购买产品或服务的合同，但从未从所购买的功能中受益。

C

Cannibalization：侵蚀效应。对新产品的一部分需求，来自对公司营销的现有产品的需求（或销售量）的侵蚀。

Capacity Planning：容量规划。一项监控组织的技能组合和有效资源能力的前瞻性活动。在新产品开发中，容量规划的目的是管理开发过程中的项目流，确保任何职能（技能组合）都不会对项目按时完成造成阻碍。容量规划是优化项目组合的必需工作。

Cash Cows：现金牛。在低增长市场中占有高市场份额的产品。

Centers of Excellence：卓越中心。具有公认的技术优势、业务优势或竞争优势的地区性的或组织性的小组。

Certification：认证。正式确认某人已经掌握了某一领域知识体系的过程。在产品创新领域，产品开发与管理协会建立并管理着成为新产品开发专业人士的认证流程。

Champion：倡导者。热切期望某一特定产品或流程得到充分开发并推广的人。倡导者是一个非正式角色，在不同情境下的作用不同，小到警醒人们把握机会，大到推动那些因公司政策或反对者而内部阻力巨大的项目。

Charter：章程。一个用来定义项目背景、具体细节和计划的项目团队文件，包括初始商业论证、问题与目标陈述、制约因素和假设，以及初步计划和范围。发起人定期审查以确保与经营战略保持一致。参见"产品创新章程"。

Chasm：鸿沟。产品生命周期中接近开始阶段的一个关键部分，在导入阶段之后、增长完全启动之前。

Checklist：核对单。一个用于提醒分析师考虑所有相关方面的列表。核对单通常在概念生成阶段作为创意工具，或者在概念筛选阶段作为考虑因素列表，或者用于产品开发任何阶段来确保所完成任务的适当性。

Circular Economy：循环经济。通过设计实现恢复性和再生性的经济模式，目标是确保产品、部件和材料始终保持最高的效用和价值，有别于技术周期和生物周期。

Climate：氛围。员工直接或间接感受到的工作环境的一系列属性，这些属性对员工行为有重大影响。

Cluster Sampling：整群抽样。将整体分为多个群，再从群中抽样的方法。

Collaborative Product Development：协同产品开发。两个公司合作开发某一产品并将其商业化。

Co-location：集中办公。项目人员集中在一个物理区域办公，从而可以保持更快速、更密切的沟通和决策。

Commercialization：商业化。新产品从开发到进入市场的过程。通常包括产品上市和量产、营销材料和项目开发、销售渠道开发、供应链开发、培训以及服务与支持开发。

Competitive Intelligence：竞争情报。运用一些方法将公开的零散的竞争对手信息整理成有关竞争对手的定位、规模、能力和趋势的战略知识的活动，包括各种收集、分析和交流有关公司外部竞争趋势的最佳可用信息的实践活动。

Concept：概念。新产品创意的清晰的文字或可视化说明，包括主要特性、消费者利益，以及所需技术的广泛理解。

Concept Engineering：概念工程。一个以产品概念开发为目的的以客户为中心的流程，该流程澄清了产品创新流程中的"模糊前端"。该方法确定了设计中要体现的客户关键需求，并提出了满足这些需求的若干个备选产品概念。

Concept Generation：概念生成。生成新概念或新产品创意的过程，也称为创意生成。

Concept scenarios：概念场景。通过开发一个场景来了解产品概念在真实情境下是如何工作的。

Concept Screening：概念筛选。在产品开发的发现阶段对潜在的新产品概念进行评估。

Concept Statement：概念说明。呈现给消费者的概念的文字或图形说明，以在产品开发之前获得消费者的反馈。

Concept Testing：概念测试。将概念说明提供给消费者以记录其反馈的过程。这些反馈可以用来帮助开发者评估概念的销售价值，也可以用来对概念进行修改以提高其潜在销售价值。

Concurrent Engineering（CE）：并行工程。产品的设计与制造工艺开发采用跨职能团队以集成的方式同步进行，而不是单个职能部门按照顺序进行。并行工程的目的在于，使开发团队从项目一开始就考虑从概念到退市的整个产品生命周期的所有要素，包括质量、成本和维护。也称"同步工程"。

Conjoint Analysis：联合分析。一种市场调研方法。该方法首先系统地向受访者提供一组产品描述，每个产品描述包括一组产品属性和属性的程度。随后要求受访者选择他们偏好的产品和/或从每组选项中指出他们的偏好程度。然后可以判断出每个产品变量的每个程度对总体偏好的贡献。

C-Conscientious：谨慎型。DISC 评估工具中的一种工作风格。在对完整数据评估的基础上才会做出理性决策的团队成员，通常被认为是不动感情，只热衷于精确与细致工作的人。其他人可能认为他们对细节的过度关注会给项目工作带来障碍。

Consumer：消费者。最通用、最全面的形容组织目标市场的术语。既包括 B2B 企业消费者，也包括 B2C 家庭消费者。既包括公司当前的客户，也包括竞争对手的客户，还包括具有相似需求或人口统计特征但当前尚未产生购买行为者。该术语并不区分某个人是一位购买者还是一位目标用户。消费者中只有一小部分会成为客户。

Consumer Market：消费者市场。个人购买商品和服务仅供家庭使用，而不是在商业环境中使用。消费者购买决策通常由个人做出，要么是为了自己，要么是为了家庭其他成员。

Consumer Need：消费者需求。消费者期望得到解决的某个问题，或者说，消费者期待产品帮助他们完成的某个任务。

Consumer Panels：消费者测评组。由市场调查公司或代理机构招募的特定领域的一群消费者，这群消费者作为被调查者，回答与产品测试、口味测试或某个具体领域的具体调研问题。大部分情况下，这群人是参与过许多项目的专家小组。该方法特别适合简短而快速的调查，这类调查的重点是那些具有专业知识的人群样本，而不是普通消费者的代表人群样本。

Contingency Plan：应急计划。应对那些无法预测其是否发生、发生时间以及严重程度的事件的计划。

Continuous Improvement：持续改善。旨在逐步改进实践和流程的复盘、分析和返工。也称"改善"（Kaizen）。

Continuous Innovation：连续式创新。在不改变消费模式或行为的情况下对产品性能和利益的改善，产品的整体外观和基本性能没有发生根本性变化。例如，含氟的牙膏和运算速度更高的计算机。

Convergent Thinking：收敛思维。与分析、判断和决策有关的思维过程。也译为"聚合思维"。

Cooperation（Team Cooperation）：合作（团队合作）。团队成员在实现团队目标的过程中积极合作的程度。

Copyright：版权。原创者被授予的在一定年限内享有的印刷、出版、表演、拍摄或记录文学、艺术或音乐成果的具有排他性和可转让的合法权利。

Core Benefit Proposition（CBP）：核心利益主张。消费者购买产品的核心利益或目的。核心利益主张可能来自实物或服务，也可能来自产品的附加维度。另见"价值主张"。

Core Competence：核心竞争力。公司优于竞争对手的能力。它为公司获取和留住客户提供了独特的竞争优势和属性。在最完整的定义中还包括"最低成本的供应商"。

Core product：核心产品。目标市场从产品获取的利益。

Corporate Culture：公司文化。对一个组织的"感觉"。文化源自一个组织运行的信念体系。公司文化有权威型文化、官僚型文化、创业型文化等。公司文化影响组织完成工作的效果。

Corporate Strategy：公司战略。一个多元化组织的总体战略。公司战略回答两个问题："公司应该在哪些业务领域开展竞争""不同的业务如何协同起来，以提高组织整体的竞争优势？"

Creativity：创造力。创造力是生成并识别可能有助于解决问题的创意、备选方案或可能性的倾向。

Criteria：标准。决策者在决策关口使用的陈述，是确保产品开发项目继续进行而必须达到或超过的绩效维度。总体来说，这些标准是业务部门新产品战略的反映。

Critical Path：关键路径。在图表中列出为成功完成项目所必须完成的一系列相关活动，以及每项活动完成时间以及哪些任务不能在其他任务完成之前开始。关键路径是图表中最长的路径，它决定了完成一个项目所需的时间。

Critical Path Scheduling：关键路径进度计划。一种项目管理工具，将新产品项目中的所有重要步骤，基于任务间的相互依赖关系放入一个按活动顺序展开的网络中。关键路径计划通常被集成到各种软件中。

Critical Success Factors：关键成功因素。必要但并不确保商业成功的一些关键要素。

Cross-Functional Team：跨职能团队。由产品开发涉及的各个职能部门的代表组成的团队，通常包括交付成功产品所需的所有关键职能部门的成员，例如营销、工程、制造/运营、财务、采购、客户支持和质量。该团队由各职能部门授权在开发过程中代表每个职能部门的观点。

Crossing the Chasm：跨越鸿沟。从由少数有远见的客户（也称"创新者"或"早期采用者"）主导的早期市场过渡到主流市场。跨越鸿沟通常适用于全新的、创造市场的、基于技术的产品和服务的采纳。

Crowd Sourcing：众包。通过技术平台、社交媒体渠道或互联网，从数量巨大且相对开放的人群中，（有偿或无偿地）获取信息、商品、服务、创意、资金，作为特定任务或项目的输入的一系列工具。

Culture：文化。组织中人们共同拥有的信念、核心价值观、假设和期望。

Customer：客户。购买或使用公司产品或服务的人。

Customer adoption model：客户采用模型。基于愿意承受风险的程度，将客户划分为五个不同类别：

创新者、早期采用者、早期大众、后期大众、落后者。

Customer needs：客户需求。客户需要解决的问题。这些需求，无论是表达出来的还是未明确表达出来的，都为组织提供了新产品开发的机会。

Customer Site Visits：客户现场访问。发现客户需求的一种定性市场调研方法，包括访问客户的工作现场，观察客户个体如何完成与你想要满足的客户需求相关的工作，询问客户他们做了什么、为什么要这么做、完成工作时遇到了什么问题、哪些工作做得好，等等。

Cycle Time：周期时间。某一活动从开始到完成的时长。对产品创新而言，是指从新产品最初创意到新产品上市开始销售所需的时间。对起点和终点的准确定义因公司而异，也因公司内的项目而异。

D

D-Dominance：支配型。DISC 评估工具中的一种工作风格。这些团队成员以行动为导向，喜欢快节奏的工作，做决策很快，会被其他人认为要求过高。

Dashboard：仪表板。用彩色的图形显示项目或项目组合的状态，就像车辆仪表盘那样。通常，红色表示紧急问题，黄色表示即将发生的问题，绿色表示项目正常进行。

Data：数据。来源于业务流程的度量。

Database：数据库。对信息以某种形式组成电子集合，以便于搜索、发现、分析和应用。

Decision Tree：决策树。在业务或计算机程序设计中用来做决策的图形。树形图中的"分支"表示具有相关风险、成本、成果和结果概率的选择。通过计算每个分支的结果（利润），可以确定企业的最佳决策。

Decline Stage：衰退阶段。产品生命周期中的第四个也是最后一个阶段。进入该阶段通常是由技术进步、消费者或用户偏好变化、全球竞争、环境或法规变化引起的。

Defenders：防御者。采用各种手段保护自己领域的公司，不一定通过开发新产品。

Deliverable：可交付成果。项目已取得成果的输出（如测试报告、监管部门的批准、可工作原型或市场调研报告）。在产品上市或开发阶段结束时都要用到可交付成果。

Delphi Technique：德尔菲技术。在一组专家中通过迭代达成共识来预测未来状态最可能结果的一种技术。

Demographic：人口统计学。对人口的统计描述，描述的特征包括性别、年龄、受教育程度、婚姻状况、各种行为或心理特征等。

Derivative Projects：衍生项目。从现有产品或平台衍生出来的项目。它们可以填补现有产品线的空白、提供更具成本竞争力的制造、提供基于组织核心技术的增强功能和特性。通常，风险相对较低。

Design for Assembly（DFA）：可装配性设计。简化产品设计以降低制造过程中的装配成本。装配是将制造产品所需的零部件组合成产品，包括生产期间和生产后的所有活动。

Design for the Environment（DFE）：面向环境的设计。在设计与开发流程中对产品生命周期内的环境、安全和健康问题进行系统考虑。

Design for Excellence（DFX）：面向卓越的设计。在设计与开发流程中系统地考虑与产品生命周期相关的所有因素，如可制造性、可靠性、可维护性、可承受性、可测试性等的设计方式。

Design for Functionality（DFF）：功能性设计。功能性设计是对产品使用者的需求或期望做出回应并满足这些需求或期望的过程，允许对设计元素或其组合进行预期。DFF 考虑的因素有安全性设计（咖啡机）、简单性设计（平台设计）和重新设计（产品改进或衍生）等。

Design for Maintainability（DFM）：可维护性设计。对材料、组件、零件、设备和部件的选择决策，决定了当部件达到其使用寿命而出现故障时，对系统进行检查、修复和维修的能力与可维护性。在设计阶段，可维护性设计应考虑便于开展纠正性和预防性维护。

Design for Manufacturability and Assembly（DfMA）：可制造性和可装配性设计。可制造性和可装配性设计是可制造性设计和可装配性设计两个过程的结合。可制造性是一种降低制造操作复杂性和生产总成本（包括原材料成本）的设计方法。可装配性是一种简化或减少产品零部件装配操作的设计方法。

Design for production：可生产性设计。在保持规定质量标准的同时，将产品成本和制造时间最小化，以实现一个成功的制造过程。

Design for Recycling（DFR）：可回收性设计。指材料中允许再利用或再加工生产废物、产品和产品部件，以及产品再利用和再加工的方法。

Design for Six Sigma（DFSS）：六西格玛设计。目标是做出资源利用率高、产量高且不受工艺变动影响的设计。

Design Specifications：设计规格。概念说明定性描述了产品概念的利益和特性，而产品设计规格则为进一步的设计和制造提供了定量依据。

Design Thinking：设计思维。一种创造性的问题解决方法，更全面地说，是一种用于识别问题并创造性解决问题的系统性和协作性方法。

Design for usability：可用性设计。评估概念系统的功能性、适用性、可维护性、易操作性、可靠性、安全性、美观性、操作场景和环境以及可定制性。总体来说，可用性设计应与产品和制造设计流程紧密联系起来。

Design for serviceability：可服务性设计。重点是提高维修和故障排除时诊断、拆卸或更换产品任何零件、部件、组件或子组件的能力。

Design of experiments（DOE）：实验设计。DOE 应用于产品及其制造过程，用于发现因果关系，是一种确定影响过程的因素与过程输出之间关系的系统方法。

Design Validation：设计确认。进行产品测试以确保产品或服务符合定义的消费者需求。可以利用可工作原型进行，也可以通过对成品的计算机模拟进行。

Development：开发。组织中负责把产品需求转变为实际产品的职能，也是整个概念到市场的周期中对新产品或服务进行首次开发的阶段。

Development Teams：开发团队。将一个或多个新产品从概念到开发、测试、上市的团队。

Digitization：数据化。指创建物理对象或属性的一个数据化表达。数据化的目标是使信息更容易访问、存储、维护和共享。

Digitalization：数字化。指通过利用数字技术和数字化的数据来实现或改进流程。数字化的目的是通过使用数字化数据和技术来支持、改善和转变业务运营，从而转变组织开展业务的方式并提高生产力。

Digital Transformation：数字化转型。数字化转型研究所（Institute for Digital Transformation）将数字化转型定义为"将数字技术整合到业务中，重塑一个围绕客户体验、商业价值、持续变化而重新定位的组织"。

Discontinuous Innovation：非连续性创新。带来全新消费模式和行为变化的前所未有的产品，如微波炉和移动电话。

Discounted Cash-Flow (DCF) Analysis：现金流折现分析。一种用项目未来的收入和支出估算其当前价值的方法。对项目未来几年的现金流进行估算，然后使用预测利率折现回现值。

Dispersed Teams：分散式团队。产品开发团队成员在不同的地点、跨越不同的时区甚至在不同的国家/地区工作。

Disruptive Innovation：颠覆型创新。需要新的商业模式，但不一定是新技术。比如，谷歌的安卓操作系统就可能颠覆苹果的操作系统。

Distribution Physical and Channels：实体的和渠道的分销。用于将产品（或服务）从生产地运至最终用户可以购买的地方的方法和合作伙伴。

Divergent Thinking：发散思维。在没有判断、没有分析、没有讨论的情况下提出新创意和新可能性的过程。该思维方式允许自由联想、拓展边界并思考解决没有单一、正确或已知答案的难题的一种新方法。

DMAIC：DMAIC 5 个阶段的缩写：定义、测量、分析、改进、控制。

DMADV：专注于新产品、服务或流程的设计过程。DMADV 的 5 个阶段是：定义、测量、分析、设计和验证。

DMEDI：设计新的稳健流程、产品和服务的创造性方法。5 个阶段分别是：定义、测量、探索、开发、实施。

Double diamond framework：双钻石框架。一种涵盖了各个阶段，包括收敛思维、发散思维、问题域的设计思维框架。

E

Early Adopters：早期采用者。"跨越鸿沟"模型中，继创新者之后尝试新产品的第二类人群。他们通常是自己行业的意见领袖，通常比创新者更厌恶风险。

Early majority：早期大众。"跨越鸿沟"模型中，采用新产品的第三类人群。他们通常比早期采用者更厌恶风险，并且只有在新产品被同行验证后才会采用它。

Embodiment Design：实体化设计。设计流程中的一个阶段。从概念定义开始，按照技术经济指标进一步设计，直至完成详细设计并达到可制造性要求。

Emergent emotions：突发性情绪。在人工智能的背景下，使用神经网络和其他非线性动态建模来解读消费者情绪的过程。

Emotional design：情感化设计。为了激发消费者的情绪和感觉，通过设计积极的情绪、情感联想和对产品的信任感，从而提高产品的可用性。

Emotional Intelligence：情商。由自我管理和管理人际关系两部分组成。

Empathy Analysis：同理心分析。包括与客户进行深入联系和深入理解的能力，以及与客户建立直接情感联系的方法。

Endurance testing：耐久性测试。一种决定产品性能的测试，如耐久性、速度、可扩展性、操控性和稳定性。测试过程包括手动和机械耐久性测试，旨在揭示故障，并确保产品是与市场匹配的。

Enhanced New Product：增强型新产品。衍生产品的一种形式。增加了以前在基础平台上没有发现的附加功能，从而为消费者提供了更高的价值。

Entrepreneur：企业家。发起、组织、经营、承担风险并为新企业获得潜在回报的人。

Ethnography：人种学。观察客户和所处环境，以获得对其生活方式或文化的深刻理解，从而更好地理解他们的需求和问题。

Expected Commercial Value（ECV）：预期商业价值。寻求项目的预期商业价值或价值最大化的一种财务评估方法。

Externalities：外部性。产品对人或环境的影响，没有反映在产品市场价格的影响中。

Eye Tracking：眼动追踪。一种特殊形式的感官测试方法。使用连线耳机或眼镜等专用工具，测量人们观看的位置以及持续的时间。通过设备跟踪和报告参与者第一次、第二次、第三次观看的位置，并提供参与者眼睛停留在被测图像上的视觉扫描，以发现消费者对线上产品和服务、网站、应用程序、产品图像、包装和信息表达等各种刺激的反应。

F

Factor Analysis：因子分析。将观测数据的值表示为众多可能因子的函数，以找出关键因子的过程。

Factory Cost：制造成本。在生产地生产产品的成本，包括材料成本、劳动力成本和间接费用等。

Failure mode and effects analysis（FMEA）：故障模式和影响分析。一种逐步识别设计、制造或组装工艺或产品中可能出现故障的方法。故障模式是指某些故障可能发生的方式或模式。

Failure Rate：失败率。公司中新产品能够进行商业化，但未能达到预定目标的新产品的比例。

Feasibility Analysis：可行性分析。分析一个新产品或新项目的成功可能性的过程。

Feature：特性。针对消费者需求或问题的解决方案。特性为消费者提供了利益。手柄（特性）使得笔记本电脑便于携带（利益）。通常，系统会选择几个不同特性中的任何一个来满足客户的需求。例如，带有双肩背的笔记本电脑包是使得笔记本电脑便于携带的另一个特性。

Feature Creep：特性蔓延。在开发流程中，设计者和工程师向产品增添比最初设计更多的功能和特性的倾向，这么做往往会导致进度延误、开发成本增加、产品成本增加。

Feature Roadmap：特性路线图。产品相关性能和属性沿着时间轴进化的图。定义产品生命周期中每次迭代或生成的具体特性，并将其分组为版本（已商业化的特性集）。

Field Testing：现场测试。由来自目标市场的用户在产品实际使用环境中进行产品使用测试。

Financial Success：财务成功。新产品达到其利润、毛利率和投资回报率目标的程度。

First-to-Market：率先上市。第一个创建一个新产品品类或一个品类的实质性细分的产品。

Five hexagon model：五蜂巢模型。一种设计思维常用的方法。

Focus Groups：焦点小组。一种定性市场调研方法，在一名训练有素的主持人的领导下，8～12 名市场参与者聚集在一个房间里进行讨论。讨论的重点是消费者的问题、产品或问题的潜在解决方案。讨论结果不能代表整体市场。

Forecast：预测。对在给定时间内实施基于现有战略的商业计划决策的成功与失败进行预测。

Front end of innovation：创新前端。创新流程的起点阶段，在进入正式的产品开发流程之前，识别机会并开发概念。也称为模糊前端。

Forming：形成阶段。塔克曼团队发展阶段模型的第一个阶段。在该阶段，大部分团队成员表现得积极、礼貌。有些人会焦虑，因为还不完全理解团队将要做什么。

Function：功能或职能。在产品中，功能是为满足顾客需求而必须完成的工作的抽象描述，功能是产品或服务所必须做的事情。在组织中，职能用来描述一个具备基本业务能力（如工程能力）的内部组别。

Function Analysis System Technique（FAST）：功能分析系统技术（FAST 技术）。建立在功能分析结果之上的一种方法。FAST 的目的是说明并提供有关产品系统如何工作的见解，以便识别故障、操作顺序的不连贯之处、操作缺陷等。FAST 将产品功能之间的因果关系（How-Why）可视化，从而加深对产品工作原理的理解。

Functional Team：职能型团队。项目被分为多个职能模块，每个模块由相应的职能经理负责，并由职能经理或高级管理者进行协调。

Fuzzy Front End：模糊前端。在更正式的产品创新流程之前，它通常包括三个任务：战略规划、概念生成和技术前期评估。

G

Gamma Test：伽马测试。一种产品使用测试。开发人员测量产品满足目标客户需求的程度，解决开发过程中的问题并让客户感到满意。

Gantt Chart：甘特图。一种应用于项目进度规划和管理的水平条形图，包括任务开始日期、完成日期和持续时间。

Gap Analysis：差距分析。在产品开发中，差距是当前新产品收入或利润与为实现公司目标的预期收入或利润之间的差额。

Gate：关口。决策产品开发项目是进入下一阶段、停留在现阶段以完善各项任务，还是中止的决策点。不同公司的关口数量有所不同。

Gatekeepers：把关者。在门径管理流程中担任顾问、决策者、投资者的一个管理者小组。这个多职能小组在每个关口运用已建立的业务标准评审新产品机会和项目进度，并相应地分配资源。该小组通常也被称为"产品批准委员会"或"项目组合管理团队"。

Greenwashing：漂绿。一个公司或组织花很多时间和金钱通过广告和营销宣称自己是"绿色的"，而不是在实际业务中尽量减少对环境的影响。

Growth Stage：成长阶段。产品生命周期的第二阶段。在该阶段，市场对产品或服务的接受度快速上升。到达成长阶段的产品已经成功地"跨越鸿沟"。

Guerrilla testing：游击测试。游击测试是可用性测试的最简单形式。开展游击测试时，会进入超市或公园等公共场所询问人们对产品原型的看法，从而进行一次快速的可用性测试。

H

Heavyweight Team：重量型团队。一个获得授权的拥有足够资源来完成项目的团队。团队成员向团队领导汇报工作。实践中通常采取集中办公的方式。

Hurdle Rate：基准收益率。新产品在开发过程中必须达到或超过的最低投资回报率或内部收益率。

I

Idea：创意。一种新产品或新服务的雏形时的形态。通常是指对个人、团队或公司识别出的问题的来自高层级的解决方案。

Idea Generation：创意生成。所有为解决消费者问题而寻找更多解决方案的活动和流程。创意生成方法可以在产品开发早期阶段生成产品概念，在中期阶段解决问题，在后期阶段规划上市，在退市阶段更好地总结市场上的成功和失败。

IDOV：IDOV。一种设计符合六西格玛标准的新产品和服务的特殊方法。它有 4 个阶段：识别、设计、优化和验证。

Implementation Team：实施团队。将"想要"阶段的概念和意图转化为现实的团队。

Implicit Product Requirement：隐性产品需求。客户对产品的期望，但没有提出来或无法表达出来。

Incremental Improvement：渐进式改进。为保持产品在客户眼中的新鲜感，对现有产品所做的较小的改变。

In-depth interview：深度访谈。进行更长时间的密集访谈以探索一个专业性主题。该调研收集对一个问题、想法、计划、情况等的详细见解、观点、态度、想法、行为和观点。

I-Influence：影响型。DISC 评估工具中的一种工作风格。很容易建立社会关系，寻找新成员参与并增添有工作热情的团队成员。

Information：信息。知识和洞见，通常是通过检查数据而获得的。

Initial Screening：初步筛选。对项目进行花费资源（时间或金钱）的第一次决策。项目就是在这里诞生的。也称"创意筛选"。

In-licensed：许可。从外部获取新产品概念或技术，将其整合到产品开发组合中。

Innovation：创新。一种新创意、新方法或新设备，以及创造一个新产品或新流程的行动，这些行动包括发明以及将概念或创意开发成最终商品的必要工作。

Innovation landscape map：创新景观图。一幅创新类型的地图，分为四个象限：常规型创新、颠覆型创新、激进型创新和架构型创新。

Innovators：创新者。第一批尝试新产品的人。他们通常是早期采用者中更愿意承担风险的人。

Innovation-Based Culture：基于创新的文化。一种企业文化。在该文化背景下，高级管理团队和员工习惯性地加强最佳实践，并系统地、持续地为客户提供有价值的新产品。

Innovation Steering Committee：创新指导委员会。高级管理团队或子团队，负责协调产品创新的战略和财务目标的一致性，并为项目组合和开发团队设定期望。

Innovation Strategy：创新战略。为整个组织的创新提供目标、方向和框架。各个业务部门和职能部门可以有自己的战略来实现专业的创新目标，但这些战略必须与组织的总体创新战略保持一致。

Integrated Product Development（IPD）：集成产品开发。一种哲学思想，系统性地抽调各职能专业人员组建集成团队，有效率、有效果地开发出满足客户需求的新产品。

Intellectual Property（IP）：知识产权。能为组织带来商业竞争利益的信息，包括专有知识、技术能力和设计信息。

Internal Rate of Return（IRR）：内部收益率。投资的未来现金流折现值等同于投资成本时的折现率，即净现值为零时的折现率。

Internet of Things （IoT）：物联网。在日常物品中嵌入计算设备，通过互联网相互连接，使它们能够发送和接收数据。

Intrapreneur：内部创业者。在大公司内部开办新事业的创业者，相当于企业家。

Introduction Stage：导入阶段。产品上市的初期阶段和产品生命周期的第一个阶段，通常被视为市场进入、用户试用和产品采用的点。

ISO 9000：ISO 9000 标准。国际标准化组织制定的一套审计标准，它确立了质量体系在公司中的作用，并用于判断公司是否被认证为符合标准。ISO 9001 专门用于新产品。

J

Jobs to be done（JTBD）：待办任务。一个对创新所需信息进行分类、挖掘、捕获和组织的框架。

Journal of Product Innovation Management：《产品创新管理杂志》。创新、产品创新和技术管理领域的顶级学术期刊。该杂志由 PDMA 所有，致力于推进产品创新全过程中涉及的所有领域的管理实践。

Journey Maps：旅程图。一种用来描述消费者与产品或服务交互时所采取的所有行动和行为的流程图。

K

Kaizen：改善。一个日语术语，意思是"为更好而改变"或"持续改进"。这是一种日本的商业哲学，强调全员参与持续改进。

Kanban：看板。一个可视化的调度系统，因其是丰田生产系统的一部分而出名。看板已经成为最有用的敏捷项目管理工具之一，被敏捷团队广泛使用，通常被称为敏捷任务板。

Kano method：卡诺模型。用于识别客户需求和潜在需求、明确功能需求、开发作为进一步产品开发的备选概念、分析同品类内竞争的产品或服务。

Kansei Engineering：感性工程。用来识别构成产品的相关设计元素（颜色、尺寸和形状）作为用户偏好的决定性因素。

L

Laggards：落后者。"跨越鸿沟"模型中，最后一批尝试新产品的人群。他们通常是最厌恶风险的，只在刚需且无其他选择的情况下才采用新产品。

Late majority：后期大众。"跨越鸿沟"模型中，尝试新产品的第四类人群。他们比早期大众更厌恶风险，只在新产品被广泛接受后才会采用它。

Lead Users：领先用户。对这群用户来说，满足某种消费需求是如此重要，但由于无法找到可以为他们解决问题的供应商，他们自己修改当前产品或发明新产品来解决这个需求。当这些需求成为未来市场的需求趋势时，他们的解决方案就是新产品的机会。

Lean Product innovation：精益产品创新。用精益的方法来应对产品创新的挑战。精益产品创新是建立在丰田首创的精益方法（丰田生产系统）基础上的。

Lean Startup：精益创业。创业者在开发产品的同时必须进行调查、实验、测试和迭代，基于这种理念的一种创办新企业的方法。

Learning Organization：学习型组织。组织在内部不断测试并更新组织中人员的经验，并将这些经验用于改进与核心目标相关的工作流程和知识体系。

Life Cycle Assessment：生命周期评估。一种分析环境影响（如二氧化碳足迹、水足迹等）的科学方法。

Lightweight Team：轻量级团队。负责开发产品概念并将之推向市场的新产品团队。在大多数情况下，资源不是专职的，团队依靠资源的技术功能完成项目任务。

Line Extension：产品线延伸型新产品。衍生产品的一种形式，只添加或修改产品特性而不显著改变产品功能。

M

Manufacturability：可制造性。新产品能够以最低成本和最高可靠性顺利、有效地制造的程度。

Manufacturing Design：制造设计。确定将用于制造新产品的制造工艺的过程。

Manufacturing Test Specification and Procedure：制造测试规格与程序。由开发和制造人员编制的文件，描述在制造流程中将要满足的零部件、组件或系统的性能规格，以及对规格进行评估的程序。

Market penetration：市场渗透率。在一个特定时期内至少有一次触达目标市场所占的百分比。

Market Research：市场调研。公司客户、竞争对手或市场的信息，可能来源于二手资料（已出版的和公开的），或来源于一手资料（客户自身）。市场调研可以是定性的，也可以是定量的。

Market Segmentation：市场细分。一个框架，通过这个框架将一个较大的异质的市场细分为许多较小的、同质性的市场。有多种细分方式：按人口统计学细分（男性与女性、年轻人与老年人、穷人或富人），按行为细分（通过电话购物的人、通过互联网购物的人、通过零售购物的人、用现金支付的人、用信用卡支付的人），按态度细分（相信商店品牌与全国品牌一样好的人或不相信的人）。

Market Share：市场份额。公司销售额在总体市场销售额中所占的百分比。

Market Testing：市场测试。专注于新市场或细分市场中的现有产品，在产品开发的后期阶段提供来自特定目标市场的客户反馈。

Marketing Mix：营销组合。可用于营销产品的基本工具，通常指 4P，即产品（Product）、定价（Price）、促销（Promotion）和地点（Place）。

Marketing Strategy：营销战略。组织将有限资源集中在增加销售的最佳机会上从而获得独特竞争优势的一个过程或模式。

Maturity Stage：成熟阶段。产品生命周期的第三阶段。由于市场饱和，销售开始趋于平稳。此时，激烈的竞争、替代产品选择、买方的改变以及潜在消费者偏好的改变，都会使得企业难以盈利。

Metrics：度量指标。用于跟踪产品开发的一组指标，公司用其测量流程改进的影响。通常，这些指标因公司而异，但都包含两个方面的指标，一类是过程指标，如上市时间、具体流程阶段的持续时间，另一类是结果指标，如产品每年商业化的数量、来自新产品收入的占比。

Mind-mapping：思维导图。一种在各种信息或创意之间建立联系的图形化技术。首先从页面中间的

　　一个关键词或短语开始，然后从该中心点开始向不同方向连接新创意，从而建立起一个关系网络。

Mission：使命。关于组织的信仰（Creed）、哲学（philosophy）、宗旨（purpose）、经营原则（business principles）或公司信念（corporate beliefs）的陈述。使命的目的是使组织的能力和资源得以聚焦。

Mock-up：样品。最终产品的一个模型。样品经常被用于在现实生活中作为最终产品呈现。

Morphological analysis：形态分析。形态分析可以生成满足潜在用户需求和期望的系统级解决方案。目的是识别出多个潜在"解决方案"中共同的可能"要素"，从而找出未来的设计参数。

Multidimensional Scaling（MDS）：多维尺度分析。在一个数据集（如产品或市场）中，将数个个案相似性进行可视化的方法。

Multifunctional Team：多职能团队。由来自不同职能领域的个体组成，共同致力于解决问题或者执行流程。需要将知识、培训和能力进行跨领域整合才能成功完成工作。参见跨职能团队。

Multiple regression analysis：多元回归分析。通常用于产品创新中分析基于调查的数据。当存在许多因素、关键驱动因素和产品属性时，可以为新产品或改进产品或服务提供详细的洞见。可用于识别哪些变量对研究主题有影响，并用于基于两个或更多个其他变量的已知值来预测一个变量的值。

Multivariate Analysis：多变量分析。探索一个结果变量（也称"因变量"）与一个或多个预测变量（也称"自变量"）之间的关联。

N

Needs Statement：需求说明。采用客户语言描述的、新产品所应满足的客户的需求和期望。

Net Present Value（NPV）：净现值。流入的现金现值与流出的现金现值之间的差值。在资本预算过程中，该值用来预计和分析投资或项目的盈利能力。

Net Promoter Score：净推荐值。有人向朋友推荐你的产品或服务的可能性。

Network Diagram：网络图。将方框用线条连接的一种图形。用于展示开发活动的顺序和任务之间的相互关系。常与"甘特图"一起使用。

Neural networks：神经网络法。该方法创建了非线性模型来检验输入变量（产品特征）和输出变量（用户感知）之间的复杂关系。

New Product：新产品。一个涵盖许多观点与实践的术语。通常被定义为市场上首次出现的产品（商品或服务）。但不包括只在促销中做了改动的产品。

New Product Development（NPD）：新产品开发。新产品的战略、组织、概念生成、产品和营销的创建、评估以及商业化的整个过程。通常被简称为"产品开发"。

New Product Introduction（NPI）：新产品导入。在产品开发项目成功结束后，将新产品投放市场或将其商业化。

New Product Development Process（NPD Process）：新产品开发流程。为了不断将最初的创意转化为可销售的产品或服务，由公司制定的、必须得到遵守的一系列任务和步骤。

New Product Development Professional（NPDP）：产品创新经理。经产品开发和管理协会认证的产品创新经理，需掌握《产品创新与管理知识体系》并通过认证考试。为通过 NPDP 认证考试，报考者必须拥有公认机构颁发的学士学位或者更高学历（或同等学力），并至少有两年从业经验。

New-to-the-World Product：世界级新产品。一种消费者或生产者从未获得过的商品或服务。上市时是全新的，如汽车、微波炉和宠物岩石。

Non-Product Advantage：产品外优势。在产品本身之外创造竞争优势的营销组合要素，包括营销传播、分销、公司声誉、技术支持和相关服务。

Norming：规范阶段。塔克曼团队发展阶段模型中的第三个阶段。在该阶段，团队成员开始解决彼此之间的分歧，欣赏对方的优点并尊重领导者的权威。

O

Open Innovation（OI）：开放式创新。组织的一种战略，通过联盟、伙伴关系、签署协议等方式，积极地从外部寻求知识以补充和提升其内部能力，以产出更好的创新成果。这些成果可以通过组织内部、新的商业实体或外部许可等方式进行商业化。

Operations：运营。广义上的运营包括制造、采购、物流、行政和其他服务类工作。

Opportunity：机会。公司或个人通过规划或偶然意外，意识到的当前与预期未来之间的商业或技术差距，以获取竞争优势、应对威胁、解决问题或改变困境。

Option pricing theory：期权定价理论。根据计算出的合同成功的概率，通过分配一个溢价的价格来估计期权合同的价值。

Organizational Identity：组织身份。对组织定位和存在意义的清晰定义和理解，是组织实现长期成功的根基。

Outsourcing：外包。公司不自己生产而是从外部获得产品或服务的过程。

Outstanding Corporate Innovator Award：杰出创新企业奖。由产品开发和管理协会颁发的年度大奖，授予经过正式评审流程评出的杰出创新企业。获得该奖的基本条件是：

（1）连续 5 年有新产品成功上市。

（2）新产品的成功给公司带来显著的效益增长。

（3）有清晰的、可描述的产品创新流程。

（4）有独特的创新特点和无形价值。

P

Patent：专利。经政府授权或许可，在一定时间段内拥有的权利或资格，尤指禁止他人制造、使用、出售一项发明的独有权利。

Payback：回收期。商业化的产品或服务所获收益与开发及营销成本正好相抵消时的时间，通常以年为单位。有些公司以新产品全面上市日作为起算点，有些公司以投入开发费用开始日作为起算点。

Perceptual Mapping：感知图。一种定量市场调研工具，用于理解客户如何看待当前和未来产品，是产品在消费者心目中所处位置的视觉呈现。

Performance Measurement System：绩效评估系统。组织用来监控新产品在一定的时间段相关绩效指标的体系。

Performance Metrics：绩效度量指标。一套跟踪产品开发的测量指标，帮助公司随时间推移衡量流程改进的影响。

Performing：成熟阶段。塔克曼团队发展阶段模型中的第四个阶段。在该阶段，团队成员努力工作，没有冲突，不断实现团队目标。此外，由领导者构建的团队结构和流程运行良好。

Personas：用户画像。基于对一组用户群体的客观和直接观察而构建的虚构人物。用户画像作为"典型"用户或原型，帮助产品创新者预见用户对产品特性的具体态度和行为。

Program Evaluation and Review Technique（PERT）：计划评审技术。一种以事件为导向的网络分析技术，用于在单个活动持续时间估计存在高度不确定性时估算整个项目的持续时间。

PESTLE：PESTLE 分析。一种基于政治（Political）、经济（Economic）、社会（Social）、技术（Technological）、法律（Legal）和环境（Environmental）因素进行分析的结构化工具。作为一个战略框架，它有助于更好地理解影响组织未来趋势的直接因素，如人口统计因素、政治壁垒、颠覆性技术和竞争压力等。

Phase Review Process：阶段评审流程。一种分阶段的产品创新流程。首先由一个职能团队完成一组任务，然后将完成后的成果交给另一职能团队，接棒的团队完成下一组任务后再将成果交给下一职能团队，依次类推。

Pipeline（product pipeline）：管道（产品管道）。准备投放市场的一系列开发中的产品。

Pipeline Management：管道管理。将产品战略、项目管理和职能管理整合在一起的过程，目的是持续优化所有相关开发活动的跨项目管理。

Plant Variety Rights：植物品种权。生产、销售植物品种繁殖材料的专有权。

Platform Product：平台型产品。产品族中一系列产品共用的设计和组件。通过这个平台可以设计出许多衍生产品。参见"产品平台"。

Portfolio：组合。通常指公司正在投资并进行战略权衡的一系列项目或者产品。参见"项目组合"和"产品组合"。

Portfolio Criteria：组合标准。用来评价计划中和正在进展中的产品开发项目的一组标准，以建立一个既均衡又有多样性的持续的组合。

Portfolio Management：组合管理。一种业务流程，由业务部门通过该流程对当前进展中的项目组合、人员和预算安排进行决策。参见"管道管理"。

Portfolio management team：组合管理团队。参见把关者。

Portfolio Rollout Scenarios：组合推演。对某一时间段内为达到预期财务目标推出新产品的数量和规模进行推演。需要考虑成功率/失败率，并将公司与行业标杆对标。

Principal components analysis（PCA）：主成分分析。在一个数据集中，确定解释尽可能多（或全部）方差所需的最小数量的因素或成分。它通过创建或派生新的维度（也称成分）来减少数据中不必要的特性。

Primary Market Research：一级市场调研。指由你自己（或你雇用的人）为当前的目标收集数据而开展的原始调研。

Process Champion：流程倡导者。负责建立新产品创新流程的高级主管。努力确保产品创新流程实施的质量和一致性。

Process Managers：流程经理。负责确保流程中的创意和项目按时有序进行的管理者。

Process Owner：流程负责人。负责产品创新流程的战略结果的高级管理者，包括流程使用量、输出质量和组织内的参与度。

Product：产品。用来销售的所有商品、服务或知识。产品是属性（特性、功能、利益和用途）的集合体，可以是有形的，如实物商品，也可以是无形，如服务利益，还可以是两者的结合。

Product and Process Performance Success：产品和流程绩效成功。新产品达到技术性能指标和产品创新流程绩效指标的程度。

Product approval committee：产品审批委员会。参见"把关者"。

Product Architecture：产品架构。将功能元素分配到产品物理模块的方式，以及通过这些物理模块之间的交互来执行产品整体功能的方式。

Product Backlog：产品待办列表。敏捷产品开发的基本概念之一。对系统的需求用产品待办事项的优先级列表来呈现。这些需求包括功能性和非功能性的客户需求以及技术团队提出的需求。

Product Definition：产品定义。定义产品，包括目标市场、产品概念、交付的利益、定位战略、价格点、产品需求和设计规格。

Product Design Specifications：产品设计规格。包括所有必要的图纸、环境因素、人机工程学因素、美学因素、成本、维护、质量、安全、文件和说明，还包括如何执行项目设计的具体示例，以帮助其他人更好地开展工作。

Product Development：产品开发。一个新产品的战略、组织、概念生成、产品与营销计划的创建和评估以及商业化的整个流程。

Product Development & Management Association（PDMA）：产品开发与管理协会。一个非营利的专业

组织，目的是探求、发展、组织和传播产品开发领域的理论与实践的前沿信息。

Product Development Portfolio：产品开发组合。在公司开发能力范围内，汇集对客户最具有吸引力、有助于风险分散化和投资多样化、最终实现公司短长期目标均衡的新产品概念和项目。

Product Development Process：产品开发流程。一整套明确的任务、步骤和阶段，描述一个公司重复地将萌芽阶段的创意转化为可销售的产品或者服务的正式途径。

Product Development Team：产品开发团队。参与产品开发项目的一组人，他们一起代表了完成项目所需的能力集。

Product Discontinuation：产品终止。因为该产品或服务不再为公司的产品组合带来经济、战略或竞争优势，将其从市场上撤回或退出。

Product Failure：产品失败。没有实现章程目标和市场目标的产品。

Product Family：产品族。在共用产品平台上衍生出来的一系列产品。通常产品族中的产品共用许多零件和组件。

Product innovation：产品创新。对以前商品或服务的新版本或改进版本的商品或服务的创建和后续引入。

Product Innovation Charter（PIC）：产品创新章程。一份重要的战略文件，是组织对新产品进行商业化的所有工作的核心。它涵盖了项目启动的理由、总体目标、具体目标、准则以及项目的范围。

Product Life Cycle：产品生命周期。新产品从出生到死亡要经历六个阶段：开发期、导入期、成长期、成熟期、衰退期、退出期。通常被减少到四个阶段。围绕产品是否可以以任何可预测的方式经历这个周期，一直存在争议。

Product Life-Cycle Management：产品生命周期管理。随着时间推移改变产品特性和利益、营销组合要素和制造工艺，以最大限度地提高产品在其生命周期内可获得的利润。

Product Line：产品线。一个组织投放到大众市场上销售的一组产品。这些产品具备许多共同特点、客户及用途，也可能共享技术、销售渠道、价格、服务和营销组合中的其他元素。

Product Management：产品管理。通过持续监控和调整营销组合要素，如产品及其特性、沟通策略、销售渠道和价格，确保产品或服务能够一直满足客户需求。

Product Manager：产品经理。负责监督与具体产品相关所有活动的个人。在消费品公司有时也称"品牌经理"。

Product Owner：产品负责人。通常用于敏捷产品开发项目。代表客户利益并在产品待办列表优先级和需求问题上拥有最终权力的权威个人。

Product Platforms：产品平台。一组产品所共有的底层结构或基础架构，将成为未来多年里一系列产品商业化的基础。

Product Portfolio：产品组合。公司已投放市场的一系列产品和产品线。

Product Positioning：产品定位。如何向客户销售产品。产品定位是指相对于竞争产品，目标客户所重视（并因此而定义）的一系列特性和利益。

Product Rejuvenation：产品复兴。对处于成熟期或衰退期的产品进行调整、更新、重新包装或重新设计，以增加销量，进而延长产品生命周期的过程。

Product roadmap：产品路线图。产品战略的展示图，展示产品将如何随时间推移而演化。该图对于组织保持一致性至关重要。

Product Superiority：产品优势。通过为消费者提供更多的利益和价值，使公司产品与竞争对手具有差异，是新产品商业化的关键成功因素之一。

Productivity index：生产力指数。实时衡量一个项目的经济状态。例如，用净现值除以剩余尚未支出的资金。

Program Manager：项目集经理。组织中负责实施产品创新项目组合的管理者。

Project：项目。为创造一个独特的产品、服务或结果而进行的临时性工作。

Project Decision Making & Reviews：项目决策与评审。针对项目可行性的一系列通过或不通过决策，以确保产品满足公司的营销目标和财务目标。例如，在开发流程中各阶段的关口处，对项目可行性进行系统评审。通过定期评审确保项目与原计划基本一致，从而根据商业论证进行交付。

Project Leader：项目负责人。自始至终负责管理单个产品创新项目的人。负责确保里程碑和可交付成果的实现以及资源的有效利用。另见"团队领导"。

Project Management：项目管理。一整套人员、工具、技术和流程的集合。通过制定项目目标、计划并实现项目目标所需的所有工作，领导项目，支持团队，监控进度，确保项目圆满完成。

Project Pipeline Management：项目管道管理。在项目增加、减少和中间调整期间，对资源进行平稳调配。

Project Plan：项目计划。用于指导项目执行和监控的正式的经批准的文件。包括计划的假设和决策、批准的范围、成本和计划截止日期，以促进相关方之间的沟通。

Project Portfolio：项目组合。一组在新颖和创新程度上各异的在任何开发时间点的项目的集合。

Project Resource Estimation：项目资源估算。该活动为计算项目成本提供了主要贡献。将功能需求转换为现实的成本估算是按照商业计划成功交付产品的关键要素。

Project Sponsor：项目发起人。项目的授权者、资金提供者和项目目标的制定者，需要向其展示最终结果的人。通常为资深的管理者。

Project Strategy：项目战略。单个产品开发项目的长期目标和短期目标，包括项目是如何融入公司产品组合的，目标市场是谁，以及产品能为客户解决哪些问题。

Project Team：项目团队。一个被授权来规划和执行产品创新项目的多职能小组。

Promotion：促销。向用户传达产品、品牌或服务的一整套活动。

Prospectors：探索者。在技术、产品、市场开发以及商业化方面领先的公司，即使个别产品可能不会带来利润。他们的总目标是率先将任何创新推向市场。

Prototype：原型法。新产品概念的物理模型。根据目的不同，产品原型可分为非实用型、功能实用型或者实用美观型。

Psychographics：心理学特征。消费者的态度、兴趣、观点和生活方式等特征，而不是单纯的人口统计学特征。常用于收集初步的消费者需求和获得对想法和概念的初步反应。结果不能代表总体市场，也不能预测。

Q

Qualitative Marketing Research：定性市场调研。对少数受访者以小组或个人形式进行调研，目的是获得他们的信念、动机、感知和观点。常用于收集初步的消费者需求、获得对创意和概念的初步反馈。结果不代表总体市场，也不可推及总体市场。

Quality：质量。产品属性的集合。一个产品具有好的质量，意味着产品已达到或超过了客户的期望。

Quality Assurance/Compliance：质量保证/合规。监督和评估产品开发政策和实践以确保产品达到公司的标准和法规要求的职能。

Quality-by-Design：设计质量。在产品开发开始阶段就进行产品、服务或者工艺的质量设计的流程。

Quality Control Specification and Procedure：质量控制规格与程序。描述产品在出货前必须满足的规格和程序的文件。

Quality Function Deployment（QFD）：质量功能展开。将"市场需要什么"与"如何在开发中实现"通过矩阵分析的方式关联起来的一种结构化方法。这种方法在开发阶段最常用，在该阶段多职能团队希望就如何将客户需求转化为满足需求的产品规格和特性达成一致。通过明确地将产品设计的方方面面联系起来，最大限度地避免了忽略重要设计特征或跨设计特征之间交互的问题。QFD 也是促进多职能团队合作的一种重要机制。由于 QFD 是日本汽车制造商开发和推广的，所以在汽车行业得到了广泛应用。

Quantitative Market Research：定量市场调研。一种消费者调研方法，通过对足够多的消费者进行调查，得出统计上可靠的结果，该结果可用于推及总体市场。定量调研用于确定不同客户需求的重要程度、当前产品的性能等级和满意度、试用率、重复购买率、产品偏好等。该方法可减少与产品创新相关的多方面不确定性。

Quartz Open Framework：Quartz 开放框架。基于六个关键要素管理产品创新的框架——连接、发现、提交、描述、创建和交付。

R

Radical Innovation：激进型创新。一种包含新技术并显著改变市场行为和消费方式的新产品。

Random Sample：随机样本。统计总体的一个子集，其中每个子集的个体被选中的概率相等。

Rapid prototyping：快速原型法。使用机器技术实现添加和/或减法制造工艺的一种对设计进行实体建模的方法。

Reactors：回应者。没有连贯的创新战略的公司。只在面对竞争压力的时候才被迫开发新产品。

Release plan：发布计划。一个旨在捕获和跟踪即将发布的特性的战术性文档。发布计划通常只有几个月，是产品和开发团队的内部工作文档。

Reposition：重新定位。改变产品在客户心目中的位置，以弥补最初定位的失误或应对市场的变化。最常用的方法是改变营销组合而不是重新开发产品。

Resource Matrix：资源矩阵。显示每位非管理员工投入在公司组合中当前项目上的时间的百分比的一个数据阵列。

Resource Plan：资源规划。完成产品开发项目所需要各种资源的详细汇总，包括人员、设备、时间和资金。

Return on Investment（ROI）：投资回报率。衡量项目盈利能力的一个标准指标，是项目在整个生命周期利润折现与初始投资的百分比。

Reverse Engineering：逆向工程。对产品进行拆解并实施价值分析从而为产品改进提供思路的过程。

Risk：风险。可能发生或可能不发生的事件或条件。一旦确实发生就会影响实现项目目标的能力。在新产品开发中，风险可能会以市场的形式出现。

Risk Acceptance：风险接受。项目团队不因不确定性事件或条件而改变项目计划。当团队无法对风险采取合适的应对措施时，会被迫接受已识别的风险。

Risk Avoidance：风险规避。改变项目计划以消除风险或确保项目不受任何风险的影响。

Risk Management：风险管理。在产品开发项目中识别、测量和减轻业务风险的过程。

Risk Mitigation：风险减轻。将风险概率和/或影响降低到可接受临界值以下所采取的措施。

Risk Tolerance：风险容限。项目利益相关方愿意接受的风险水平。通常会视实际情况而定容限级别。也就是说，利益相关方可能对不同类型的风险愿意接受不同的等级，如项目延误风险、定价风险和潜在技术风险等。

Risk Transference：风险转移。将风险的影响和风险应对措施的责任转移给第三方的行为。

Roadmapping：路线图制定。一种用于预测未来的市场和/或技术变化然后规划产品来响应这些变化的图形化的多步骤流程。

Routine Innovation：常规型创新。以组织现有技术能力为基础并与现有商业模式相匹配的创新，创新聚焦于改进特性、推出新版本或新型号。

S

S-Curve（Technology S-Curve）：S 曲线（技术 S 曲线）。技术性能的改进往往会随着时间的推移而以 S 形曲线的形式进步。当技术被首次发明后，技术性能改进曲线会缓慢而渐进地上升。然后，随着新技术经验的积累，技术性能增长速度会加快，技术性能会突飞猛进。最后，这项技术逐渐接近性能极限，性能增长速度开始放缓。

Sales Forecasting：销售预测。运用诸如 ATAR（知晓—试用—可购—复购）模型等方法对新产品销售潜力进行预测。

Sales Wave Research：销售波研究。针对最初免费获得产品的客户群，将该产品或竞争对手的产品以略微降低的价格再次提供给他们，记录仍然选择该产品的客户数量及其满意度。该过程最多可重复 5 次。

SCAMPER：SCAMPER 法。利用一系列行为动词来激发创意的一种概念生成工具。S（Substitute）指替代，C（Combine）指组合，A（Adapt）指调适，M（Modify）指修改，P（Put to another use）指改变用途，E（Eliminate）指去除，R（Reverse）指逆向。

Scenario Analysis：情景分析。预想未来的各种情景以制定战略来应对未来机会和挑战的一种工具。

Screening：筛选。评估和选择新创意或新概念以将其纳入项目组合的流程。大多数公司使用正式的筛选流程，评估标准涵盖客户、战略、市场、盈利能力和可行性等维度。

Scrum：敏捷产品开发使用的一个术语，是实现敏捷的最流行的框架。通过 Scrum，产品通过一系列固定长度的迭代构建起来，为团队以固定的节奏交付软件提供了一个框架。

Scrum Maste：敏捷教练。通常用于敏捷产品开发，是团队和产品负责人的协调者，给团队和产品负责人提供支持，而不直接管理团队。

Scrum Team：敏捷团队。通常用于敏捷产品开发。通常由七名（可增或减两名）团队成员组成，具备成功完成冲刺目标所需的各种职能或学科组成（跨职能团队）。

Secondary Market Research：二级市场调研。对初始由他人收集而来的已有数据的研究。

Segmentation：市场细分。将一个大的异质性市场细分为更具有同质性的子市场的过程。每个子市场或细分市场有相似的产品、价值、购买和产品使用方式。

Senior Management：高级管理者。级别高于产品开发团队的公司高管或运营层管理人员，具有批准权限或控制着对开发工作至关重要的资源。

Sensitivity Analysis：敏感性分析。计算不确定性对新产品商业论证的可能影响。分析步骤包括设置相关假设的上下范围并计算预期结果。

Sensory Testing：感官检验。一种定量调研方法，根据人类对被测产品的感官反应（视觉、味觉、嗅觉、触觉、听觉）来评估产品。

Sentiment analysis：情感分析。用于对产品评论博客或社交网络中人们的观点进行分类和理解。

Services：服务。无形的或至少实质上无形的产品，如航空公司的航班或保险单。如果完全无形，服务提供者和用户会直接交易，不能运输或储存，而且会立即过期。提供服务时通常涉及客户以某种重要的方式参与进来。服务不能以所有权转移的方式被出售，而且也没有所有权的名义。

Simulated Test Market：模拟市场测试。一种定量市场调研或对营销进行前期测试的形式。消费者在广告和购物环境中接触到新产品和产品宣传。获得模拟市场测试的数据后，基于数学模型、管理假设，对预期销售额或市场份额进行早期预测。

Six Sigma：六西格玛。每 100 万次操作只产生 3.4 个缺陷的流程绩效水平。

Six Thinking Hats：六顶思考帽。由爱德华・德・波诺开发的一种思维工具，鼓励团队成员将思维模式分成六种明确的职能和角色，每种角色都有一顶颜色象征意义的"思考帽"。

Sketch：草图。手绘图。它非常便宜和快速，经常在头脑风暴会议中完成。它的主要目标是说明产品或产品的各个方面。

Social Media：社交媒体。计算机媒体工具，允许个人、公司和组织在虚拟社区和网络中创建、共享或交换信息、创意、图片或视频。

Specification：规格。对产品特性和性能的详细描述。例如，一台笔记本电脑的规格为：90 兆赫的奔腾处理器、16 兆内存、720 兆硬盘、3.5 小时电池寿命、重量 4.5 磅、一个有源矩阵 256 彩色屏幕。

Sponsor：发起人。产品创新项目中的非正式角色。通常由公司中的高级管理者担任，他们不直接参与项目，但在关键时候伸出帮助之手或扫清障碍。

Sprint：冲刺。敏捷产品创新方法中的一个术语，指完成特定工作并准备好进入评审的一个时间段。

Stage：阶段。一组同时完成的任务，交付独特的结果和可交付成果。

Stage-Gate Process：门径流程。一种广泛采用的产品创新流程。工作按时间维度划分为由管理决策关口分隔的不同阶段。多职能团队必须在每个阶段成功完成一套规定的任务，然后才能获得管理层批准进入下一个阶段的产品开发。门径流程框架包括工作流程和决策流程，并定义了确保流程持续平稳运行所需的支持系统和实践。

Staged Product Development Activity：阶段式产品开发活动。当认为没有重大未知信息时，分阶段完成新产品开发任务，直到生产出可销售的产品。

Standard Cost：标准成本。参见"出厂成本"。

Star Products：明星产品。在高增长市场中占有高市场份额的产品。

Storming：震荡阶段。塔克曼团队发展阶段模型中的第二个阶段。在该阶段团队成员开始挑战所建立的边界，是很多团队遭遇失败的时期。当团队成员的工作风格开始相互冲突时，震荡阶段就开始了。

Storyboarding：故事板。聚焦并开发消费者如何使用产品这样的故事，以更好地理解产品设计属性的相关问题。

S-Steady：稳定型。DISC 评估工具中的一种工作风格。当新产品创新工作处于混乱或无组织状态时站出来的被认为具有平和、冷静、有价值特质的团队成员。这些团队成员比许多人更容易适应环境，也更具同理心。

Strategic Balance：战略平衡。沿着一个或多个维度对开发项目组合进行平衡，维度包括：聚焦与多元化、短期与长期、高风险与低风险、扩展平台与开发新平台。

Strategic Fit：战略匹配。确保项目与战略一致。例如，如果某些技术或市场被指定为战略重点领域，那么这些项目是否与该领域相匹配？

Strategic Partnering：战略伙伴。两个公司（通常是一个大公司和一个小的创业公司）之间结成联盟或伙伴关系，以共同开发一款专门的新产品。通常，大公司提供资金以及承担必要的产品开发、营销、制造和分销责任，小公司提供专有技术或创新专业知识。

Strategic Priorities：战略优先级。确保整个项目组合的投资能够反映公司的战略优先级。例如，如果组织的目标是实现技术领先，那么组合中的项目平衡应该围绕这个重点。

Strategy：战略。公司的愿景、使命和价值观。创新战略是公司战略的一个组成部分。

Stratified Sampling：分层抽样。根据与调研目标相关的变量，将总体分成若干层，从每一层中抽取一个样本的抽样方法。

Support Projects：支持型项目。对现有产品的增量改进，或者提升现有产品的制造效率。通常风险很低。

Sustainable Development：可持续发展。一种既满足当代人发展需要，又不损害后代满足自身需要能力的发展模式。

Sustainable Innovation：可持续创新。新产品或服务开发并商业化过程中的可持续发展特征是，尊重经济、环境和社会等方面，并落实到产品生命周期的采购、生产、使用和服务结束阶段。

Sustaining Innovation：延续式创新。不创造新市场或新价值网络，只在现有市场或网络基础上开发价值更高的产品或服务，在持续改进中确保公司占据竞争优势。

SWOT Analysis：SWOT 分析。对优势（Strength）、劣势（Weakness）、机会（Opportunity）和威胁（Threat）进行分析。从竞争对手、客户需求、市场或经济环境等角度分析公司的优缺点。

Systems engineering（SE）：系统工程。针对问题，将系统思维的概念与系统工程流程模型结合起来，采用系统的、集成的设计流程和项目管理工具、方法，开发出解决方案。

T

Tangible product：有形产品。产品的外观美学特性和物理功能特性。

Target Market：目标市场。选择进行营销的消费者群体或潜在客户群体。该细分市场最有可能购买某一品类内的产品，也称"首要关注对象"。也是产品或服务瞄准的某个特定消费者群体。

Task：任务。完成可交付成果的可描述的最小的单位。

Team：团队。能力互补、目的相同、目标清晰、方法明确并互相负责的少数几个人。

Team Leader：团队领导者。领导新产品开发团队的人。负责确保实现里程碑和可交付成果，但可能对项目参与者没有任何权力。

Technology-Driven：技术驱动。基于技术能力强度的新产品或新产品战略，也可以称为寻找问题的解决方案的战略。

Technology Foresighting：技术预见。通过展望未来以预测技术趋势及其对组织潜在影响的一种流程。

Technology Road Map：技术路线图。技术或技术计划沿着时间轴的进化图。用于指导新技术开发或在新产品开发中做出技术决策。

Technology S-Curve：技术 S 曲线。适用于大多数技术的生命周期，包括萌芽期、成长期和成熟期。

Technology Strategy：技术战略。一个技术维护和技术开发的计划，以支持组织的未来发展并有助于组织实现战略目标。

Technology Transfer：技术转移。经由商业化部门将实验室中的科学发现转化为有价值产品的过程，也可以是联盟伙伴之间转让技术的过程。

Test Marketing：试销。在产品开发的后期阶段，对市场中的新产品获取来自特定目标市场的反馈。

Time to Market：上市时间。新产品开发从最初创意到上市开始销售所需的时间。对起点和终点的准确定义因公司而异，在公司内也因项目而异。也称"上市速度"（Speed to Market）。

Top-down Portfolio Selection：自上向下式组合选择。以战略为出发点，按照该战略进行项目选择，也称"战略桶方法"。

Total Quality Management（TQM）：全面质量管理。一种全面、持续地对组织所有职能进行改进活动的商业理念。

Trade Secrets：商业秘密。组织内保持秘密状态并与知识产权相关的信息。

Trademark：商标。依法注册或创立的用于代表一个企业或一个产品的符号、单词或词组。

Triple Constraint：三重约束。对任何项目最重要的三个约束的组合，即范围、进度和成本组合，也称"项目管理三角"或"铁三角"。

Triple Bottom Line：三重底线。报告一个组织绩效的三个维度：财务、社会和环境。

TRIZ：发明问题解决理论。由俄罗斯学者提出的解决问题和创造多种替代解决方案的系统方法。它基于对数百万项专利技术解决方案的分析和编码。这种方法帮助个人突破自身的经验，跨学科使用其他学科领域的解决方案解决问题，从而提高创造力。

U

Unarticulated Customer Needs：未明确说出的客户需求。那些客户不愿意说或无法解释的需求。

Usage and Purchase Intent：使用和购买意图。某人想使用或购买产品或服务的程度。

User：用户。任何使用产品或服务来解决问题或获得利益的人，无论他们是否购买产品。

User Experience（UX）：用户体验。在当前的术语中，UX 通常与界面设计、人为因素设计等联系在一起，虽然这些都是用户体验的一部分，但 UX 最终归结为理解客户。

User interface（UI）：用户界面。指用户参与的界面。

V

Value：价值观。个人或组织带着某种程度的情感坚守的准则。它是战略制定的一个要素。

Value-Added：增值。将有形的产品特性或无形的服务属性与其他特性和属性进行捆绑、组合或打包，以创造竞争优势、重新定位产品或增加销售额的行为或过程。

Value Proposition：价值主张。产品在哪些方面以及如何给潜在客户提供价值的一个短的、清晰的、简单的陈述。"价值"的本质是用户从新产品获得的利益与为此支付的价格之间的权衡。

Virtual Reality（VR）Testing：虚拟现实测试。市场调研的一个新兴领域。使用专用设备，包括佩戴有跟踪传感器的耳机和/或手套，可以创建三维（3D）模型，使参与者能够在真实环境中进行交互。

Virtual Team：虚拟团队。主要以电子方式进行沟通和工作的分散式团队。

Vision：愿景。一种运用远见和洞察力进行想象的行为，既考虑了未来的多种可能性和现实的实际约束性，也描绘了组织最期望的未来状态。

Vitality Index：活力指数。指定时期内，某项业务的新产品销售额除以该产品线或部门所有产品销售额的值。

Voice of the Customer（VOC）：客户之声。为了找出所调查的一系列问题的解决方案，引导受访者经历一系列情境，并通过结构化深度访谈，从消费者那里提炼出需求的过程。在这一过程中，通过间接性提问来理解消费者如何找到满足其需求的方法，特别是为什么选择某个解决方案。它是一个启发客户需求的过程。

W

Waste：浪费。任何使用设备、材料、零件、场地、员工时间或公司其他资源超过为确保可制造性增值操作所需最小金额的活动都是浪费。这些活动包括等待、半成品零件积压、重复装运、材料搬来搬去以及其他非生产性流程。企业应努力消除的七种基本浪费是：生产过剩、等待机器、运输时间、加工时间、库存过剩、运转过剩和缺陷。

Waterfall Model：瀑布模型。广泛用于软件行业的一种流程。经典的瀑布流程历经需求收集、设计、实施、验证、维护阶段。

Whole Product：完整产品。一种产品概念，强调向客户交付产品的所有方面和全部价值。包含任何必要的组成要素，例如培训材料、支持系统、连接线缆、操作方法、额外的软硬件、标准和程序、实施、应用咨询服务等，以确保客户拥有一个成功的体验，并至少从产品中得到最低要求的价值。

Willingness to pay：付费意愿。客户表示他们绝对会购买你的产品或服务的最高价格。

Wireframe：线框图。产品详细的黑白布局图。提供了关于产品如何布局或构造的细节。线框图通常用于软件产品和网站。

Work-plan：工作计划。用来执行项目的详细计划，定义项目每个阶段、与之相关的详细步骤、在整个过程中要执行的具体任务。在最佳实践中，工作计划包含分配给每个任务的具体职能资源、任务计划的持续时间、任务之间的依赖关系。参见"甘特图"。

第 2 部分　按中文排序

A/B 测试　A/B Testing：用来对两个样本或变量进行测试和比较的一种多变量调研方法。其他多变量测试方法，比如联合分析，涉及两个或多个变量。

ATAR（知晓—试用—可购—复购）ATAR（Awareness-Trial-Availability-Repeat）：一种对创新或新产品的扩散进行数学建模的预测工具。

DMADV：专注于新产品、服务或流程的设计过程。DMADV 的 5 个阶段是：定义、测量、分析、设计和验证。

DMAIC：DMAIC 5 个阶段的缩写：定义、测量、分析、改进、控制。

DMEDI：设计新的稳健流程、产品和服务的创造性方法。5 个阶段分别是：定义、测量、探索、开发、实施。

IDOV：IDOV。一种设计符合六西格玛标准的新产品和服务的特殊方法。它有 4 个阶段：识别、设计、优化和验证。

ISO 9000 标准　ISO 9000：国际标准化组织制定的一套审计标准，它确立了质量体系在公司中的作用，并用于判断公司是否被认证为符合标准。ISO 9001 专门用于新产品。

PESTLE 分析　PESTLE：一种基于政治（Political）、经济（Economic）、社会（Social）、技术（Technological）、法律（Legal）和环境（Environmental）因素进行分析的结构化工具。作为一个战略框架，它有助于更好地理解影响组织未来趋势的直接因素，如人口统计因素、政治壁垒、颠覆性技术和竞争压力等。

Quartz 开放框架　Quartz Open Framework：基于六个关键要素管理产品创新的框架——连接、发现、提交、描述、创建和交付。

SCAMPER 法　SCAMPER：利用一系列行为动词来激发创意的一种概念生成工具。S（Substitute）指替代，C（Combine）指组合，A（Adapt）指调适，M（Modify）指修改，P（Put to another use）指改变用途，E（Eliminate）指去除，R（Reverse）指逆向。

Scrum：敏捷产品开发使用的一个术语，是实现敏捷的最流行的框架。通过 Scrum，产品通过一系列固定长度的迭代构建起来，为团队以固定的节奏交付软件提供了一个框架。

SWOT 分析　SWOT Analysis：对优势（Strength）、劣势（Weakness）、机会（Opportunity）和威胁（Threat）进行分析。从竞争对手、客户需求、市场或经济环境等角度分析公司的优缺点。

S 曲线（技术 S 曲线）　S-Curve（Technology S-Curve）：技术性能的改进往往会随着时间的推移而以 S 形曲线的形式进步。当技术被首次发明后，技术性能改进曲线会缓慢而渐进地上升。然后，随着新技术经验的积累，技术性能增长速度会加快，技术性能会突飞猛进。最后，这项技术逐渐接近性能极限，性能增长速度开始放缓。

A

阿尔法测试 Alpha Test：目的是发现和消除明显的设计缺陷或不足的生产前的产品测试，通常在实验室环境或开发公司常规运营中进行，某些情况下可能在受控环境中邀请领先客户进行测试。参见"贝塔测试"和"伽马测试"。

B

巴斯模型 Bass Model：用于对某个创新、新技术或新耐用消费品的销售额进行预测的工具。

把关者 Gatekeepers：在门径管理流程中担任顾问、决策者、投资者的一个管理者小组。这个多职能小组在每个关口运用已建立的业务标准评审新产品机会和项目进度，并相应地分配资源。该小组通常也被称为"产品批准委员会"或"项目组合管理团队"。

版权 Copyright：原创者被授予的在一定年限内享有的印刷、出版、表演、拍摄或记录文学、艺术或音乐成果的具有排他性和可转让的合法权利。

贝塔测试 Beta Test：比阿尔法测试更广泛的测试，由真实的用户或客户执行。贝塔测试的目的是确定产品在真实用户环境下的性能如何。

标准 Criteria：决策者在决策关口使用的陈述，是确保产品开发项目继续进行而必须达到或超过的绩效维度。总体来说，这些标准是业务部门新产品战略的反映。

标准成本 Standard Cost：参见"出厂成本"。

并行工程 Concurrent Engineering（CE）：产品的设计与制造工艺开发采用跨职能团队以集成的方式同步进行，而不是单个职能部门按照顺序进行。并行工程的目的在于，使开发团队从项目一开始就考虑从概念到退市的整个产品生命周期的所有要素，包括质量、成本和维护。也称"同步工程"。

C

财务成功 Financial Success：新产品达到其利润、毛利率和投资回报率目标的程度。

草图 Sketch：手绘图。它非常便宜和快速，经常在头脑风暴会议中完成。它的主要目标是说明产品或产品的各个方面。

差距分析 Gap Analysis：在产品开发中，差距是当前新产品收入或利润与为实现公司目标的预期收入或利润之间的差额。

《产品创新管理杂志》*Journal of Product Innovation Management*：创新、产品创新和技术管理领域的顶级学术期刊。该杂志由 PDMA 所有，致力于推进产品创新全过程中涉及的所有领域的管理实践。

产品 Product：用来销售的所有商品、服务或知识。产品是属性（特性、功能、利益和用途）的集合体，可以是有形的，如实物商品，也可以是无形，如服务利益，还可以是两者的结合。

产品创新 Product innovation：对以前商品或服务的新版本或改进版本的商品或服务的创建和后续引入。

产品创新经理 New Product Development Professional（NPDP）：经产品开发和管理协会认证的产品创新经理，需掌握《产品创新与管理知识体系》并通过认证考试。为通过 NPDP 认证考试，报考者必须拥有公认机构颁发的学士学位或者更高学历（或同等学力），并至少有两年从业经验。

产品创新章程 Product Innovation Charter（PIC）：一份重要的战略文件，是组织对新产品进行商业化的所有工作的核心。它涵盖了项目启动的理由、总体目标、具体目标、准则以及项目的范围。

产品待办列表 Product Backlog：敏捷产品开发的基本概念之一。对系统的需求用产品待办事项的优先级列表来呈现。这些需求包括功能性和非功能性的客户需求以及技术团队提出的需求。

产品定位 Product Positioning：如何向客户销售产品。产品定位是指相对于竞争产品，目标客户所重视（并因此而定义）的一系列特性和利益。

产品定义 Product Definition：定义产品，包括目标市场、产品概念、交付的利益、定位战略、价格点、产品需求和设计规格。

产品负责人 Product Owner：通常用于敏捷产品开发项目。代表客户利益并在产品待办列表优先级和需求问题上拥有最终权力的权威个人。

产品复兴 Product Rejuvenation：对处于成熟期或衰退期的产品进行调整、更新、重新包装或重新设计，以增加销量，进而延长产品生命周期的过程。

产品管理 Product Management：通过持续监控和调整营销组合要素，如产品及其特性、沟通策略、销售渠道和价格，确保产品或服务能够一直满足客户需求。

产品和流程绩效成功 Product and Process Performance Success：新产品达到技术性能指标和产品创新流程绩效指标的程度。

产品架构 Product Architecture：将功能元素分配到产品物理模块的方式，以及通过这些物理模块之间的交互来执行产品整体功能的方式。

产品经理 Product Manager：负责监督与具体产品相关所有活动的个人。在消费品公司有时也称"品牌经理"。

产品开发 Product Development：一个新产品的战略、组织、概念生成、产品与营销计划的创建和评估以及商业化的整个流程。

产品开发流程 Product Development Process：一整套明确的任务、步骤和阶段，描述一个公司重复地将萌芽阶段的创意转化为可销售的产品或者服务的正式途径。

产品开发团队 Product Development Team：参与产品开发项目的一组人，他们一起代表了完成项目所需的能力集。

产品开发与管理协会 Product Development & Management Association（PDMA）：一个非营利的专业

组织，目的是探求、发展、组织和传播产品开发领域的理论与实践的前沿信息。

产品开发组合 Product Development Portfolio：在公司开发能力范围内，汇集对客户最具有吸引力、有助于风险分散化和投资多样化、最终实现公司短长期目标均衡的新产品概念和项目。

产品路线图 Product roadmap：产品战略的展示图，展示产品将如何随时间推移而演化。该图对于组织保持一致性至关重要。

产品平台 Product Platforms：一组产品所共有的底层结构或基础架构，将成为未来多年里一系列产品商业化的基础。

产品设计规格 Product Design Specifications：包括所有必要的图纸、环境因素、人机工程学因素、美学因素、成本、维护、质量、安全、文件和说明，还包括如何执行项目设计的具体示例，以帮助其他人更好地开展工作。

产品审批委员会 Product approval committee：参见"把关者"。

产品生命周期 Product Life Cycle：新产品从出生到死亡要经历六个阶段：开发期、导入期、成长期、成熟期、衰退期、退出期。通常被减少到四个阶段。围绕产品是否可以以任何可预测的方式经历这个周期，一直存在争议。

产品生命周期管理 Product Life-Cycle Management：随着时间推移改变产品特性和利益、营销组合要素和制造工艺，以最大限度地提高产品在其生命周期内可获得的利润。

产品失败 Product Failure：没有实现章程目标和市场目标的产品。

产品外优势 Non-Product Advantage：在产品本身之外创造竞争优势的营销组合要素，包括营销传播、分销、公司声誉、技术支持和相关服务。

产品线 Product Line：一个组织投放到大众市场上销售的一组产品。这些产品具备许多共同特点、客户及用途，也可能共享技术、销售渠道、价格、服务和营销组合中的其他元素。

产品线延伸型新产品 Line Extension：衍生产品的一种形式，只添加或修改产品特性而不显著改变产品功能。

产品优势 Product Superiority：通过为消费者提供更多的利益和价值，使公司产品与竞争对手具有差异，是新产品商业化的关键成功因素之一。

产品终止 Product Discontinuation：因为该产品或服务不再为公司的产品组合带来经济、战略或竞争优势，将其从市场上撤回或退出。

产品族 Product Family：在共用产品平台上衍生出来的一系列产品。通常产品族中的产品共用许多零件和组件。

产品组合 Product Portfolio：公司已投放市场的一系列产品和产品线。

常规型创新 Routine Innovation：以组织现有技术能力为基础并与现有商业模式相匹配的创新，创新聚焦于改进特性、推出新版本或新型号。

倡导者 Champion：热切期望某一特定产品或流程得到充分开发并推广的人。倡导者是一个非正式角色，在不同情境下的作用不同，小到警醒人们把握机会，大到推动那些因公司政策或反对者而内部阻力巨大的项目。

成熟阶段 Maturity Stage：产品生命周期的第三阶段。由于市场饱和，销售开始趋于平稳。此时，激烈的竞争、替代产品选择、买方的改变以及潜在消费者偏好的改变，都会使得企业难以盈利。

成熟阶段 Performing：塔克曼团队发展阶段模型中的第四个阶段。在该阶段，团队成员努力工作，没有冲突，不断实现团队目标。此外，由领导者构建的团队结构和流程运行良好。

成长阶段 Growth Stage：产品生命周期的第二阶段。在该阶段，市场对产品或服务的接受度快速上升。到达成长阶段的产品已经成功地"跨越鸿沟"。

持续改善 Continuous Improvement：旨在逐步改进实践和流程的复盘、分析和返工。也称"改善"（Kaizen）。

冲刺 Sprint：敏捷产品创新方法中的一个术语，指完成特定工作并准备好进入评审的一个时间段。

初步筛选 Initial Screening：对项目进行花费资源（时间或金钱）的第一次决策。项目就是在这里诞生的。也称"创意筛选"。

创新 Innovation：一种新创意、新方法或新设备，以及创造一个新产品或新流程的行动，这些行动包括发明以及将概念或创意开发成最终商品的必要工作。

创新景观图 Innovation landscape map：一幅创新类型的地图，分为四个象限：常规型创新、颠覆型创新、激进型创新和架构型创新。

创新前端 Front end of innovation：创新流程的起点阶段，在进入正式的产品开发流程之前，识别机会并开发概念。也称为模糊前端。

创新战略 Innovation Strategy：为整个组织的创新提供目标、方向和框架。各个业务部门和职能部门可以有自己的战略来实现专业的创新目标，但这些战略必须与组织的总体创新战略保持一致。

创新者 Innovators：第一批尝试新产品的人。他们通常是早期采用者中更愿意承担风险的人。

创新指导委员会 Innovation Steering Committee：高级管理团队或子团队，负责协调产品创新的战略和财务目标的一致性，并为项目组合和开发团队设定期望。

创意 Idea：一种新产品或新服务的雏形时的形态。通常是指对个人、团队或公司识别出的问题的来自高层级的解决方案。

创意生成 Idea Generation：所有为解决消费者问题而寻找更多解决方案的活动和流程。创意生成方法可以在产品开发早期阶段生成产品概念，在中期阶段解决问题，在后期阶段规划上市，在退市阶段更好地总结市场上的成功和失败。

创造力 Creativity：创造力是生成并识别可能有助于解决问题的创意、备选方案或可能性的倾向。

促销 Promotion：向用户传达产品、品牌或服务的一整套活动。

D

大数据 Big Data：来自采集、存储、共享、分析和可视化各个阶段以及不同设备的大量、复杂的数据集。

待办任务 Jobs to be done（JTBD）：一个对创新所需信息进行分类、挖掘、捕获和组织的框架。

导入阶段 Introduction Stage：产品上市的初期阶段和产品生命周期的第一个阶段，通常被视为市场进入、用户试用和产品采用的点。

德尔菲技术 Delphi Technique：在一组专家中通过迭代达成共识来预测未来状态最可能结果的一种技术。

颠覆型创新 Disruptive Innovation：需要新的商业模式，但不一定是新技术。比如，谷歌的安卓操作系统就可能颠覆苹果的操作系统。

定量市场调研 Quantitative Market Research：一种消费者调研方法，通过对足够多的消费者进行调查，得出统计上可靠的结果，该结果可用于推及总体市场。定量调研用于确定不同客户需求的重要程度、当前产品的性能等级和满意度、试用率、重复购买率、产品偏好等。该方法可减少与产品创新相关的多方面不确定性。

定性市场调研 Qualitative Marketing Research：对少数受访者以小组或个人形式进行调研，目的是获得他们的信念、动机、感知和观点。常用于收集初步的消费者需求、获得对创意和概念的初步反馈。结果不代表总体市场，也不可推及总体市场。

度量指标 Metrics：用于跟踪产品开发的一组指标，公司用其测量流程改进的影响。通常，这些指标因公司而异，但都包含两个方面的指标，一类是过程指标，如上市时间、具体流程阶段的持续时间，另一类是结果指标，如产品每年商业化的数量、来自新产品收入的占比。

对标 Benchmarking：从众多组织收集流程绩效数据以帮助组织单独或整体地评估自身绩效的过程。收集过程通常是保密的、不公开的。

多变量分析 Multivariate Analysis：探索一个结果变量（也称"因变量"）与一个或多个预测变量（也称"自变量"）之间的关联。

多维尺度分析 Multidimensional Scaling（MDS）：在一个数据集（如产品或市场）中，将数个个案相似性进行可视化的方法。

多元回归分析 Multiple regression analysis：通常用于产品创新中分析基于调查的数据。当存在许多因素、关键驱动因素和产品属性时，可以为新产品或改进产品或服务提供详细的洞见。可用于识别哪些变量对研究主题有影响，并用于基于两个或更多个其他变量的已知值来预测一个变量的值。

多职能团队 Multifunctional Team：由来自不同职能领域的个体组成，共同致力于解决问题或者执行流程。需要将知识、培训和能力进行跨领域整合才能成功完成工作。参见跨职能团队。

E

二级市场调研 Secondary Market Research：对初始由他人收集而来的已有数据的研究。

F

发布计划 Release plan：一个旨在捕获和跟踪即将发布的特性的战术性文档。发布计划通常只有几个月，是产品和开发团队的内部工作文档。

发明问题解决理论 TRIZ：由俄罗斯学者提出的解决问题和创造多种替代解决方案的系统方法。它基于对数百万项专利技术解决方案的分析和编码。这种方法帮助个人突破自身的经验，跨学科使用其他学科领域的解决方案解决问题，从而提高创造力。

发起人 Sponsor：产品创新项目中的非正式角色。通常由公司中的高级管理者担任，他们不直接参与项目，但在关键时候伸出帮助之手或扫清障碍。

发散思维 Divergent Thinking：在没有判断、没有分析、没有讨论的情况下提出新创意和新可能性的过程。该思维方式允许自由联想、拓展边界并思考解决没有单一、正确或已知答案的难题的一种新方法。

防御者 Defenders：采用各种手段保护自己领域的公司，不一定通过开发新产品。

非连续性创新 Discontinuous Innovation：带来全新消费模式和行为变化的前所未有的产品，如微波炉和移动电话。

分层抽样 Stratified Sampling：根据与调研目标相关的变量，将总体分成若干层，从每一层中抽取一个样本的抽样方法。

分散式团队 Dispersed Teams：产品开发团队成员在不同的地点、跨越不同的时区甚至在不同的国家/地区工作。

分析者 Analyzer：采用模仿式创新战略的公司，不率先推出新产品或新技术，而是待其他公司打开市场后迅速将同等或稍好的产品推向市场，也称"模仿者"或"快速跟随者"。

氛围 Climate：员工直接或间接感受到的工作环境的一系列属性，这些属性对员工行为有重大影响。

风险 Risk：可能发生或可能不发生的事件或条件。一旦确实发生就会影响实现项目目标的能力。在新产品开发中，风险可能会以市场的形式出现。

风险管理 Risk Management：在产品开发项目中识别、测量和减轻业务风险的过程。

风险规避 Risk Avoidance：改变项目计划以消除风险或确保项目不受任何风险的影响。

风险减轻 Risk Mitigation：将风险概率和/或影响降低到可接受临界值以下所采取的措施。

风险接受 Risk Acceptance：项目团队不因不确定性事件或条件而改变项目计划。当团队无法对风险采取合适的应对措施时，会被迫接受已识别的风险。

风险容限 Risk Tolerance：项目利益相关方愿意接受的风险水平。通常会视实际情况而定容限级别。也就是说，利益相关方可能对不同类型的风险愿意接受不同的等级，如项目延误风险、定价风险和潜在技术风险等。

风险转移 Risk Transference：将风险的影响和风险应对措施的责任转移给第三方的行为。

服务 Services：无形的或至少实质上无形的产品，如航空公司的航班或保险单。如果完全无形，服务提供者和用户会直接交易，不能运输或储存，而且会立即过期。提供服务时通常涉及客户以某种重要的方式参与进来。服务不能以所有权转移的方式被出售，而且也没有所有权的名义。

付费意愿 Willingness to pay：客户表示他们绝对会购买你的产品或服务的最高价格。

附加产品 Augmented Product：在核心产品上附加更多的利益来源，如服务、保修和形象。

G

伽马测试 Gamma Test：一种产品使用测试。开发人员测量产品满足目标客户需求的程度，解决开发过程中的问题并让客户感到满意。

改善 Kaizen：一个日语术语，意思是"为更好而改变"或"持续改进"。这是一种日本的商业哲学，强调全员参与持续改进。

概念 Concept：新产品创意的清晰的文字或可视化说明，包括主要特性、消费者利益，以及所需技术的广泛理解。

概念测试 Concept Testing：将概念说明提供给消费者以记录其反馈的过程。这些反馈可以用来帮助开发者评估概念的销售价值，也可以用来对概念进行修改以提高其潜在销售价值。

概念场景 Concept scenarios：通过开发一个场景来了解产品概念在真实情境下是如何工作的。

概念工程 Concept Engineering：一个以产品概念开发为目的的以客户为中心的流程，该流程澄清了产品创新流程中的"模糊前端"。该方法确定了设计中要体现的客户关键需求，并提出了满足这些需求的若干个备选产品概念。

概念筛选 Concept Screening：在产品开发的发现阶段对潜在的新产品概念进行评估。

概念生成 Concept Generation：生成新概念或新产品创意的过程，也称为创意生成。

概念说明 Concept Statement：呈现给消费者的概念的文字或图形说明，以在产品开发之前获得消费者的反馈。

甘特图 Gantt Chart：一种应用于项目进度规划和管理的水平条形图，包括任务开始日期、完成日期和持续时间。

感官检验 Sensory Testing：一种定量调研方法，根据人类对被测产品的感官反应（视觉、味觉、嗅觉、触觉、听觉）来评估产品。

感性工程 Kansei Engineering：用来识别构成产品的相关设计元素（颜色、尺寸和形状）作为用户偏好的决定性因素。

感知图 Perceptual Mapping：一种定量市场调研工具，用于理解客户如何看待当前和未来产品，是产品在消费者心目中所处位置的视觉呈现。

高级管理者 Senior Management：级别高于产品开发团队的公司高管或运营层管理人员，具有批准权限或控制着对开发工作至关重要的资源。

工作计划 Work-plan：用来执行项目的详细计划，定义项目每个阶段、与之相关的详细步骤、在整个过程中要执行的具体任务。在最佳实践中，工作计划包含分配给每个任务的具体职能资源、任务计划的持续时间、任务之间的依赖关系。参见"甘特图"。

公司文化 Corporate Culture：对一个组织的"感觉"。文化源自一个组织运行的信念体系。公司文化有权威型文化、官僚型文化、创业型文化等。公司文化影响组织完成工作的效果。

公司战略 Corporate Strategy：一个多元化组织的总体战略。公司战略回答两个问题："公司应该在哪些业务领域开展竞争""不同的业务如何协同起来，以提高组织整体的竞争优势？"

功能分析系统技术（FAST 技术） Function Analysis System Technique（FAST）：建立在功能分析结果之上的一种方法。FAST 的目的是说明并提供有关产品系统如何工作的见解，以便识别故障、操作顺序的不连贯之处、操作缺陷等。FAST 将产品功能之间的因果关系（How-Why）可视化，从而加深对产品工作原理的理解。

功能或职能 Function：在产品中，功能是为满足顾客需求而必须完成的工作的抽象描述，功能是产品或服务所必须做的事情。在组织中，职能用来描述一个具备基本业务能力（如工程能力）的内部组别。

功能性设计 Design for Functionality（DFF）：功能性设计是对产品使用者的需求或期望做出回应并满足这些需求或期望的过程，允许对设计元素或其组合进行预期。DFF 考虑的因素有安全性设计（咖啡机）、简单性设计（平台设计）和重新设计（产品改进或衍生）等。

故事板 Storyboarding：聚焦并开发消费者如何使用产品这样的故事，以更好地理解产品设计属性的相关问题。

故障模式和影响分析 Failure mode and effects analysis（FMEA）：一种逐步识别设计、制造或组装工艺或产品中可能出现故障的方法。故障模式是指某些故障可能发生的方式或模式。

关键成功因素 Critical Success Factors：必要但并不确保商业成功的一些关键要素。

关键路径 Critical Path：在图表中列出为成功完成项目所必须完成的一系列相关活动，以及每项活动完成时间以及哪些任务不能在其他任务完成之前开始。关键路径是图表中最长的路径，它决定了完成一个项目所需的时间。

关键路径进度计划 Critical Path Scheduling：一种项目管理工具，将新产品项目中的所有重要步骤，基于任务间的相互依赖关系放入一个按活动顺序展开的网络中。关键路径计划通常被集成到各种软件中。

关口 Gate：决策产品开发项目是进入下一阶段、停留在现阶段以完善各项任务，还是中止的决策点。不同公司的关口数量有所不同。

管道（产品管道） Pipeline（product pipeline）：准备投放市场的一系列开发中的产品。

管道管理 Pipeline Management：将产品战略、项目管理和职能管理整合在一起的过程，目的是持续优化所有相关开发活动的跨项目管理。

规范阶段 Norming：塔克曼团队发展阶段模型中的第三个阶段。在该阶段，团队成员开始解决彼此之间的分歧，欣赏对方的优点并尊重领导者的权威。

规格 Specification：对产品特性和性能的详细描述。例如，一台笔记本电脑的规格为：90 兆赫的奔腾处理器、16 兆内存、720 兆硬盘、3.5 小时电池寿命、重量 4.5 磅、一个有源矩阵 256 彩色屏幕。

H

合作（团队合作） Cooperation（Team Cooperation）：团队成员在实现团队目标的过程中积极合作的程度。

核对单 Checklist：一个用于提醒分析师考虑所有相关方面的列表。核对单通常在概念生成阶段作为创意工具，或者在概念筛选阶段作为考虑因素列表，或者用于产品开发任何阶段来确保所完成任务的适当性。

核心产品 Core product：目标市场从产品获取的利益。

核心竞争力 Core Competence：公司优于竞争对手的能力。它为公司获取和留住客户提供了独特的竞争优势和属性。在最完整的定义中还包括"最低成本的供应商"。

核心利益主张 Core Benefit Proposition（CBP）：消费者购买产品的核心利益或目的。核心利益主张可能来自实物或服务，也可能来自产品的附加维度。另见"价值主张"。

鸿沟 Chasm：产品生命周期中接近开始阶段的一个关键部分，在导入阶段之后、增长完全启动之前。

后期大众 Late majority："跨越鸿沟"模型中，尝试新产品的第四类人群。他们比早期大众更厌恶风险，只在新产品被广泛接受后才会采用它。

划算 Bang for the buck：一个用于财务分析的俚语。意思是某人的金钱或努力有多少回报。Bang 的意思是兴奋，Buck 的意思是金钱。

回收期 Payback：商业化的产品或服务所获收益与开发及营销成本正好相抵消时的时间，通常以年为单位。有些公司以新产品全面上市日作为起算点，有些公司以投入开发费用开始日作为起算点。

回应者 Reactors：没有连贯的创新战略的公司。只在面对竞争压力的时候才被迫开发新产品。

活力指数 Vitality Index：指定时期内，某项业务的新产品销售额除以该产品线或部门所有产品销售额的值。

获客投入 Acquisition Effort：产品或服务可触达客户的程度。

J

机会 Opportunity：公司或个人通过规划或偶然意外，意识到的当前与预期未来之间的商业或技术差距，以获取竞争优势、应对威胁、解决问题或改变困境。

基于创新的文化 Innovation-Based Culture：一种企业文化。在该文化背景下，高级管理团队和员工习惯性地加强最佳实践，并系统地、持续地为客户提供有价值的新产品。

基准收益率 Hurdle Rate：新产品在开发过程中必须达到或超过的最低投资回报率或内部收益率。

激进型创新 Radical Innovation：一种包含新技术并显著改变市场行为和消费方式的新产品。

集成产品开发 Integrated Product Development（IPD）：一种哲学思想，系统性地抽调各职能专业人员组建集成团队，有效率、有效果地开发出满足客户需求的新产品。

集中办公 Co-location：项目人员集中在一个物理区域办公，从而可以保持更快速、更密切的沟通和决策。

计划评审技术 Program Evaluation and Review Technique（PERT）：一种以事件为导向的网络分析技术，用于在单个活动持续时间估计存在高度不确定性时估算整个项目的持续时间。

技术 S 曲线 Technology S-Curve：适用于大多数技术的生命周期，包括萌芽期、成长期和成熟期。

技术路线图 Technology Road Map：技术或技术计划沿着时间轴的进化图。用于指导新技术开发或在新产品开发中做出技术决策。

技术驱动 Technology-Driven：基于技术能力强度的新产品或新产品战略，也可以称为寻找问题的解决方案的战略。

技术预见 Technology Foresighting：通过展望未来以预测技术趋势及其对组织潜在影响的一种流程。

技术战略 Technology Strategy：一个技术维护和技术开发的计划，以支持组织的未来发展并有助于组织实现战略目标。

技术转移 Technology Transfer：经由商业化部门将实验室中的科学发现转化为有价值产品的过程，也可以是联盟伙伴之间转让技术的过程。

绩效度量指标 Performance Metrics：一套跟踪产品开发的测量指标，帮助公司随时间推移衡量流程改进的影响。

绩效评估系统 Performance Measurement System：组织用来监控新产品在一定的时间段相关绩效指标的体系。

价值观 Value：个人或组织带着某种程度的情感坚守的准则。它是战略制定的一个要素。

价值主张 Value Proposition：产品在哪些方面以及如何给潜在客户提供价值的一个短的、清晰的、简单的陈述。"价值"的本质是用户从新产品获得的利益与为此支付的价格之间的权衡。

架构 Architecture：参见"产品架构"。

架构型创新 Architectural Innovation：激进型技术创新与颠覆型商业模式创新的结合。一个广为引用的例子是数码摄影，对柯达和宝丽来等公司形成了颠覆。

渐进式改进 Incremental Improvement：为保持产品在客户眼中的新鲜感，对现有产品所做的较小的改变。

焦点小组 Focus Groups：一种定性市场调研方法，在一名训练有素的主持人的领导下，8～12 名市场参与者聚集在一个房间里进行讨论。讨论的重点是消费者的问题、产品或问题的潜在解决方案。讨论结果不能代表整体市场。

阶段 Stage：一组同时完成的任务，交付独特的结果和可交付成果。

阶段评审流程 Phase Review Process：一种分阶段的产品创新流程。首先由一个职能团队完成一组任务，然后将完成后的成果交给另一职能团队，接棒的团队完成下一组任务后再将成果交给下一职能团队，依次类推。

阶段式产品开发活动 Staged Product Development Activity：当认为没有重大未知信息时，分阶段完成新产品开发任务，直到生产出可销售的产品。

杰出创新企业奖 Outstanding Corporate Innovator Award：由产品开发和管理协会颁发的年度大奖，授予经过正式评审流程评出的杰出创新企业。获得该奖的基本条件是：

（1）连续 5 年有新产品成功上市。

（2）新产品的成功给公司带来显著的效益增长。

（3）有清晰的、可描述的产品创新流程。

（4）有独特的创新特点和无形价值。

解散阶段 Adjourning：塔克曼团队发展阶段模型中的第五个阶段，项目团队在该项目的工作全部完成。对于产品创新项目而言，是指产品上市并被移交给业务团队进行运营。

谨慎型 C-Conscientious：DISC 评估工具中的一种工作风格。在对完整数据评估的基础上才会做出理性决策的团队成员，通常被认为是不动感情，只热衷于精确与细致工作的人。其他人可能认为他们对细节的过度关注会给项目工作带来障碍。

精益产品创新 Lean Product innovation：用精益的方法来应对产品创新的挑战。精益产品创新是建立在丰田首创的精益方法（丰田生产系统）基础上的。

精益创业 Lean Startup：创业者在开发产品的同时必须进行调查、实验、测试和迭代，基于这种理念的一种创办新企业的方法。

净推荐值 Net Promoter Score：有人向朋友推荐你的产品或服务的可能性。

净现值 Net Present Value（NPV）：流入的现金现值与流出的现金现值之间的差值。在资本预算过程中，该值用来预计和分析投资或项目的盈利能力。

竞争情报 Competitive Intelligence：运用一些方法将公开的零散的竞争对手信息整理成有关竞争对手的定位、规模、能力和趋势的战略知识的活动，包括各种收集、分析和交流有关公司外部竞争趋势的最佳可用信息的实践活动。

决策树 Decision Tree：在业务或计算机程序设计中用来做决策的图形。树形图中的"分支"表示具有相关风险、成本、成果和结果概率的选择。通过计算每个分支的结果（利润），可以确定企业的最佳决策。

K

卡诺模型 Kano method：用于识别客户需求和潜在需求、明确功能需求、开发作为进一步产品开发的备选概念、分析同品类内竞争的产品或服务。

开发 Development：组织中负责把产品需求转变为实际产品的职能，也是整个概念到市场的周期中对新产品或服务进行首次开发的阶段。

开发团队 Development Teams：将一个或多个新产品从概念到开发、测试、上市的团队。

开放式创新 Open Innovation（OI）：组织的一种战略，通过联盟、伙伴关系、签署协议等方式，积极地从外部寻求知识以补充和提升其内部能力，以产出更好的创新成果。这些成果可以通过组织内部、新的商业实体或外部许可等方式进行商业化。

看板 Kanban：一个可视化的调度系统，因其是丰田生产系统的一部分而出名。看板已经成为最有用的敏捷项目管理工具之一，被敏捷团队广泛使用，通常被称为敏捷任务板。

可持续创新 Sustainable Innovation：新产品或服务开发并商业化过程中的可持续发展特征是，尊重经济、环境和社会等方面，并落实到产品生命周期的采购、生产、使用和服务结束阶段。

可持续发展 Sustainable Development：一种既满足当代人发展需要，又不损害后代满足自身需要能力的发展模式。

可服务性设计 Design for serviceability：重点是提高维修和故障排除时诊断、拆卸或更换产品任何零件、部件、组件或子组件的能力。

可行性分析 Feasibility Analysis：分析一个新产品或新项目的成功可能性的过程。

可回收性设计 Design for Recycling（DFR）：指材料中允许再利用或再加工生产废物、产品和产品部件，以及产品再利用和再加工的方法。

可交付成果 Deliverable：项目已取得成果的输出（如测试报告、监管部门的批准、可工作原型或市场调研报告）。在产品上市或开发阶段结束时都要用到可交付成果。

可生产性设计 Design for production：在保持规定质量标准的同时，将产品成本和制造时间最小化，以实现一个成功的制造过程。

可维护性设计 Design for Maintainability（DFM）：对材料、组件、零件、设备和部件的选择决策，决定了当部件达到其使用寿命而出现故障时，对系统进行检查、修复和维修的能力与可维护性。在设计阶段，可维护性设计应考虑便于开展纠正性和预防性维护。

可用性设计 Design for usability：评估概念系统的功能性、适用性、可维护性、易操作性、可靠性、安全性、美观性、操作场景和环境以及可定制性。总体来说，可用性设计应与产品和制造设计流程紧密联系起来。

可制造性 Manufacturability：新产品能够以最低成本和最高可靠性顺利、有效地制造的程度。

可制造性和可装配性设计 Design for Manufacturability and Assembly（DfMA）：可制造性和可装配性设计是可制造性设计和可装配性设计两个过程的结合。可制造性是一种降低制造操作复杂性和生产总成本（包括原材料成本）的设计方法。可装配性是一种简化或减少产品零部件装配操作的设计方法。

可装配性设计 Design for Assembly（DFA）：简化产品设计以降低制造过程中的装配成本。装配是将制造产品所需的零部件组合成产品，包括生产期间和生产后的所有活动。

客户 Customer：购买或使用公司产品或服务的人。

客户采用模型 Customer adoption model：基于愿意承受风险的程度，将客户划分为五个不同类别：创新者、早期采用者、早期大众、后期大众、落后者。

客户现场访问 Customer Site Visits：发现客户需求的一种定性市场调研方法，包括访问客户的工作现场，观察客户个体如何完成与你想要满足的客户需求相关的工作，询问客户他们做了什么、为什么要这么做、完成工作时遇到了什么问题、哪些工作做得好，等等。

客户需求 Customer needs：客户需要解决的问题。这些需求，无论是表达出来的还是未明确表达出来的，都为组织提供了新产品开发的机会。

客户之声 Voice of the Customer（VOC）：为了找出所调查的一系列问题的解决方案，引导受访者经历一系列情境，并通过结构化深度访谈，从消费者那里提炼出需求的过程。在这一过程中，通过间接性提问来理解消费者如何找到满足其需求的方法，特别是为什么选择某个解决方案。它是一个启发客户需求的过程。

跨越鸿沟 Crossing the Chasm：从由少数有远见的客户（也称"创新者"或"早期采用者"）主导的早期市场过渡到主流市场。跨越鸿沟通常适用于全新的、创造市场的、基于技术的产品和服务的采纳。

跨职能团队 Cross-Functional Team：由产品开发涉及的各个职能部门的代表组成的团队，通常包括交付成功产品所需的所有关键职能部门的成员，例如营销、工程、制造/运营、财务、采购、客户支持和质量。该团队由各职能部门授权在开发过程中代表每个职能部门的观点。

快速原型法 Rapid prototyping：使用机器技术实现添加和/或减法制造工艺的一种对设计进行实体建模的方法。

L

浪费 Waste：任何使用设备、材料、零件、场地、员工时间或公司其他资源超过为确保可制造性增值操作所需最小金额的活动都是浪费。这些活动包括等待、半成品零件积压、重复装运、材料搬来搬去以及其他非生产性流程。企业应努力消除的七种基本浪费是：生产过剩、等待机器、运输时间、加工时间、库存过剩、运转过剩和缺陷。

利益 Benefit：通过用户从产品中获得了什么、而不是产品物理特征或特性来表达的一种产品属性。利益通常与某个特性有关联，但并非一定有关联。

连续式创新 Continuous Innovation：在不改变消费模式或行为的情况下对产品性能和利益的改善，产品的整体外观和基本性能没有发生根本性变化。例如，含氟的牙膏和运算速度更高的计算机。

联合分析　Conjoint Analysis：一种市场调研方法。该方法首先系统地向受访者提供一组产品描述，每个产品描述包括一组产品属性和属性的程度。随后要求受访者选择他们偏好的产品和/或从每组选项中指出他们的偏好程度。然后可以判断出每个产品变量的每个程度对总体偏好的贡献。

联盟　Alliance：为了产品开发，与其他组织达成交换信息、硬件、知识产权或使能技术的正式协议。联盟（比如，合作开发项目）需要共担风险并共享收益。

领先用户　Lead Users：对这群用户来说，满足某种消费需求是如此重要，但由于无法找到可以为他们解决问题的供应商，他们自己修改当前产品或发明新产品来解决这个需求。当这些需求成为未来市场的需求趋势时，他们的解决方案就是新产品的机会。

流程倡导者　Process Champion：负责建立新产品创新流程的高级主管。努力确保产品创新流程实施的质量和一致性。

流程负责人　Process Owner：负责产品创新流程的战略结果的高级管理者，包括流程使用量、输出质量和组织内的参与度。

流程经理　Process Managers：负责确保流程中的创意和项目按时有序进行的管理者。

六顶思考帽　Six Thinking Hats：由爱德华·德·波诺开发的一种思维工具，鼓励团队成员将思维模式分成六种明确的职能和角色，每种角色都有一顶颜色象征意义的"思考帽"。

六西格玛　Six Sigma：每 100 万次操作只产生 3.4 个缺陷的流程绩效水平。

六西格玛设计　Design for Six Sigma（DFSS）：目标是做出资源利用率高、产量高且不受工艺变动影响的设计。

路线图制定　Roadmapping：一种用于预测未来的市场和/或技术变化然后规划产品来响应这些变化的图形化的多步骤流程。

落后者　Laggards："跨越鸿沟"模型中，最后一批尝试新产品的人群。他们通常是最厌恶风险的，只在刚需且无其他选择的情况下才采用新产品。

旅程图　Journey Maps：一种用来描述消费者与产品或服务交互时所采取的所有行动和行为的流程图。

率先上市　First-to-Market：第一个创建一个新产品品类或一个品类的实质性细分的产品。

M

买方　Buyer：产品的购买者，无论他们是否为最终用户。尤其是在企业对企业（B2B）的市场中，采购代理可以签订实际购买产品或服务的合同，但从未从所购买的功能中受益。

门径流程　Stage-Gate Process：一种广泛采用的产品创新流程。工作按时间维度划分为由管理决策关口分隔的不同阶段。多职能团队必须在每个阶段成功完成一套规定的任务，然后才能获得管理层批准进入下一个阶段的产品开发。门径流程框架包括工作流程和决策流程，并定义了确保流程持续平稳运行所需的支持系统和实践。

面向环境的设计　Design for the Environment（DFE）：在设计与开发流程中对产品生命周期内的环境、

安全和健康问题进行系统考虑。

面向卓越的设计 Design for Excellence（DFX）：在设计与开发流程中系统地考虑与产品生命周期相关的所有因素，如可制造性、可靠性、可维护性、可承受性、可测试性等的设计方式。

敏感性分析 Sensitivity Analysis：计算不确定性对新产品商业论证的可能影响。分析步骤包括设置相关假设的上下范围并计算预期结果。

敏捷产品开发 Agile Product Development：自组织团队在协作环境下进行的迭代式产品开发方法。

敏捷教练 Scrum Maste：通常用于敏捷产品开发，是团队和产品负责人的协调者，给团队和产品负责人提供支持，而不直接管理团队。

敏捷门径流程 Agile Stage-Gate：将经典的门径结构（阶段和关口）与敏捷方法中的自组织团队和短周期迭代相结合的方法。

敏捷团队 Scrum Team：通常用于敏捷产品开发。通常由七名（可增或减两名）团队成员组成，具备成功完成冲刺目标所需的各种职能或学科组成（跨职能团队）。

明星产品 Star Products：在高增长市场中占有高市场份额的产品。

模糊前端 Fuzzy Front End：在更正式的产品创新流程之前，它通常包括三个任务：战略规划、概念生成和技术前期评估。

模拟市场测试 Simulated Test Market：一种定量市场调研或对营销进行前期测试的形式。消费者在广告和购物环境中接触到新产品和产品宣传。获得模拟市场测试的数据后，基于数学模型、管理假设，对预期销售额或市场份额进行早期预测。

目标市场 Target Market：选择进行营销的消费者群体或潜在客户群体。该细分市场最有可能购买某一品类内的产品，也称"首要关注对象"。也是产品或服务瞄准的某个特定消费者群体。

N

耐久性测试 Endurance testing：一种决定产品性能的测试，如耐久性、速度、可扩展性、操控性和稳定性。测试过程包括手动和机械耐久性测试，旨在揭示故障，并确保产品是与市场匹配的。

内部创业者 Intrapreneur：在大公司内部开办新事业的创业者，相当于企业家。

内部收益率 Internal Rate of Return（IRR）：投资的未来现金流折现值等同于投资成本时的折现率，即净现值为零时的折现率。

逆向工程 Reverse Engineering：对产品进行拆解并实施价值分析从而为产品改进提供思路的过程。

P

漂绿 Greenwashing：一个公司或组织花很多时间和金钱通过广告和营销宣称自己是"绿色的"，而不是在实际业务中尽量减少对环境的影响。

品牌 Brand：用于将一个卖方的商品或服务与其他卖方的商品或服务区分开来的名称、术语、设计、符号或任何其他特征。品牌的法律术语是商标。一个品牌可以标识该卖家的一件商品、一系列商品或所有商品。

品牌发展指数 Brand Development Index：品牌销售额与该品牌在所有市场平均销售额的比值。

平衡计分卡 Balanced Scorecard：一种用于识别和改进各种内部业务职能及其外部产出结果的战略管理绩效度量方法。

平衡组合 Balanced Portfolio：一组项目，具体品类中的项目比例是根据战略优先级选择的。

平台型产品 Platform Product：产品族中一系列产品共用的设计和组件。通过这个平台可以设计出许多衍生产品。参见"产品平台"。

瀑布模型 Waterfall Model：广泛用于软件行业的一种流程。经典的瀑布流程历经需求收集、设计、实施、验证、维护阶段。

Q

期权定价理论 Option pricing theory：根据计算出的合同成功的概率，通过分配一个溢价的价格来估计期权合同的价值。

企业对企业 Business-to-Business（B2B）：企业与非消费类购买者如制造商、销售商（分销商、批发商、中间商和零售商）、机构、专业组织、政府组织之间的交易。过去常被称为产业业务。

企业家 Entrepreneur：发起、组织、经营、承担风险并为新企业获得潜在回报的人。

气泡图 Bubble Diagram：产品组合的可视化表达。气泡图将众多项目标识在二维的 X-Y 坐标图中。X 和 Y 维度是与收益相关的标准，比如风险和回报。

侵蚀效应 Cannibalization：对新产品的一部分需求，来自对公司营销的现有产品的需求（或销售量）的侵蚀。

轻量级团队 Lightweight Team：负责开发产品概念并将之推向市场的新产品团队。在大多数情况下，资源不是专职的，团队依靠资源的技术功能完成项目任务。

情感分析 Sentiment analysis：用于对产品评论博客或社交网络中人们的观点进行分类和理解。

情感化设计 Emotional design：为了激发消费者的情绪和感觉，通过设计积极的情绪、情感联想和对产品的信任感，从而提高产品的可用性。

情景分析 Scenario Analysis：预想未来的各种情景以制定战略来应对未来机会和挑战的一种工具。

情商 Emotional Intelligence：由自我管理和管理人际关系两部分组成。

全面质量管理 Total Quality Management（TQM）：一种全面、持续地对组织所有职能进行改进活动的商业理念。

R

燃尽图 Burndown chart：剩余工作与时间的图形化表达。纵轴通常标注未完成工作（或待办工作），横轴标注时间。燃尽图是未完成工作的运行图，对预测所有工作何时完成非常有用。

人口统计学 Demographic：对人口的统计描述，描述的特征包括性别、年龄、受教育程度、婚姻状况、各种行为或心理特征等。

人种学 Ethnography：观察客户和所处环境，以获得对其生活方式或文化的深刻理解，从而更好地理解他们的需求和问题。

认证 Certification：正式确认某人已经掌握了某一领域知识体系的过程。在产品创新领域，产品开发与管理协会建立并管理着成为新产品开发专业人士的认证流程。

任务 Task：完成可交付成果的可描述的最小的单位。

容量规划 Capacity Planning：一项监控组织的技能组合和有效资源能力的前瞻性活动。在新产品开发中，容量规划的目的是管理开发过程中的项目流，确保任何职能（技能组合）都不会对项目按时完成造成阻碍。容量规划是优化项目组合的必需工作。

S

三重底线 Triple Bottom Line：报告一个组织绩效的三个维度：财务、社会和环境。

三重约束 Triple Constraint：对任何项目最重要的三个约束的组合，即范围、进度和成本组合，也称"项目管理三角"或"铁三角"。

筛选 Screening：评估和选择新创意或新概念以将其纳入项目组合的流程。大多数公司使用正式的筛选流程，评估标准涵盖客户、战略、市场、盈利能力和可行性等维度。

商标 Trademark：依法注册或创立的用于代表一个企业或一个产品的符号、单词或词组。

商业分析 Business Analysis：对拟定项目的商业环境的分析，通常包括折现现金流、净现值或内部收益率等财务预测。

商业化 Commercialization：新产品从开发到进入市场的过程。通常包括产品上市和量产、营销材料和项目开发、销售渠道开发、供应链开发、培训以及服务与支持开发。

商业论证 Business Case：市场、技术、财务分析以及其他前期工作的结果。商业论证定义了产品和项目，包括项目的理由、行动或商业计划，商业论证理想情况下应在"进入开发"决策（关口）之前进行。

商业秘密 Trade Secrets：组织内保持秘密状态并与知识产权相关的信息。

商业模式画布 Business Model Canvas（BMC）：一种战略管理和精益创业的模板，用于创建新的商业模式或记录现有的商业模式。商业模式画布是一个可视化图表，包含描述公司或产品的价值主张、基础设施、客户、财务等元素。

上市时间　Time to Market：新产品开发从最初创意到上市开始销售所需的时间。对起点和终点的准确定义因公司而异，在公司内也因项目而异。也称"上市速度"（Speed to Market）。

设计规格　Design Specifications：概念说明定性描述了产品概念的利益和特性，而产品设计规格则为进一步的设计和制造提供了定量依据。

设计确认　Design Validation：进行产品测试以确保产品或服务符合定义的消费者需求。可以利用可工作原型进行，也可以通过对成品的计算机模拟进行。

设计思维　Design Thinking：一种创造性的问题解决方法，更全面地说，是一种用于识别问题并创造性解决问题的系统性和协作性方法。

设计质量　Quality-by-Design：在产品开发开始阶段就进行产品、服务或者工艺的质量设计的流程。

社交媒体　Social Media：计算机媒体工具，允许个人、公司和组织在虚拟社区和网络中创建、共享或交换信息、创意、图片或视频。

深度访谈　In-depth interview：进行更长时间的密集访谈以探索一个专业性主题。该调研收集对一个问题、想法、计划、情况等的详细见解、观点、态度、想法、行为和观点。

神经网络法　Neural networks：该方法创建了非线性模型来检验输入变量（产品特征）和输出变量（用户感知）之间的复杂关系。

审计　Audit：审计在产品创新中是指对新产品开发和进入市场流程的有效性进行评估。

生产力指数　Productivity index：实时衡量一个项目的经济状态。例如，用净现值除以剩余尚未支出的资金。

生命周期评估　Life Cycle Assessment：一种分析环境影响（如二氧化碳足迹、水足迹等）的科学方法。

生物识别　Biometrics：不向研究对象提问或者干扰其体验，而是依靠专门的工具、生物识别技术和应用程序，研究人对各种产品和服务的生理、认知和情感反应。

失败率　Failure Rate：公司中新产品能够进行商业化，但未能达到预定目标的新产品的比例。

实施团队　Implementation Team：将"想要"阶段的概念和意图转化为现实的团队。

实体的和渠道的分销　Distribution Physical and Channels：用于将产品（或服务）从生产地运至最终用户可以购买的地方的方法和合作伙伴。

实体化设计　Embodiment Design：设计流程中的一个阶段。从概念定义开始，按照技术经济指标进一步设计，直至完成详细设计并达到可制造性要求。

实验设计　Design of experiments（DOE）：DOE应用于产品及其制造过程，用于发现因果关系，是一种确定影响过程的因素与过程输出之间关系的系统方法。

使命　Mission：关于组织的信仰（Creed）、哲学（philosophy）、宗旨（purpose）、经营原则（business principles）或公司信念（corporate beliefs）的陈述。使命的目的是使组织的能力和资源得以聚焦。

使用和购买意图　Usage and Purchase Intent：某人想使用或购买产品或服务的程度。

世界级新产品　New-to-the-World Product：一种消费者或生产者从未获得过的商品或服务。上市时是全新的，如汽车、微波炉和宠物岩石。

市场测试 Market Testing：专注于新市场或细分市场中的现有产品，在产品开发的后期阶段提供来自特定目标市场的客户反馈。

市场份额 Market Share：公司销售额在总体市场销售额中所占的百分比。

市场渗透率 Market penetration：在一个特定时期内至少有一次触达目标市场所占的百分比。

市场调研 Market Research：公司客户、竞争对手或市场的信息，可能来源于二手资料（已出版的和公开的），或来源于一手资料（客户自身）。市场调研可以是定性的，也可以是定量的。

市场细分 Market Segmentation：一个框架，通过这个框架将一个较大的异质的市场细分为许多较小的、同质性的市场。有多种细分方式：按人口统计学细分（男性与女性、年轻人与老年人、穷人或富人），按行为细分（通过电话购物的人、通过互联网购物的人、通过零售购物的人、用现金支付的人、用信用卡支付的人），按态度细分（相信商店品牌与全国品牌一样好的人或不相信的人）。

市场细分 Segmentation：将一个大的异质性市场细分为更具有同质性的子市场的过程。每个子市场或细分市场有相似的产品、价值、购买和产品使用方式。

试销 Test Marketing：在产品开发的后期阶段，对市场中的新产品获取来自特定目标市场的反馈。

收敛思维 Convergent Thinking：与分析、判断和决策有关的思维过程。也译为"聚合思维"。

属性测试 Attribute Testing：一种定量市场调研方法。受访者根据一种或多种尺度类型（如相对重要性、当前性能、对某产品或服务的满意度等），对产品或品类属性的详细列表进行打分排序，目的是明确客户对某些属性的偏好，从而指导产品设计与开发。

数据 Data：来源于业务流程的度量。

数据化 Digitization：指创建物理对象或属性的一个数据化表达。数据化的目标是使信息更容易访问、存储、维护和共享。

数据库 Database：对信息以某种形式组成电子集合，以便于搜索、发现、分析和应用。

数字化 Digitalization：指通过利用数字技术和数字化的数据来实现或改进流程。数字化的目的是通过使用数字化数据和技术来支持、改善和转变业务运营，从而转变组织开展业务的方式并提高生产力。

数字化转型 Digital Transformation：数字化转型研究所（Institute for Digital Transformation）将数字化转型定义为"将数字技术整合到业务中，重塑一个围绕客户体验、商业价值、持续变化而重新定位的组织"。

衰退阶段 Decline Stage：产品生命周期中的第四个也是最后一个阶段。进入该阶段通常是由技术进步、消费者或用户偏好变化、全球竞争、环境或法规变化引起的。

双钻石框架 Double diamond framework：一种涵盖了各个阶段，包括收敛思维、发散思维、问题域的设计思维框架。

思维导图 Mind-mapping：一种在各种信息或创意之间建立联系的图形化技术。首先从页面中间的一个关键词或短语开始，然后从该中心点开始向不同方向连接新创意，从而建立起一个关系网络。

随机样本 Random Sample：统计总体的一个子集，其中每个子集的个体被选中的概率相等。

T

探索者 Prospectors：在技术、产品、市场开发以及商业化方面领先的公司，即使个别产品可能不会带来利润。他们的总目标是率先将任何创新推向市场。

特性 Feature：针对消费者需求或问题的解决方案。特性为消费者提供了利益。手柄（特性）使得笔记本电脑便于携带（利益）。通常，系统会选择几个不同特性中的任何一个来满足客户的需求。例如，带有双肩背的笔记本电脑包是使得笔记本电脑便于携带的另一个特性。

特性路线图 Feature Roadmap：产品相关性能和属性沿着时间轴进化的图。定义产品生命周期中每次迭代或生成的具体特性，并将其分组为版本（已商业化的特性集）。

特性蔓延 Feature Creep：在开发流程中，设计者和工程师向产品增添比最初设计更多的功能和特性的倾向，这么做往往会导致进度延误、开发成本增加、产品成本增加。

头脑风暴 Brainstorming：在产品概念生成阶段常用的一种创造性解决问题的群体方法。头脑风暴有很多种形式，每种形式都有不同的名称。所有这些方法的共同基础是：一群人创造性地生成与特定主题相关的创意列表。在进行任何批判性评估之前，要尽可能多地提出创意。

头脑书写 Brain writing：参与者被要求写下与特定问题或疑问相关的创意，然后每个参与者将他们的创意传递给其他人，然后这个人对创意列表进行添加，持续进行该过程。

投资回报率 Return on Investment（ROI）：衡量项目盈利能力的一个标准指标，是项目在整个生命周期利润折现与初始投资的百分比。

突发性情绪 Emergent emotions：在人工智能的背景下，使用神经网络和其他非线性动态建模来解读消费者情绪的过程。

突破型项目 Breakthrough Projects：此类项目力求用新技术将新产品推向市场，与现有的组织实践有很大不同，并且风险很高。

团队 Team：能力互补、目的相同、目标清晰、方法明确并互相负责的少数几个人。

团队领导者 Team Leader：领导新产品开发团队的人。负责确保实现里程碑和可交付成果，但可能对项目参与者没有任何权力。

W

外包 Outsourcing：公司不自己生产而是从外部获得产品或服务的过程。

外部性 Externalities：产品对人或环境的影响，没有反映在产品市场价格的影响中。

完整产品 Whole Product：一种产品概念，强调向客户交付产品的所有方面和全部价值。包含任何必要的组成要素，例如培训材料、支持系统、连接线缆、操作方法、额外的软硬件、标准和程序、实施、应用咨询服务等，以确保客户拥有一个成功的体验，并至少从产品中得到最低要求的价值。

网络图 Network Diagram：将方框用线条连接的一种图形。用于展示开发活动的顺序和任务之间的相互关系。常与"甘特图"一起使用。

未明确说出的客户需求 Unarticulated Customer Needs：那些客户不愿意说或无法解释的需求。

文化 Culture：组织中人们共同拥有的信念、核心价值观、假设和期望。

稳定型 S-Steady：DISC 评估工具中的一种工作风格。当新产品创新工作处于混乱或无组织状态时站出来的被认为具有平和、冷静、有价值特质的团队成员。这些团队成员比许多人更容易适应环境，也更具同理心。

五蜂巢模型 Five hexagon model：一种设计思维常用的方法。

物联网 Internet of Things （IoT）：在日常物品中嵌入计算设备，通过互联网相互连接，使它们能够发送和接收数据。

X

系统工程 Systems engineering（SE）：针对问题，将系统思维的概念与系统工程流程模型结合起来，采用系统的、集成的设计流程和项目管理工具、方法，开发出解决方案。

现场测试 Field Testing：由来自目标市场的用户在产品实际使用环境中进行产品使用测试。

现金流折现分析 Discounted Cash-Flow (DCF) Analysis：一种用项目未来的收入和支出估算其当前价值的方法。对项目未来几年的现金流进行估算，然后使用预测利率折现回现值。

现金牛 Cash Cows：在低增长市场中占有高市场份额的产品。

线框图 Wireframe：产品详细的黑白布局图。提供了关于产品如何布局或构造的细节。线框图通常用于软件产品和网站。

项目 Project：为创造一个独特的产品、服务或结果而进行的临时性工作。

项目发起人 Project Sponsor：项目的授权者、资金提供者和项目目标的制定者，需要向其展示最终结果的人。通常为资深的管理者。

项目负责人 Project Leader：自始至终负责管理单个产品创新项目的人。负责确保里程碑和可交付成果的实现以及资源的有效利用。另见"团队领导"。

项目管道管理 Project Pipeline Management：在项目增加、减少和中间调整期间，对资源进行平稳调配。

项目管理 Project Management：一整套人员、工具、技术和流程的集合。通过制定项目目标、计划并实现项目目标所需的所有工作，领导项目，支持团队，监控进度，确保项目圆满完成。

项目集经理 Program Manager：组织中负责实施产品创新项目组合的管理者。

项目计划 Project Plan：用于指导项目执行和监控的正式的经批准的文件。包括计划的假设和决策、批准的范围、成本和计划截止日期，以促进相关方之间的沟通。

项目决策与评审 Project Decision Making & Reviews：针对项目可行性的一系列通过或不通过决策，以确保产品满足公司的营销目标和财务目标。例如，在开发流程中各阶段的关口处，对项目可行性进行系统评审。通过定期评审确保项目与原计划基本一致，从而根据商业论证进行交付。

项目团队 Project Team：一个被授权来规划和执行产品创新项目的多职能小组。

项目战略 Project Strategy：单个产品开发项目的长期目标和短期目标，包括项目是如何融入公司产品组合的，目标市场是谁，以及产品能为客户解决哪些问题。

项目资源估算 Project Resource Estimation：该活动为计算项目成本提供了主要贡献。将功能需求转换为现实的成本估算是按照商业计划成功交付产品的关键要素。

项目组合 Project Portfolio：一组在新颖和创新程度上各异的在任何开发时间点的项目的集合。

消费者 Consumer：最通用、最全面的形容组织目标市场的术语。既包括 B2B 企业消费者，也包括 B2C 家庭消费者。既包括公司当前的客户，也包括竞争对手的客户，还包括具有相似需求或人口统计特征但当前尚未产生购买行为者。该术语并不区分某个人是一位购买者还是一位目标用户。消费者中只有一小部分会成为客户。

消费者测评组 Consumer Panels：由市场调查公司或代理机构招募的特定领域的一群消费者，这群消费者作为被调查者，回答与产品测试、口味测试或某个具体领域的具体调研问题。大部分情况下，这群人是参与过许多项目的专家小组。该方法特别适合简短而快速的调查，这类调查的重点是那些具有专业知识的人群样本，而不是普通消费者的代表人群样本。

消费者市场 Consumer Market：个人购买商品和服务仅供家庭使用，而不是在商业环境中使用。消费者购买决策通常由个人做出，要么是为了自己，要么是为了家庭其他成员。

消费者需求 Consumer Need：消费者期望得到解决的某个问题，或者说，消费者期待产品帮助他们完成的某个任务。

销售波研究 Sales Wave Research：针对最初免费获得产品的客户群，将该产品或竞争对手的产品以略微降低的价格再次提供给他们，记录仍然选择该产品的客户数量及其满意度。该过程最多可重复 5 次。

销售预测 Sales Forecasting：运用诸如 ATAR（知晓—试用—可购—复购）模型等方法对新产品销售潜力进行预测。

协同产品开发 Collaborative Product Development：两个公司合作开发某一产品并将其商业化。

心理学特征 Psychographics：消费者的态度、兴趣、观点和生活方式等特征，而不是单纯的人口统计学特征。常用于收集初步的消费者需求和获得对想法和概念的初步反应。结果不能代表总体市场，也不能预测。

新产品 New Product：一个涵盖许多观点与实践的术语。通常被定义为市场上首次出现的产品（商品或服务）。但不包括只在促销中做了改动的产品。

新产品导入 New Product Introduction（NPI）：在产品开发项目成功结束后，将新产品投放市场或将其商业化。

新产品开发 New Product Development（NPD）：新产品的战略、组织、概念生成、产品和营销的创建、评估以及商业化的整个过程。通常被简称为"产品开发"。

新产品开发流程 New Product Development Process（NPD Process）：为了不断将最初的创意转化为可销售的产品或服务，由公司制定的、必须得到遵守的一系列任务和步骤。

信息 Information：知识和洞见，通常是通过检查数据而获得的。

形成阶段 Forming：塔克曼团队发展阶段模型的第一个阶段。在该阶段，大部分团队成员表现得积极、礼貌。有些人会焦虑，因为还不完全理解团队将要做什么。

形态分析 Morphological analysis：形态分析可以生成满足潜在用户需求和期望的系统级解决方案。目的是识别出多个潜在"解决方案"中共同的可能"要素"，从而找出未来的设计参数。

虚拟团队 Virtual Team：主要以电子方式进行沟通和工作的分散式团队。

虚拟现实测试 Virtual Reality（VR）Testing：市场调研的一个新兴领域。使用专用设备，包括佩戴有跟踪传感器的耳机和/或手套，可以创建三维（3D）模型，使参与者能够在真实环境中进行交互。

需求说明 Needs Statement：采用客户语言描述的、新产品所应满足的客户的需求和期望。

许可 In-licensed：从外部获取新产品概念或技术，将其整合到产品开发组合中。

学习型组织 Learning Organization：组织在内部不断测试并更新组织中人员的经验，并将这些经验用于改进与核心目标相关的工作流程和知识体系。

循环经济 Circular Economy：通过设计实现恢复性和再生性的经济模式，目标是确保产品、部件和材料始终保持最高的效用和价值，有别于技术周期和生物周期。

Y

延续式创新 Sustaining Innovation：不创造新市场或新价值网络，只在现有市场或网络基础上开发价值更高的产品或服务，在持续改进中确保公司占据竞争优势。

衍生项目 Derivative Projects：从现有产品或平台衍生出来的项目。它们可以填补现有产品线的空白、提供更具成本竞争力的制造、提供基于组织核心技术的增强功能和特性。通常，风险相对较低。

眼动追踪 Eye Tracking：一种特殊形式的感官测试方法。使用连线耳机或眼镜等专用工具，测量人们观看的位置以及持续的时间。通过设备跟踪和报告参与者第一次、第二次、第三次观看的位置，并提供参与者眼睛停留在被测图像上的视觉扫描，以发现消费者对线上产品和服务、网站、应用程序、产品图像、包装和信息表达等各种刺激的反应。

样品 Mock-up：最终产品的一个模型。样品经常被用于在现实生活中作为最终产品呈现。

一级市场调研 Primary Market Research：指由你自己（或你雇用的人）为当前的目标收集数据而开展的原始调研。

仪表板 Dashboard：用彩色的图形显示项目或项目组合的状态，就像车辆仪表盘那样。通常，红色表示紧急问题，黄色表示即将发生的问题，绿色表示项目正常进行。

同理心分析 Empathy Analysis：包括与客户进行深入联系和深入理解的能力，以及与客户建立直接情感联系的方法。

因子分析 Factor Analysis：将观测数据的值表示为众多可能因子的函数，以找出关键因子的过程。

隐性产品需求 Implicit Product Requirement：客户对产品的期望，但没有提出来或无法表达出来。

盈亏平衡点 Break-Even Point：产品生命周期中累计开发成本通过累计销售利润收回时的时间点。

营销战略 Marketing Strategy：组织将有限资源集中在增加销售的最佳机会上从而获得独特竞争优势的一个过程或模式。

营销组合 Marketing Mix：可用于营销产品的基本工具，通常指 4P，即产品（Product）、定价（Price）、促销（Promotion）和地点（Place）。

影响型 I-Influence：DISC 评估工具中的一种工作风格。很容易建立社会关系，寻找新成员参与并增添有工作热情的团队成员。

应急计划 Contingency Plan：应对那些无法预测其是否发生、发生时间以及严重程度的事件的计划。

应用程序开发 Applications Development：为满足用户需求不断设计和编写软件、改进和开发新产品的迭代过程。

用户 User：任何使用产品或服务来解决问题或获得利益的人，无论他们是否购买产品。

用户画像 Personas：基于对一组用户群体的客观和直接观察而构建的虚构人物。用户画像作为"典型"用户或原型，帮助产品创新者预见用户对产品特性的具体态度和行为。

用户界面 User interface（UI）：指用户参与的界面。

用户体验 User Experience（UX）：在当前的术语中，UX 通常与界面设计、人为因素设计等联系在一起，虽然这些都是用户体验的一部分，但 UX 最终归结为理解客户。

游击测试 Guerrilla testing：游击测试是可用性测试的最简单形式。开展游击测试时，会进入超市或公园等公共场所询问人们对产品原型的看法，从而进行一次快速的可用性测试。

有形产品 Tangible product：产品的外观美学特性和物理功能特性。

预测 Forecast：对在给定时间内实施基于现有战略的商业计划决策的成功与失败进行预测。

预期商业价值 Expected Commercial Value（ECV）：寻求项目的预期商业价值或价值最大化的一种财务评估方法。

原型法 Prototype：新产品概念的物理模型。根据目的不同，产品原型可分为非实用型、功能实用型或者实用美观型。

愿景 Vision：一种运用远见和洞察力进行想象的行为，既考虑了未来的多种可能性和现实的实际约束性，也描绘了组织最期望的未来状态。

运营 Operations：广义上的运营包括制造、采购、物流、行政和其他服务类工作。

Z

早期采用者 Early Adopters："跨越鸿沟"模型中，继创新者之后尝试新产品的第二类人群。他们通常是自己行业的意见领袖，通常比创新者更厌恶风险。

早期大众 Early majority："跨越鸿沟"模型中，采用新产品的第三类人群。他们通常比早期采用者更厌恶风险，并且只有在新产品被同行验证后才会采用它。

增强现实 Augmented Reality（AR）：与虚拟现实类似。虚拟现实用一个完全独立的现实取代参与者的现实世界，而增强现实则将新的现实元素叠加到参与者的真实环境中。

增强型新产品 Enhanced New Product：衍生产品的一种形式。增加了以前在基础平台上没有发现的附加功能，从而为消费者提供了更高的价值。

增值 Value-Added：将有形的产品特性或无形的服务属性与其他特性和属性进行捆绑、组合或打包，以创造竞争优势、重新定位产品或增加销售额的行为或过程。

战略 Strategy：公司的愿景、使命和价值观。创新战略是公司战略的一个组成部分。

战略伙伴 Strategic Partnering：两个公司（通常是一个大公司和一个小的创业公司）之间结成联盟或伙伴关系，以共同开发一款专门的新产品。通常，大公司提供资金以及承担必要的产品开发、营销、制造和分销责任，小公司提供专有技术或创新专业知识。

战略匹配 Strategic Fit：确保项目与战略一致。例如，如果某些技术或市场被指定为战略重点领域，那么这些项目是否与该领域相匹配？

战略平衡 Strategic Balance：沿着一个或多个维度对开发项目组合进行平衡，维度包括：聚焦与多元化、短期与长期、高风险与低风险、扩展平台与开发新平台。

战略优先级 Strategic Priorities：确保整个项目组合的投资能够反映公司的战略优先级。例如，如果组织的目标是实现技术领先，那么组合中的项目平衡应该围绕这个重点。

章程 Charter：一个用来定义项目背景、具体细节和计划的项目团队文件，包括初始商业论证、问题与目标陈述、制约因素和假设，以及初步计划和范围。发起人定期审查以确保与经营战略保持一致。参见"产品创新章程"。

震荡阶段 Storming：塔克曼团队发展阶段模型中的第二个阶段。在该阶段团队成员开始挑战所建立的边界，是很多团队遭遇失败的时期。当团队成员的工作风格开始相互冲突时，震荡阶段就开始了。

整群抽样 Cluster Sampling：将整体分为多个群，再从群中抽样的方法。

支持型项目 Support Projects：对现有产品的增量改进，或者提升现有产品的制造效率。通常风险很低。

支配型 D-Dominance：DISC 评估工具中的一种工作风格。这些团队成员以行动为导向，喜欢快节奏的工作，做决策很快，会被其他人认为要求过高。

知识产权 Intellectual Property（IP）：能为组织带来商业竞争利益的信息，包括专有知识、技术能力和设计信息。

知晓 Awareness：度量目标客户中知晓某新产品存在的客户比例。知晓的定义很广泛，包括品牌记忆、品牌认知、关键特征记忆和定位记忆等。

职能型团队 Functional Team：项目被分为多个职能模块，每个模块由相应的职能经理负责，并由职能经理或高级管理者进行协调。

植物品种权 Plant Variety Rights：生产、销售植物品种繁殖材料的专有权。

制造测试规格与程序 Manufacturing Test Specification and Procedure：由开发和制造人员编制的文件，描述在制造流程中将要满足的零部件、组件或系统的性能规格，以及对规格进行评估的程序。

制造成本 Factory Cost：在生产地生产产品的成本，包括材料成本、劳动力成本和间接费用等。

制造设计 Manufacturing Design：确定将用于制造新产品的制造工艺的过程。

质量 Quality：产品属性的集合。一个产品具有好的质量，意味着产品已达到或超过了客户的期望。

质量保证/合规 Quality Assurance/Compliance：监督和评估产品开发政策和实践以确保产品达到公司的标准和法规要求的职能。

质量功能展开 Quality Function Deployment（QFD）：将"市场需要什么"与"如何在开发中实现"通过矩阵分析的方式关联起来的一种结构化方法。这种方法在开发阶段最常用，在该阶段多职能团队希望就如何将客户需求转化为满足需求的产品规格和特性达成一致。通过明确地将产品设计的方方面面联系起来，最大限度地避免了忽略重要设计特征或跨设计特征之间交互的问题。QFD 也是促进多职能团队合作的一种重要机制。由于 QFD 是日本汽车制造商开发和推广的，所以在汽车行业得到了广泛应用。

质量控制规格与程序 Quality Control Specification and Procedure：描述产品在出货前必须满足的规格和程序的文件。

众包 Crowd Sourcing：通过技术平台、社交媒体渠道或互联网，从数量巨大且相对开放的人群中，（有偿或无偿地）获取信息、商品、服务、创意、资金，作为特定任务或项目的输入的一系列工具。

重量型团队 Heavyweight Team：一个获得授权的拥有足够资源来完成项目的团队。团队成员向团队领导汇报工作。实践中通常采取集中办公的方式。

重新定位 Reposition：改变产品在客户心目中的位置，以弥补最初定位的失误或应对市场的变化。最常用的方法是改变营销组合而不是重新开发产品。

周期时间 Cycle Time：某一活动从开始到完成的时长。对产品创新而言，是指从新产品最初创意到新产品上市开始销售所需的时间。对起点和终点的准确定义因公司而异，也因公司内的项目而异。

主成分分析 Principal components analysis（PCA）：在一个数据集中，确定解释尽可能多（或全部）方差所需的最小数量的因素或成分。它通过创建或派生新的维度（也称成分）来减少数据中不必要的特性。

专利 Patent：经政府授权或许可，在一定时间段内拥有的权利或资格，尤指禁止他人制造、使用、出售一项发明的独有权利。

卓越中心 Centers of Excellence：具有公认的技术优势、业务优势或竞争优势的地区性的或组织性的小组。

资源规划 Resource Plan：完成产品开发项目所需要各种资源的详细汇总，包括人员、设备、时间和资金。

资源矩阵 Resource Matrix：显示每位非管理员工投入在公司组合中当前项目上的时间的百分比的一个数据阵列。

自上向下式组合选择 Top-down Portfolio Selection：以战略为出发点，按照该战略进行项目选择，也称"战略桶方法"。

自下而上式组合选择 Bottom-up Portfolio Selection：首先将各个项目列成清单，然后经过严格的项目评估和筛选过程，最终形成一个由具有战略一致性的项目组成的组合。

自治型团队 Autonomous Team：一个完全自主自立的项目团队，与投资方几乎没有任何联系。通常采用这种组织模式会给市场带来突破性创新，也称为"老虎团队"。

组合 Portfolio：通常指公司正在投资并进行战略权衡的一系列项目或者产品。参见"项目组合"和"产品组合"。

组合标准 Portfolio Criteria：用来评价计划中和正在进展中的产品开发项目的一组标准，以建立一个既均衡又有多样性的持续的组合。

组合管理 Portfolio Management：一种业务流程，由业务部门通过该流程对当前进展中的项目组合、人员和预算安排进行决策。参见"管道管理"。

组合管理团队 Portfolio management team：参见把关者。

组合推演 Portfolio Rollout Scenarios：对某一时间段内为达到预期财务目标推出新产品的数量和规模进行推演。需要考虑成功率/失败率，并将公司与行业标杆对标。

组织身份 Organizational Identity：对组织定位和存在意义的清晰定义和理解，是组织实现长期成功的根基。

最佳实践 Best Practice：与改进绩效有关的方法、工具或技术。在产品创新中，没有哪一种工具或技术能确保成功，但是这些工具中的某些工具与高成功概率具有相关性。最佳实践在某种程度上是基于特定情境的，也称"高效实践"。

最佳实践研究 Best Practice Study：对成功组织进行研究并选出最佳行动或流程进行效仿的过程。在产品创新中是指探寻最佳流程实践，经调整后应用于组织中。